Wolf Wagner

Verelendungstheorie –
die hilflose Kapitalismuskritik

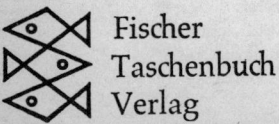

Fischer
Taschenbuch
Verlag

Originalausgabe
Fischer Taschenbuch Verlag
September 1976

Umschlagentwurf: Jan Buchholz/Reni Hinsch
Fischer Taschenbuch Verlag GmbH, Frankfurt am Main
© Fischer Taschenbuch Verlag GmbH, Frankfurt am Main 1976
Gesamtherstellung: Hanseatische Druckanstalt GmbH, Hamburg
Printed in Germany
880—ISBN 3 436 02203 9

Über dieses Buch

Die Verelendungstheorie, wie sie Marx sowohl von den ›Marxwiderlegern‹ als auch vom ›Marxismus-Leninismus‹ offiziöser Prägung nach Auffassung des Autors fälschlich unterschoben wird, ist nicht nur eine Behauptung über die objektive Lage der Arbeiter. In ihr steckt auch, vereinfacht gesprochen, die strategische Annahme, die Arbeiter würden um so revolutionärer, je mehr sich ihre allgemeine Situation — vor allem aber ihre Lage im Produktionsprozeß — verschlechtere. Das wachsende Elend zerstöre alle Illusionen und lehre sie, das Kapital als Verursacher zu erkennen und zu bekämpfen. Die negativen Erfahrungen allein werden also als Grundlage eines antikapitalistischen Bewußtseins angesehen.

Diese Theorie — unumstößlicher Bestandteil der Programme der deutschen Arbeiterbewegung — wird von Wagner untersucht und im Ergebnis als ›hilflos‹ — weil unfähig zur Veränderung des Kritisierten — verworfen.

Seine Gegenthese: Die Arbeiter können durch ihre eigenen, konkreten Erfahrungen im Produktionsprozeß ein antikapitalistisches Bewußtsein entwickeln. Das ist aber unmöglich, wenn sie *nur* eine anhaltende, allgemeine Verschlechterung ihrer Situation erleben. Daraus resultiert nur undifferenziert resignatives, bestenfalls verschwörungstheoretisches Bewußtsein. Erst wenn das Kontrasterlebnis auch einer Verbesserung der Arbeitssituation erfahren worden ist, kann der spezifische Grund für die zuvor oder nachher erlebte Verschlechterung gezielt erfragt und in der Profitorientierung der Produktion erkannt und bewußt bekämpft werden.

Die Arbeit geht aus von den zur ›Verelendungstheorie‹ zusammengezogenen Bruchstücken aus den Schriften von Marx, behandelt dann ihre Rolle in der Geschichte der deutschen Arbeiterbewegung und kritisiert sie mit dem Gesamtzusammenhang der Marxschen Theorie. Die daraus gewonnene Gegenthese wird in einer sorgfältigen empirischen Untersuchung mit den konkreten Erfahrungen der Arbeiter im heutigen industriellen Produktionsprozeß konfrontiert. Umfangreiche Daten aus Industriesoziologie, Arbeitswissenschaften und Arbeitsmedizin untermauern die These Wagners.

Der Autor

Wolf Wagner, geb. 1944, ist seit 1970 Dozent am Fachbereich 15 (Politische Wissenschaft) der Freien Universität Berlin (früher ›Otto-Suhr-Institut‹). Das vorliegende Buch ist seine völlig überarbeitete Dissertation.

Wagner ist vor allem mit seinem Aufsatz ›Der Bluff — Die Institution Universität in ihrer Wirkung auf Bewußtsein und Arbeitsweise ihrer Mitglieder‹ bekannt geworden. Im Frühjahr 1976 schrieb er zusammen mit Niels Kadritzke ein Buch über den Cypern-Konflikt.

Texte zur politischen Theorie und Praxis

Herausgegeben von:

Elmar Altvater
Hans-Eckehard Bahr
Wilfried Gottschalch
Klaus Holzkamp
Urs Jaeggi
Rudolf Wiethölter

Redaktion:
Klaus Kamberger

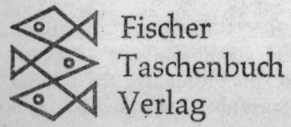
Fischer
Taschenbuch
Verlag

Inhalt

Dieses Buch ist den Bewohnern von Ayia Napa,
einem Dorf in Cypern, gewidmet.

»Da ihr nicht zuerst die neuen Genüsse gesucht und entdeckt habt, um
dann auf den Gegner zu treffen, der sie uns und den Massen verweigert,
erreicht ihr höchstens den Genuß, der aus der Niederlage des Gegners
entsteht. Ihr wißt nicht, im Namen von was ihr kämpft, oder ihr wißt es,
aber ihr habt es nicht drin. Weil ihr nicht für euer eignes Glück kämpft,
verteidigt ihr auch nicht das Glück anderer Leute. Ihr seid nicht angreif-
bar – weil ihr nichts zu verteidigen habt – sondern nur Angreifer. Man
kann euch totschlagen, aber ihr seid nicht verwundbar.«

Peter SCHNEIDER[1]

»Die alte Linke behauptet häufig, daß die durch partikulare Reformen erhöhte Bedürfnisbefriedigung die Unzufriedenheit auf Dauer neutralisiert.
Die Annahme, nur Elend mache klug, ist heute objektiv reaktionär.

Michael VESTER[2]

[1] Lenz – Eine Erzählung, Berlin 1973, S. 50.
[2] ›Zur Dialektik von Reform und Revolution‹, in: Neue Kritik 34, Februar 1966.

Statt einer Einleitung: Lese-Empfehlungen

1. Man kann einen Text immer sehr viel leichter verstehen und mit kritischer Aufmerksamkeit lesen, wenn man weiß, worauf das Ganze hinaus will, wogegen und wofür in dem Text argumentiert wird. Deshalb sollte man auf jeden Fall zuerst die ›Schlußfolgerungen: Sechs Thesen‹ ganz am Ende des Buches lesen.

2. Danach kann man sich noch vor der detaillierten und chronologischen Lektüre mit Hilfe des Inhaltsverzeichnisses einen groben Überblick über den Gang der Argumentation verschaffen: am Ende eines jeden Kapitels steht eine kurze Zusammenfassung der für den weiteren Gang der Argumentation wesentlichen Ergebnisse. Liest man diese zuerst nacheinander durch, so ist in etwa klar, worum es jeweils geht.

3. Jetzt kann man dann sinnvoll entscheiden, ob man das Buch vom Anfang bis zum Schluß lesen will (was mir am liebsten wäre), oder ob nur einzelne Passagen auf Interesse stoßen und für den eigenen Arbeitszusammenhang relevant werden.

4. Damit mit dem Buch auch quasi als Steinbruch für andere Fragestellungen gearbeitet werden kann und die Masse wichtiger Daten und Informationen über den Arbeitsprozeß und seine Folgen, die ich in zweieinhalbjährigen Fischzügen durch Berliner Bibliotheken gelandet habe, genutzt werden können, habe ich ein sehr detailliertes Inhaltsverzeichnis angelegt. Die Daten lassen sich von dort jeweils unter dem entsprechenden Zwischentitel in sehr konzentrierter Form finden, so daß ein Register unnötig erschien. — W. W.

Erster Teil

Darstellung und Kritik der Verelendungstheorie

I. Die Verelendungstheorie bei Karl Marx und seinen Zeitgenossen

Es ist ungeklärt, wann und von wem erstmals der Begriff ›Verelendungstheorie‹ in der Literatur benutzt wurde. Bei *Marx* und *Engels* taucht er jedenfalls nirgendwo auf.[3] Was das Wort benennt, die Theorie, daß der sich entwickelnde Kapitalismus trotz des sprunghaften Wachstums in der Masse der produzierten Güter denjenigen, die diese Güter produzieren, keine Verbesserung, sondern im Gegenteil eine Verschlechterung in ihrer Lage bringt, dafür finden sich in ihrem Werk viele Belege. Allerdings sind sie zu ihrer Zeit nicht die einzigen und keinesfalls die profiliertesten Vertreter einer solchen Verelendungstheorie: Schon im 18. Jahrhundert regte das beobachtete Paradoxon zwischen immens gesteigertem Güterausstoß und gleichzeitiger Verschlechterung im Einkommen und in der gesamten Lebenslage der Manufakturarbeiter zur Theoriebildung an. So formulierte *Turgot* bereits 1766:

»Infolge der gegenseitigen Konkurrenz der Arbeiter untereinander bleibt der Arbeitslohn auf das Existenzminimum beschränkt. Die Arbeiter müssen ihre Ansprüche um die Wette herabsetzen. So kommt es dann tatsächlich in allen Arbeitszweigen schließlich so weit, daß der Lohn nur gerade hoch genug ist, um dem Arbeiter seine Subsistenzmittel zu beschaffen.«[4]

Während sich in England und Frankreich in der ersten Hälfte des 19. Jahrhunderts eine umfangreiche Literatur mit vielfältigen Theorien über die Gründe und Entwicklungstendenzen des Arbeiterelends entwickelte, konnte man in Deutschland erst in den siebziger und achtziger Jahren von einer wissenschaftlichen Literatur zu dem Problem reden, das unter dem Titel ›Die soziale Frage‹ behandelt wurde.
Die schärfsten Versionen der Verelendungstheorie finden sich immer dann, wenn die Theorie im Zusammenhang mit der Malthusianischen Bevölkerungslehre konstruiert wurde, wo-

[3] Meine Recherchen nach dem Ursprung der Bezeichnung blieben erfolglos. Der einzige Hinweis, den ich gefunden habe, stammt von Karl *Kautsky* und ist lediglich negativ: »Ebenso wenig, wie die Worte ›Zusammenbruchstheorie‹ und ›Katastrophentheorie‹, stammt das Wort ›Verelendungstheorie‹ von Marx oder Engels her, sondern von Kritikern ihrer Anschauungen« (Bernstein und das Sozialdemokratische Programm. Eine Antikritik; Stuttgart 1899, S. 114). Werner *Hofmann*, Sozialökonomische Studientexte, 3 Bände, Berlin 1965, 2. Bd., S. 150, datiert das Wort direkt auf *Bernstein*.
[4] Zit. nach dem übersetzten Zitat in: Robert *Michels*, Die Verelendungstheorie. Studien und Untersuchungen zur internationalen Dogmengeschichte der Volkswirtschaft, Leipzig 1928, S. 15.

nach sich die Bevölkerung bis zu dem Punkt ausdehnt, wo zusätzliche Menschen nicht mehr ernährt werden können und sich daher der Lohn mit der Bevölkerungsvermehrung zuerst immer mehr dem physischen Existenzminimum nähert und sich von dort dann nicht mehr wegbewegen kann.[5]

Die anderen Versionen der Verelendungstheorie, die für die Entwicklung gesellschaftliche und nicht natürliche Ursachen suchten, lassen sich danach einteilen, ob sie davon ausgehen, daß es den Arbeitern mit der Entwicklung des Kapitalismus in *absolutem* Sinne immer schlechter gehe, oder ob sie eine bloß *relative* Schlechterstellung annehmen: also im Vergleich zur Entwicklung einer anderen gesellschaftlichen Größe — sei es der gesamtgesellschaftliche Reichtum, das Potential an Bedürfnisbefriedigung oder die Einkünfte und das Vermögen der Kapitaleigner in irgendeiner Form.

Wie *Michels* eindrucksvoll zeigt, waren die Vertreter beider Anschauungen (wobei die Prognose der *absoluten Verelendung* selbstverständlich immer die der *relativen* einschließt) um die Mitte des 19. Jahrhunderts in vielen Varianten weit verbreitet.

Um diese Zeit waren also die Gedanken, die unter der Bezeichnung ›Verelendungstheorie‹ zusammengefaßt werden, europäisches Allgemeingut und keine speziellen oder gar spezifischen Schöpfungen von *Marx* und *Engels:* Das Mißverhältnis zwischen wachsender Warenproduktion und wachsendem Elend bei den Arbeitern — und erst recht bei den Arbeitslosen und Almosenempfängern — war zu schreiend, die niederdrückende Wirkung der kapitalistischen Produktionsweise zu offensichtlich, ihre zersetzende Wirkung auf Landwirtschaft, Handwerk und kleine Industrie nicht abzuleugnen.

Führt man sich einmal die epochale Entwicklung seit dem Mittelalter bis ins 19. Jahrhundert vor Augen, so wird die allgemeine Verbreitung der Verelendungstheorie als globale Einschätzung der historischen Entwicklung erst voll verständlich.

»Man greift kaum fehl, wenn man den Fleischverzehr im spätmittelalterlichen Deutschland auf über 100 kg je Kopf der Bevölkerung schätzt. Fleisch wurde damals nicht nur an Festtagen und an den Tafeln reicher Bürger in kaum vorstellbaren Mengen verzehrt. Auch die weniger bemittelten Bevölkerungsschichten verbrauchten riesige Mengen. Nach einer Berliner Verordnung, die schon in die Zeiten beginnender Knappheit hin-

<hr/>

[5] *Sismondi, Ricardo* und noch mehr *Lassalle* sind die bekanntesten Vertreter dieser Richtung. Das ›eherne Lohngesetz‹ von *Lassalle* wird — wie vorher alle anderen Mathusianischen Konstruktionen — nicht nur von *Marx,* sondern von all denjenigen Theoretikern heftig bekämpft, die gesellschaftliche Verhältnisse und nicht unveränderliche Naturgesetze, die den Menschen wie Karnickel behandeln, als Ursache des Elends ansahen. Vgl. *Michels,* a.a.O., S. 45 f., 53, 179 und *Hofmann,* Werner, Ideengeschichte der sozialen Bewegung des 19. und 20. Jahrhunderts; Berlin—New York 1971[4], S. 11 f, 80 ff.

einreicht (1515), sollte den Bäckergesellen, die zur Mühle geschickt wurden, je Tag 4 Pfund Fleisch nebst 8 Quart Bier und reichlich Brot mitgegeben werden [. . .] Bis zum Beginn des 19. Jahrhunderts dürfte der Fleischverzehr in Preußen, Sachsen und wohl auch in ganz Deutschland unter 20 kg je Kopf und Jahr gefallen sein (heute liegt er wieder über 60 kg).

Auch der Verzehr von Eiern, Butter, Geflügel, Wildbret und Wein, der vom billigeren Bier und als Rauschmittel vom billigeren Schnaps zurückgedrängt wurde, lag im Ausgang des 18. und zu Beginn des 19. Jahrhunderts weit unter dem Stand des späten Mittelalters.« Friedrich List »schrieb im Jahre 1844: ›Unter den notwendigsten Lebensbedürfnissen versteht man in vielen Gegenden Deutschlands Kartoffeln ohne Salz, eine Suppe mit Schwarzbrot, zur höchsten Notdurft geschmelzt, Haferbrei, hier und da schwarze Klöße [. . .] Ich habe Reviere gesehen, wo ein Hering, an einem an der Zimmerdecke befestigten Faden mitten über dem Tisch hängend, unter den Kartoffelnessern von Hand zu Hand herumging, um jeden zu befähigen, durch Reiben an dem gemeinsamen Tafelgut seiner Kartoffel Würze und Geschmack zu geben.‹ Man darf darum *auch* im Bereich der Ernährung eine Stufenleiter aufstellen, die eindeutig abwärts führte: vom Fleischstandard des Spätmittelalters über den Getreidestandard der frühen Neuzeit zum Kartoffelstandard im Zeitalter des Pauperismus.«[6]

Andererseits hat man damit einen eindrucksvollen Prüfstein, an dem sich jede spätere Theorie bewähren muß, die eine absolute Verelendung als unvermeidliches Resultat der kapitalistischen Entwicklung behauptet: sie muß glaubhaft machen können, daß sich die Lage der Industriearbeiter gegenüber der damaligen Situation sogar noch weiter verschlechtert hat. Dort, wo das nicht möglich scheint, ziehen sich die Anhänger der Verelendungstheorie meist auf die ›relative Verelendung‹ zurück, d. h. auf die Schlechterstellung des Proletariats in Relation zur verbesserten Situation der Bourgeoisie und des Kapitals. Das ist aber eine Rückzugsfront, die für die hier interessierende Fragestellung nichts hergibt; denn

1. bezieht sich die ›relative Verelendung‹ meist nur auf den Vergleich der Einkommen, was ein so verengter, allein auf die Zirkulation bezogener Vergleichspunkt ist, daß der Unterschied zwischen Lohnarbeit und Kapital in den von arm und reich zerfließt, wodurch jedes antikapitalistische Bewußtsein im Sinne einer Erkenntnis des Spezifikums von Kapitalismus endgültig zerstört wäre;

2. drückt die Relation dort, wo sie nicht bloß auf den Einkommensvergleich beschränkt bleibt, einen Vergleich von zwei einander fremden Lebensweisen aus, die selten einen

[6] Wilhelm *Abel*, Massenarmut und Hungerkrisen im vorindustriellen Deutschland, Göttingen 1972, S. 64 f. *Abel* versucht allerdings das Gegenteil nachzuweisen, nämlich daß die Not, die *Marx* und *Engels* in den »Fabriken fanden, [. . .] nicht dem ›Kapitalismus‹ aufgebürdet werden (darf) [. . .] Nach Ursprung und Entwicklung gehört die Armut des frühen 19. Jahrhunderts dem ausklingenden agrarischen Zeitalter der abendländischen Geschichte an« (S. 69). Dabei hat er aber nicht berücksichtigt, daß die Verarmung des Landes durch die Einhegungen und Landnahmen wesentliche Voraussetzung bei der Herausbildung des Kapitalismus in der ›ursprünglichen Akkumulation‹ ist.

gemeinsamen Bereich haben, aus dem eine relative Verelendung als selbst erlebte Erfahrung resultieren könnte.

Wenn also von ›der‹ Verelendungstheorie gesprochen wird, dann ist hier — außer in ausdrücklich abweichendem Zusammenhang — von der ›absoluten‹ Verelendung die Rede, die immer zugleich eine relative Verelendung einschließt.

Marx und *Engels* formulierten erstmals ihre Version der Verelendungstheorie in einer besonders zugespitzten Situation, einer Situation, die zu dem auch in den anderen Verelendungstheorien erfaßten allgemeinen Elend die Wendung dieses Elends zur Revolution bringen mußte, wie es schien. In dieser Situation geriet ihnen der Zusammenhang von wachsendem Elend und Entwicklung des Proletariats zur revolutionären Klasse besonders pointiert: Nach dem Text des ›Manifest der Kommunistischen Partei‹ findet eine absolute Verelendung statt, die unvermeidlich scheint und die gesamte Lebenslage des Arbeiters umfaßt: nicht nur sein Einkommen sinkt, seine Situation im Arbeitsprozeß verschlechtert sich ebenfalls permanent.[7]

Diese permanente, absolute Verschlechterung in der Lage des Proletariats und die Ausdehnung des Proletariats durch den Zerfall aller anderen Schichten außer den beiden antagonistischen Klassen, Bourgeoisie und Proletariat, soll schließlich bis zu der grotesken Situation fortschreiten können, in der die Bourgeoisie, die selbst vom Produkt der Arbeit der Proletarier lebt, nun diese ernähren soll. Die Gesellschaft müßte an diesem Punkt zusammen mit dem Kapitalismus zusammenbrechen und in die Barbarei der einfachen Subsistenzwirtschaft der wenigen Überlebenden zurückfallen.[8]

Im Unterschied zu den meisten anderen zeitgenössischen Verelendungstheorien, die als Ergebnis ihrer Analysen zu staatlichen oder privaten Wohltätigkeitsaktionen aufriefen (Nationalwerkstätten, Louis *Blanc*, oder durch Produktionsgemeinschaften, *Owen* und *Lassalle*, etc.) oder völlig resigniert die Abschaffung der Armengesetze forderten, damit der Hungertod und die Säuglingssterblichkeit die Konkurrenz und mit ihr das Elend bei den Arbeitern vermindere (so die Malthusianer *Ricardo* und *Sismondi*)[9], folgerten *Marx* und *Engels* aus ihrer Analyse des Kapitalismus, daß derselbe Prozeß, der zur ständig zunehmenden Verelendung des Proletariats führe, auch die Kräfte zu seiner Umwälzung und Überwindung erzeuge: Die Bourgeoisie »produziert vor allem ihren eigenen Totengräber. Ihr Untergang und der Sieg des Proletariats sind gleich unvermeidlich«[10].

[7] MEW 4, S. 468 f.
[8] MEW 4, S. 473.
[9] Vgl. *Hofmann*, Ideengeschichte, a.a.O. S. 80.
[10] Manifest, MEW 4, S. 473 f.

Die verelendende Tendenz bringe zugleich die Arbeiter in den großen Fabriken zusammen, nivelliere alle Unterschiede in Einkommen, Qualifikation, Geschlecht, Alter oder Herkommen und zwinge die Arbeiter, sich in gleicher Weise gegen die Angriffe der Bourgeoisie auf ihr Lebensinteresse zur Wehr zu setzen. Diese vereinzelten Kämpfe breiteten sich aus, zwängen die Arbeiter zu entsprechend breiten Assoziationen, die »Organisation der Proletarier zur Klasse, und damit zur politischen Partei«[11].

Für den umfassenden, revolutionären Kampf gegen die kapitalistische Gesellschaft werde das Proletariat durch die vielen Einzelkämpfe geschult, immer wieder erneut zusammengeschweißt. Die absinkenden Schichten und später Teile der Bourgeoisie führten ihm ›Bildungselemente‹ zu.

Diese erstarkende Arbeiterklasse könne aber die Verelendung der Arbeiter unter dem Kapitalismus trotzdem nicht abwenden. »Von Zeit zu Zeit siegen die Arbeiter, aber nur vorübergehend. Das eigentliche Resultat ihrer Kämpfe ist nicht der unmittelbare Erfolg, sondern die immer weiter um sich greifende Vereinigung der Arbeiter.« Erst wenn der Kapitalismus als Ganzes überwunden ist und nicht nur einzelne »Interessen der Arbeiter in Gesetzesform« anerkannt sind, kann die Lohnarbeit abgeschafft werden.[12]

Sie stehen also vor der Alternative: Verelendung und Rückfall in die Barbarei oder »gewaltsamer Umsturz aller bisherigen Gesellschaftsordnung«. An diese Erkenntnis, daß die Entwicklung des Kapitalismus den Untergang im Elend bedeute, wenn man ihn nicht vorher abschaffe, appellieren die Schlußsätze des Kommunistischen Manifests: »Mögen die herrschenden Klassen vor einer kommunistischen Revolution zittern. Die Proletarier haben *nichts in ihr zu verlieren als ihre Ketten*. Sie haben eine Welt zu gewinnen.«[13]

Erst durch diese Verknüpfung von Verelendungstheorie und der strategischen Einschätzung, daß die Verschlechterung der Lebenslage die Arbeiter dazu bringe, Widerstand zu leisten, sich zusammenzuschließen und durch das, was sie bekämpfen, geschult und zur kampfkräftigen Organisation zusammengeschweißt schließlich den Kapitalismus und seine herrschende Klasse als Ursache des wachsenden Elends umzustürzen, erhält die damals allgemein verbreitete Theorie ihre spezifische Prägung und ihren besonderen Stellenwert in der marxistischen Literatur und in der Entwicklung der Arbeiterbewegung. Danach mußte es so scheinen, daß, wer die Verelendung des Proletariats im Kapitalismus ableugnete, damit

---

[11] Ebd., S. 471.
[12] Ebd.
[13] Ebd., S. 493 (Hervorh. W. W.).

auch die Entwicklung des Proletariats zur revolutionären Klasse und damit die Entwicklung zum Sozialismus abstritt.

Ohne die Verknüpfung von Entwicklungsprognose und grundsätzlicher strategischer Einschätzung hätte die Verelendungstheorie nie die Bedeutung erhalten können, die sie bis heute noch hat. Sie wäre lediglich eine von vielen Prognosen, die von *Marx* oder *Engels* aufgestellt wurden und die ohne viel Aufsehen von der historischen Entwicklung modifiziert und in der Theorie dann revidiert wurden (etwa die Erwartung, daß die sozialistische Revolution zuerst nur in den höchstindustrialisierten Ländern erfolgreich sein könne).

Nach dieser eindeutigen und überaus pointierten Formulierung einer Verelendungstheorie, die nur noch die Alternative zwischen Umsturz oder allgemeinem Zusammenbruch des Kapitalismus offenließ, hätte in den späteren Schriften von *Marx* und *Engels* schon eine ebenso eindeutige Absage an diese Theorie erscheinen müssen, um die allgemeine Überzeugung ins Wanken zu bringen, daß die Verelendungstheorie ein integraler und konstitutiver Teil der marxistischen Theorie sei. Statt dessen finden sich auch danach immer wieder Passagen, die diese Überzeugung bestätigen mußten.[14]

Als nach beinahe 20 Jahren auch noch im Hauptwerk von *Marx*, im ersten Band des ›Kapital‹, folgender Text als Gipfelpunkt und eigentliches Resultat der gesamten Überlegungen im ersten Band die Verelendungstheorie voll zu bestätigen schien, war es nur zu verständlich, wenn sie für die Arbeiterbewegung, die sich auf die Theorie von *Marx* berief, zu

[14] Es gibt außer im ›Kapital‹ und im ›Manifest‹ noch folgende Schriften, auf die sich die Behauptung, es gebe bei *Marx* eine Verelendungstheorie, stützen kann: Arbeitslohn, MEW 6, S. 535–556; Lohnarbeit und Kapital, MEW 6, S. 397–423, insbesondere S. 400, 405, 410, 412 bis Schluß; Lohn, Preis und Profit, MEW 16, S. 103–152, insbesondere ab S. 141. Dort auch die explizite Bestätigung für eine absolute Verelendung, gegen die die täglichen Kämpfe keine dauerhaften Erfolge erzwingen können: »Gleichzeitig und ganz unabhängig von der allgemeinen Fron, die das Lohnsystem einschließt, sollte die Arbeiterklasse die endgültige Wirksamkeit dieser tagtäglichen Kämpfe nicht überschätzen. Sie sollte nicht vergessen, daß sie gegen Wirkungen kämpft, nicht aber gegen die Ursachen dieser Wirkungen; daß sie zwar die Abwärtsbewegung verlangsamt, nicht aber ihre Richtung ändert; [. . .] Sie sollte begreifen, daß das gegenwärtige System bei all dem Elend, das es über sie verhängt, zugleich schwanger geht mit den *materiellen Bedingungen* und den gesellschaftlichen Formen, die für eine ökonomische Umgestaltung der Gesellschaft notwendig sind.« S. 152 und auf der gleichen Seite als Teil des Fazits sogar eine Formulierung der absoluten Verelendung als Lohnverelendung: »2. Die allgemeine Tendenz der kapitalistischen Produktion geht dahin, den durchschnittlichen Lohnstandard nicht zu heben, sondern zu senken.« Außer den hier zitierten Stellen aus dem 1. Band finden sich im ›Kapital‹ noch folgende Stellen im 3. Band (MEW 25) im Zusammenhang mit der der industriellen Reservearmee: S. 96, 246, 250, 253, 259, 266, 829. Stellen im Rahmen der Behandlung des zinstragenden Kapitals: S. 524, 560; zum Wucherkapital S. 609 u. 623; zur Grundrente: S. 631, 815, 821.

einem zentralen und konstituierenden Teil einer Weltanschauung wurde:

»Innerhalb des kapitalistischen Systems vollziehen sich alle Methoden zur Steigerung der gesellschaftlichen Produktivkraft der Arbeit auf Kosten des individuellen Arbeiters; [...] Es folgt daher, daß *im Maße wie Kapital akkumuliert, die Lage des Arbeiters, welches immer seine Zahlung, hoch oder niedrig, sich verschlechtern muß.* Das Gesetz endlich, welches die relative Überbevölkerung oder industrielle Reservearmee stets mit Umfang und Energie der Akkumulation in Gleichgewicht hält, schmiedet den Arbeiter fester an das Kapital als den Prometheus die Keile des Hephästos an den Felsen. Es bedingt eine der Akkumulation von Kapital entsprechende Akkumulation von Elend. Die Akkumulation von Reichtum auf dem einen Pol ist also zugleich *Akkumulation von Elend, Arbeitsqual, Sklaverei, Unwissenheit, Brutalisierung und moralischer Degradation auf dem Gegenpol,* d. h. auf Seite der Klasse, die ihr eigenes Produkt als Kapital produziert.«[15]

Das in dem zitierten Text angesprochene Gesetz über den Zusammenhang von industrieller Reservearmee und Akkumulation und die daraus resultierende Akkumulation von Elend ist in dem ganzen vorangehenden Teil des 23. Kapitels in polemischer Abhebung gegen die Vertreter der malthusianisch inspirierten Beschäftigungs- und Verelendungstheorien entwickelt und mit ungewöhnlicher Bestimmtheit im Text gekennzeichnet worden als »*das absolute, allgemeine Gesetz der kapitalistischen Akkumulation*«[16]. Und schließlich wiederholt sich im 24. Kapitel, dem zusammenfassenden Kapitel des ersten Bandes, unter dem programmatischen Titel ›7. Geschichtliche Tendenz der kapitalistischen Akkumulation‹ die Verknüpfung von Verelendungstheorie und grundsätzlicher strategischer Einschätzung der Entwicklung der Arbeiterbewegung, wie wir sie bereits beim Kommunistischen Manifest als entscheidend wichtiges Spezifikum analysiert haben:

»Mit der beständig abnehmenden Zahl der Kapitalmagnaten, welche alle Vorteile dieses Umwandlungsprozesses usurpieren und monopolisieren, *wächst die Masse des Elends, des Drucks, der Knechtschaft, der Entartung, der Ausbeutung, aber auch die Empörung der stets anschwellenden und durch den Mechanismus des kapitalistischen Produktionsprozesses selbst geschulten, vereinten und organisierten Arbeiterklasse.* [...] Die Zentralisation der Produktionsmittel und die Vergesellschaftung der Arbeit erreichen einen Punkt, wo sie unverträglich werden mit ihrer kapitalistischen Hülle. Sie wird gesprengt. Die Stunde des kapitalistischen Privateigentums schlägt. Die Expropriateurs werden expropriiert.«[17]

Zusammenfassung

In dieser Passage, die am Ende des 1. Bandes — wie als zusammenfassendes Fazit — die aus der kapitalistischen Entwicklung selbst erwachsende historische Tendenz aufzeigt,

[15] K. *Marx*, Das Kapital, Band 1, MEW 23, S. 674 f. (Hervorh. W. W.).
[16] Ebd., S. 673 f.
[17] Ebd., S. 790 f. (Hervorh. W. W.).

spielt der Zusammenhang von dem Elend, das der Kapitalismus erzeugt, und der daraus resultierenden Empörung eine so wichtige Rolle, daß sie allein schon belegen könnte, wie leicht man aus den *Marx*schen Schriften eine ›Verelendungstheorie‹ als integralen Bestandteil der gesamten theoretischen Konstruktion herausinterpretieren kann. Ob sie notwendig aus dem Gesamtzusammenhang der *Marx*schen Theorie folgt, werde ich im 3. Kapitel untersuchen. Hier gilt es zuerst einmal festzuhalten, daß aus den *Marx*schen Schriften eine Theorie belegt werden kann, die besagt, daß der Kapitalismus in seiner Entwicklung notwendig die Lage des Proletariats verschlechtere, und daß dieser Prozeß der Verelendung bei den Proletariern das Bewußtsein und den Willen erzeuge, den Kapitalismus als die Quelle ihres Elends abzuschaffen.

Damit haben wir aber zugleich gesehen, daß die Verelendungstheorie nicht nur eine Theorie über die Entwicklung der Lage der Arbeiterklasse ist, sondern daß sie vor allen Dingen eine Theorie über die Bewußtseinsentwicklung der Arbeiterklasse beinhaltet. Und erst als eine solche Theorie über die Entstehung von antikapitalistischem Bewußtsein erhält sie einen zentralen Stellenwert für eine Geschichtsbetrachtung, die die gegenwärtig herrschende Produktionsweise, Kapitalismus, nicht als ewige Naturnotwendigkeit, sondern als Durchgangsstadium in einer historischen Gesamtentwicklung versteht.

Weiter können wir festhalten, daß bei *Marx* an den Stellen, die zur Verelendungstheorie zusammengefaßt werden, nicht so sehr das Einkommen und die anderen Verhältnisse außerhalb des Produktionsprozesses als bestimmend für die Lage der Arbeiter im Vordergrund stehen. Diese Elemente der Lebenslage sind entscheidend und umfassend für die industrielle Reservearmee, für die Paupers, kurz für all diejenigen, denen der Verkauf ihrer Arbeitskraft nicht oder nicht mehr gelingt, die aber für ihre normale gesellschaftliche Lebenshaltung auf diesen Verkauf voll und ganz angewiesen sind. Für die beschäftigten Arbeiter, denen dieser Verkauf gelungen ist, stehen dagegen die Entwicklungen im Produktionsprozeß selbst ganz dominierend im Vordergrund: das Verhältnis zur Maschinerie, die Länge des Arbeitstages, die Intensität und der Inhalt der Arbeit. Eine Analyse des Arbeiterbewußtseins im Kapitalismus müßte demnach vor allem eine Analyse des kapitalistischen Produktionsprozesses bedeuten.

II. Die Rolle der Verelendungstheorie in der Geschichte der deutschen Arbeiterbewegung

Die kritische Interpretation der Verelendungstheorie im Rahmen des Gesamtwerkes und die Untersuchung auf ihren Stellenwert innerhalb der gesamten Theorie der materialistischen Geschichtsbetrachtung (als Bedingungsanalyse der Entwicklung der materiellen Reproduktion) werde ich im folgenden Kapitel vornehmen. Für dieses Kapitel hier ist allein wichtig, ob sich für die Zeitgenossen von *Marx* und *Engels* eine Verelendungstheorie als plausibel darstellen konnte und ob bei der späteren Lektüre von *Marx*-Texten die Verelendungstheorie als zentral wichtiger und konstitutiver Teil des Marxismus durch diese Texte belegt werden konnte.

So werden denn auch in den Programmschriften der SPD nach dem ›Manifest der Kommunistischen Partei‹ bis zur Jahrhundertwende die Thesen der Verelendungstheorie aufgenommen; im ›Gothaer Programm‹ von 1875 noch vermischt mit dem Lassallianischen Malthusianismus: »In der heutigen Gesellschaft sind die Arbeitsmittel Monopol der Kapitalistenklasse; die hierdurch bedingte Abhängigkeit der Arbeiterklasse ist die Ursache des Elends und der Knechtschaft in allen Formen.« Gefordert — und *Marx* rügt diese Forderung heftig — wird »die Zerbrechung des ehernen Lohngesetzes«[18].

Im ›Erfurter Programm‹ von 1891 ist dann die Formulierung über die »geschichtliche Tendenz der kapitalistischen Akkumulation« vom Ende des ersten Bandes des ›Kapital‹ beinahe wörtlich übernommen. Die Verelendungstheorie als strategische Einschätzung der Entwicklung des Kapitalismus und der unausweichlichen revolutionären Reaktion des Proletariats auf diese Entwicklung ist damit zur programmatisch festgelegten Doktrin der deutschen Arbeiterbewegung geworden.

In der Revisionismusdebatte wurde diese Doktrin und die entsprechende Passage im Erfurter Programm zu einem der zentralen Punkte der Auseinandersetzung.

1. Revisionismusstreit und Verelendungstheorie

Die Revisionismusdebatte erreichte ihren ersten Höhepunkt, als Eduard *Bernstein* eine Zuschrift an den vom 3. bis 8. Ok-

---

[18] Programm der Sozialistischen Arbeiterpartei Deutschlands (Gothaer Programm), in: Revolutionäre deutsche Parteiprogramme, Berlin (DDR–Dietz) 1967, S. 47, und K. *Marx*, Kritik des Gothaer Programms, in: MEW 19, S. 15 f.

tober 1898 in Stuttgart versammelten Parteitag der SPD einsandte. Mit statistischen Untersuchungen über die Entwicklung der Eigentumsverhältnisse bei den Aktiengesellschaften, in der Landwirtschaft und bei den mittelständischen Unternehmen begründete er seinen zentralen Einwand gegen die sozialdemokratische Programmatik:

»Ich bin der Anschauung entgegengetreten, daß wir vor einem in Bälde zu erwartenden Zusammenbruch der bürgerlichen Gesellschaft stehen und daß die Sozialdemokratie *ihre Taktik durch die Aussicht auf eine solche bevorstehende große soziale Katastrophe bestimmen beziehungsweise von ihr abhängig machen soll. Das halte ich in vollem Umfang aufrecht.«* [18a]

Dagegen setzte Rosa *Luxemburg* in ihrer erstmals 1899 erschienenen Schrift ›Sozialreform oder Revolution?‹ die These:

»Bernstein hat seine Revision des sozialdemokratischen Programms mit dem Aufgeben der Theorie des kapitalistischen Zusammenbruchs angefangen. Da aber der Zusammenbruch der bürgerlichen Gesellschaft ein Eckstein des wissenschaftlichen Sozialismus ist, so mußte die Entfernung dieses Ecksteins logisch zum Zusammenbruche der ganzen sozialistischen Auffassung bei Bernstein führen.« [19]

So schien die Auseinandersetzung gar nicht um die Verelendungstheorie zu gehen. Die Entwicklung der Reallöhne und der Lage der Arbeiterklasse kam auch nur ganz nebenbei bei den Debatten über die empirische Entwicklung des Kapitalismus zur Sprache. Im Mittelpunkt der Streitschriften scheint die These vom Zusammenbruch zu stehen.

Untersucht man jedoch die Argumentation um die Zusammenbruchsthese genauer, so wird man finden, daß sich in ihr der Streit um die strategische Einschätzung der Verelendungstheorie verbirgt: wenn es dem Proletariat immer schlechter gehe, wenn es vor sich nur noch die Wahl zwischen Sozialismus oder Barbarei sehe, werde es notwendig immer revolutionärer und klassenbewußter. Rosa *Luxemburg* begründete ihre These, daß mit der Zusammenbruchstheorie der ganze ›wissenschaftliche Sozialismus‹ stehn oder fallen müsse, folgendermaßen:

»Die wissenschaftliche Begründung des Sozialismus stützt sich nämlich bekanntermaßen auf *drei* Ergebnisse der kapitalistischen Entwicklung: vor allem auf die wachsende *Anarchie* der kapitalistischen Wirtschaft, die ihren Untergang zu unvermeidlichem Ergebnis macht, zweitens auf die fortschreitende *Vergesellschaftung* des Produktionsprozesses, die die positiven Ansätze der künftigen sozialen Ordnung schafft, und drittens auf die wachsende *Organisation und Klassenerkenntnis* des Proletariats, das den aktiven Faktor der bevorstehenden Umwälzung bildet.« [20]

Wenn man mit *Bernstein* die Entwicklung zum eigenen Untergang wegnehme, »dann hört der Sozialismus auf, objektiv nötwendig zu sein«, denn mit der Vermeidbarkeit von Krisen und der »Hebung der Lage der Arbeiterklasse« komme es zu

[18a] Eduard *Bernstein*, Die Voraussetzungen des Sozialismus und die Aufgaben der Sozialdemokratie, nach der Neuen Ausgabe von 1921 hg. von Günther Hillmann, Reinbek 1969, S. 9.
[19] 2. durchgesehene und ergänzte Auflage, Leipzig 1908, S. 45.
[20] Ebd., S. 3.

einer »Abstumpfung des Widerspruchs zwischen Kapital und
Arbeit«. Der vergesellschaftete Produktionsprozeß in seiner
kapitalistischen Form sei bloß »in begrifflichem und nicht in
historischem Sinne« Voraussetzung des Sozialismus, denn das
Klassenbewußtsein — der »aktive Faktor« unter den drei Ergebnissen — kann nur noch »bloßes Ideal« sein, »dessen Über-
zeugungskraft auf seiner eigenen ihm zugedachten Vollkom-
menheit« beruht, weil es durch »die Anpassungsmittel« und
die »Abstumpfung des Widerspruchs zwischen Kapital und
Arbeit« eben nicht mehr »der einfache geistige Widerschein
der sich immer mehr zuspitzenden Widersprüche des Kapitalismus und seines bevorstehenden Untergangs« sei.[21] Für Rosa
Luxemburg bedeutete also die Verschlechterung in der Lage
der Arbeiterklasse den entscheidenden Aspekt der Krise, »dessen Gegenstück der Aufschwung des *politischen* und sozialistischen Klassenkampfes sein muß«[22]. In der Zusammenbruchstheorie ist daher gar nicht der quasi automatische Zusammenbruch des Kapitalismus als bloß ökonomisches Schei-
tern an den rein ökonomischen Widersprüchen gemeint, denn
lange vor diesem Punkt werde das Proletariat gegen die Unhaltbarkeit der Zustände revoltieren.

Auch *Bernstein* verstand unter dem, was er als die ›Zusammenbruchstheorie‹ der Sozialdemokratie bezeichnete, keinen
mechanischen, bloß ökonomischen Zusammenbruch, sondern
das Zusammenspiel von Verelendung des Proletariats in einer
umfassenden Geschäftskrisis und dem durch diese Verelendung erzeugten revolutionären Klassenbewußtsein:

»Nach dieser Auffassung wird früher oder später eine Geschäftskrisis von
gewaltiger Stärke und Ausdehnung durch das Elend, das sie erzeugt, die
Gemüther so leidenschaftlich gegen das kapitalistische Wirtschaftssystem
entflammen, die Volksmassen so eindringlich von der Unmöglichkeit
überzeugen, unter der Herrschaft dieses Systems die gegebenen Produktivkräfte zum Wohle der Gesamtheit zu leiten, daß die gegen dieses System gerichtete Bewegung unwiderstehliche Kraft annimmt und unter
ihrem Andrängen dieses selbst hoffnungslos zusammenbricht.«[23]

Insgesamt kann man sagen, daß die Revisionismusdebatte
letztlich eine Diskussion um die Verelendungstheorie war.[24]
Bernstein versuchte mit Hilfe empirischer Daten nachzuweisen, daß die erwartete Verelendung nicht stattfand, daß die
wirtschaftliche Entwicklung nicht, wie im Erfurter Programm
prognostiziert, mit immer schärfer werdenden und immer en-

[21] Alle Zitate ebd., S. 4.
[22] Ebd., S. 14.
[23] Eduard *Bernstein*, Der Kampf der Sozialdemokratie und die Revolution
der Gesellschaft, in: *Neue Zeit*, J. 16,1; 1897, S. 549.
[24] Zu diesem Ergebnis kommt auch Peter *Gay*, Das Dilemma des demokratischen Sozialismus — Eduard Bernsteins Auseinandersetzung mit Marx,
Nürnberg (Nest) 1954, S. 208 f: Die revisionistische Taktik »beruhte vor
allem auf den revisionistischen Modifikationen der marxistischen Ver-
elendungs- und Krisentheorie«.

ger aufeinanderfolgenden Krisen in einer nach unten abfallenden Wellenlinie, sondern in unregelmäßigen, manchmal nach unten versetzten Wellenbergen aber mit insgesamt steigender Tendenz verlaufen war und eine grundsätzliche Wende nicht zu erwarten sei.[25]

Die Gegner *Bernsteins* versuchten einerseits zu zeigen, daß die von *Bernstein* angeführten empirischen Daten irrelevant, unvollständig und irreführend seien und warfen ihm andererseits Abweichung von der *Marx*schen Methode und Fehlinterpretation der grundsätzlichsten Schriften von *Marx* und *Engels* vor. Dabei schien der zweite Vorwurf, die mangelnde Orthodoxie *Bernsteins*, für die Kritiker der schwerwiegendere zu sein; daher auch der Name ›Revisionismus‹, der selbst als Anklage gemeint war. Der springende Punkt in der ganzen Debatte ist aber gerade, daß damals wie heute ›Revisionisten‹ und ›Antirevisionisten‹ in ihrer Marxismusinterpretation — was die Verelendungstheorie angeht — sich voll decken: beide behaupten, die prognostizierte Tendenz zur Verschlechterung der Lage der Arbeiterklasse sei zentraler und unverzichtbarer Bestandteil der materialistischen Geschichtsbetrachtung, und zwar darum, weil mit ihr aufs engste die Theorie über die Entstehung von Klassenbewußtsein und revolutionärer Massenmobilisierung verknüpft sei. In der Interpretation der *Theorie* der Verelendung und ihrer politischen Folgen gibt es keine entscheidenden Unterschiede; strittig ist alleine, ob sich die *Wirklichkeit* nach der übereinstimmenden *Marx*-Interpretation verhält. Und je nachdem wie die Antwort auf diese Frage ausfällt, bestimmt sich in der Folge die Politik auf völlig unterschiedlicher Grundlage und mit entgegengesetzter Perspektive.

Diejenigen, die in der wirklichen Entwicklung des Kapitalismus *keine* Verelendung beobachten können, sehen darin eine Widerlegung der Verelendungstheorie. Da diese besagt, daß durch die Verelendung das revolutionäre Bewußtsein im Proletariat erzeugt werde, das den Kapitalismus umstürzen und den Sozialismus aufbauen werde, muß damit folglich auch die Hoffnung auf eine revolutionäre Entwicklung aufgegeben werden. Die Führer der Arbeiterbewegung mußten demnach an dem bestehenden Bewußtsein der Massen anknüpfen, das ohne Verelendung — laut Theorie — gar nicht revolutionär sein konnte. Es mußten also alternative Strategien für den Kampf um den Sozialismus entwickelt werden. Dazu bot sich vor allem an, diejenigen Tendenzen und Kräfte, die in der Ver-

[25] Ders., Der Revisionismus in der Sozialdemocratie — ein Vortrag gehalten in Amsterdam vor Akademikern und Arbeitern, Amsterdam 1909, in: Ein revisionistisches Sozialismusbild — drei Vorträge von Eduard *Bernstein*; hg. und eingel. von Helmut Hirsch, Hannover 1966, S. 35 f.

gangenheit statt der Verelendung eine Besserstellung der Arbeiter bewirkt hatten, zu einer weiteren Stärkung der Arbeiterklasse auszunutzen.

Die sozialistische Umgestaltung der Gesellschaft sollte durch das Mittel der demokratischen und wirtschaftlichen Reform angestrebt werden.

»Es handelt sich nicht darum, das sogenannte Recht auf Revolution abzuschwören [...] Dieses ungeschriebene und unverschreibbare Recht wird dadurch, daß man sich auf den Boden der Reform stellt, so wenig berührt, wie das Recht der Notwehr dadurch aufgehoben wird, daß wir Gesetze zur Regelung unserer persönlichen und Eigentumsstreitigkeiten schaffen.«[26]

Die Revolution ist also nur noch Notwehr für den Fall, daß es doch noch zu der Verelendung kommen sollte — und die Drohung mit dieser möglichen Gefährdung des ›sozialen Friedens‹ ist zugleich wichtiges Mittel im Kampf gegen Verelendungstendenzen. Ansonsten solle mit Hilfe der Gewerkschaften und vor allem der parlamentarischen Partei die Wirtschaft und Gesetzgebung zuerst beeinflußt und dann über die eroberte Staatsmacht umgestaltet werden. Einstweilen gehe es in gespanntem, aber nicht grundsätzlich antagonistischem Verhältnis zu den Gegebenheiten der kapitalistischen Gesellschaftsordnung weiter voran nach der Devise, daß das Endziel alleine nichts, die Bewegung dahin aber alles sei:

»Überall Aktion für Reform, Aktion für sozialen Fortschritt, Aktion für Erringung der Demokratie — man studiert die Einzelheiten der Probleme des Tages und sucht nach Hebeln und Ansatzpunkten, um auf *dem Boden dieser* die Entwicklung der Gesellschaft im Sinne des Sozialismus vorwärts zu treiben.«[27]

Diejenigen aber, die auf der Gültigkeit irgendeiner Form der Verelendungstheorie beharrten, taten dies weniger aufgrund entsprechender empirischer Beobachtungen, sondern folgerten dies aus theoretischen Argumentationsketten: durch Reformen innerhalb des Kapitalismus oder Eroberung der Staatsmacht über Wahlerfolge als Volkspartei sei der Sozialismus nicht erreichbar. Dies wurde als wichtigstes Argument vorgebracht und von dieser Seite aus als die bedeutendste theoretische Frage in der gesamten Revisionismusdebatte hervorgehoben. Sobald die Reformpolitik die Kapitalakkumulation beeinträchtige, werde sie ihrer ökonomischen Basis beraubt,

[26] *Bernstein*, Voraussetzungen, a.a.O., S. 196, in der Originalausgabe S. 231 f.
[27] Ebd., S. 198, im Original S. 233 f (Hervorh. W. W.). In seiner Schrift ›Leitsätze für den Theoretischen Teil eines sozialdemokratischen Parteiprogramms‹ (in: ein revisionistisches Sozialismusbild, a.a.O.‹ als Anhang des dritten Vortrages, S. 42) schreibt *Bernstein* programmatisch zusammenfassend: »Revisionismus, ein Wort, das im Grunde nur für theoretische Fragen Sinn hat, heißt in's Politische übersetzt: *Reformismus*, Politik der systematischen Reformarbeit im Gegensatz zur Politik, der eine revolutionäre Katastrophe als gewolltes oder für unvermeidlich erkanntes Stadium der Bewegung vor Augen schwebt.«

weil der Rückgang in den Kapitalinvestitionen, die Kapital-flucht und die daraus resultierende Wirtschaftskrise, die Re-formpartei vor die Alternative stelle, entweder durch eine revolutionäre Umwandlung der Gesellschaft dem Kapital die Entscheidung über die Wirtschaftsentwicklung aus der Hand zu nehmen oder aber durch gezielte Förderung des Verwer-tungsinteresses die Kapitalakkumulation wieder anzukur-beln und so das für Reformen und Wahlerfolge günstige Wirtschaftsklima wieder herzustellen. Der Verzicht auf den revolutionären Weg zum Sozialismus bedeute also den Ver-zicht auf den Sozialismus selbst und zwinge die Arbeiterbe-wegung zur Stabilisierung des Kapitalismus, um sich vom ›wachsenden Kuchen ein wachsendes Stück‹ holen zu können. Wenn der Sozialismus aber auf dem Wege der Reform nicht erreichbar sei, müsse er — so geht die Argumentationskette weiter — durch die revolutionäre Aktion des Proletariats er-kämpft werden. Das massenhafte revolutionäre Eintreten des Proletariats für den Umsturz des Kapitalismus könne sich aber wieder nur entwickeln, wenn das Proletariat zunehmend unter dem Kapitalismus leide und so in zunehmenden Wider-spruch und Empörung gegen die herrschenden Verhältnisse gerate. Damit aber war die Verelendungstheorie tatsächlich zu einem theoretischen Eckpfeiler der ›antirevisionistischen Linken‹ geworden.

Weil die Theorie über die Entstehung von Klassenbewußtsein und damit die Einschätzung der Möglichkeit von revolutio-nären Entwicklungen zum Sozialismus so eng an die Ver-elendungstheorie gebunden schien, mußten in der Folge unge-heure theoretische Anstrengungen unternommen werden, um je nach Wandel in der Entwicklung der Wirklichkeit des Ka-pitalismus die Punkte aufzuzeigen, die so niederdrückend auf das Proletariat wirkten, daß sie geeignet erschienen, die er-wartete revolutionäre Empörung zu erzeugen. Dabei entstan-den, wie sich in den folgenden Teilen dieses Kapitels noch zei-gen wird, eine Vielfalt von Neu-Konstruktionen und Modifika-tionen der Theorie und scharfsinnige und eindrucksvolle, em-pirische Beweisführungen, aber auch plumpe Verdrehungen und Verfälschungen nach dem Motto: daß nicht sein kann, was nicht sein darf.

Bevor wir aber dieser Entwicklung bis heute im einzelnen nachgehen, sollen hier die unterschiedlichen Vorstellungen, die prägend für diese Entwicklung der Theorie waren, darge-stellt werden, wie sie von den drei wichtigsten Gegnern *Bernsteins* in der Revisionismusdebatte vertreten wurden, von *Kautsky*, *Luxemburg* und *Lenin*.

Karl *Kautsky* bezog gegenüber den Revisionisten eine sehr differenzierte und bei aller Polemik ausgewogene Stellung. Er unterschied nach Gegenden und Bereichen, die erst neu vom Kapitalismus erfaßt werden und wo die kapitalistische Produktionsweise »eine Masse physischen Elends schafft«, während dort, wo sie hoch entwickelt ist, das physische Elend »namentlich durch das Erstarken des Proletariats« zurückgedrängt werden könne. Das physische Elend werde dort durch eine »soziale Verelendung« abgelöst, »durch den Fortschritt der Arbeitsteilung und des Maschinenwesens, welche die Arbeit monoton und widerwärtig machen, durch Ausdehnung der Frauenarbeit, vielfach durch Kinderarbeit, Verdrängung qualifizierter Arbeit, durch Vermehrung der Existenzunsicherheit, durch das Zurückbleiben der Erhöhung proletarischer Lebenshaltung hinter der gleichzeitigen Erhöhung bürgerlicher Lebenshaltung«.

Dieses soziale Elend, das *nicht* bloß relative Verelendung bedeutet, sondern die gesamte Stellung im kapitalistischen Produktionsprozeß umfaßt, wächst nach der Interpretation *Kautskys* beständig — »nämlich der Gegensatz zwischen den Kulturbedürfnissen und den Mitteln des einzelnen Arbeiters, ihnen zu genügen«. Dabei schloß er keineswegs aus, daß es einzelnen Gruppen von Arbeitern gelingen könne, als einzelne dem sozialen Elend zeitweise zu entgehen.[28]

Während er die Zusammenbruchstheorie zurückwies — sie sei nie in der Sozialdemokratie oder im Marxismus vertreten worden[29] —, erkannte er das, was von *Bernstein* und anderen als Verelendungstheorie gekennzeichnet wurde, als *Motor der Klassenauseinandersetzung* voll an:

»Die Frage der ›Verelendung‹ ist, wie man sieht, keine einfache, sondern eine sehr komplizierte. Das Elend nimmt die verschiedensten Formen an und jede dieser Formen hat ihre besonderen Bewegungen, aber sie alle enden in dem Resultat: Verschärfung der sozialen Gegensätze, Verschärfung des proletarischen Kampfes gegen das kapitalistische Joch.«[30]

»Ja, daß die proletarische Solidarität ein Ende nimmt, wenn politischer und ökonomischer Druck aufhört, das will ich nicht bestreiten; sie ist ja gerade ein Ergebnis dieses Druckes.«[31]

In diesem Punkt brachte *Kautsky* den kleinsten gemeinsamen Nenner der antirevisionistischen Linken in der Arbeiterbewegung zum Ausdruck, eine Übereinstimmung, die bis heute nur wenige Ausnahmen kennt.

Der Punkt, an dem *Kautsky* selbst über den kleinsten gemeinsamen Nenner hinausging, lag in der Frage, welche Rolle die Partei des Proletariats in der historischen Entwicklung zum

---

[28] Alle Zitate aus: *Bernstein*, Voraussetzungen, a.a.O., S. 127 f.
[29] Ebd., S. 41 ff.
[30] Ebd., S. 127.
[31] Ebd., S. 169.

Sozialismus spielen könne und spielen solle. Im Gegensatz zu Rosa *Luxemburg*, *Lenin* und damit auch alle folgenden Theoretikern der späteren kommunistischen Parteien, sah er der Partei nur eine untergeordnete, unterstützende Rolle zugeteilt, während die epochalen Tendenzen der Klassenauseinandersetzung und der sich entfaltenden Gesellschaftlichkeit von Produktivkraftentwicklung eine beinahe mechanische Rolle spielen sollten.[32]

Für Rosa *Luxemburg* war, wie wir oben bereits dargestellt haben, die Verelendungstheorie ganz selbstverständlich gültige Beschreibung der zukünftigen Entwicklung des Kapitalismus, so selbstverständlich, daß sie sich über diesen Punkt überhaupt nicht auf eine Diskussion einließ, sondern die Auseinandersetzung von der viel exponierteren Position der Verteidigung einer Zusammenbruchstheorie aus führte. Sie insistierte darauf, daß der ökonomische Zusammenbruch des Kapitalismus auf die Dauer gesehen unvermeidlich sein müßte, sobald sich der Kapitalismus zum Weltsystem entwickle und damit seine Möglichkeiten erschöpft habe, seine inhärente Überproduktion in neu erschlossenen, fremden Märkten abzusetzen. Diese These versuchte sie mit Hilfe der weitergeführten Reproduktionsschemata aus dem 2. Band des ›Kapital‹ nachzuweisen. Die ganze Bemühung sollte aber nicht etwa zeigen, daß der Zusammenbruch des Kapitalismus automatisch erfolge, den das Proletariat und seine Partei daher in aller Ruhe abwarten könne, sondern sollte im Gegenteil die objektive, historische Notwendigkeit der revolutionären Erhebung des Proletariats vor dem Zeitpunkt der endgültigen Katastrophe demonstrieren. (Diese These wurde Ende der zwanziger Jahre wieder aufgenommen und führte zu einer hitzigen Debatte innerhalb der kommunistischen Parteigruppen, in deren Zentrum die Frage nach der Rolle der subjektiven, aktiven und spontanen Arbeiterbewegung stand.)

Lenins Position zur Verelendungstheorie und Entwicklung des Klassenbewußtseins ist besonders wichtig, weil sie durch die siegreiche Oktoberrevolution innerhalb der kommunistischen Parteien besonderen Einfluß gewann und — zum Teil aus Gründen von innersowjetischen Parteistreitigkeiten im Laufe der zwanziger Jahre — zum sakrosankten Dogma für die gesamte 3. Internationale erhoben wurde, zu dem sich auch heute kaum jemand kritisch äußern darf, will er innerhalb

---

[32] Ebd., S. 194. Diese Haltung kommt bei ihm allerdings in späteren Schriften, in denen er gegen die bolschewistische Oktoberrevolution argumentiert, erst völlig heraus. Darauf näher einzugehen, wäre hier aber eine Abschweifung.

der offiziellen kommunistischen Bewegung nicht an Einfluß verlieren.[33]

Die Äußerungen *Lenins* zur Verelendungstheorie scheinen zuerst einmal im Widerspruch zu stehen zu der Position, die er im Streit mit Rosa *Luxemburg* um die Entstehung von Klassenbewußtsein bezogen hatte: in seiner Rezension über das Buch von K. *Kautsky* unterstützte er die Interpretation der Verelendungstheorie mit ihrer engen, beinahe automatischen Verknüpfung von Verelendung und der Entstehung von Klassenbewußtsein und revolutionärer Empörung.[34] Und in der Schrift ›Entwurf eines Programms unserer Partei‹ von 1902 wurde die entsprechende Passage des Erfurter Programms nicht nur verteidigt, sondern als besonders wichtiger Punkt für das russische Programm mit folgender Begründung vorgeschlagen:

»In letzter Zeit sind die Kritiker, die sich um Bernstein gruppieren, gerade über diesen Punkt besonders heftig hergefallen, wobei sie die alten Einwände der bürgerlichen Liberalen und Sozialpolitiker gegen die ›Verelendungstheorie‹ wiederholen. Unserer Meinung nach hat die Polemik, die aus diesem Anlaß geführt wurde, die *völlige Unhaltbarkeit* einer derartigen ›Kritik‹ vollauf bewiesen.«

Lenin wies erneut die *Bernsteinschen* Widerlegungsversuche der Verelendungstheorie zurück und referierte zustimmend die Interpretation durch *Kautsky* vom Wachstum des sozialen Elends in den kapitalistisch entwickelten Ländern und dem des physischen Elends in den Randgebieten des Kapitalismus. Demnach, so folgerte er, sei Rußland »in einem zehnfach höheren Maße« als andere europäische Länder vom Wachstum des sozialen *und* des physischen Elends betroffen.

»Also müssen unserer Meinung nach die Worte von der ›wachsenden Masse des Elends, des Drucks, der Knechtung, der Degradation, der Ausbeutung‹ unbedingt in das Programm aufgenommen werden — erstens, weil sie die grundlegenden und wesentlichen Eigenschaften des Kapitalismus absolut richtig charakterisieren, weil sie gerade den Prozeß charakterisieren, der sich vor unseren Augen vollzieht und der eine der Hauptbedingungen ist, die die Arbeiterbewegung und den Sozialismus in Rußland hervorbringen; zweitens, weil diese Worte ein riesiges Material für die Agitation liefern, da sie eine ganze Reihe von Erscheinungen resümieren, die die Arbeitermassen am meisten bedrücken, aber auch am meisten empören [...]; drittens, weil wir uns durch diese genaue Kennzeichnung der verderblichen Auswirkungen des Kapitalismus und der Notwendigkeit, der Unvermeidlichkeit der Empörung der Arbeiter von den halbschlächtigen Elementen abgrenzen, die mit dem Proletariat ›sympathisieren‹ und ›Reformen‹ zu seinen Gunsten verlangen und zugleich be-

[33] Vgl. Isaac *Deutschers* biographische Darstellungen der russischen Revolution und der späteren Entwicklung unter Stalin: Stalin — Die Geschichte des modernen Rußland, Stuttgart 1951; Trotzki; 3 Bde. insbes. Bd. II: Der unbewaffnete Prophet 1921–1929, Stuttgart, Berlin, Köln, Mainz 1972², S. 156 ff.
[34] Rezension über: Karl Kautsky; Bernstein und das sozialdemokratische Programm — Eine Antikritik, Ende 1899, in: *Lenin*, Werke, Bd. 4, S. 195 f.

strebt sind, die ›goldene Mitte‹ zwischen Proletariat und Bourgeoisie, zwischen der autokratischen Regierung und den Revolutionären einzunehmen.«[35]

So wurde denn auch ins Parteiprogramm eine regelrecht Kautskyanische Formulierung übernommen, die *Lenin* auch wieder in den ›Materialien zur Revision des Parteiprogramms‹ (von 1917) unverändert stehen ließ.[36]
Die Widersprüchlichkeit in den Anschauungen *Lenins* über die Entstehung von Klassenbewußtsein können durchaus als unterschiedliche Bestimmungen unvereint nebeneinander stehen, denn es handelte sich bei den Schriften *Lenins* nicht um den Versuch, eine konsistente Theorie zu bilden, sondern sie waren meist durch aktuelle Auseinandersetzungen und taktische Rücksichtnahmen bestimmt. Es ist jedoch auch möglich, beide Anschauungen, das *spontane* Wachsen von Klassenbewußtsein aus der Verelendungserfahrung und die aktive Rolle der Partei dabei, als zusammengehörig zu interpretieren, wenn man sie mit der These von der Arbeiteraristokratie in ›Der Imperialismus als höchstes Stadium des Kapitalismus‹ (1916) und noch deutlicher in ›Der Imperialismus und die Spaltung des Sozialismus‹ (ebenfalls 1916) zusammenbringt.[37]
Diese — höchst problematische — theoretische Konstruktion sollte die starken revisionistischen Strömungen in den Arbeiterparteien und die aller bisherigen Theorie und Agitation hohnsprechende Unterstützung des eindeutig imperialistischen Ersten Weltkrieges durch die Arbeiterparteien aller europäischen Länder (und nicht nur durch die Führung dieser Parteien!) erklären. Sie besagt, daß aus den monopolistischen Extraprofiten als Frucht des Imperialismus eine kleine Gruppe von Arbeitern in den imperialistischen Ländern bestochen werde. Es bleibt dabei völlig unklar, wie und an wen die Extraprofite übertragen werden: an die »Oberschicht der Arbeiter« (S. 747) oder einen »Teil der Kleinbourgeoisie und gewisser Schichten der Arbeiterklasse« (S. 789) oder an »die Arbeiterführer und die Oberschicht der Arbeiteraristokratie« (S. 652) oder an die gesamte Arbeiterschaft der imperialistischen Länder (S. 786 und 794) bzw. eines kleinen Teils (S. 796):

[35] *Lenin*, Werke, Bd. 6, S. 228 f.
[36] »Aber in dem Maße, wie alle diese, der bürgerlichen Gesellschaft eigenen Widersprüche wachsen und sich entwickeln, wächst auch die Unzufriedenheit der werktätigen und ausgebeuteten Masse mit den bestehenden Zuständen, und verschärft sich ihr Kampf gegen ihre Ausbeuter.« *Lenin*, Werke, Bd. 24, S. 469.
[37] Der Imperialismus als höchstes Stadium ... ist abgedruckt in: Werke, Bd. 22, S. 189—309; Der Imperialismus und die Spaltung ..., in: Werke, Bd. 23, S. 102—108. Ich zitiere hier nach Band II von: W. I. *Lenin*, Ausgewählte Werke in sechs Bänden, Frankfurt 1970, S. 643—770 und S. 784 bis 801. Seitenangaben im Text beziehen sich auf diese Ausgabe.

»Die Bourgeoisie einer imperialistischen ›Groß‹macht ist *ökonomisch in der Lage*, die oberen Schichten ›ihrer‹ Arbeiter zu bestechen und dafür ein- oder zweihundert Millionen Francs im Jahr auszuwerfen; denn ihr *Extra-profit* beträgt wahrscheinlich rund eine Milliarde. Und die Frage, wie die-ses kleine Almosen verteilt wird unter die Arbeiterminister, die ›Arbeiter-vertreter‹ [. . .], die Arbeitermitglieder der Kriegsindustriekomitees, die Arbeiterbürokraten, die Arbeiter, die in eng zünftlerischen Gewerkschaf-ten organisiert sind, die Angestellten usw. usw. — das ist schon eine Frage zweiter Ordnung« (S. 795).

Wie auch immer dies geschieht, führe das bei den Bestoche-nen dazu, daß sie »Sozialimperialisten« werden, »D. h. So-zialisten in Worten, Imperialisten in der Tat . . .« (S. 750), »*Kettenhunde* des Kapitalismus« und »*Verderber* der Arbei-terbewegung« (S. 789).

»Diese Schicht der verbürgerten Arbeiter oder der ›Arbeiteraristokratie‹, in ihrer Lebensweise, nach ihrem Einkommen, durch ihre ganze Welt-anschauung vollkommen verspießert, ist die Hauptstütze der II. Interna-tionale und in unseren Tagen die *soziale* (nicht militärische) Haupt*stütze der Bourgeoisie*. Denn sie sind wirkliche *Agenten der Bourgeoisie inner-halb der Arbeiter*bewegung« (S. 653).

Schließt man eine rein verschwörungstheoretische Konstruk-tion aus, bei der die Kapitalisten im geheimen und planvoll die Arbeiter und ihre Führer bestechen, um sie auf ihre Seite als Agenten zur Verführung der ganzen Arbeiterklasse zu benützen, dann bleibt nur die logische Umkehrung der Ver-elendungstheorie als Erklärung übrig: nämlich so wie das Elend revolutionär mache, so mache die Besserstellung — wo immer sie auch herkomme — konterrevolutionär! Und die Bes-serstellung sei in den kapitalistisch hochentwickelten Ländern eben durch die imperialistischen Extraprofite möglich gewor-den. Daß sie den Kapitalen in schweren Kämpfen abgerungen oder durch Erhöhung der Arbeitsbelastung erkauft worden war, spielte für *Lenin* offensichtlich keine Rolle. *So bestätigt sich in der Arbeiteraristokratiethese die Auffassung von der automatischen und reflexartigen Auswirkung der Entwick-lung der materiellen Lage auf das Bewußtsein, wie sie in der ganzen Verelendungstheorie als Grundannahme angelegt ist.* Das wird aus folgendem noch deutlicher: Während also laut Arbeiteraristokratiethese eine in ihrer Zusammensetzung und Größe unbestimmte Schicht der Arbeiterklasse durch Extra-profite bestochen zu Wohlstand kommt, verelendet die Masse der Arbeiter aber immer mehr: »Denn die Trusts, die Finanz-oligarchien, die Teuerung usw., die die Bestechung einer dünnen Oberschicht *ermöglichen*, unterdrücken, unterjochen, ruinieren und quälen die *Masse* des Proletariats und Halb-proletariats immer mehr« (S. 796). Diese Massen haben dann auch — ganz entsprechend der Verelendungstheorie — das gegenteilige Interesse der Bestochenen, sie haben »die Ten-denz, dieses Joch abzuwerfen und die Bourgeoisie zu stürzen« (S. 796). In dieser Tendenz werden sie aber durch die bestochenen ›Arbeiteraristokraten‹ behindert, die hier als ›Führer‹ auftreten und eine ganz analoge — nur eben in entgegengesetzte Richtung wirkende — Funktion haben wie die Partei *Leninschen* Typs: Sie verführen die Massen durch »ein weitverzweigtes, systematisch angewandtes, solide ausgerüstetes System von Schmeichelei, Lüge, Gaunerei, das mit populären Modeschlagworten jongliert, den Arbeitern alles mögliche, beliebige Reformen und beliebige Wohltaten verspricht — wenn diese nur auf den revolutionären Kampf für den Sturz der Bourgeoisie verzichten« (S. 797).

In dieser Situation ist es dann Aufgabe der revolutionären Avantgarde, der Partei des Proletariats, den Betrug zu »enthüllen« (S. 800), die Arbeiteraristokraten zu entlarven, indem sie «tiefer, zu den *untersten,* zu den wirklichen Massen« gehen (S. 800). Diesen unbestochenen Massen, die voll der verelendenden Wirkung des Kapitalismus unterliegen (denn dieses ›tiefer‹ und ›unterste‹ ist nur als Richtungsangabe im Sinne einer ökonomischen Schichtung verständlich), braucht man nur ihre Illusionen über ihre wirkliche Lage zu nehmen, dann kommt die Bewußtseins-bildende Kraft der Verelendung voll zum Tragen. Dadurch »lehren wir die Massen, ihre wirklichen politischen Interessen zu erkennen und durch all die langen und qualvollen Wechselfälle der imperialistischen Kriege und der imperialistischen Waffenstillstände hindurch für den Sozialismus und die Revolution zu kämpfen« (S. 800). Es sind also zwei Eliten, die darum kämpfen, »welcher Teil des Proletariats« ihnen »folgt und folgen wird« (S. 800). Die »Opportunisten und Sozialchauvinisten« mit der Tendenz, dem Proletariat die Erkenntnis seiner wahren Lage und seiner wahren Interessen durch ›Sozialdemagogie‹, ›Almosen‹, ›Lügen‹, ›Illusionen‹ etc. zu ›verschleiern‹, es an die Bourgeoisie zu binden und in den bürgerlichen Staat zu integrieren; die Kaderpartei dagegen muß nur die wirkliche, dem Kapitalismus innewohnende Tendenz zur Verelendung des Proletariats verdeutlichen, von allen Verschleierungen befreien und ins Bewußtsein heben — so geht es aus der Leninschen Theorie hervor und wird, wie wir noch sehen werden, bis heute von den nach dem Leninschen Konzept ausgerichteten Kaderparteien als Grundlage der inhaltlichen Agitation praktiziert.

2. Die Bedeutung der Verelendungstheorie für die Kommunistische Internationale und für die KPD

Bei der Gründung der Kommunistischen Internationale

Im März 1919 fand in Moskau der Gründungskongreß der Kommunistischen Internationale statt. Er löste die Zimmerwalder Vereinigung auf, die alle Gegner der Kriegspolitik in den sozialdemokratischen Parteien zusammengefaßt hatte, und organisierte sie zu einer neuen, dritten Internationale gegen die alte sozialdemokratische, zweite Internationale. Die Trennungslinien verliefen personell und inhaltlich ziemlich genau wie 20 Jahre vorher im Revisionismusstreit. So steht denn auch gleich am Anfang des auf dem Kongreß verabschiedeten ›Manifest an das Proletariat der ganzen Welt‹, das an das Kommunistische Manifest anknüpfen und »die revolutionäre Erfahrung der Arbeiterklasse zusammenfassen« will, als erstes theoretisches Fazit der Erfahrungen des Weltkrieges:

»Die Widersprüche der kapitalistischen Ordnung sind durch den Krieg für die Menschheit zu tierischen Qualen des Hungers und der Kälte, zu Epidemien, moralischer Verwilderung geworden. Dadurch ist auch der akademische Streit im Sozialismus über die Verelendungstheorie und über das Aushöhlen des Kapitalismus durch den Sozialismus endgültig entschieden. Statistiker und Pedanten der Theorie der Ausgleichung der Widersprüche haben sich im Laufe von Jahrzehnten bemüht, aus allen Weltenden wirkliche und scheinbare Tatsachen heranzuzerren, welche von der Vergrößerung des Wohlstandes verschiedener Gruppen und Kategorien der Arbeiterklasse zeugten. Man nahm an, die Verelendungstheorie sei unter dem verächtlichen Gepfiff der Eunuchen der bürgerlichen Katheder und der Bonzen des sozialistischen Opportunismus zu Grabe getragen. Heute steht die Verelendung vor uns, nicht nur die soziale, sondern die physiologische, die biologische in ihrer ganzen erschütternden Wirklichkeit.«[38]

Der offen triumphierende Ton in der Feststellung, daß Elend und Krise nun doch, wie vorausgesagt, wahr geworden sind, wird ein wenig verständlicher, wenn man sich klar macht, daß sich die Mitglieder der neuen Kommunistischen Internationale den Aufschwung der revolutionären Bewegungen in ganz Europa im Gefolge des Weltkrieges nur im Zusammenhang mit dieser Verelendung erklären konnten. Die Arbeiter hatten dem Krieg zuerst zugestimmt, weil sie angeblich durch die imperialistischen Extraprofite zum Teil korrumpiert und insgesamt durch die korrumpierten Teile verführt worden waren. Den Umschwung erklärte sich derselbe Gründungskongreß in den ebenfalls von ihm verabschiedeten ›Richtlinien der Kommunistischen Internationale‹ ganz entsprechend der Verelendungstheorie so:

»Aber dieselbe Methode der permanenten Korrumpierung, mit der der Patriotismus der Arbeiterklasse und ihre geistige Unterwerfung geschaffen wurde, hatte sich durch den Krieg in ihr Gegenteil verwandelt. Physische Vernichtung, vollständige Versklavung des Proletariats, ungeheurer Druck, Verelendung und Entartung, der Welthunger — das war der letzte Lohn für den Burgfrieden. Er brach zusammen. Der imperialistische Krieg verwandelte sich in den Bürgerkrieg.«[39]

[38] Der I. und II. Kongreß der Kommunistischen Internationale — Dokumente der Kongresse und Reden W. I. Lenins, hg. vom Institut für Marxismus-Leninismus beim Zentralkomitee der SED, Berlin (DDR) 1959, S. 84.
[39] Ebd., S. 74.

Den gleichen Schluß hatte bereits vorher die Kommunistische Partei Deutschlands in ihrem ersten Programm auf dem Gründungsparteitag an der Wende des Jahres 1918 gezogen:

»Sozialismus ist in dieser Stunde der einzige Rettungsanker der Menschheit ... Über den zusammensinkenden Mauern der kapitalistischen Gesellschaft lodern wie ein feuriges Menetekel die Worte des ›Kommunistischen Manifests‹: Sozialismus oder Untergang in der Barbarei!«[40]

Die Verelendungstheorie wurde in den Programmen und Vorstellungen der kommunistischen Parteien aber noch ganz besonders fest dadurch einzementiert, daß mit der siegreichen Revolution in Rußland und der Stabilisierung der Verhältnisse in der Sowjet-Union und erst recht mit der wachsenden Macht *Stalins* die materialistische Geschichtsbetrachtung zur kodifizierten Lehre festgeschrieben und die Theorie von *Marx* und *Engels* durch einen ›Marxismus-Leninismus‹ ersetzt wurde, der sich pikanterweise bald selbst als ›Ideologie‹ bezeichnete.

Damit wurde eine Entwicklung fortgesetzt und verstärkt, die bereits mit *Engels'* ›Anti-Dühring‹ und der weiteren Popularisierung in der Schrift ›Die Entwicklung des Sozialismus von der Utopie zur Wissenschaft‹ begonnen hatte.[41]

Einen wichtigen Markierungspunkt für diese Entwicklung setzte *Bucharin*, damals schon Verbündeter *Stalins* gegen *Trotzki* im Politbüro, mit seiner Schrift von 1922 ›Theorie des historischen Materialismus‹, deren Gliederung und Gedankensystematik offensichtlich das Vorbild abgab für *Stalins* spätere eigene Formulierung des Gegenstandes in ›Über dialektischen und historischen Materialismus‹.[42] *Bucharin* formuliert die Verelendungstheorie als Theorie der Entstehung von revolutionärem Klassenbewußtsein in der einprägsamen Deutlichkeit, die den definitorisch festlegenden Stil der ganzen lehrbuchartigen Schrift ausmacht:

»Es bedurfte einer ganzen psychologischen und ideologischen Revolution, damit sich eine Klasse gegen die andere wirklich erhob. Wann vollzieht

[40] Revolutionäre deutsche Parteiprogramme, a.a.O., S. 108, 109.

[41] »Indem die kapitalistische Produktionsweise mehr und mehr die große Mehrzahl der Bevölkerung in Proletarier verwandelt, schafft sie die Macht, die diese Umwälzung, bei Strafe des Untergangs, zu vollziehn genötigt ist« (Von der Utopie . . ., MEW 19, S. 223). Dort finden sich auch die ersten Ansätze zur Formulierung der Widerspiegelungstheorie und vieler anderer Elemente des späteren offiziösen Marxismus-Leninismus. Dabei spielt sicherlich eine wichtige Rolle, daß *Engels* die *Marxsche* Wertlehre als eine historische Beschreibung der Zustände in einer vorkapitalistischen ›einfachen Warenproduktion‹ mißverstand, die mit der Entwicklung des Kapitalismus mit seinen Aktiengesellschaften und Monopolen immer weniger gelte und durch eine Beschreibung der selbständigen Preisbewegungen ersetzt werden müsse. Vgl. Friedrich *Engels*, Ergänzung und Nachtrag zum III. Buche des ›Kapital‹, in: 3. Band des ›Kapital‹, MEW 25, insbes. S. 909 ff.

[42] *Bucharins* Schrift ist auszugsweise abgedruckt in: Abram *Deborin*, Nikolai *Bucharin* — Kontroversen über dialektischen und mechanistischen

sich aber diese psychologische und ideologische Revolution? Sie vollzieht sich dann, wenn die objektive Entwicklung die unterdrückte Klasse in eine ›unerträgliche Lage‹ versetzt, wenn diese Klasse klar sieht und fühlt, daß unter der betreffenden Ordnung keine Verbesserung möglich ist, kein ›Ausweg‹ da ist, daß ›es nicht so weiter geht‹. Das geschieht dann, wenn der Konflikt zwischen dem Wachstum der Produktivkräfte und den Produktionsverhältnissen einen Zusammenbruch des gesellschaftlichen Gleichgewichts und die *Unmöglichkeit seiner Wiederherstellung auf der alten Grundlage* hervorgerufen hat.«[43]

Diese Interpretation des Widerspruches zwischen der Entwicklung der Produktivkräfte und den Produktionsverhältnissen wird von *Stalin* direkt übernommen und findet sich von da an als Stereotyp in allen Lehrbüchern und wissenschaftlichen Abhandlungen wieder.[44]
Die Verelendungstheorie war zum unverrückbaren Dogma geworden.

Die Verarbeitung der Stabilisierung 1924—1928

Sowohl die Kommunistische Internationale wie auch die KPD hatten also nach dem Krieg die theoretische Position der Verelendungstheorie beibehalten und bestimmten weiterhin ihre strategischen Lageeinschätzungen nach der Annahme, daß die krisenhafte Entwicklung und die Verschlechterung in der Lage der Arbeiterklasse die Masse der Arbeiter für die Agitation der Partei aufgeschlossen mache, sie der reformistischen Partei- und Gewerkschaftsbürokratie entfremde und schließlich ihre Bereitschaft für revolutionäre Aktionen erzeuge. Aus dieser strategischen Grundannahme mußte für die Kommunistische Internationale die Erwartung, ja die Hoffnung auf die große Schlußkrise entstehen, die dem Kapitalismus endgültig den Garaus machen würde.
Diese Krisenerwartung ging soweit, daß der 6. Weltkongreß der Kommunistischen Internationale, der im Sommer 1928 in Moskau tagte, den lebendigen Kapitalismus wie abgesunkene geologische Schichtung einer längst vergangenen Epoche

Materialismus; eingel. v. Oskar *Negt*, Frankfurt 1969. *Stalins* Schrift von 1938 ist mehrfach selbständig veröffentlicht u. a. in den immer wieder neu zusammengestellten Auswahlen seiner Schriften unter dem Titel ›Fragen des Leninismus‹; ihr offiziöser Charakter wird aber dadurch deutlich, daß die Schrift ohne Namensnennung als ein Unterkapitel in die vom Zentralkomitee der KPdSU (B) 1938 gebilligten ›Geschichte der Kommunistischen Partei der Sowjetunion (Bolschewiki)‹ aufgenommen wurde, als *Bucharin* bereits zum Tode verurteilt worden war.
[43] *Bucharin*, a.a.O., S. 250.
[44] Vgl. *Stalin*, Über die Grundlagen des Leninismus — Vorlesungen an der Swerdlow-Universität; erstmals 1924 in der *Prawda* erschienen, in der deutschen Ausgabe, Peking 1965, S. 8, 24, und: ders., Über dialektischen und historischen Materialismus, in: ders., Fragen des Leninismus, Moskau 1940, S. 654.

nach Leitfossilien in Phasen und Perioden einteilte: In dem damals beschlossenen ›Programm der Kommunistischen Internationale‹ wird zuerst unter der Überschrift ›Das Weltsystem des Kapitalismus, seine Entwicklung und sein notwendiger Untergang‹ eine ›Epoche des Industriekapitals‹ und eine ›Epoche des Finanzkapitals (der Imperialismus)‹ unterschieden. Letztere wird näher gekennzeichnet als: »der *verwesende, sterbende Kapitalismus.*«[45]

In der ebenfalls vom 6. Weltkongreß 1928 beschlossenen Resolution über ›Die internationale Lage und die Aufgaben der Kommunistischen Internationale‹ wird die »allgemeine Krise des kapitalistischen Systems« in drei Perioden aufgeteilt: 1. die revolutionären Kämpfe direkt nach dem Ersten Weltkrieg; 2. die Periode der »nach und nach sich herausbildenden teilweisen Stabilisierung des kapitalistischen Systems«;

3. »Schließlich die *dritte* Periode, in der die Wirtschaft des Kapitalismus und fast gleichzeitig auch die Wirtschaft der Sowjetunion das Vorkriegsniveau überschreiten [. . .] Für die kapitalistische Welt ist dies eine Periode rascher Entwicklung der Technik, der gesteigerten Entwicklung der Kartelle, Trusts und der Tendenzen zum Staatskapitalismus.«

»Diese Periode, in der sich die *internationalen* Gegensätze [. . .] verschärfen, in der sich die inneren Widersprüche in den kapitalistischen Ländern zuspitzen (der Prozeß der Linksentwicklung der Arbeitermassen, die Verschärfung des Klassenkampfes), [. . .] führt unvermeidlich über eine weitere Entwicklung der Widersprüche der kapitalistischen Stabilisierung zur erneuten Erschütterung der kapitalistischen Stabilisierung und zur äußersten Verschärfung der allgemeinen Krise des Kapitalismus.«[46]

Die Stabilisierung des Kapitalismus, die einen Anhänger der Verelendungstheorie eigentlich hätte unsicher machen müssen in seiner Beurteilung der Entwicklung von Klassenbewußtsein und Klassenkämpfen, wurde für die Kommunistische Internationale zur Phase oder Periode in der ›allgemeinen Krise‹, den die »Entwicklung der Widersprüche der kapitalistischen Stabilisierung führt [. . .] unvermeidlich zu einem Umschlagen der gegenwärtigen ›Stabilisierungsperiode‹ in eine Periode gewaltiger Katastrophen«[47].

Besonders wichtig ist für den Zusammenhang unserer gesamten Untersuchung, wie sich die Kommunistische Internationale die technische Entwicklung und Rationalisierung in ihrer Wirkung auf die Arbeiterklasse während der ›Stabilisierung‹ vorstellte, denn hier formulierte sie das Vorbild für eine Unzahl späterer Artikel und Untersuchungen von offizieller kommunistischer Seite. Hier wurde als Resultat des

[45] Protokoll des 6. Weltkongresses der Kommunistischen Internationale — Moskau, 17. Juli — 1. September 1928; Vierter Band, Thesen, Resolutionen, Programm, Statuten, Hamburg—Berlin 1929 — als Feltrinelli Reprint, Mailand 1967, S. 54.
[46] Ebd., S. 13, 14.
[47] Ebd., S. 16.

»bedeutenden Aufschwungs« in der Steigerung der Produktivkräfte im Kapitalismus durch neue Verfahren und neue Formen der Organisation der Arbeit (Fließband) auf allgemein-
ökonomischer Ebene eine Zunahme der Bedeutung des Weltmarktes und damit auch der Weltmarktkonkurrenz mit ihrer
Gefahr der imperialistischen Kriege konstatiert. Innerhalb der
kapitalistischen Nationen führe die Entwicklung der Technik
zu immer weiterer Ausdehnung der »kapitalistischen Monopole«.

»Gleichzeitig macht sich auch ein Anwachsen der staatskapitalistischen
Tendenzen bemerkbar, sowohl in der Form des Staatskapitalismus im ursprünglichen Sinne dieses Wortes (staatliche Elektrizitätswerke, kommu-
nale Industrie- und Transportunternehmungen) als auch in der Form des
immer stärkeren Verwachsens der Unternehmerorganisationen mit den Or-
ganen der Staatsgewalt.«[48]

Die Wirkung der technischen Entwicklung und Rationalisierung auf die Arbeiterklasse wurde vor allen Dingen in der
Freisetzung von Arbeitskräften und der Ersetzung von qualifizierten Arbeitskräften durch unqualifizierte gesehen. Damit
ist die industrielle Reservearmee als das zentrale Element der
Verelendungstheorie, wie sie aus den bekannten Stellen im
›Kapital‹ hergeleitet wird, auch auf die Phase der technischen
Entwicklung während der ›allgemeinen Krise‹ übertragen
worden.
Darüber hinaus hob die Kommunistische Internationale aber
ein Element in der Analyse des technischen Fortschritts besonders akzentuiert hervor:

»Sogar in solchen Ländern, wo dieser technische Fortschritt festzustellen
ist, ist die Rationalisierung, die zu einer ungeheuren Vergrößerung der
Produktivkräfte führt, mit der größten Intensivierung der Arbeit, der mör-
derischen Steigerung des Arbeitstempos, dem schlimmsten Raubbau an der
lebendigen Arbeitskraft verbunden.«[49]

Zum erstenmal treffen wir hier die Veränderungen im Produktionsprozeß selbst als ein zentrales Element in der nach-
*Marx*schen Verelendungstheorie, während doch vorher vor
allem die Verschlechterung der Lage der Arbeiter außerhalb
des Produktionsprozesses durch Arbeitslosigkeit, Dequalifi-
zierung und niedrigen Lohn im Vordergrund stand. Die Akzentverschiebung muß als ein Ergebnis der Erfahrungen mit
der Rationalisierung Ende der zwanziger Jahre angesehen
werden und ist von da an in *allen* Analysen zur Lage der Arbeiterklasse im Kapitalismus *die zentrale* Argumentationsli-
nie, wenn in Richtung auf Verelendungstheorie argumentiert
wird.
Am deutlichsten und klarsten läßt sich dieser neue Argumen-

---

[48] Zit. ebd., S. 14, 15.
[49] Ebd., S. 16.

tationszusammenhang an der Schrift von F. *David*, ›Der Bankrott des Reformismus‹, aus dem Jahr 1932 zeigen.[50] *David* anerkennt die Steigerung der Reallöhne für die Arbeiter über lange Spannen der kapitalistischen Entwicklung insbesondere für die Phase von der Reichsgründung bis zum Ersten Weltkrieg, eine Tatsachenbehauptung, die bekanntlich in der Revisionismusdebatte eine große Rolle gespielt hatte (S. 45). Trotzdem meint er beweisen zu können, »*daß der Arbeiter im Jahre 1912 seine Arbeitskraft billiger verkauft als im Jahre 1871*, die Verelendung des Arbeiters ist gestiegen, Marx hat gegen die bürgerlichen Professoren und ihre reformistischen Nachbeter recht behalten« (S. 51). Dies ist für ihn in der Fortführung der Auseinandersetzung mit dem Reformismus von zentraler Wichtigkeit, denn ähnlich wie seinerzeit Rosa *Luxemburg* — nur noch expliziter — argumentiert er:

»Das Gesetz der Verelendung im Kapitalismus ist ein eiserner Bestandteil des gesamten Ideenschatzes, den uns Marx und Engels hinterlassen haben. Man kann dieses Gesetz nicht verneinen, ohne das ganze System zu zerbrechen« (S. 20).

Dieser ›eiserne Bestandteil‹ aus dem ›Ideenschatz‹ läßt sich trotz der Reallohnsteigerungen aufrechterhalten, weil laut *David* die *Intensität* der Arbeit im gleichen Zeitraum um ein Vielfaches der Reallohnsteigerungen zugenommen hat und deshalb der vielfach erhöhte Energiebedarf zur normalen Reprodukion der Arbeitskraft nicht einmal annähernd durch die mit den höheren Löhnen zugänglichen, zusätzlichen Waren ausgeglichen werden kann (S. 40 ff).

Der Zusammenhang von Verelendung und Bewußtseinsentwicklung — um den es uns hier vor allem geht — ist für *David* schon allemal entschieden: stimmt die Verelendungstheorie, so bleibt für die Arbeiterbewegung nur noch der revolutionäre Weg; der Nachweis der Richtigkeit oder Falschheit der Verelendung entscheidet also über »*die Einschätzung der Aufstiegsmöglichkeiten des Proletariats im Kapitalismus und die daraus resultierende Wertung der Sozialreform*« (S. 18). Er folgert daher ganz klar in den wahrscheinlich später geschriebenen letzten Kapiteln als Fazit der offenen Krise:

»Die gegenwärtige Krise *zerstört*, trotz aller Bemühungen der Bourgeoisie, das sozialökonomische Fundament des Reformismus. Der Keil, den das Monopolkapital in die Arbeiterklasse geschlagen hat in Form der Schaffung einer obersten Schicht der Arbeiterklasse, die die Agentur des Ka-

---

[50] F. *David*, Der Bankrott des Reformismus. Wandlungen in der Theorie und in der Politik der deutschen Gewerkschaften vom Verzicht auf die soziale Revolution zur Preisgabe des Lohnkampfes, Berlin 1932, Politladen-Reprint Nr. 4, Erlangen 1970. Die Seitenangaben im folgenden Text verweisen auf diese Ausgabe.

pitals in den Reihen der Arbeiter sein sollte, verliert immer mehr seine Wirkung. Es reifen die Voraussetzungen für die Überwindung des Reformismus und die Sammlung der Mehrheit der Arbeiterklasse unter den Fahnen des revolutionären Marxismus« (S. 244).

Die Theoretiker der Kommunistischen Internationale waren sich also einig über die Richtigkeit und den zentralen Stellenwert der Verelendungstheorie und damit auch über die Einschätzung, daß der Kapitalismus kurz vor seinem katastrophalen Ende stünde.

Weltwirtschaftskrise und Sozialfaschismustheorie.

Als nun die vorhergesagte große Wirtschaftskrise tatsächlich eintrat, mußte die kommunistische Partei erwarten, daß sich nun ganz entsprechend der Verelendungstheorie die proletarischen Massen und die von der Proletarisierung bedrohten anderen Schichten, also alle von der Verelendung Betroffenen der kommunistischen Agitation erschließen würden und sich unter Führung der kommunistischen Parteien an den revolutionären Kämpfen zum Sturz des Kapitalismus wenn nicht aktiv beteiligen, so doch mit ihnen bei den Wahlen sympathisieren müßten. In Deutschland erfuhr die kommunistische Bewegung auch tatsächlich, sowohl was die Wählerstimmen angeht wie auch in der Parteimitgliedschaft und der Beteiligung an den Tageskämpfen, einen ganz erheblichen Aufschwung (ganz im Gegensatz zur französischen KP zur gleichen Zeit).[51] Aber trotzdem blieb die Mehrheit der Arbeiter der Sozialdemokratischen Partei treu, obwohl diese nicht mit klassenkämpferischen Aktionen auf die Krise antwortete, sondern im Gegenteil eine Politik der Krisenbewältigung auf Kosten der Arbeiter durch ihre Politik der Duldung von Deflation, Notstandsmaßnahmen und Abbau der Sozialleistungen unterstützte und zugleich mit einer völlig verfehlten Taktik versuchte, die bürgerliche Demokratie angesichts des drohenden Faschismus zu retten, indem sie mit gerade denjenigen bürgerlichen Parteien ein Bündnis einging, die sich zu dieser Zeit selbst bereits am Faschismus orientierten.
Die Verelendungstheorie ließ jedoch erwarten, daß *alle* — auf jeden Fall aber die große Mehrheit der Proletarier — sich der revolutionären Partei anschließen würden: die Tatsachen standen also in eklatantem Widerspruch zur Theorie. Anstatt nun aber die Theorie vom unvermeidlichen revolutionären

[51] Die Wahlstimmen für die CPF sanken von 1928 bis 1932 von 1 067 000 auf 790 000; gleichzeitig gingen die Mitgliedschaft und die Leserzahlen der Parteizeitungen noch stärker zurück. Vgl. The Communist International 1919–1943 — Documents; selected and edited by Jane *Degras*, Volume III 1929–1943, Oxford University Press, London, New York, Toronto 1965, S. 217 f.

Bewußtsein als Folge der Verelendung kritisch zu überprüfen, wurde ganz wie in der *Lenin*schen Arbeiteraristokratietheorie ein intervenierender Faktor für das ›ungenügend entwickelte‹ Bewußtsein der proletarischen Massen verantwortlich gemacht: *eigentlich* würde sich unter den Bedingungen der wirtschaftlichen und politischen Krise das Bewußtsein der Massen ganz entsprechend der Verelendungstheorie zum revolutionären Klassenkampf entwickeln müssen, *wenn nicht* die sozialdemokratische Zweite Internationale und insbesondere die SPD-Führung die Massen über ihre ›wahre‹ Lage, ihre ›wahren‹ Interessen »täuschen und in die Irre führen«, das Proletariat »spalten, unterdrücken, verraten und verwirren« würde.[52]

Das Verhalten der SPD gegenüber den revolutionären Kämpfen im Anfang der zwanziger Jahre und während der Mai-Demonstrationen im Mai 1929, die Duldungspolitik gegenüber dem Abbau der sozialen Errungenschaften und das gleichzeitige Auftreten als Arbeiterpartei mit Streikforderungen und »pseudo-revolutionärer Demagogie«[53] schienen als Erfahrungsbasis dieser Interpretation auch voll recht zu geben: das Hauptziel mußte demnach sein, die Massen dem roßtäuscherischen Einfluß der Sozialdemokratie zu entziehen, damit sie ihre ›wirkliche‹ Lage und ihre ›wirklichen‹ Interessen erkennen könnten. Das 11. Plenum des Exekutiv-Komitees der Kommunistischen Internationale (ECCI) schloß seine Thesen ›Über die Aufgaben der Sektionen der Kommunistischen Internationale im Zusammenhang mit der Vertiefung der Wirtschaftskrise und der Steigerung der Voraussetzungen der revolutionären Krise in einer Reihe von Ländern‹ vom April 1931 denn auch mit der Schlußfolgerung ab:

»Daher ist die Entlarvung der Sozialdemokratie und der II. Internationale, die Befreiung der Arbeitermassen vom Einfluß der Sozialdemokratie, Isolierung und Überwindung der Sozialdemokratie die nächste und dringendste Aufgabe der kommunistischen Parteien, ohne deren Lösung ein erfolgreicher Kampf des Proletariats um seine Befreiung aus dem kapitalistischen Joch unmöglich ist.«[54]

Würde es gelingen, die Sozialdemokratie zu ›entlarven‹ und die Führung von der Masse der Arbeiter zu trennen, dann wäre damit der intervenierende Faktor, der die bewußtseinsbildende Kraft der Verelendung in ihrer vollen Wirksam-

[52] Vgl. hierzu und zu dem gesamten Sozialfaschismuskomplex Niels *Kadritzke*, Reformismus als Sozialfaschismus. Zur politischen Verwertung der Geschichte der Arbeiterbewegung durch von Plato: KPD und Komintern — Sozialdemokratie und Trotzkismus, in: *Probleme des Klassenkampfes*. Zeitschrift für politische Ökonomie und sozialistische Politik; Heft 11/12, 4. Jg. Nr. 1/1974.
[53] So *Varga* 1931 nach ebd., S. 152.
[54] *Internationale Presse-Korrespondenz*, XI, Nr. 38, 24. April 1931, S. 951.

keit behinderte, ausgeschaltet und ein revolutionärer Aufschwung ohnegleichen müßte eintreten. So kam denn auch die Kommunistische Internationale noch im April 1933, also nach der Machtergreifung durch die NSDAP, zu einer von der Verelendungstheorie her gesehen ganz folgerichtigen Einschätzung, die aber von der wirklichen Entwicklung der Verhältnisse im damaligen Deutschland kaum weiter entfernt hätten sein können:

»Die augenblickliche Stille nach dem Siege des Faschismus ist nur eine vorübergehende Erscheinung. (Der Rest des Absatzes ist im Original hervorgehoben, W. W.) Der revolutionäre Aufschwung in Deutschland wird trotz des faschistischen Terrors unvermeidlich ansteigen. Die Abwehr der Massen gegen den Faschismus wird zwangsläufig zunehmen. Die Errichtung der offenen faschistischen Diktatur, die alle demokratischen Illusionen in den Massen zunichte macht und die Massen aus dem Einfluß der Sozialdemokratie befreit, beschleunigt das Tempo der Entwicklung Deutschlands zur proletarischen Revolution.«[55]

Diese skandalöse Blindheit gegen die wirklichen Verhältnisse, in der Hitler zum Helfershelfer der Revolution dadurch wird, daß er die sozialdemokratische Führung zerschlägt, diese Ungeheuerlichkeit wurde zwar durch das unbefragbare Dogma der Verelendungstheorie mit möglich gemacht, denn es ließ die Sozialdemokratie als Hauptgegner erscheinen und lenkte die Aufmerksamkeit von der faschistischen Bedrohung ab. Aber aus der Verelendungstheorie konnte keineswegs gefolgert werden, daß es keinen wesentlichen Unterschied mehr gebe zwischen Faschisten, bürgerlichen Konservativen, bürgerlichen Demokraten und Sozialdemokraten. Das Leugnen dieses Unterschiedes, das alle nicht-kommunistischen Parteien zu Spielarten des Faschismus erklärte, diese Theorie der bürgerlichen Gesellschaft war der entscheidende Grund für die selbstmörderische Strategie der KPD: In den bereits oben zitierten Anweisungen des 11. Plenums des ECCI an die Sektionen der Komintern vom April 1931 wird diese Theorie ausführlich dargestellt. Die zentrale Stelle lautet:

»Die Sozialdemokratie, die durch die Konstruierung eines Gegensatzes zwischen der ›demokratischen‹ Form der Diktatur der Bourgeoisie und dem Faschismus die Wachsamkeit der Massen im Kampfe gegen die heraufziehende politische Reaktion und gegen den Faschismus einschläfert und die das konterrevolutionäre Wesen der bürgerlichen Demokratie als einer Form der Diktatur der Bourgeoisie verhüllt, ist der aktivste Faktor und Schrittmacher der Faschisierung des kapitalistischen Staates.
Der erfolgreiche Kampf gegen den Faschismus fordert [. . .] eine rasche und entschiedene Ausrichtung der Fehler, die in der Hauptsache auf die liberale Konstruierung eines Gegensatzes zwischen Faschismus und bürgerlichen Demokratie, sowie zwischen den parlamentarischen Formen

---

[55] Die Lage in Deutschland — Resolution des Präsidiums des EKKI. zum Referat des Genossen Heckert — Angenommen am 1. April 1933, in: *Rundschau über Politik, Wirtschaft und Arbeiterbewegung*, Basel, 2. Jg., Nr. 9, April 1933, S. 230.

der Diktatur der Bourgeoisie und den offen faschistischen Formen hinaus-laufen, was eine Widerspiegelung des sozialdemokratischen Einflusses in den kommunistischen Parteien darstellt.«[56]

Dieses In-eins-Setzen aller Formen bürgerlicher Herrschaft mit dem Faschismus verband sich nun mit der aus der Ver-elendungstheorie stammenden Bestimmung der Sozialdemo-kratie als dem Hauptgegner zu der verhängnisvollen These vom Sozialfaschismus:

»Die gesamte Entwicklung der Sozialdemokratie seit dem Kriege und seit der Entstehung der Sowjetmacht in der Sowjetunion ist ein ununterbro-chener Evolutionsprozeß zum Faschismus.«[57]

Faschismus und Sozialfaschismus werden in den differenzier-teren Schriften der KPD und der Kommunistischen Interna-tionale nicht gleichgesetzt: die Sozialdemokratie bevorzuge einen gesetzlicheren Weg der bürgerlichen Klassenherr-schaft.[58]

Aber letztlich beruhte die maßlose Fehleinschätzung der So-zialdemokratie darauf, daß sich die Komintern das Ausblei-ben revolutionärer Aktionen des Proletariats trotz sich ver-schärfender ökonomischer und politischer Krise eben nicht anders als durch die heimtückisch bremsende Aktion abtrün-nig gewordener Arbeiterführer erklären konnte:

»Das Ende der kapitalistischen Stabilisierung, die rasche Steigerung der Voraussetzungen der revolutionären Krise in einer Reihe kapitalistischer Länder sowie die gesamte neue internationale Situation stellen den Kom-munistischen Parteien mit aller Schärfe die Frage der Erfüllung der ge-genwärtigen Grundaufgabe: Der Vorbereitung der Arbeiterklasse und der ausgebeuteten Massen im Prozesse des. wirtschaftlichen und politischen Kampfes auf die bevorstehenden Kämpfe um die Macht. [. . .] Die Gegner der revolutionären Bewegung haben die Unterstützung eines gewaltigen Teils der organisierten und unorganisierten Arbeiter immer noch nicht verloren; dieser Umstand, der ihnen die Möglichkeit gibt, die Revolu-tionierung des Proletariats zu hemmen, bildet vom Standpunkte der Vor-bereitung seines Sieges die Hauptgefahr.«[59]

Diese Politik, die die Sozialdemokratie zum Hauptfeind er-klärte und parlamentarische und faschistische Herrschaft als bloße Spielarten desselben Faschismus ansah, trug nicht nur zur Spaltung der Arbeiterbewegung bei und machte eine ge-meinsame antifaschistische Abwehrpolitik unmöglich, die als einzige die nationalsozialistische Machtergreifung vielleicht hätte verhindern oder rückgängig machen können. Sie mußte auch innerhalb der Organisationen der Arbeiterbewegung desorientierend und demobilisierend wirken, denn mit der

[56] *Internationale Presse-Korrespondenz* vom 24. 4. 1931, a.a.O., S. 948.
[57] Ebd., S. 950.
[58] Über die Internationale Lage und die Aufgaben der Sektionen der Kommunistischen Internationale — Thesen zum Bericht des Genossen *Kuusinen* — Angenommen vom XII. Plenum der Exekutive der Kommu-nistischen Internationale, zit. in: *Internationale Presse-Korrespondenz,* XII, Nr. 82 vom 4. Oktober 1932, S. 2631.
[59] Ebd.

Erklärung, daß es zwischen *Severing, Brüning* und *Hitler* keinen Unterschied gebe, daß sie allemal Faschisten seien, wurde in Wirklichkeit die Schlacht, »die noch gar nicht begonnen hatte, für verloren« erklärt.[60]

KPD und SPD wurden ohne breiten Widerstand zerschlagen. Trotzdem verkündete die Komintern eine nachträgliche Rechtfertigung der politischen Linie der Partei als »completely correct« und schob der SPD alle Schuld zu.[61]

Erst 1935 wurden die Strategie und die theoretische Einschätzung umgestülpt und die Volksfront der antifaschistischen Parteien als neue Linie ausgegeben, um so mit allen Mitteln die drohenden Folgen der früheren Fehler abzuwenden. Die Politik der Komintern — selbst ihre überraschende Auflösung — war nur noch davon bestimmt, die Folgen dieser früheren Fehler auszubügeln.

Die Veränderungen in der Strategiebestimmung und die Neufassung der Theorie über den bürgerlichen Staat berührte aber überhaupt nicht die Vorherrschaft der Verelendungstheorie als Theorie über die Entstehung massenhaften revolutionären Bewußtseins. In der Resolution der Brüsseler Parteikonferenz der KPD vom Dezember 1935, in der die »antifaschistische Volksfront« gefordert wird, der Schwenk der Komintern also auf Deutschland übertragen wird, heißt es wieder:

»Ein neuer Angriff auf die Lebenshaltung des werktätigen Volkes ist in Vorbereitung [...] Der neue Kurs wird zur weiteren Verschärfung der Ausbeutung, zur weiteren Verschlechterung der Lage der werktätigen Massen, *aber auch zur Verstärkung ihres Widerstandes führen.*«[62]

3. Die Verelendungstheorie in der Kapitalismusanalyse der DDR

Die Verelendungstheorie im Programm der SED von 1963

Direkt nach dem Krieg nahm die KPD in ihre Aufrufe, Proklamationen und Programmschriften keine Analyse der Entwicklung des Kapitalismus und seiner Auswirkungen für die Lage und das Bewußtsein des Proletariats auf, wie das sonst in allen Programmschriften vorher und nachher üblich war. Ohne ausführliche Analyse der ›objektiven Entwicklung‹ wurde direkt an den politischen Willen appelliert und das gan-

---

[60] So argumentierte *Trotzki*, der sich dieser ganzen Politik mit verzweifelter und unermüdlicher, aber völlig folgenloser Energie entgegenwarf; vgl. *Deutscher*, Trotzki, a.a.O., Bd. III, S. 136.

[61] The Communist International, a.a.O., Resolution of the ECCI Presidium on the Situation in Germany, April 1933, S. 254 ff.

[62] Zit. nach: Revolutionäre deutsche Parteiprogramme, a.a.O., S. 136 (Hervorh. W. W.).

ze Proletariat dazu aufgerufen, aus der Vergangenheit die Lehre zu ziehen, und nun einheitlich »für die demokratische Erneuerung« zu kämpfen.[63]

Erst im ›Programm der Sozialistischen Einheitspartei Deutschlands‹, das vom VI. Parteitag der SED im Januar 1963 beschlossen wurde und bis heute gültig ist, findet sich wieder diese zusammenfassende Analyse der ›objektiven‹ Entwicklung und in ihr die Verelendungstheorie. Deshalb soll es hier ausführlich analysiert werden: Unter dem Titel ›Die Gesetzmäßigkeit des Übergangs vom Kapitalismus zum Sozialismus und des Niedergangs des deutschen Imperialismus‹ heißt es:

»Die Ablösung der alten durch die neue Gesellschaftsordnung erfolgt in erbitterten Klassenkämpfen. Sie ergibt sich aus dem *Grundwiderspruch des Kapitalismus zwischen dem gesellschaftlichen Charakter der Produktion und der privatkapitalistischen Aneignung ihrer Ergebnisse.* [. . .]
Der Imperialismus ist — wie W. I. Lenin feststellte — monopolistischer und parasitärer oder faulender Kapitalismus, er ist sterbender Kapitalismus. Alle Widersprüche des Kapitalismus, *vor allem der Widerspruch zwischen Kapital und Arbeit,* verschärfen sich in solchem Maße, daß die Eroberung der Macht durch die Arbeiterklasse, die sozialistische Revolution zur unausweichlichen Notwendigkeit wird. Die kapitalistische Gesellschaft insgesamt ist reif für die sozialistische Umwälzung.«[64]

[63] Ich habe hier bewußt darauf verzichtet, die nicht-sozialdemokratische Linke in der BRD in die Darstellung mit einzubeziehen, und zwar aufgrund folgender Überlegungen: 1. Die außerordentlich komplexen Varianten und Schattierungen in der Theorie der Neuen Linken von *Adorno, Horkheimer* über H. *Marcuse* bis hin zu *Fanon, Mao Tse-tung* etc. und ihre Verarbeitung durch die unterschiedlichen Richtungen innerhalb der Studentenbewegung würde den Rahmen dieser Arbeit sprengen müssen; 2. es wäre problematisch, sie hier als Teil der Arbeiterbewegung zu behandeln; 3. das Material ist gegenwärtig nur zum Teil zugänglich; 4. vieles von dem Material, das ich hierzu gesammelt habe, kann sinnvoller im folgenden und im Schlußkapitel einbezogen und diskutiert werden. Hier nur soviel: Die Verelendungstheorie wird heute sowohl von der DKP wie auch von den verschiedenen Gruppen, die sich KPD nennen, als strategisches Konzept zur Mobilisierung von Anhängern unbefragt beibehalten (vgl. ›Thesen des Düsseldorfer Parteitags der Deutschen Kommunistischen Partei‹, Düsseldorf 1972, S. 38 f; ›Programm und Statut des Kommunistischen Bundes Westdeutschland‹, Broschüre, 1974, S. 13 ff; sowie Flugblätter und Programmerklärungen der KPD (früher AO, vgl.: *Rote Presse Korrespondenz* 1971, Nr. 126/127, S. 2), KPD/ML-Roter Morgen, KPD/ML-Neue Einheit etc.).
Nur während der Studentenbewegung und im SDS (Sozialistischer Deutscher Studentenbund) während der sechziger Jahre wurde die Verelendungstheorie als Theorie über die Entstehung von antikapitalistischem Bewußtsein in Frage gestellt und teilweise durch ein eher hedonistisches Verständnis auch des politischen Lernprozesses ersetzt. (Vgl. dazu insbesondere: Michael *Vester,* ›Zur Dialektik von Reform und Revolution‹, in: *Neue Kritik* 34, Feb. 1966, und in derselben Nummer: ›Entwurf einer programmatischen Erklärung des SDS‹, sowie die Beiträge in: Die hedonistische Linke — Beiträge zur Subkulturdebatte; hg. D. *Kerbs,* Neuwied-Berlin 1970).
[64] Zit. nach: Revolutionäre deutsche Parteiprogramme, a.a.O., S. 214 f (Hervorh. W. W.).

Im folgenden Kapitel wird noch ausführlich auf diese Bestimmung eines ›Grundwiderspruchs‹ und eines ›Grundgesetzes‹ für den Kapitalismus und die Verknüpfung zur Verelendungstheorie eingegangen. Hier gilt es festzuhalten, daß aus dieser Charakterisierung des Kapitalismus der Verelendungstheorie besondere Bedeutung zukommt, da sie erklären soll, wie der Motor der geschichtlichen Entwicklung hin zum Sozialismus, der ›unversöhnliche Gegensatz‹ zwischen ›Kapital und Arbeit‹ angetrieben werde — woher die Energie und der Wille für diese Entwicklung kommt. Die Entwicklung selbst stellt sich dar als ein hin- und herwogender Kampf zwischen ›Kapital und Arbeit‹ (womit immer die Lohnarbeit gemeint ist!).

Das Programm der SED übernimmt auch die Einteilung dieses Kampfes in Etappen und Perioden wie sie sich unter der Kommunistischen Internationale entwickelt hatte: Nach dem Zweiten Weltkrieg habe sich »die allgemeine Krise des Kapitalismus weiter vertieft und ist nunmehr in *ihre dritte Etappe* eingetreten«[65].

Auch die Arbeiteraristokratiethese wird übernommen, um das Ausbleiben des revolutionären Bewußtseins trotz der ›allgemeinen Krise‹ erklären zu können.[66]

»Der deutsche Imperialismus konnte seine antinationale, volksfeindliche Politik nur durchführen, weil es ihm gelang, die Arbeiterklasse zu spalten. Aus seinen Überprofiten korrumpierte das Monopolkapital eine Oberschicht der Arbeiter – die Arbeiteraristokratie. Mit Hilfe rechter Führer der Sozialdemokratie und der Gewerkschaften wurde die Kampfkraft der Arbeiterklasse untergraben.«[66]

An *dieser* Stelle, wo es also um das Bewußtsein der Arbeitermassen, um ihre andauernde Verbundenheit mit dem Reformismus und ihre ideologischen Vorstellungen über den Kapitalismus geht, folgt ein Text, in dem erstmals in einem Programm der deutschen Arbeiterbewegung explizit von ›relativer‹ und ›absoluter Verelendung‹ gesprochen wird:

»Die ökonomischen Gesetze des Kapitalismus beschleunigen nicht nur die *relative*, sondern *mitunter auch die absolute Verelendung* der Arbeiterklasse [. . .]
Krisen, steigende Intensität der Ausbeutung und Kriegsvorbereitungen verschlechtern die materiellen Bedingungen, bedrohen den Arbeitsplatz, gefährden die Gesundheit und das Leben der Arbeiter in der kapitalistischen Gesellschaft. Noch nie war der Widerspruch zwischen der Handvoll überreicher Finanzmagnaten und der Mehrheit des Volkes so tief und unüberbrückbar wie im heutigen Kapitalismus.«[67]

[65] Ebd., S. 218 (Hervorh. W. W.).
[66] Ebd., S. 222.
[67] Ebd., S. 222 f (Hervorh. W. W.). Die Formulierung, die sich wie eine Einschränkung der Gültigkeit der absoluten Verelendung liest, ›mitunter auch‹, stammt von *Lenin*, der sie im Entwurf zum Programm der Bolschewistischen Partei 1919 verwandt hatte (W. I. *Lenin*, Werke, Bd. 29,

45

Mit diesen Formulierungen stellt sich das SED-Programm am deutlichsten in der Geschichte der Arbeiterbewegung hinter die Verelendungstheorie, wobei sie alle Elemente aufnimmt, die sich in der geschichtlichen Entwicklung dieser Theorie herausgebildet haben. In einem Punkt geht sie jedoch über diese Tradition hinaus und erweitert sie um einen wichtigen Punkt, der in der Kapitalismusanalyse der DDR auch sonst die entscheidende Weiterentwicklung bedeutet: die Theorie vom staatsmonopolistischen Kapitalismus.[68]

Die Verknüpfung von Staat und Monopolen im staatsmonopolistischen Kapitalismus führe dazu, daß die Arbeiterklasse in ihrem Abwehrkampf gegen die Verelendung nicht nur das Kapital und die Kapitalisten als Gegner erkenne und bekämpfe, sondern zugleich auch den staatlichen Apparat. Dadurch müsse der Bewußtseinsprozeß und der Kampf (der vorher immer in der Gefahr schien, in bloß ökonomischen Forderungen stecken zu bleiben) notwendig einen politischen Charakter erhalten, der sich bei andauernder Verelendung und Verschärfung der Widersprüche bis zur revolutionären Umwälzung steigern müsse:

»Unter den Bedingungen des staatsmonopolistischen Kapitalismus muß sich dieser Kampf in zunehmendem Maße gegen den Staat der Monopole und dessen Politik richten. Daher entwickelt sich in den kapitalistischen Ländern eine immer engere Verflechtung des ökonomischen und politischen Kampfes.«[69]

In diesem bis heute gültigen Programm der SED findet die Verelendungstheorie ihre weiteste Ausbildung und deutlichste Formulierung und erhält durch die Verbindung mit der Theorie vom staatsmonopolistischen Kapitalismus noch erhöhten Stellenwert: sie wird zu einer Theorie des notwendigen Umschlags bloß ökonomischer in politische Forderungen gegen den gesamten kapitalistischen Herrschaftsapparat.

Eigentlich ist es aber doch recht erstaunlich, daß die Verelendungstheorie in der Programmatik der deutschen Arbeiterbewegung gerade zu einem Zeitpunkt eine besondere Bedeu-

Berlin 1961, S. 104), dabei das Programm von 1903 zitierend (Werke, Bd. 6, S. 6 f). Diese Formulierung diente in der DDR-Literatur als Aufhänger für eine ausgedehnte Debatte über *Lenins* Auffassung von der Gültigkeit der absoluten Verelendung. Vgl. Jürgen *Kuczynski*, Die Theorie der Lage der Arbeiter; Bd. 36 von: ders., Die Geschichte der Lage der Arbeiter unter dem Kapitalismus; Berlin (DDR) 1968, S. 26 ff.

Das Programm von 1963 entscheidet diesen Streit eindeutig zugunsten der Verelendungstheorie: das ›mitunter‹ bezieht sich in dem Satz nur auf die *Beschleunigung* der absoluten Verelendung. Damit ist das Vorherrschen einer dauerhaften ›absoluten Verelendung‹ überhaupt nicht in Frage sondern als unzweifelhafte Selbstverständlichkeit dargestellt.

[68] Vgl. Margaret *Wirth*, Kapitalismustheorie in der DDR. Entstehung und Entwicklung der Theorie des staatsmonopolistischen Kapitalismus, Frankfurt 1972, S. 194 f.

[69] Ebd., S. 224.

tung gewann, als der Kapitalismus in den hochindustrialisierten Ländern — und insbesondere in dem für die DDR besonders wichtigen kapitalistischen Land, der BRD — in einer nie vorher erreichten Konjunktur das Einkommen und den Lebensstandard auch der abhängig Beschäftigten deutlich steigerte. Um das verstehen zu können, ist es notwendig, die Entwicklung der Theoriebildung über den westdeutschen Kapitalismus näher zu untersuchen.

Die Dogmatisierung der Verelendungstheorie in der Zeit des Stalinismus

Bis zum Tode *Stalins* gab es in der DDR kaum irgendwelche Stellungnahmen zur Entwicklung des Kapitalismus und zur Bewußtseinsentwicklung im Proletariat, die nicht mit der offiziellen stalinistischen Linie auf Punkt und Komma übereinstimmen.[70] Eine dieser Ausnahmen ist die erste Auflage von Jürgen *Kuczynskis* Buch mit dem Titel ›Die Theorie der Lage der Arbeiter‹, die als 7. Band der Reihe ›Die Geschichte der Lage der Arbeiter unter dem Industriekapitalismus‹ 1948 herauskam. Im folgenden soll anhand der Reaktion auf diese Ausnahme und der darauf folgenden Veränderungen die stalinistische Konzeption der Verelendungstheorie *exemplarisch* herausgearbeitet werden:
Das Fazit der 1. Auflage, die noch ›ungereinigt‹ ist und nach kurzer Zeit durch die stalinisierte 2. Auflage ersetzt wurde:

»Aber wie auch die einzelnen Faktoren (die die Lage der Arbeiterklasse bestimmen, W. W.) sich bewegen: das Gesamtresultat ist eine fortlaufende absolute Verelendung der Arbeiterklasse als Ganzes. Nur einzelne Schichten können diesem Schicksal für einige Zeit entgehen.«[71]

Wie schon *David* zu Zeiten der Weimarer Republik argumentierte dabei *Kuczynski* vor allem mit den Veränderungen im kapitalistischen *Produktionsprozeß:* steigende Intensität der Arbeit, die durch die steigenden Reallöhne nicht mehr ausgeglichen werden können. Die häufigeren Unfälle, Krankheiten und Frühinvalidität wögen alle Einzelverbesserungen in

---

[70] Anfangs erschienen zu dieser Frage vor allem Übersetzungen sowjetischer Arbeiten, die die offizielle Linie vorzeichneten. Ein besonders eindrückliches, weil in seinen statistischen Fälschungen besonders offensichtliches Beispiel aus der Vielzahl der Arbeiten kann stellvertretend zitiert werden:
W. *Tschermenski,* ›Die Verelendung der Werktätigen in den kapitalistischen Ländern‹, in: *Neue Zeit,* Moskau 1950, Nr. 29, S. 6–11 und Nr. 33, S. 10–14. Er belegt die Verelendung durch Statistiken, die jeweils von 1929 bis 1939 und 1944 bis 1950 reichen, also genau die Kriegskonjunktur, den Aufschwung bis 44 auslassen und so das ständige Sinken der Indexzahlen ermöglichen.
[71] Jürgen *Kuczynski,* Die Theorie der Lage der Arbeiter, Bd. VII von: Die Geschichte der Lage der Arbeiter unter dem Industriekapital, 1. Aufl., Berlin 1948, S. 288.

der Konsumsphäre bei weitem auf. Dazu komme noch die wachsende Unsicherheit der Existenz durch Freisetzungen bei Rationalisierungen und durch die konjunkturelle Arbeitslosigkeit.[72]

Die *Intensivierung der Arbeit* wurde damit wieder zur entscheidenden Argumentationsstütze der Verelendungstheorie. Jede Reallohnsteigerung, jede Verkürzung der Arbeitszeit, jede Verbesserung der Lebensverhältnisse außerhalb des Produktionsprozesses wie verbesserte Ausbildung, verlängerter Urlaub, Steigerung des Anteils langlebiger Konsumgüter — alles kann damit als Argument gegen die Verelendungstheorie mit dem Hinweis auf die stetig steigende Intensität der Arbeit zurückgewiesen werden. Darum schrieb *Kuczynski* auch:

»Es ist traurig festzustellen, daß das Argument der steigenden Arbeitsintensität in der zweiten Hälfte des 19. Jahrhunderts und noch bis in die Jahre des 20., die dem Weltkrieg vorangingen, in der Arbeiterbewegung, insbesondere in der Gewerkschaftsbewegung, nur eine geringe Rolle gespielt hat, und somit auch die Arbeiterklasse den falschen Argumenten und Irrlehren, die sich an die unbestreitbare Tatsache steigender Reallöhne knüpften, ausgesetzt wurde.«[73]

Weil — in der Meinung *Kuczynskis* — die »Irrlehren« des Revisionismus aus der Negation der Verelendungstheorie entstehen müssen, wehrte er sich auch vehement gegen alle Interpretationsversuche, »daß die absolute Verelendung nur eine Tendenz sei, die sich nicht durchsetzen könne, da es eben Gegentendenzen gäbe, die stärker seien«. Dies sei nicht nur falsch und entspräche nicht »den Tatsachen«, sondern daran zeige sich, daß solche »Volkswirtschaftler«, die glauben, Marxisten zu sein, »*die Grundvoraussetzungen der gesamten Strategie der kommunistischen Parteien nicht begriffen haben*«[73a].

1951 erschien in der Zeitschrift *Einheit* eine Kritik von Robert *Naumann*, Leiter des Instituts für Politische Ökonomie an der Humboldt-Universität und seit 1953 Mitglied des ZK der SED, an dem Buch von *Kuczynski*, in der ihm vorgeworfen wurde, daß er »nicht immer konsequent auf dem Boden des Marxismus-Leninismus« stehe, denn:

»Eine konsequent marxistisch-leninistische Darstellung der absoluten und relativen Verelendung der Arbeiterklasse muß zeigen, daß die absolute und relative Verelendung des Proletariats in allen Ländern der kapitalistischen Welt zunimmt, daß sie immer schneller fortschreitet, daß sich im Laufe der historischen Entwicklung des Kapitalismus neue Erscheinungsformen dieses Grundgesetzes der kapitalistischen Entwicklung zei-

---

[72] Ebd., S. 60 ff.
[73] Ebd., S. 92.
[73a] Ebd., S. 63 f.

gen, daß sich der Klassenkampf infolge des fortschreitenden Verelendungsprozesses immer mehr verschärfen und daß der Kapitalismus letzten Endes vernichtet werden muß.«[74]

1952 erschien dann die zweite, ›verbesserte‹ Auflage, in der *Kuczynski* in einer Selbstkritik diese — offensichtlich oft wiederholte — Kritik auf sich nimmt und in das Buch einarbeitet. Er habe die ›Allgemeine Krise des Kapitalismus‹ — eine stalinistische Konstruktion — nicht berücksichtigt.

»Dieser Vorwurf ist völlig berechtigt. Er wiegt um so schwerer, als nur mit der Allgemeinen Krise des Kapitalismus [...] die gesetzmäßige Begründung für die rapide Beschleunigung im Tempo der Verelendung der Arbeiterklasse seit dem Ersten Weltkrieg gegeben werden kann.«[75]

Unter dem Druck der Stalinisten mußte *Kuczynski* also seine Analyse aus der ersten Auflage entsprechend dem Befehl, der in der *Naumann*schen Kritik steckt, zurechtstutzen und die Aufgabe übernehmen, »bei der Untersuchung der einzelnen Faktoren, die die Lage der Arbeiter bestimmen, jeweils anzuzeigen, wie das Tempo der Verelendung immer mehr zunimmt«[76].

Alle Kritik wurde berücksichtigt. Die *skandalöse*, die befahl, was bei einer wissenschaftlichen Analyse herauszukommen habe. Die *beschämende*, »daß die Weiterentwicklung des Marxismus-Leninismus durch Lenin und Stalin ungenügend beachtet und dargestellt wurde«. Sie wurde von *Kuczynski* in eulenspiegelhafter Übertreibung befolgt, die die Kritiker der Lächerlichkeit preisgibt — so müßte man wenigstens meinen, wüßte man nicht um die schamlose Lobhudelei auf *Stalin* aus anderen Schriften der Zeit.[77] Und auch die *groteske*, er habe

[74] *Einheit*, Jg. 6, Berlin 1951, Heft 19.
[75] 2. Aufl., S. 5.
[76] Ebd., S. 75.
[77] 2. Aufl., S. 6. So schreibt *Kuczynski* in der 1. Auflage noch in aller Harmlosigkeit und wissenschaftlicher Ehrlichkeit: »Wenn wir uns jedoch die Theorie betreffend die Lage der Arbeiter, die Marx und Engels entwickelt haben, in ihrer Fortführung betrachten, dann finden wir, daß abgesehen von der durch Lenin entwickelten Theorie der Arbeiteraristokratie, so gut wie nichts dem alten Lehrgebäude hinzugefügt worden ist« (S. 50). In der 2. Auflage steht an derselben Stelle: »Lenin und Stalin haben das Werk von Marx und Engels fortgesetzt und sie gelehrt, den Marxismus, erweitert und vertieft zum Marxismus-Leninismus, auf die Gegenwart anzuwenden« (S. 47). Oder an anderer Stelle wird in den sonst unveränderten Text folgende peinliche Lobesrede eingefügt: »Es gab nie eine Zeit in den letzten 100 Jahren, in der wir uns nicht an den Arbeiten unserer Klassiker des Marxismus-Leninismus hätten orientieren können! In einer Zeit, in der die Theoretiker der Zweiten Internationale die Lehre der absoluten Verelendung von Marx bestritten haben, hielten Lenin und Stalin die Lehre von Marx und Engels rein und vertieften sie.« Das geht bis an den Punkt, wo *Lenin* durch *Stalin* zitiert wird, *Stalin*-Fußnoten über die Seiten verstreut werden, um im Register aus den *Lenin*-Verweisen der 1. Auflage 20 in der zweiten zu machen. Und schließlich wird die ganze zweite Auflage unter das *Stalin*-Wort gestellt: »Der Weg der Entwicklung des Kapitalismus ist der Weg der Verelendung ...«

»die feindliche Theorie ironisiert statt attackiert«[78].

All das wird ›selbstkritisch‹ berücksichtigt. Aber die Passagen, in denen der politische Stellenwert der Verelendungstheorie erläutert wird und in denen eine deutliche Verkürzung der Kapitalismuskritik auf den schlechten Lebensstandard der Arbeiter und den unverhältnismäßigen Reichtum der Kapitalisten zum Ausdruck kommt und in denen sich zeigt, daß *Kuczynski* die im Reproduktionszusammenhang der kapitalistischen Gesellschaft liegenden ökonomischen Hindernisse eines allmählichen Überganges in eine nicht-kapitalistische Produktionsweise nicht begriffen hatte, diese schwerwiegenden theoretischen und politischen Aussagen wurden nicht kritisiert und blieben unverändert stehen. Sie finden sich auch wieder unverändert in der 4. Auflage des Buches, die bezeichnenderweise 1968, also ein Jahr nach der Krise von 1967 in der BRD, erschienen ist und in der die sonstigen Konzessionen an den Stalinismus alle gestrichen sind.[79]

In dieser 4. Auflage von 1968 schildert *Kuczynski* in einem Kapitel ›Zur neueren Geschichte der marxistischen Theorie von der absoluten Verelendung‹ die zwanghafte Verballhornung der Verelendungstheorie zu einer Theorie der Lohnverelendung, also des permanent fallenden Reallohnes, unter dem Stalinismus. »Man kann sich vorstellen, welche Bedeutung unter diesen Umständen der XX. Parteitag der KPdSU als erster Schritt für die Wiederherstellung wissenschaftlicher Arbeitsnormen hatte« (S. 160 f).

[78] 2. Aufl., S. 6.
[79] 1. Aufl., S. 63; 2. Aufl., S. 60; 3. unveränderte Aufl. 1955; 4. Auflage als Band 36 von: ders., Die Geschichte der Lage der Arbeiter unter dem Kapitalismus, Berlin (DDR) 1968. Die Passage steht S. 24. »Denn wenn sich die absolute Verelendung nicht durchsetzt, dann heißt das nichts anderes, als daß sich unter dem Kapitalismus die Lage der Arbeiter absolut verbessert, dann heißt das also, daß im Laufe der Zeit die Arbeiter, genau wie vor ihnen das Bürgertum, sich eine wirtschaftliche Position erobern können, von der aus sie dann auch die politische Macht übernehmen können, daß die kapitalistische Gesellschaft also graduell in die sozialistische hineinwächst. Der ganze grundlegende Unterschied der Formen, in denen Arbeiterklasse und Bürgertum zur Macht kommen, wäre aufgehoben. Es bedeutet auch, daß der einzige Unterschied zum Beispiel zwischen Kommunisten und Revisionisten des Marxismus oder Reformisten darin besteht, daß die Kommunisten es etwas eiliger haben als die Reformisten, daß sie den Hereinwachsensprozeß beschleunigen wollen, daß sie die Lage der Arbeiter schneller verbessern wollen, als es sowieso schon geschieht. Das heißt, der ganze Kampf, den Lenin gegen die Verräter an der marxistischen Theorie geführt hat, wäre im Grunde ein Kampf um Nuancen, um Tempofragen, aber kein Kampf um prinzipielle Fragen, um grundlegende Probleme der gesellschaftlichen Entwicklung, der Strategie der Arbeiterklasse.«

Die Verelendungstheorie in der Theorie über den westdeutschen Kapitalismus nach dem Programm der SED

Im folgenden sollen anhand von Veröffentlichungen, die den Standpunkt der SED wiedergeben, weil sie vom Institut für Gesellschaftswissenschaften beim ZK der SED stammen, die Veränderungen in der Verelendungstheorie unter dem Eindruck der Konjunkturentwicklung des westdeutschen Kapitalismus dargestellt werden.

Zwei Jahre nach der Verabschiedung des Programmes auf dem VI. Parteitag der SED fand in Berlin eine Konferenz über ›Das staatsmonopolistische Herrschaftssystem in Westdeutschland‹ statt, die entsprechend der Anweisung des Politbüros der SED »die allseitige Untersuchung des Wesens und der Erscheinungsformen des staatsmonopolistischen Systems in Westdeutschland« angehen sollte, um »die neuen Probleme der Strategie und Taktik des Klassenkampfes in Westdeutschland auszuarbeiten und so der westdeutschen Arbeiterklasse zu helfen, ihre Kräfte zu formieren und dem Monopolkapital mit einem eigenen Programm der demokratischen Umgestaltung entgegenzutreten«[80].

Im Hauptreferat dieser Konferenz gab Otto *Reinhold* eine völlig neue Interpretation der Verelendungstheorie, die in direktem Widerspruch zum Text des Programms der SED stand:

»Zu den wichtigsten Thesen des westdeutschen imperialistischen Ideologen gehört die Behauptung, der heutige Kapitalismus, die soziale Marktwirtschaft, hätte *jegliche* Verelendung längst überwunden. Der Reallohn sei gestiegen, der traditionelle Verbrauch der Arbeiter und Angestellten hätte sich verändert, viele Arbeiter besäßen Fernsehempfänger, Kühlschränke, Waschmaschinen, unter den Arbeitern vergrößere sich sogar die Zahl der Autobesitzer; es entstünde also eine Lage, die sich Marx nicht vorgestellt hätte. Auch bei uns wird oft die Frage nach der absoluten Verelendung gestellt.«[81]

Diese Frage beantwortete er damit, daß er die grundsätzliche *Tendenz* des Kapitals zur Akkumulation auf Kosten der Einkommen und der Lebenskraft der Arbeiter herausstrich, aber es habe sich eine Gegentendenz durchgesetzt: Weil die Kapitalisten befürchten müßten, daß sich die westdeutsche Arbeiterklasse mit der DDR verbünde und das Kapital »in einen Zweifrontenkrieg« geraten könne,

»haben sie einen Teil ihres Profites benutzt, um materielle Forderungen der Arbeiter und Angestellten in einer solchen Weise zu befriedigen, daß die Kampfkraft der Arbeiterklasse außerordentlich geschwächt, ja zeitweilig neutralisiert wurde.«[82]

Womit die bewußtseinsbildende Kraft der Verelendung über

[80] Monopole — Profit — Aggression — Notstand. Materialien der Konferenz ›Das staatsmonopolistische Herrschaftssystem in Westdeutschland‹, 17. und 18. März 1965 in Berlin, Berlin (DDR) 1965, S. 5.
[81] Ebd., S. 68 f.
[82] Ebd., S. 70.

die traditionelle Umkehrung in der Arbeiteraristokratietheorie – nur jetzt auf *alle* Arbeiter ausgedehnt – bestätigt ist; aber: »Dafür *tritt die relative Verelendung um so stärker in Erscheinung.*«[83]

In diesem Schwenk gegenüber dem Programm der SED und den früheren Kapitalismusanalysen in der DDR fand die unbestreitbare ökonomische Entwicklung in der BRD ihre Berücksichtigung. Als Erklärung für diese Entwicklung, die den früheren Prognosen genau entgegengesetzt verlief, diente die Theorie vom staatsmonopolistischen Kapitalismus, wonach – in einer Formulierung von *Lemmnitz*[84] auf dem Kongreß – »die Monopole den Staat unmittelbar in den Prozeß der Profitaneignung und -verwendung einschalten, mit seiner direkten Hilfe die inneren und äußeren Wirtschaftsbeziehungen für diesen Zweck lenken und organisieren und so dem Staat spezifische Aufgaben in der Wirtschaft übertragen.« Nach dieser Theorie sei nicht mehr wie im Konkurrenzkapitalismus mit der regulären zyklischen Krise und ihren extremen, offensichtlichen Verschlechterungen in der Lage der Arbeiterklasse zu rechnen. Die Folgerung war also: die absolute Verelendung, wie sie im Programm der SED vorausgesagt worden war, finde nicht statt.

Wir erinnern uns, daß im Ausgang des 19. Jahrhunderts dieselbe Situation zum Revisionismusstreit innerhalb der Sozialdemokratie geführt hatte: Ohne erfahrbare Verelendung sei die Revolution weder nötig noch zu erwarten, weil sich bei den Massen kein revolutionäres Bewußtsein entwickeln könne.

Die Theoretiker am gesellschaftswissenschaftlichen Institut des ZK der SED zogen nicht dieselben Folgerungen wie seinerzeit die Mehrheit der SPD. Dasselbe theoretische Konzept, das es ihnen erlaubt hatte, auf die Theorie von der unausweichlichen absoluten Verelendung zu verzichten, erlaubt es ihnen nun auch, die Vorstellung eines revolutionären Weges beizubehalten. *Reinhold* sagte dazu in seinem Hauptreferat auf der Konferenz:

»Der konsequente Kampf um ein demokratisches Wirtschaftsprogramm würde eine große mobilisierende Kraft im Kampf gegen den Kapitalismus besitzen. [. . .] *Der erfolgreiche Kampf um die praktische Verwirklichung eines solchen Programms bedeutet doch, daß der übliche Kampf um die Tagesinteressen objektiv immer mehr mit dem Kampf um die Überwindung des staatsmonopolistischen Systems verschmilzt.*«[85]

Diese Positionen der Konferenz bildeten die Basis für das Buch ›Imperialismus Heute – Der staatsmonopolistische Kapi-

[83] Ebd.
[84] Alfred *Lemmnitz*, ›Der staatsmonopolistische Kapitalismus – die Grundlage der politischen Reaktion und Aggressivität des westdeutschen Imperialismus‹, in: ebd., S. 12. Das Zitat ist im Original hervorgehoben.
[85] Monopole – Profit – Aggression – Notstand, a.a.O., S. 86.

talismus in Westdeuschland‹, das in mehreren jeweils auf den neuesten Stand gebrachten Auflagen seit 1965 vom Institut für Gesellschaftswissenschaften beim ZK der SED herausgegeben wurde. In bezug auf die Verelendungstheorie ergibt sich in ›Imperialismus heute‹ allerdings ein ganz entscheidender Unterschied gegenüber der Konferenz, der einer weiteren, besonders einschneidenden Modifikation der traditionellen Interpretation der Verelendungstheorie gleichkommt: erstmals treffen wir in unserem Material bei Theoretikern, die sich selbst als Marxisten bezeichnen, auf eine explizite, direkte Polemik gegen die *Verelendungstheorie als Theorie über die Entstehung von massenhaftem antikapitalistischem und revolutionärem Bewußtsein:*

»Mitunter wird die Meinung vertreten, daß die absolute Verschlechterung der materiellen Lage der Arbeiter im Kapitalismus geradezu schicksalhaft unvermeidlich sei. Es wird sogar die unmarxistische Auffassung geäußert, daß die Revolutionierung der Werktätigen im Kapitalismus von der absoluten Verschlechterung ihrer Lage abhängig sei. Beides ist jedoch nicht richtig.«[86]

Das Klassenbewußtsein müsse durch die Agitation und Aufklärung, durch den ›ideologischen Kampf‹ derjenigen, die das Bewußtsein bereits haben, erzeugt werden! Wir haben hier also zwar eine Negation der Verelendungstheorie als Theorie über die Entstehung spontanen Klassenbewußtseins, zugleich aber auch eine *Negation spontaner Entwicklung von Klassenbewußtsein überhaupt.*

Allerdings tut sich daneben ein neuer Blickwinkel auf, der — wie wir im zweiten Teil dieser Arbeit sehen werden — in sich den Keim trägt zu einem wirklichen Abgehen von der Verelendungstheorie zu einer *neuen* Theorie von der Entwicklung *spontanen* antikapitalistischen und revolutionären Bewußtseins:

»Nun wird aber mit fortschreitender Entwicklung der Produktivkräfte selbst die Differenz zwischen dem, was der Mensch zur Reproduktion als Arbeitskraft braucht, und seinen Gesamtbedürfnissen zur Entfaltung und allseitigen Ausbildung als Persönlichkeit immer größer. Während Sozialismus und Kommunismus ihrem Wesen nach die Befriedigung der Gesamtbedürfnisse des Menschen anstreben und in wachsendem Maße realisieren, vermag die kapitalistische Gesellschaft, auch wenn sie noch so hochentwickelt ist, den engen Horizont der Betrachtung des arbeitenden Menschen nur als ›Produktionsfaktor‹ nicht zu überspringen. [. . .] *Aber die Arbeiterklasse darf sich heute nicht mehr nur auf Forderungen beschränken, um die Reproduktion als Arbeitskraft zu sichern. Sie muß die*

[86] Imperialismus Heute — Der staatsmonopolistische Kapitalismus in Westdeutschland, Berlin (DDR) 1965; zitiert wird nach der 5. Auflage 1968, die gegenüber der im Dezember 1966 druckgelegten, *also vor der Stagnation in der BRD 66/67 abgeschlossenen,* »vierten, überarbeiteten und erweiterten Auflage« unverändert ist. Dies ist darum wichtig, weil einerseits die durch die anhaltende Konjunktur bestimmten Überlegungen voll, die Wirkung der ersten größeren Krise in der BRD-Wirtschaft aber *noch nicht* berücksichtigt sind. Obiges Zitat: S. 701.

Frage der Befriedigung der Bedürfnisse zur Entfaltung der menschlichen Persönlichkeit unter Berufung darauf aufwerfen, daß der dafür notwendige Reichtum mit den Potenzen der wissenschaftlich-technischen Revolution erschlossen werden kann, seine Realisierung für alle Mitglieder der Gesellschaft aber durch die Privilegien des Monopolkapitals verhindert wird. Jeder Erfolg der Arbeiter in *dieser* Richtung bedeutet bereits eine Einschränkung und Beschränkung der ökonomischen Prinzipien des Kapitalismus selbst.«[87]

Dieser ungeheuer wichtige Gedanke, der an dem in der Ware enthaltenen Widerspruch von Tauschwert und Gebrauchswert ansetzt und die Bedürfnisse der Arbeiter in ihrer dynamischen Entwicklung als Träger des Interesses am Gebrauchswert und damit als notwendigen Antagonisten des allein am Tauschwert interessierten Kapitals aufgreift, dieser Ansatz bleibt aber Argument, einzelner, bloß zusätzlich stützender Gedanke innerhalb einer Argumentationskette zur allein Tauschwertgrößen vergleichenden relativen Verelendung.

1968 erschien die letzte Auflage von ›Imperialismus heute‹, und 1971 veröffentlichte das Institut für Gesellschaftswissenschaften beim ZK der SED ein neues Buch mit dem Titel ›Der Imperialismus der BRD‹, das auf ›Imperialismus heute‹ aufbauen und es fortsetzen sollte.[88]

Als Ergebnis der veränderten Konjunkturlage ist die Verelendungstheorie als Theorie über die Entwicklung in der Lage der Arbeiterklasse *wieder deutlich schärfer gehalten.* Zwar werden die systematischen Formulierungen zur Einschätzung der Verelendungstheorie bei *Marx* wiederholt, in denen zugleich auch die Gültigkeit der Verelendungstheorie als Bewußtseinstheorie bestritten wird.[89] Nachdem dann noch die *Marx-* und *Engels-*Stellen über die gegenwirkenden Faktoren bzw. den ›gewissen Damm‹ zitiert worden sind, gebraucht das Buch ›Der Imperialismus der BRD‹ Formulierungen, die all die Modifikationen und Polemiken gegen die Verelendungstheorie der vorangegangenen Analysen wieder zurücknehmen und die unter dem Eindruck der veränderten politischen und ökonomischen Lage in der BRD mit den entsprechenden Formulierungen des SED-Programms von 1963 beinahe wörtliche Übereinstimmungen zeigen.[90]

Es wird zwar nicht mehr von einer Permanenz der absoluten Verelendung ausgegangen, die sich »mitunter auch« beschleunige (wie es im Programm der SED heißt), aber die

---

[87] Ebd., S. 712 f.

[88] Der Imperialismus der BRD, Berlin (DDR) 1971, S. 5.

[89] »Marx hat nirgendwo eine Theorie der permanenten Verelendung des Proletariats entwickelt, geschweige denn den Ruin von Proletariermassen als Bedingung für den Sieg über den Kapitalismus betrachtet« (ebd., S. 390 f).

[90] Ebd., S. 391 f.

absolute Verelendung wird nicht mehr bloß dementiert sondern es wird immer wieder darauf hingewiesen, daß sie auch empirisch beobachtbar sei und nur durch den Kampf der Arbeiterklasse und durch den Einfluß des Sozialismus in vielen Bereichen zurückgedämmt werden könne.[91]

In ›Der Imperialismus der BRD‹ wird auch die Dynamik der Bedürfnisse betont, aber eben nicht wie dies ansatzweise in ›Imperialismus heute‹ als Zuspitzung des Widerspruchs zwischen der eng begrenzten Tauschwertgrenze des Werts der Ware Arbeitskraft und der selbstbewußten Gebrauchswertbasis der über diese Grenze hinausgreifenden Bedürfnisse, wodurch die Verselbständigung des Tauschwerts gegenüber dem Gebrauchswert im Kapitalismus erfahrbar und begreifbar würde. Statt dessen wird die Entfaltung der Bedürfnisse lediglich als weiteres Argument und als Beleg für die Gültigkeit der Theorie von der relativen und absoluten Verelendung verwandt: wachsende Bedürfnisse seien nur solche, die durch den veränderten Produktionsprozeß für die Reproduktion der Arbeiterklasse notwendig werden. Können sie nicht mit Hilfe des Lohnes befriedigt werden, dann sei der Lohn unter den Wert der Ware Arbeitskraft gefallen, es habe dann eine absolute Verelendung stattgefunden, denn die Arbeiterklasse könne sich nicht mehr voll reproduzieren.

»Aus diesen veränderten Reproduktionsbedingungen der Arbeiter entstand *ein neuer tiefer Widerspruch: Die gesellschaftlichen Bedingungen für die Reproduktion der Arbeitskraft bleiben immer stärker hinter den wachsenden und qualitativ neuen Bedürfnissen zurück.* Durch diesen Widerspruch wird die erweiterte und sogar schon die einfache Reproduktion der Arbeitskraft gehemmt oder unmöglich. Die Reproduktion der Arbeitskraft aber ist eine Existenzbedingung sowohl für die Arbeiter als auch für das kapitalistische Ausbeutungssystem als Ganzes.«[92]

Hier verschärft sich die Verelendungstheorie beinahe wieder zu einer Zusammenbruchstheorie. Und genau so wie in der ganzen Geschichte der Arbeiterbewegung übernimmt sie wieder die Rolle, das Motiv und den Willen der Arbeiterklasse zum Kampf gegen den Kapitalismus erklären zu müssen.

In einem Abschnitt über ›Spontaneität, Bewußtheit und Aktion‹ wird entwickelt, wie die spontane Motivation (»In dem Maße, wie das Unbehagen am bestehenden Gesellschaftssystem zunimmt, wächst in breiten Schichten der Bevölkerung auch die Spontaneität«[93]) mit der notwendigen größeren Einsicht vermittelt werden soll: So wie der staatsmonopolistische Kapitalismus »die Tendenz zur Spontaneität« vermehre, so habe er auch mehr Mittel entwickelt, um die spontane Auf-

[91] Z. B. ebd., S. 392 f.
[92] Ebd., S. 389.
[93] Ebd., S. 615.

lehnung wieder durch »Randzugeständnisse«, Demagogie
oder Verfälschungen zu integrieren oder aber einfach zu
zerschlagen. Ein »konsequenter Kampf gegen die Macht der
Monopole« erfordere »Kenntnis der Grundgesetze des Imperialismus, eine langfristige Strategie und eine dauerhafte,
kampffähige Organisation, Vorausschau des Zieles und
der Prognose möglicher gesellschaftlicher Entwicklung —
kurz: das Gegenteil von Spontaneität«. Deshalb erhöhe sich
»die Bedeutung der marxistisch-leninistischen Partei«. Sie
müsse vor allem die »spontan erfüllten« Bedürfnisse mit dem
Fernziel der Arbeiterbewegung vermitteln.

»Diese Vermittlung war nie leicht. Sie ergab sich für große Massen mitunter nur in Zeiten tiefer Gesellschaftskrisen, wenn die Grundwider-
sprüche der Gesellschaft unübersehbar aufbrachen und die Not so uner-
träglich wurde, daß die Menschen unmittelbar bereit waren, aufs Ganze zu
gehen.«[94]

4. Die Vorstellungen der SPD über die Lage und Bewußtseinsentwicklung der Arbeiter vom Görlitzer bis zum Godesberger Programm

Bis hierher ist die Rolle der Verelendungstheorie in dem Teil
der deutschen Arbeiterbewegung beschrieben worden, der
sich auf diejenigen beruft, die im Revisionismusstreit Ver-
teidiger eines orthodoxen Standpunktes waren.
Nun soll die Entwicklung derjenigen Richtung in der deutschen Arbeiterbewegung nachgezeichnet werden, die damals
wie heute als ›Revisionismus‹ bezeichnet wurde, und zwar
anhand der Programme und der Diskussionen auf den Partei-
tagen die Entwicklung der SPD nach dem Revisionismusstreit
bis zu dem heute noch gültigen Grundsatzprogramm von Godesberg.

Die Wende zum Optimismus (1926–1927)

Im Görlitzer Programm der SPD von 1921 findet sich die
Verelendungstheorie als Beschreibung der wirklichen Entwicklung wie auch als Darstellung der mobilisierenden Kraft
zwar nicht in den an Naturgesetze erinnernden Formulierungen des Erfurter Programmes aber doch in deutlichen Worten
wieder — wohl unter dem Eindruck des Krieges und der Nachkriegszeit.[95] Vergleicht man aber den Grundtenor der Ein-

[94] Ebd., S. 617.
[95] Vgl. Programme der deutschen Sozialdemokratie (Sonderdruck für den
Vorstand der Sozialdemokratischen Partei Deutschlands, Bonn), Hannover
1963, S. 83.

schätzung der Wirtschaftsentwicklung und die Zielrichtung der Agitation mit den ersten Verlautbarungen der Kommunistischen Internationale nach dem 1. Weltkrieg, dann kommt schon zu diesem Zeitpunkt der optimistischere und auf die positive Entwicklung vertrauende Zugang der SPD zur Geltung. So betonte der Berichterstatter der Programmkommission, *Löbe*, vor dem Parteitag:

»Unsere Wirtschaft gleicht einem wogenden Meer, in dem die Wellen sich überstürzen. Lange wird es dauern, ehe sie sich beruhigen, und unser Schiff auf ruhigem Gewässer der Entwicklung dahingleitet. Deshalb legen wir es in unserem Programm klar und unzweideutig nieder, daß gerade die heutige Zeit beweist, wie die kapitalistische Produktion und Austauschweise unfähig ist, das Leben der Kulturvölker zu sichern, daß der Sozialismus die Katastrophe überwindet, [. . .]«[96]

Die Verelendungstheorie wurde als Theorie der Mobilisierung und als Begründung für die Notwendigkeit eines Sozialismus voll beibehalten, aber als Theorie über die notwendige Entwicklung der Wirtschaft und der Lage der Arbeiter aufgegeben, denn es besteht ja die Aussicht, wenn auch in großer Ferne, auf die »ruhigen Gewässer der Entwicklung«.

Erst im Heidelberger Programm von 1925 wurden die Sozialdemokratischen *Folgerungen aus der Revisionismusdebatte* in das Programm aufgenommen:

»Ununterbrochen sind im Kapitalismus Tendenzen wirksam, die arbeitenden Schichten in ihrer Lebenshaltung zu drücken. Nur durch steten Kampf ist es ihnen möglich, sich vor zunehmender Erniedrigung zu bewahren und ihre Lage zu verbessern.«[97]

Die *Tendenz* zur Verelendung durch den Kapitalismus wurde also nicht bestritten, aber die Arbeiterklasse könne durch ihren Kampf dieser Tendenz entgegenwirken und ihre Lage *verbessern*, und zwar schon unter dem Kapitalismus, und nicht erst im Sozialismus.

Zugleich aber blieb die Verelendungstheorie als Theorie der Mobilisierung gegen den Kapitalismus unangetastet, wie dies auch im Revisionismusstreit von seiten *Bernsteins* nie in Frage gestellt worden war.

»Doch mit dem Druck und den Gefahren des Hochkapitalismus steigt auch der Widerstand der stets wachsenden Arbeiterklasse, die durch den Mechanismus des kapitalistischen Produktionsprozesses selbst sowie durch stete Arbeit der Gewerkschaften und der Sozialdemokratischen Partei geschult und vereint wird. Immer größer wird die Zahl der Proletarier, immer schroffer der Gegensatz zwischen Ausbeutern und Ausgebeuteten, immer erbitterter der Klassenkampf zwischen den kapitalistischen Beherrschern der Wirtschaft und den Beherrschten.«[98]

Neben der Schulung durch Partei und Gewerkschaft wurde betont, daß der kapitalistische Produktionsprozeß selbst die Arbeiter in ihrem Widerstand schule.

[96] S. 298 und 299.
[97] Programm der SPD, a.a.O., S. 92.
[98] Ebd., S. 92.

Schaut man sich daraufhin aber das Programm und das Protokoll der Verhandlungen über das Programm genauer an, so zeigt sich, daß eine genauere Analyse des kapitalistischen Produktionsprozesses gar nicht vorgenommen worden war, denn es finden sich nur Hinweise auf die Einführung arbeitssparender Maschinen und den dadurch erstrebten Extraprofit. Es fehlt aber die Einsicht, daß neben solchen Rationalisierungen in der Regel auch Steigerungen in der Intensität der Arbeit auftreten — eine Erkenntnis, die in den kommunistischen Analysen derselben Zeit immer zentraler wird, wie wir gesehen haben.

Der Tenor des Heidelberger Programms verstärkt also die Akzentverschiebung auf eine optimistischere Einschätzung bei grundsätzlicher Beibehaltung der Verelendungstheorie als Theorie über die Entstehung von antikapitalistischem Bewußtsein. Da aber gleichzeitig festgestellt wurde, daß die Tendenz zur wirklichen Verelendung der Lage der Arbeiter durch den Kampf der Arbeiter abgewandt werden könne, mußte zugleich ein neues Erklärungsmoment gefunden werden, wie antikapitalistisches Bewußtsein auch unter diesen verbesserten Bedingungen entstehen könne. Das Dilemma und seine Lösung wird deutlicher als im Programm im Kommentar Karl *Kautskys* zum grundsätzlichen Teil des Programms ausgesprochen. Diesem Kommentar kommt darum auch besondere Bedeutung zu, weil das Programm selbst von *Kautsky* entworfen und in den hier relevanten Teilen auch so verabschiedet worden ist.[99] Einerseits stellt er fest, daß die verelendende Kraft des Kapitalismus weiterhin wirke, was man überall dort sehe, wo die Kapitalisten »widerstandslosen Arbeitermassen gegenüberstehen, wie in China und Indien«. Andererseits aber:

»Der Drang, die Tendenz des Kapitalismus nach Verelendung seiner Arbeiter besteht heute ebenso wie vor hundert Jahren. Aber zum Glück für die Menschheit erweist sich diese Tendenz nicht als unwiderstehlich, sonst wären die Arbeiter schon längst in tiefstem Elend verkommen und untergegangen, und damit wäre die ganze kapitalistische Gesellschaft der Länder der höchsten Zivilisation in Schmutz und Schande erstickt.«

Dieser außerordentlich wichtige Einwand gegen die Verelendungstheorie wendet sich genauso gegen ihre Gültigkeit als Beschreibung der tatsächlichen Entwicklung der Lage der Arbeiterklasse (die Reproduktion der Gesamtgesellschaft würde

[99] Vgl. Bericht der Programm-Kommission durch *Hilferding*, in: Sozialdemokratischer Parteitag 1925 in Heidelberg — Protokoll mit dem Bericht der Frauenkonferenz, Berlin 1925, S. 273; in der Aussprache stellte übrigens *Levy* fest, daß der Satz über die Verelendung im Erfurter Programm nicht in das Heidelberger Programm übernommen worden ist: »Dieser Satz ist im wesentlichen das Kernstück der jahrelangen Diskussion in der Sozialdemokratischen Partei zwischen den sogenannten Revisionisten und Radikalen gewesen. Ich stelle mit Bedauern fest, daß dieser Stein des Anstoßes der Revisionisten von damals heute gestrichen ist« (S. 286).

zunehmend eingeschränkt) wie auch gegen ihre Gültigkeit als Theorie der Entstehung von Bewußtsein (mit der eingeschränkten Reproduktion würde auch die Erfahrungsbasis und Aktionsmöglichkeit auf die bloße individuelle Lebenssicherung reduziert). Dies wird aber an dieser Stelle nicht weiter ausgeführt. Statt dessen werden die gegen eine Verelendung wirkenden Kräfte dargestellt, die durch die kapitalistische Entwicklung selbst erzeugt werden:

»Das Kapital selbst erzeugt nicht bloß den Drang nach Verelendung der Arbeiter, es erzeugt auch — sehr wider seinen Willen — die Bedingungen, die die Masse und den Zusammenschluß der Masse und ihre Wucht immer mehr vergrößern, wodurch die tatsächliche Bewegung der Arbeiterklasse aus einer absteigenden *in eine aufsteigende verwandelt wird*. [. . .] Schon vor hundert Jahren begannen sich manche Arbeiter Englands gelegentlich zu Versuchen des Widerstandes gegen kapitalistische Tyrannei in Ausständen zusammenzutun. Die wirkten wenig. Als aber aus gelegentlichem Zusammentreten dauernde Organisationen erwuchsen, [. . .] da hörte für alle die Arbeiterschichten, die zu solcher Art Organisation fähig waren, die Tendenz der Verelendung auf, wirksam zu sein.
Aber das geschah nur durch unaufhörlichen Kampf, Klassenkampf; durch unaufhörliche Vermehrung und Vervollkommnung der Waffen des Klassenkampfes.
Der proletarische Klassenkampf hat Europa vor dem Elend bewahrt, in das es der schrankenlose Kapitalismus zu stürzen drohte.«[99a]

Diese eindrucksvolle Darstellung der Kräfte, die sich der Tendenz zur Verelendung entgegenstellten, deren Entstehungsgrund nach dieser Argumentation aber eben in der Intention liegt, die Tendenz zur Verelendung abzuwehren, diese Überlegungen müssen notwendig in der Vermutung münden, mit dem Grund des Klassenkampfes, nämlich dem Elend, sei auch der Kampf verschwunden:

»Nun meint gar mancher bürgerlicher Politiker und Ökonom, daß jetzt, seitdem das Proletariat es vermag, die Tendenz der Verelendung zu überwinden und unter günstigen Umständen seine Lage sogar zu verbessern, damit sein Gegensatz gegen das Kapital sich milde und es sich mit seiner Herrschaft immer mehr abfinde, ja befreunde.«

Diesem Gedanken, der nur als Vermutung der ›bürgerlichen‹ Gegner zugelassen wird, setzt *Kautsky* eine Argumentation entgegen, die zuerst stark an die Theorie der relativen Verelendung erinnert: der absolute Mehrwert werde durch die Produktion des relativen Mehrwerts abgelöst — mit dem Resultat: der Anteil der Kapitalisten »am Produkt der Arbeit wächst auch unter diesen für den Arbeiter günstigen Umständen«.
Hier war die Argumentation für die Einwände der Verelendungstheoretiker vom Schlage *Davids* völlig offen, denn was sich hier als bloße relative Verelendung darstellt, konnte leicht als in Wirklichkeit absolute Verelendung analysiert werden, wenn man nicht (wie *Kautsky* es hier machte) die

[99a] Erste Hervorh. W. W. — zweite Hervorh. i. Orig.

Intensivierung der Arbeit und ihre Folgen außer acht ließ.

Aber die Argumentation *Kautskys* wollte gar nicht auf relative Verelendung hinaus, die ja — wie gezeigt — nur die Einkommen in Relation setzt. Statt dessen wird eine ganz neue, der Verelendungstheorie als Theorie über die Entstehung von Bewußtsein geradezu entgegengesetzte Theorie vorgetragen:

>»Auf der andern Seite erstarkt mit der Verkürzung der Arbeitszeit und dem Steigen der Löhne das Selbstbewußtsein der Arbeiter, nehmen die Möglichkeiten ihrer Organisierung und Aufklärung zu, steigen ihre Ansprüche an den gesellschaftlichen Reichtum, den sie geschaffen haben, wächst ihr Widerstand dagegen, als willenlose Werkzeuge bei der Arbeit behandelt zu werden. [. . .]
Das, und nicht die Milderung der Klassengegensätze ist die Folge der Überwindung der kapitalistischen Verelendungstendenz durch ein in siegreichen Klassenkämpfen emporsteigendes Proletariat.«[100]

Demnach entstehe und verstärke sich das antikapitalistische Bewußtsein durch die wachsenden und zugleich mit wachsendem Selbstbewußtsein vorgetragenen Ansprüche, durch die Entfaltung der Bedürfnisse in der Zirkulationssphäre wie auch im Produktionsprozeß, und zwar nicht nur materielle Bedürfnisse, sondern auch politische Bedürfnisse, wie Selbstbestimmung am Arbeitsplatz und Mitbestimmung an der gesellschaftlichen Entwicklung. Also nicht der *Abschwung,* die Verelendung und die Bedrohung der minimalen, existenznotwendigen Bedürfnisbefriedigung erzeuge das massenhafte antikapitalistische und revolutionäre Bewußtsein. Es sei der *Aufschwung,* der gesteigerte Wohlstand, und das gewachsene Selbstbewußtsein, wodurch die Forderung nach erhöhter Bedürfnisbefriedigung und voller Selbstbestimmung gegen die besonderen Beschränkungen durch die kapitalistische Produktionsweise entstehe.

Doch zugleich mit diesem Wandel.in der Entstehung von antikapitalistischem Bewußtsein — und das folgende Zitat zeigt, daß *Kautsky* an einen Wandel der Formen und nicht an eine Widerlegung früherer Auffassungen dachte — entwickelte sich auch ein Wandel in der Form des Klassenkampfes: er nehme »mildere« Formen an:

Die Demokratie biete *»die Möglichkeit, die Klassenkämpfe weniger opfervoll zu gestalten,* die Verheerungen zu mildern, die sie mit sich bringen. Wo die Demokratie herrscht, da kämpfen nicht mehr unwissende, unorganisierte Scharen. Solche sind unter normalen Umständen keines Widerstandes fähig, nur eine außerordentliche Situation vermag sie zu einer Erhebung aufzupeitschen, die nicht kluger Berechnung des günstigen Moments, sondern wilder Verzweiflung entspringt, daher oft nur zu kurzem, ziellosem zerstörendem Toben führt, um dann im Blute erstickt zu werden. Derart sind die Klassenkämpfe des Proletariats in ihren Anfängen überall dort, wo keine längere Benutzung demokratischer Rechte es organisiert und geschult hat. Je länger die Demokratie in einem Lande dauert, je un-

[100] Alle Zitate: Karl *Kautsky,* Kommentar zum Heidelberger Programm, in: Das Heidelberger Programm, Berlin 1925, S. 14 bis 16.

umschränkter sie ist, um so mehr verlieren die proletarischen Klassenkämpfe diesen wilden Charakter des Ursprungs. Und so werden die Formen des proletarischen Klassenkampfes immer milder, trotzdem die Klassengegensätze sich immer stärker zuspitzen.«[101]

Nach diesem vom Parteivorstand autorisierten Kommentar standen also noch beide Auffassungen über die Entstehung von antikapitalistischem Klassenbewußtsein nebeneinander, und je nachdem, ob Verelendung oder Aufschwung herrsche, nehme der Klassenkampf mildere oder wildere, reformerische oder revolutionäre Formen an. Dabei wurde der Zusammenhang aber nicht als ein Hin und Her von Auf- und Abschwung, sondern als ein epochaler Ablösungsprozeß gesehen: Verelendung und bewaffnete, revolutionäre Kämpfe seien in die Kolonien verdrängt, während in Europa der reformerische Übergang zum Sozialismus, getragen durch die selbstbewußten Bedürfnisforderungen eines erstarkten Proletariats, zunehmend frühere Formen des Klassenkampfes und der Bewußtseinsbildung ablöse.

Auf dem Parteitag von 1927 in Kiel wurde kein neues Programm beschlossen. In einem Referat ›Die Aufgaben der Sozialdemokratie in der Republik‹ stellte jedoch Rudolf *Hilferding* die Weiterentwicklung der Vorstellungen der SPD vor und stieß mit ihnen auf dem Parteitag kaum auf Gegenstimmen. In diesem Referat wies er alle ökonomischen wie politischen Zusammenbruchstheorien zurück und versprach dagegen, »daß wir, wenn nicht alle Anzeichen trügen, zum ersten Mal seit Ablauf des Krieges in eine allgemeine weltwirtschaftliche Besserung der Konjunktur eingetreten sind«[102].

Zugleich meinte er einen grundlegenden Wandel in der kapitalistischen Wirtschaft »*von der Wirtschaft des freien Spiels der Kräfte zur organisierten Wirtschaft*« beobachten zu können.[103] »Wir haben heute alle das Gefühl, daß auch der Privatbetrieb, die Wirtschaftsführung des einzelnen Unternehmers, aufgehört hat, Privatsache dieses Unternehmers zu sein.«

Aus diesem ›Gefühl‹ — eine Analyse oder Begründung kann man nirgendwo finden — wurden dann folgende weitgehenden Konsequenzen gezogen:

»Organisierter Kapitalismus bedeutet also in Wirklichkeit den *prinzipiellen Ersatz des kapitalistischen Prinzips der freien Konkurrenz* durch das *sozialistische Prinzip planmäßiger Produktion*. [...] Das heißt nichts anderes, als daß unserer Generation das Problem gestellt ist, mit Hilfe des Staates, mit Hilfe der bewußten gesellschaftlichen Regelung diese von den *Kapitalisten* organisierte und geleitete Wirtschaft in eine durch den *demokratischen Staat* geleitete Wirtschaft umzuwandeln.«[104]

[101] Ebd., S. 18.
[102] Protokoll der Verhandlungen des Parteitags der Sozialdemokratischen Partei Deutschlands 1927 in Kiel, Berlin 1927, S. 165.
[103] Ebd., S. 166.
[104] Ebd., S. 168 f.

Damit hatte die optimistische Sicht, das Setzen auf den Aufschwung und das Vertrauen, die Arbeiterklasse werde sich aus dem Interesse, an diesem Aufschwung beteiligt zu sein, um die Sozialdemokratie scharen, *auch* die Einschätzung der Entwicklung der Kapitalseite erfaßt und verändert und blieb nicht mehr, wie in Heidelberg, auf die Analyse der Lage der Arbeiterklasse beschränkt: Nun meinte man, die Entwicklung treibe den Kapitalismus über sein eigenes Konstituens hinaus zur bewußten Organisation und Orientierung an den gesellschaftlichen Bedürfnissen durch den Staat. Demnach sei eine revolutionäre Umwälzung überhaupt nicht mehr nötig, man brauche das Prinzip der Demokratie nur aus dem politischen Bereich auf die Wirtschaft auszudehnen.

Damit rückte an die Stelle des früheren Kampfes gegen die Verelendung — ein Kampf, den die KPD immer noch als zentrale Strategiebestimmung, weil entscheidende mobilisierende Kraft ansah — »der Kampf um *Betriebsdemokratie* und der Kampf um die *Wirtschaftsdemokratie*. Die Wirtschaftsdemokratie ist die Unterordnung der wirtschaftlichen Privatinteressen unter das gesellschaftliche Interesse; Betriebsdemokratie ist die Aufstiegsmöglichkeit zu der Leitung des Betriebes für den einzelnen je nach seinen Fähigkeiten«[105].

Das Verhalten zur Weltwirtschaftskrise

Nach der allgemeinen Wende zum Optimismus über die Entwicklung der Lage der Arbeiter — nach der Strategie von Heidelberg, auf den Aufschwung zu setzen, und erst recht nach der Einschätzung von Kiel, der Kapitalismus entwickle sich von selbst zum organisierten Kapitalismus, den man nur noch politisch zu übernehmen brauche — nach alldem ist es von besonderer Bedeutung, zu untersuchen, wie die SPD auf die Weltwirtschaftskrise reagierte: würde sie ihren Kurs beibehalten und weiter auf Aufschwung setzen, oder würde sie nun die Arbeiterklasse, die sie als so selbstbewußt und stark einschätzte, zum revolutionären Kampf aufrufen gegen den Kapitalismus, der sich als so offensichtlich unfähig gezeigt hatte, die gesteigerten Ansprüche und Bedürfnisse zu erfüllen?

1931 hielt die SPD in Leipzig ihren Parteitag. Gleich am ersten Verhandlungstag hielt Fritz *Tarnow*, der zusammen mit *Naphtali* die Konzeption der Wirtschaftsdemokratie in Partei und Gewerkschaft maßgeblich geprägt und durchgesetzt hatte, das Hauptreferat mit dem Titel ›Kapitalistische Wirtschaftsanarchie und Arbeiterklasse‹.

Zuerst mußte er sich damit auseinandersetzen, daß sich die optimistischen Prognosen der vorangegangenen Parteitage

[105] Ebd., S. 171.

nicht bewahrheitet hatten, daß diese Politik in einem so offensichtlichen Bankrott geendet hatte:

»Hat sich die Entwicklung rückläufig vollzogen, oder hat Hilferding damals eine falsche Analyse vorgenommen, oder muß ich heute zu Unrecht
über Wirtschaftsanarchie sprechen? Nichts von dem! Der Monopolkapita-
lismus organisiert zwar, aber er organisiert Wirtschaftsbezirke und nicht
die Volkswirtschaft; er hebt in der Gesamtwirtschaft die Anarchie nicht
auf, er verlegt sie nur in andere Größenordnungen. Der organisierte Kapitalismus hat den ökonomischen Bürgerkrieg Mann gegen Mann aufgehoben und ihn in einen ökonomischen Bandenkrieg umgewandelt.«[106]

In dieser Ehrenrettung steckt eine Kehrtwendung in der Einschätzung des Kapitalismus, so scheint es. Und liest man den
Schluß der Rede, so könnte man meinen, die SPD habe sich
angesichts der fürchterlichen Krise, der offenen Verelendung
und der gleichzeitigen Radikalisierung der Arbeiterschaft wieder auf marxistische Kapitalismusanalyse besonnen, und es
scheint so, als rufe sie nun – auf die mobilisierende Kraft der
Krise vertrauend – zum revolutionären Kampf auf:

»Wir dürfen darauf vertrauen, daß auch diese ökonomische Weltkrise in
allen Ländern Millionen neuer Anhänger unter die Fahne des Sozialismus
treiben und zu dem Ruf vereinigen wird: ›Hinweg mit dieser kapitalistischen Wirtschaftsordnung!‹ (Stürmischer Beifall.)«[107]

Aber selbst dieser Schlußfanfarenstoß zeigt, daß durchaus
mit einer noch länger dauernden Existenz des Kapitalismus
gerechnet wurde, nicht mit einer unmittelbar bevorstehenden
Umwälzung der Produktionsweise. So antwortete *Tarnow* vorher auf die selbstgestellte Frage »Endgültige Krise des Kapitalismus?«, es sei trotz einer Häufung von Krisenelementen
nicht davon auszugehen, »daß wir die entscheidende Krise
des kapitalistischen Systems vor uns haben, die endgültige
Krise, die mit dem Zusammenbruch des Kapitalismus enden
müsse«. Er glaube vielmehr, die Wirtschaft werde »Wege finden, die wieder zum Aufstieg führen«.[108]

Wenn der Zusammenbruch des Kapitalismus auch nicht selbst-
tätig durch die Krise erfolge, so könnte doch die revolutionäre Aktion des bewußt gewordenen Proletariats unter der
Anleitung der Partei die Krise zur Umwälzung des Gesellschaftssystems nutzen. Diese Möglichkeit sah *Tarnow* durchaus und beantwortete sie in einem Bild, das mittlerweile be-
rühmt geworden ist:

»Nun stehen wir ja allerdings *am Krankenlager des Kapitalismus* nicht
nur als Diagnostiker, sondern auch – ja, was soll ich da sagen? – als
Arzt der heilen will?, oder als fröhlicher Erbe, der das Ende nicht erwarten kann und am liebsten mit Gift noch etwas nachhelfen möchte? (Hei-
terkeit) In diesem Bild drückt sich unsere ganze Situation aus. (Sehr gut!)
Wir sind nämlich, wie mir scheint, dazu verdammt, sowohl Arzt zu sein,
der ernsthaft heilen will, und dennoch das Gefühl aufrechtzuerhalten, daß

---

[106] Protokoll – Sozialdemokratischer Parteitag in Leipzig 1931 vom
31. Mai bis 5. Juni im Volkshaus; Berlin 1931, S. 38 f.
[107] Ebd., S. 52.
[108] Ebd., S. 45.

wir Erben sind, die lieber heute als morgen die ganze Hinterlassenschaft des kapitalistischen Systems in Empfang nehmen wollen. Diese Doppelrolle, Arzt und Erbe, ist eine verflucht schwierige Aufgabe. (Sehr richtig)«.[109]

Die Begründung, warum die SPD »Arzt am Krankenbett des Kapitalismus« und nicht nur Erbe sein müsse, der »jetzt, wo er schon röchelt, ihm den Gnadenstoß« geben will, folgt ganz logisch aus der Theorie des Heidelberger Programms, wonach die Partei der Arbeiterklasse auch schon unter der Herrschaft des Kapitalismus für die Lage der Arbeiter verantwortlich sei und die Tendenz zur Verelendung aufhalten könne und deshalb auch aufhalten müsse.

»Der Patient selbst barmt uns gar nicht so sehr, aber die Massen, die dahinter stehen. (Sehr richtig!) Wenn der Patient röchelt, hungern die Massen draußen. (Sehr richtig!) Wenn wir das wissen und eine Medizin kennen, selbst wenn wir nicht überzeugt sind, daß sie den Patienten heilt, aber sein Röcheln wenigstens lindert, so daß die Massen draußen wieder mehr zu essen bekommen, dann geben wir ihm die Medizin und denken im Augenblick nicht so sehr daran, daß wir doch Erben sind und sein baldiges Ende erwarten.«[110]

Die Kommunistische Internationale wies dagegen jede Verantwortung für den Verlauf der Krise und die Entwicklung in der Lage der Arbeiterklasse von sich: auf der Basis der Verelendungstheorie mußte es so scheinen, als ob die Arbeiterklasse ihre Forderungen zur Verbesserung der Lage aufstellen und kämpferisch vertreten müsse, damit aber die innere Gesetzmäßigkeit der kapitalistischen Akkumulation nicht auf die Dauer aufheben könne, sondern im Gegenteil die Widersprüche der kapitalistischen Akkumulation dadurch nur noch verschärft würden. Das Elend, das der Kapitalismus dabei notwendig und unabwendbar produziere, mache der Arbeiterklasse nur noch klarer, daß sie eine dauerhafte Verbesserung ihrer Lage erst nach dem Zusammenbruch des Kapitalismus zu erwarten habe. Nachdem die SPD die Verelendungstheorie als Beschreibung einer durch die Arbeiterklasse unabwendbaren Entwicklung im Kapitalismus verworfen hatte, konnte sie die Eskalation bis zum Zusammenbruch *nicht als Beschleunigung eines sowieso unvermeidbaren Prozesses* unterstützen:

»Was bedeutet denn überhaupt ein Zusammenbruch der Wirtschaft, von dem in radikalen Kreisen die Rede ist? [. . .] Ich wundere mich, daß mir niemand zuruft: Wir haben doch schon den Zusammenbruch der Wirtschaft!! Ja, den haben wir, aber es reicht doch offenbar noch nicht aus, um das kapitalistische System zu erledigen. Wir müssen also einen ganz anderen Zusammenbruch haben, der etwas noch viel Schlimmeres bedeutet, als wir im Augenblick erleben. Wenn ich an die heutigen Leiden der Massen draußen denke, diese Leiden noch unerhört vermehren wollen, das können wir ja gar nicht! (Sehr richtig!) Und wenn wir den Mut dazu fänden, dann wären wir bald eine Bewegung ohne Arbeiterklasse. (Sehr richtig!)

[109] Ebd., S. 45.
[110] Ebd., S. 46.

Denn man soll sich darüber keinen Täuschungen hingeben: Wenn man die Empfindungen, die die deutsche Arbeiterklasse, wenn auch manchmal nur im Unterbewußtsein, hat, ganz genau untersucht, dann will die organisierte Arbeiterschaft den Sturz des kapitalistischen Systems, aber sie will nicht den Zusammenbruch der Wirtschaft. (Lebhafte Zustimmung) Sie will den Sozialismus als eine Verbesserung ihrer Lage, nicht aber als eine noch weitere Verschlechterung. (Lebhaftes Händeklatschen.)«[111]

Damit zeigt sich, daß die SPD auch in der Krise ihren Kurs des Heidelberger Programms fortsetzte, daß sie auf die Aufwärtsentwicklung setzte und dem Streben nach Verbesserungen schon im Kapitalismus und dem Selbstbewußtsein erhöhter Bedürfnisbefriedigung größere mobilisierende Kraft zutraute als der Verzweiflung und der Auflehnung in der Krise des Kapitalismus. Die Verelendungstheorie als Leitlinie eines strategischen Konzeptes, als Theorie über die Entstehung von Klassenbewußtsein, war damit selbst in der schwersten Krise nicht erneuert, sondern vollends aufgegeben worden. Die SPD mußte demnach allein Arzt und nicht Erbe am Krankenbett des Kapitalismus spielen.

Aber *Tarnow* hatte davon gesprochen, daß die SPD nicht nur Arzt, sondern gleichzeitig auch Erbe sein müsse. Wie sollte dieser Teil der Doppelrolle aussehen? Sie war von vornherein dadurch geprägt, daß die SPD von den Erfahrungen der russischen Revolution in ihren Vorstellungen über die Entwicklung des Sozialismus stark verunsichert war:

»Das ist aber das Problem für uns. Wie man mit einem einzigen Ruck eine Industriewirtschaft vom kapitalistischen auf das sozialistische System umstellen kann, das wissen wir nicht, und darüber gibt uns das russische Beispiel keine andere Antwort, als daß wir es so unmöglich machen können.«[112]

Und deshalb wurde ganz folgerichtig der Kurs des Heidelberger und Kieler Parteitages bestätigt — der Erbe wartet.

Was sich anfangs wie eine Abkehr von der Linie des Heidelberger und Kieler Parteitages anhörte, war in Wirklichkeit eine volle Bestätigung: die SPD setzte auf den Aufschwung, auf die permanente Verbesserung der Lage der Arbeiter, die deshalb die SPD unterstützen und durch Wahlen an die Macht bringen und damit den endgültigen Übergang zum Sozialismus möglich machen würden. Die Wirtschaftskrise störte diese Entwicklung, es mußte daher als die angemessene Politik erscheinen, alles daran zu setzen, sie so schnell wie möglich zu überwinden:

»Es sind bereits starke Fundamente und tragende Konstruktionen für den sozialistischen Bau der Zukunft vorhanden, und wenn die Nebel dieser ökonomischen Krise sich verzogen haben werden, dann wird man deutlich sehen, daß auch in dieser Zeit die sozialistischen Fundamente stärker, die kapitalistischen schwächer geworden sind.«[112a]

[111] Ebd.
[112] *Tarnow*, a.a.O., S. 47.
[112a] Ebd., S. 50.

1951 tagte die Sozialistische Internationale in Frankfurt a. M. und beschloß die ›Ziele und Aufgaben des demokratischen Sozialismus‹, die eine wesentliche Grundlage für das 1959 beschlossene Godesberger Programm, das Grundsatzprogramm der Nachkriegs-SPD bis heute, legten.[113]

In einer Präambel wurden die allgemeinen Erkenntnisse über die Entwicklung des Kapitalismus niedergelegt. Wie nach dem Ersten Weltkrieg war auch diese Analyse durch die jüngsten katastrophalen Erfahrungen geprägt.

Aber bereits hier ist der frühere analytische Ansatz der Verelendungstheorie als einer aus dem Wertverhältnis resultierenden Tendenz zur Verschlechterung in der gesamten Lage der Arbeiterklasse auf die allein dem Phänomenen der Zirkulationssphäre verhaftete Formulierung verkürzt: »soziale Unsicherheit und schroffe Kontraste zwischen arm und reich«[114].

Diese Konflikte wirkten aber nach Einschätzung der Sozialistischen Internationale nur in der Vergangenheit als mobilisierende Kraft: »Weil die Lohnarbeiter unter dem kapitalistischen System am grausamsten litten, begann der Sozialismus als eine Bewegung der Lohnarbeiter.«[115]

In diesem Zusammenhang deutet sich verstärkt eine Entwicklung in der Sozialdemokratie an, in deren Verlauf die analytische Reflexion auf die realen gesellschaftlichen Kräfte und Interessen, die eine Anhängerschaft der Partei ausmachen und mobilisieren könnte, ersetzt wird durch den idealistischen Appell an eine vage ›Sittlichkeit‹, ›Moral‹ und — eben — ›Idealismus‹.

Diese Tendenz erreichte ihren vorläufigen Höhepunkt in der Rede *Ollenhauers* zum Grundsatzprogramm von Godesberg in einem Rückblick auf frühere Programme der Arbeiterbewegung, ihre Ziele und Motivationen, kam er zu folgender zusammenfassender Einschätzung:

»Genossinnen und Genossen! Das Wort vom ›Materialismus‹ der Arbeiterschaft und ihrer Bewegung ist eine der großen historischen Lügen unserer politischen Gegner, (Beifall) mit der sie den Aufstieg der Arbeiterschaft zu bekämpfen und zu verhindern suchten. Hinter ihr versteckte man den eigenen Egoismus und Materialismus, und durch ihr immer erneutes Vorbringen versuchte man der sachlichen Auseinandersetzung mit

---

[113] Vgl. Referat von Erich *Ollenhauer*, ›Das Grundsatzprogramm der SPD‹, in: Protokoll der Verhandlungen des Außerordentlichen Parteitages der Sozialdemokratischen Partei Deutschlands vom 13.–15. November 1959 in Bad Godesberg, S. 50 f.
[114] Erklärung der Sozialistischen Internationale, beschlossen 1951 in Frankfurt a. M., zitiert aus: Programme der Deutschen Sozialdemokratie, a.a.O., S. 103.
[115] Ebd., S. 103 f.

dem Ziel und den Forderungen des demokratischen Sozialismus auszuwei-chen.«[116]

Und im Godesberger Programm selbst heißt es unter dem Titel ›Grundwerte des Sozialismus‹:

»Der demokratische Sozialismus, der in Europa in christlicher Ethik, im Humanismus und in der klassischen Philosophie verwurzelt ist, will keine letzten Wahrheiten verkünden – nicht aus Verständnislosigkeit und nicht aus Gleichgültigkeit gegenüber den Weltanschauungen oder religiösen Wahrheiten, sondern aus der Achtung vor den Glaubensentscheidungen des Menschen, über deren Inhalt weder eine politische Partei noch der Staat zu bestimmen haben. Die Sozialdemokratische Partei Deutschlands ist die Partei der Freiheit des Geistes. Sie ist eine Gemeinschaft von Menschen, die aus verschiedenen Glaubens- und Denkrichtungen kommen. *Ihre Übereinstimmung beruht auf gemeinsamen sittlichen Grundwerten und gleichen politischen Zielen.*«[117]

Wenn aber die materielle und soziale Lage nicht mehr als der zentrale Antrieb für die Unterstützung und für die Stärke der Partei angesehen wird, dann scheint auch eine genaue Analyse der Lage und ihrer Bestimmungsgründe nicht mehr nötig. Es werden nur noch die oberflächlichsten Betrachtungen über Erscheinungen der Zirkulationssphäre angestellt, und die Ablösung des Kapitalismus durch den Sozialismus erscheint zunehmend als bloßes Problem der Verteilung des Produkts: In der Erklärung der Sozialistischen Internationale von 1951 wird die Verwirklichung der sozialistischen Ziele zwar noch davon abhängig gesehen, »daß die Produktion im Interesse des Volkes geplant werden« muß.[118]

Im Godesberger Programm heißt es unter dem Titel ›Wirtschafts- und Sozialordnung‹:

»Ziel sozialdemokratischer Wirtschaftspolitik ist stetig wachsender Wohlstand und eine gerechte Beteiligung aller am Ertrag der Volkswirtschaft, ein Leben in Freiheit ohne unwürdige Abhängigkeit und ohne Ausbeutung.«[119]

Die Ersetzung des Marktprinzips durch an den Bedürfnissen direkt orientierte Planung wird überhaupt nicht mehr erwogen.

»Der moderne Staat beeinflußt die Wirtschaft stetig durch seine Entscheidung über Steuern und Finanzen (etc., W. W.) Es ist also nicht die Frage, *ob* in der Wirtschaft Disposition und Planung zweckmäßig sind, sondern *wer* diese Disposition trifft und zu wessen Gunsten sie wirkt.«[120]

Der Unterschied zwischen Kapitalismus und Sozialismus wird damit zum Unterschied zwischen den Personen, zur Frage »*wer* diese Dispositionen trifft«.

---

[116] *Ollenhauer*, Protokoll Godesberg 1959, a.a.O., S. 56 f.
[117] Grundsatzprogramm der Sozialdemokratischen Partei Deutschlands – Beschlossen vom Außerordentlichen Parteitag der Sozialdemokratischen Partei Deutschlands in Bad Godesberg vom 13. bis 15. November 1959, zit. aus: Programme der Deutschen Sozialdemokratie, a.a.O., S. 187 (Hervorh. W. W.)
[118] Programme der Deutschen Sozialdemokratie, a.a.O., S. 108.
[119] Ebd., S. 193.
[120] Ebd., S. 194.

Zwischenbilanz: Die Verelendungstheorie in der gespaltenen Arbeiterbewegung

Insgesamt setzt sich in der Entwicklung der Programmatik bis zum Godesberger Programm lediglich in immer zugespitzterer Form der strategische Ansatz weiter fort, der bereits im Heidelberger Programm von 1925 deutlich zum Ausdruck gekommen war:

Das Setzen auf den Aufschwung, statt auf den Abschwung, auf wachsende Anhängerschaft durch steigende Bedürfniserfüllung jetzt, statt auf die mobilisierende Kraft der unerfüllten Bedürfnisse und der Bedrohung mit der Hoffnung auf endgültige Besserung nach dem revolutionären Umsturz. Dies kommt am deutlichsten in dem zusammenfassenden Schlußabschnitt des Godesberger Programms mit dem Titel ›Unser Weg‹ zum Ausdruck:

»Die sozialistische Bewegung erfüllt eine geschichtliche Aufgabe. Sie begann als ein *natürlicher* und *sittlicher Protest* der Lohnarbeiter gegen das kapitalistische System. Die gewaltige Entfaltung der Produktivkräfte durch Wissenschaft und Technik brachte einer kleinen Schicht Reichtum und Macht, den Lohnarbeitern *zunächst* nur Not und Elend. Die *Vorrechte* der herrschenden Klassen zu beseitigen und allen Menschen Freiheit, Gerechtigkeit und Wohlstand zu bringen — das war und das ist der Sinn des Sozialismus.

Die Arbeiterschaft war in ihrem Kampf nur auf sich gestellt. Ihr *Selbstbewußtsein* wurde geweckt durch die *Erkenntnis ihrer eigenen Lage*, durch den entschlossenen Willen, sie zu verändern, durch die Solidarität in ihren Aktionen und durch die sichtbaren Erfolge ihres Kampfes.«[121]

Die Verelendungstheorie als Erklärung für die Entstehung von antikapitalistischem Bewußtsein wird für die frühe Zeit des Kapitalismus weiterhin akzeptiert. Dann aber wird sie mehr und mehr durch das Selbstbewußtsein als Resultat der *erfüllten* Bedürfnisse und der *sichtbaren* Erfolge verdrängt und als Erklärungsfaktor ersetzt.

Und als Schlußfolgerung und gleichzeitiger perspektivischer Ausblick folgt:

»Diese Erfolge sind Meilensteine auf dem opferreichen Weg der Arbeiterbewegung. Sie hat mit ihrer wachsenden Befreiung der Freiheit aller Menschen gedient. Die Sozialdemokratische Partei ist aus einer Partei der Arbeiterklasse zu einer Partei des Volkes geworden.«[122]

Mit der Zurückweisung der Verelendungstheorie, mit dem Setzen auf den Aufschwung verbindet sich in der ganzen Geschichte der Sozialdemokratie seit dem Revisionismusstreit

[121] Ebd., S. 208 (Hervorh. W. W.).
[122] Ebd., S. 208 f.

eine heftige Ablehnung und Denunziation derjenigen, die die Verelendungstheorie beibehalten, die weiterhin auf den Abschwung als Rekrutierungsbasis vertrauen. Im Godesberger Programm wird das so formuliert:

»Zu Unrecht berufen sich die Kommunisten auf sozialistische Traditionen In Wirklichkeit haben sie das sozialistische Gedankengut verfälscht. Die Sozialisten wollen Freiheit und Gerechtigkeit verwirklichen, während die Kommunisten die Zerrissenheit der Gesellschaft ausnutzen, um die Diktatur ihrer Partei zu errichten.«[123]

Von der anderen Seite, von denjenigen, die an der Verelendungstheorie festhielten, die weiterhin auf die mobilisierende Kraft des Abschwungs vertrauten, wurden umgekehrt die Sozialdemokraten als ›Revisionisten‹, ›Opportunisten‹, ›Verräter‹, ›Sozialfaschisten‹ und was noch alles beschimpft und bekämpft — wie in den ersten Teilen des Kapitels in aller Breite dargestellt worden ist.

Annahme oder Ablehnung der Verelendungstheorie ist aber nicht bloß Resultat einer theoretischen Entscheidung, ein Glaubensakt oder eine Frage der Begrifflichkeit, sondern beides muß als Bestätigung realer Erfahrungen durch theoretische Aussagen verstanden werden: Die Annahme und Verteidigung der Verelendungstheorie entspringt der realen Erfahrung des Abschwungs, der Krisen, der Kriege, der gegen menschliche Bedürfnisse und Notwendigkeiten indifferenten Dynamik des Kapitals und auch der selbst erlebten Empörung und radikalen Ablehnung als Reaktion auf diese Erfahrungen. Das Verwerfen der Verelendungstheorie wird bestätigt und motiviert durch die ebenso reale Erfahrung, daß der Aufschwung möglich ist, daß es aufwärts, besser gehen kann schon während des Kampfes, und dem Erlebnis des Muts und des fordernden Selbstbewußtseins, der mobilisierenden, mitreißenden Begeisterung des Erfolges.

Beides, Aufschwung und Abschwung, niederdrückende Tendenzen und die Auflehnung dagegen sowie begeisternde Erfolge, sind reale Erfahrungen, die zusammengehören und, erst als Ganzes verarbeitet, Grundlage für eine Theorie und Praxis geben können, die nicht an der Wirklichkeit vorbeigeht. Seit dem Revisionismusstreit ist aber dieses Ganze der Erfahrung mit den beiden großen Fraktionen der Arbeiterbewegung aufgeteilt. Im Aufschwung denunzieren die Kommunisten die Erfahrung des Erfolges und der Hoffnung und das Selbstbewußtsein und den Mut, der sich daraus entwickeln will, als irreal, bestenfalls kurzfristig oder gar als Bestechung. Im Abschwung setzen die Sozialdemokraten alles daran, um die Agitation der Kommunisten in ihrer Wirkung abzuschwächen, die Auflehnung und Empörung abzuwiegeln und auf einen

[123] Ebd., S. 188.

neuen Aufschwung zu orientieren. Mit der Aufteilung von Aufschwung und Abschwung, die eigentlich nur zwei zusammengehörige Seiten eines Gesamtprozesses sind, auf zwei sich hefig bekämpfende Parteien wird es denjenigen, die diese Erfahrung des Gesamtprozsses machen, ungeheuer erschwert, diese Erfahrung als ein zusammengehöriges Ganzes zu verarbeiten. Das Resultat, so muß man annehmen, ist nicht nur eine Spaltung der Arbeiterklasse, sondern — was entscheidender sein könnte — eine demobilisierende und entpolitisierende Verwirrung gerade derjenigen, die auf der Basis ihrer eigenen Erfahrungen noch zu einem Lernprozeß fähig und bereit sind.

III. Einwände gegen die Verelendungstheorie als Theorie über die Entwicklung von antikapitalistischem Bewußtsein

Nach dem bis hierher Entwickelten muß die Verelendungstheorie als Theorie über die Entwicklung antikapitalistischen
Bewußtseins Doppeltes beanspruchen: einmal erklären zu können, warum und wie die Arbeiter im Kapitalismus ein rebel-
lisches Bewußtsein, d. h. den Willen entwickeln und die Aktivität entfalten können, das gesellschaftliche System des Kapitalismus von Grund auf umzuwälzen. Zum anderen muß die
Verelendungstheorie dann aber auch beanspruchen, erklären
zu können, wie die Arbeiter zu der Erkenntnis kommen,
was sie verändern müssen, was umgewälzt werden muß,
um die Situation grundlegend zu verbessern, um den
Kapitalismus zu überwinden. Sie muß also behaupten, erklären zu können, wie die Arbeiter die durch die kapitalistische
Produktionsweise erzeugte Mystifikation durchbrechen und
das Spezifikum des Kapitalismus, das was den Kapitalismus
zum Kapitalismus macht und ihn von anderen Produktions-
weisen unterscheidet, erkennen können — denn wie sollten sie
sonst den gesellschaftlichen Zusammenhang zielgerichtet verändern können.
Wir wollen nun zuerst die Behauptung der Verelendungstheorie näher prüfen, eine andauernde Verschlechterung der
Lage in der Produktions- und Zirkulationssphäre führe zu re-
bellischem Bewußtsein und sei Voraussetzung für Revolutionen.

1. Historisch-empirische Einwände

Die ›absolute‹ Verelendung

Zuerst einmal scheint die absolute Verelendung als Voraussetzung der Revolution auch durchaus den Ergebnissen erster
naiver Selbsterforschung zu entsprechen, wenn man sich fragt,
unter welchen Bedingungen man bereit wäre, sich an einem
Aufstand zu beteiligen. Sicherlich nicht, wenn man mit allem
zufrieden ist!
Gurrs Darstellung der ›Abnahmedeprivation‹ stimmt denn
auch voll mit den Vorstellungen der Theorie von der absoluten Verelendung überein und scheint sie in ihrer Gültigkeit
zu bestätigen[124] (Fußnote und Abb. siehe Seite 72).

Abnahmedeprivation (GURR)

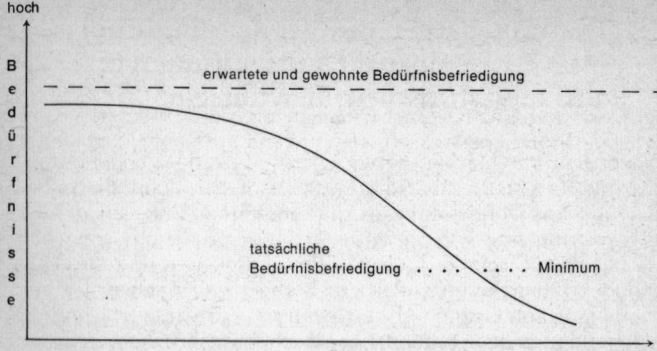

Die Diskrepanz zwischen erwarteter und gewohnter einerseits und der tatsächlichen Befriedigung der Bedürfnisse erzeugt demnach die ›relative Deprivation‹, aus der die Unzufriedenheit resultiere und die die gesellschaftlichen Verhältnisse zur revolutionären Gärung bringe. Insofern ist in der
Theorie von der absoluten Verelendung — wie früher schon
betont wurde — immer auch die von der relativen Verelendung
bereits enthalten. Die Vorstellungen von absoluter Verelendung als Voraussetzung für antikapitalistisches Bewußtsein
und revolutionären Willen, die wir in der Geschichte der
Arbeiterbewegung angetroffen haben, führen aber noch ein
Element ein, das bei *Gurr* nicht vorgesehen ist: nämlich eine
minimale Ebene der Bedürfnisbefriedigung vor dem ökonomischen Zusammenbruch der Gesellschaft, die nicht mehr unter-
schritten werden darf, ohne daß das Proletariat erkenne, daß
seine eigene Existenz mit der Existenz des Kapitalismus nicht
vereinbar ist. Dabei spielt also nicht die Relation zur oberen
Linie der gewohnten Bedürfnisbefriedigung, sondern die absolute Grenze der Existenz die zentrale Rolle. Aber auch wenn
man die Theorie von der absoluten Verelendung so auffaßt,
wie sie *Gurr* in der relativen Deprivation der tatsächlichen Bedürfnisbefriedigung gegenüber der gewohnten und erwarteten
Bedürfnisbefriedigung darstellt, dann ergeben sich zwei Einwände:

1. Die auf ihre individuelle Selbsterhaltung bedachten Massen
werden einer Veränderung der Machtverhältnisse relativ pas-
siv gegenüberstehen und im übrigen jeden, der ihnen die
Wiederherstellung der früheren Zustände verspricht, einem Be-

[124] Ted. R. *Gurr*, Why men rebel, 1970; deutsche Übersetzung von Joa-
chim Schulte: Rebellion — Eine Motivationsanalyse von Aufruhr, Kon-
spiration und innerem Krieg, Düsseldorf und Wien 1972, S. 54 — Die
Bezeichnungen sind eigene Übersetzungen.

schwörer ungewisser Zukunftsmöglichkeiten vorziehen.

2. Bei einer absoluten Verelendung, also bei dauerhaft nach unten gerichtetem Verlauf der Kurve für die tatsächliche Bedürfnisbefriedigung, bleibt die Erwartung an die Bedürfnisbefriedigung nicht auf der gleichen Ebene bestehen, sondern paßt sich nach und nach der wirklichen Entwicklung an.

Extreme Situationen absoluter Verelendung mögen zu Hungerrevolten führen, aber nicht zu längerfristigen, organisierten Aktionen. Statt dessen zerfallen alle Ansätze zu koordiniertem und gemeinsamem Handeln schnell wieder unter dem Zwang des ›Rette sich, wer kann‹, der individualisierten Strategie, die Überlebenschancen wenigstens für sich zu verbessern. So kommt Michael *Vester* in seiner historischen Untersuchung ›Die Entstehung des Proletariats als Lernprozeß‹ (Frankfurt 1970) für den Prozeß der Herausbildung des Proletariats als Klasse sogar für die Zeit der frühen Industrialisierung zu dem Ergebnis: »Die Motivation dieser verschiedenen Gruppen, sich zur handelnden Klasse zu koalieren, kann durch verfallende materielle Lebensstandards nicht hinreichend erklärt werden« (S. 106).

Auch die Revolutions- und Krisenforschung kommt zu ähnlichen Ergebnissen, die als Widerlegung der Verelendungstheorie, soweit sie beansprucht, eine Theorie über die Entstehung revolutionärer Mobilisation zu sein, durchaus herangezogen werden kann, obwohl sie den methodisch problematischen Weg geht, alle Revolutionen und Krisen zu vergleichen, ohne dabei auf die jeweils spezifische historische Gesellschaftsform und Interessenkonstellation einzugehen. Ihre Ergebnisse können vor allem deshalb herangezogen werden, weil sie *keinen einzigen* Fall einer größeren gesellschaftlichen Umwälzung anführen konnten, auf den die Verelendungstheorie zugetroffen hätte. So zeigt eine empirisch-historische Analyse der gesellschaftlichen und ökonomischen Entwicklungen vor Ausbruch aller großen historischen Revolutionen und Revolutionsversuche, »daß Revolutionen erst eine Periode steigender Erwartungen und dann eine Periode enttäuschter Erwartungen vorangehen muß«[125].

So geht aus den Steuerlisten des *ancien régime* vor der großen Französischen Revolution von 1789 hervor, daß diejenigen Menschen, die später Träger der Revolution waren, nicht nur immer höhere Realeinkommen bezogen[126], zugleich war die vorrevolutionäre Zeit eine Zeit tiefgreifender Reformen, die lange hatten auf sich warten lassen und die den späteren Trä-

[125] James C. *Davies*, Eine Theorie der Revolution, in: Theorien des sozialen Wandels; hg. Wolfgang *Zapf*, Köln—Berlin 1970², S. 412.
[126] Vgl. Crane *Brinton*, Die Revolution und ihre Gesetze; von Walter Theimer übersetzte deutsche Ausgabe von: The Anatomy of Revolution, Frankfurt 1959, S. 51.

gern der Revoluion ein Gefühl von Erfolg und selbstbewußter Hoffnung gegeben haben muß.[127]

Dasselbe gilt für die Jahrzehnte vor der russischen Revolution sowohl vor 1905 wie vor 1917, gilt für die Zeit vor der amerikanischen Revolution von 1776 und die vor der Glorious Revolution in England. *Brinton* zieht aus der vergleichenden Untersuchung all dieser Revolutionen den ersten verallgemeinernden Schluß:

»Erstens waren alle diese Gesellschaften im großen und ganzen in wirtschaftlichem Aufstieg begriffen, ehe die Revolution eintrat. [. . .] Diese Revolutionen wurden nicht von Verelendeten und Verhungernden begonnen. Eine Revolution ist nicht mit einem Wurm zu vergleichen, der sich krümmt, wenn er getreten wird. Sie ist kein Kind der Verzweiflung, sondern der Hoffnung. Ihre Weltanschauung ist ausdrücklich optimistisch.«[128]

Einer historisch-empirischen Überprüfung hält die Verelendungstheorie als Theorie über die Entstehung von revolutionärem Bewußtsein *nicht stand.*

Wie aber kommt es denn dann, daß die Verelendungstheorie eine so ungeheure Verbreitung hat und die Geschichte und Strategie der Arbeiterbewegung zentral bestimmt hat und weitgehend auch heute noch bestimmt? Soll das auf Illusionismus, Borniertheit oder verbohrten Dogmatismus zurückgeführt werden, oder muß nicht hier wie bei allen ernstgemeinten Theorien akzeptiert werden, daß sie Ausdruck wirklicher Erfahrungen und damit auch ein Ausdruck von Wirklichkeit sind, selbst wenn sie nur einen Aspekt der Wirklichkeit und daher nur eine Teilwahrheit ausdrücken?

Auf die Frage: Was ist nun richtig, die Verelendungstheorie oder die These *Brintons,* das revolutionäre Bewußtsein sei »kein Kind der Verzweiflung, sondern der Hoffnung«? auf diese Frage kann die Antwort nur lauten: beide sind Ausdruck und Ergebnis wirklicher Erfahrungen und sind als solche richtig. Der springende Punkt ist aber, daß sie einzeln genommen falsch sind, weil sie nur einen Teil der Gesamtentwicklung verarbeiten und die auf dieser Basis entwickelte Vorstellung als Theorie des Ganzen ausgeben.

Das oben zitierte, allgemein in der Literatur als Selbstverständlichkeit anerkannte Ergebnis der empirischen Revolutionsanalyse[129], »daß Revolutionen erst eine Periode steigen-

[127] Ebd., S. 62. [128] Ebd., S. 349.

[129] Vgl. die Überblicksdarstellungen von Martin *Jänicke,* Krisenbegriff und Krisenforschung, in: Herrschaft und Krise — Beiträge zur politikwissenschaftlichen Krisenforschung; hg. v. Martin *Jänicke.* Dort auch Johan *Galtung,* Eine strukturelle Theorie der Revolution, insbes. S. 130 ff und 155 ff. In der mehrfach zitierten Aufsatzsammlung: Anger, Violence, and Politics, a.a.O., wird *Davies* laufend für diesen Zusammenhang zitiert (der Aufsatz ist dort noch einmal abgedruckt), und Ted R. *Gurr* (Rebellion . . ., S. 60 f) verwendet ihn explizit als die dritte Möglichkeit der relativen Deprivation.

der Erwartungen und dann eine Periode enttäuschter Erwartungen vorangehen muß«, gibt nämlich beiden Theorien recht, revidert sie aber zugleich beide, indem sie beide verbindet.

»Aus dieser revidierten Vorstellung können wir zwei generelle Schlußfolgerungen ziehen. Die erste besagt: es ist äußerst unwahrscheinlich, daß eine Revolution in einer Gesellschaft ausbricht, in der es ständig unbeschränkte Möglichkeiten gibt, neue Bedürfnisse, neue Hoffnungen, neue Erwartungen zu befriedigen. [. . .] Die zweite Schlußfolgerung besagt: es ist unwahrscheinlich, daß eine Revolution dort ausbricht, wo es nicht zuvor eine Hoffnung gegeben hat — eine Periode, in der die Erwartungen angestiegen sind.«[130]

Aus diesen Erkenntnissen entwickelte *Davies* ein vereinfachtes Modell der vorrevolutionären Entwicklung, das die Entwicklung von revolutionärem Bewußtsein erklären soll (siehe Kurve).

Vorrevolutionäre Entwicklung

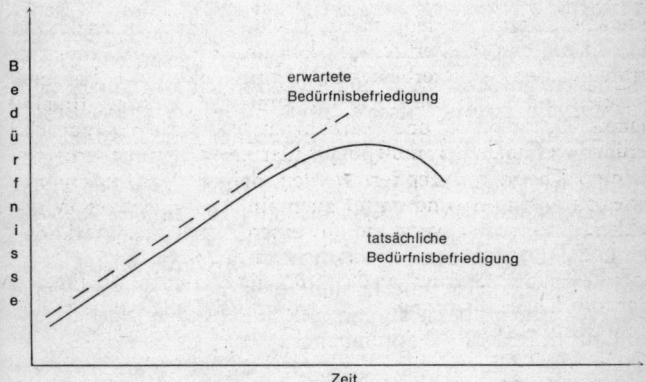

J-Kurven-Modell nach DAVIES[131]

Es dürfte klar sein, daß dieses Modell nicht als fertige Theorie über die Entstehung von Revolutionen oder revolutionärem Bewußtsein, in dem Sinne von ›immer wenn . . ., dann . . .‹, sondern als Kontrastbild zu dem der absoluten Verelendung verstanden werden muß: in allen Fällen großer gesellschaftlicher Umwälzung folgte der Prozeß der Bedürfnisbefriedigung vereinfacht dargestellt dem J-Kurven-Modell und nicht dem der absoluten Verelendung.

Die empirischen Ergebnisse zeigen also die Verelendungstheorie als einen zum Ganzen aufgeblasenen Teil eines größeren, zusammengehörigen Gesamtprozesses, der nur als ganzer

[130] *Davies*, a.a.O., S. 412 f.
[131] Vgl. ebd., S. 402.

die Auswirkung auf das Bewußtsein haben kann, die die Verelendungstheorie für sich als Teil allein beansprucht. Dabei hat sie durchaus eine reale Erfahrungsbasis, nämlich den Abschwung — die aber, weil sie als isolierte Erfahrung zum Ganzen verabsolutiert, im Ergebnis und in ihrer Wirkung verhängnisvoll falsch wird. Die Aufspaltung der Arbeiterbewegung auf die beiden Pole des Gesamtprozesses, Aufschwung und Abschwung, als ein Resultat des Streites um die Gültigkeit der Verelendungstheorie und die — in der Folge — in allen Phasen des Gesamtprozesses entgegengesetzte Agitation der beiden Fraktionen stellt sich nun nicht nur als Verhinderung individueller Lernprozesse dar, sondern muß als — möglicherweise entscheidendes — historisches Hemmnis in der Entwicklung der ganzen Arbeiterbewegung gesehen werden.

Die ›relative‹ Verelendung

Nach all dem könnte man sich so verhalten, wie dies in der Geschichte der deutschen Arbeiterbewegung häufig geschehen ist, wenn die Verelendungstheorie als Theorie über eine absolute Verschlechterung in der Lebenslage gegenüber der wirklichen Entwicklung kaum zu vertreten war: man zieht sich auf die Position zurück, *Marx* habe nie eine absolute Verelendung behauptet, sondern habe immer die Position vertreten, die wir gerade in der ›relativen Deprivation‹ der Krisenforscher kennengelernt haben — er habe immer eine ›relative Verelendung‹ im Sinn gehabt. So argumentierte *Kautsky* in der Revisionismusdebatte (nur nannte er das ›soziale‹ Verelendung — vgl. voriges Kapitel), und so wurde später während der Rationalisierungskonjunktur in der Weimarer Republik, vor allem aber während der anhaltenden Nachkriegskonjunktur in der BRD argumentiert.

Schaut man sich aber eine der typischen Stellen an, in denen *Marx* eine Theorie über die relative Verelendung zum Ausdruck bringt, dann wird sofort klar, daß hier keinerlei Gemeinsamkeit mit der ›relativen Deprivation‹ der Krisenforschung besteht:

»Ein merkliches Zunehmen des Arbeitslohn setzt ein rasches Wachsen des produktiven Kapitals voraus. Das rasche Wachsen des produktiven Kapitals ruft ebenso rasches Wachstum des Reichtums, des Luxus, der gesellschaftlichen Bedürfnisse und der gesellschaftlichen Genüsse hervor. Obgleich also die Genüsse des Arbeiters gestiegen sind, ist die gesellschaftliche Befriedigung, die sie gewähren, gefallen im Vergleich mit den vermehrten Genüssen des Kapitalisten, die dem Arbeiter unzugänglich sind, im Vergleich mit dem Entwicklungsstand der Gesellschaft überhaupt. Unsre Bedürfnisse und Genüsse entspringen aus der Gesellschaft; wir messen sie daher an der Gesellschaft; wir messen sie nicht an den Gegenständen ihrer Befriedigung. Weil sie gesellschaftlicher Natur sind, sind sie relativer Natur.«[132]

[132] Karl Marx, Lohnarbeit und Kapital, MEW 6, S. 412; weitere Stellen s. o. Fußnote 14.

1. Es geht nicht um die Veränderungen in den eigenen Bedürfniserwartungen und Erfahrungen über tatsächliche Bedürfnisbefridigung, sondern um den Vergleich zu fremden Gruppen und deren Genüsse, die dem Arbeiter aber durchaus abstrakt und fremd bleiben müssen, solange ihm nicht durch eindringliches Beschreiben und Probieren diese Genüsse zu eigenen, vertrauten und angstfreien Bedürfnissen geworden sind. Das ist aber der zentrale Punkt bei der ›relativen Deprivation‹: die Diskrepanz zwischen *eigenen, habitualisierten* — also selbstverständlich gewordenen — und *selbst* erfahrenen Bedürfniserwartungen einerseits und der Entwicklung der tatsächlichen Befriedigung *dieser* Bedürfnisse konstituiert die Relation, aus der das Gefühl von ›Deprivation‹ und die Unzufriedenheit entsteht, und nicht der Vergleich von eigenen und fremden Möglichkeiten der tatsächlichen Bedürfnisbefriedigung.

Im allgemeinen kann man sogar davon ausgehen, daß eine wachsende Distanz in der realen Weise der Bedürfnisbefriedigung zwischen zwei Klassen die Reichtümer der herrschenden Klasse in den Bereich des Mythologischen und Märchenhaften im Denken der weniger Privilegierten verdrängt, der mit der eigenen Wirklichkeit nichts zu tun hat; und wenn wir aber plötzlich — wie im Märchen — tatsächlich in die fremde Welt der Reichtümer und Genüsse zwischen diejenigen versetzt werden, die ihren Gebrauch schon immer gewohnt sind, so wird die Situation Unwohlsein und Angst hervorrufen, keinesfalls aber die intensive Unzufriedenheit, die entsteht, wenn einem die Erfüllung eines liebgewordenen und gewohnten Bedürfnisses verweigert wird.

Die relative Verelendung als ›relative Deprivation‹ kann also höchstens bei eng kommunizierenden Gruppen eintreten, wo der Unterschied in der Bedürfnisbefriedigung konkret am eigenen Leib und als überbrückbar erfahren wird.

2. Meist bezieht sich die relative Verelendung auch nur auf einen Vergleich der Einkommen und wäre daher besser mit ›relativer Armut‹ gekennzeichnet.

2. Zur Verelendungstheorie bei Marx
   im Rahmen des Gesamtwerkes

Im ›Kommunistischen Manifest‹ ist der ›Grundwiderspruch zwischen Lohnarbeit und Kapital‹ in engster Verbindung mit der Verelendungstheorie das konstitutive Prinzip der Schrift. Dabei hat Anlaß und agitatorischer Zweck der Schrift zu einer Überspitzung der Formulierung geführt, die die Aussage ökonomisch unhaltbar und unsinnig macht:

»Es tritt hiermit offen hervor, daß die Bourgeoisie unfähig ist, noch länger die herrschende Klasse der Gesellschaft zu bleiben und die Lebensbedingungen ihrer Klasse als regelndes Gesetz aufzuzwingen. Sie ist unfähig zu herrschen, weil sie unfähig ist, ihrem Sklaven (dem Proletariat, W. W.) die Existenz selbst innerhalb seiner Sklaverei zu sichern, weil sie gezwungen ist ihn in eine Lage herabsinken zu lassen, wo sie ihn ernähren muß, statt von ihm ernährt zu werden.«[133]

Den Untergang der Bourgeoisie vom zu großen Umfang der Unterstützung für die arbeitslosen Paupers zu erwarten, wäre geradezu absurd; zweifellos wußten *Marx* und *Engels* (und das irische Beispiel der Hungersnöte bewies es schlagend), daß die Bourgeoisie ohne Skrupel Millionen verhungern lassen würde, wenn sie nicht durch eigene ökonomische Notwendigkeit zur Hilfe gezwungen wäre. Wenn sich daher die Passage nicht auf die arbeitslosen Paupers, sondern auf die beschäftigten Arbeiter bezieht, wird sie aber erst recht unsinnig: Die Bourgeoisie muß immer, auch bei normalem Gang der kapitalistischen Akkumulation die beschäftigten Arbeiter und ihre Familien ›ernähren‹, indem sie ihnen ihre Arbeitskraft als Ware abkauft und dafür den Lohn bezahlt. Zugleich aber wird sie immer von diesen Arbeitern ernährt, denn sie zahlt nur einen Teil des von den Arbeitern produzierten Wertes als Lohn an die Arbeiter aus: indem sie den Arbeiter durch die Lohnzahlung ›ernährt‹, wird sie zugleich ›von ihm ernährt‹. Die Passage zeigt also, daß der innere Zusammenhang der kapitalistischen Produktionsweise von *Marx* und *Engels* zur Zeit der Abfassung des ›Kommunistischen Manifestes‹ noch nicht voll erfaßt worden war.

Aus dem ›Kapital‹, dem Hauptwerk von Karl *Marx*, werden als Belege für die Verelendungstheorie vor allem die beiden bereits breit zitierten Passagen aus dem 23. und 24. Kapitel des ersten Bandes herangezogen. Dort finden sich besonders klare und eindrückliche Formulierungen, aus denen die Folgerung gezogen werden kann, daß die Verelendungstheorie ein integraler und unverzichtbarer Bestandteil des Marxismus sei. So zitiert ein Kritiker des Marxismus von der Position der Wissenschaftstheorie *Poppers*, Peter *Urban*, die Passage aus dem 23. Kapitel, die mit dem auch im Original hervorgehobenen, trompetensignalartigen Satz endet:

»Je größer der gesellschaftliche Reichtum, das funktionierende Kapital, Umfang und Energie seines Wachstums, also auch die absolute Größe des Proletariats und die Produktivkraft seiner Arbeit, desto größer die industrielle Reservearmee. [...] Je größer aber diese Reservearmee im Verhältnis zur aktiven Arbeiterarmee, desto massenhafter die konsolidierte Übervölkerung, deren Elend im umgekehrten Verhältnis zu ihrer Arbeitsqual steht. Je größer endlich die Lazarusschicht der Arbeiterklasse und die industrielle Reservearmee, desto größer der offizielle Pauperismus. *Dies ist das absolute, allgemeine Gesetz der kapitalistischen Akkumulation.*«[134]

[133] MEW 4, S. 473. [134] MEW 23, S. 673 f.

Im Anschluß an dieses Zitat stellt *Urban* fest:

»Die Marxsche Verelendungstheorie geriet jedoch im Laufe der Zeit in Schwierigkeiten, weil die zunehmende Verelendung einfach nicht stattfinden wollte. Da gleichzeitig die von Marx genannte Bedingung, die zunehmende Kapitalakkumulation, realisiert war und ist, muß die Theorie strenggenommen als widerlegt angesehen werden.«[135]

Stellt man die zitierte Stelle aber in den Gesamtzusammenhang der *Marx*schen Theorie, so ergeben sich folgende Einwände gegen die Annahme, eine Verelendungstheorie sei unverzichtbare Folgerung aus der gesamten theoretischen Konstruktion und mit ihrer Widerlegung sei sie insgesamt widerlegt:

Im *Hegel*schen und *Marx*schen Sprachgebrauch heißt ›absolut‹ soviel wie abstrakt, und abstrakt heißt wiederum anders als in unserem alltäglichen Sprachgebrauch: isoliert betrachtet. Ebenso bedeutete das ›allgemeine Gesetz‹ soviel wie das ›reine Gesetz‹ ohne seine Störgrößen und Modifikationen betrachtet. Demnach kann man den Satz so verstehen: Wenn man den Trieb des Kapitals ungehindert und ohne Störgröße laufen ließe, wenn man ihm also seinen isolierten Willen ließe, dann käme das Beschriebene heraus. Diese Interpretation wird bestätigt durch den Satz, der sofort auf dem trompetensignalartigen Satz vom ›Gesetz‹ folgt: »Es (das Gesetz, W. W.) wird gleich allen andren Gesetzen in seiner Verwirklichung durch mannigfache Umstände modifiziert, deren Analyse nicht hierher gehört.«[136]
Urban erwidert auf diesen Satz von *Marx* und die sich daran knüpfende Interpretation der Verelendungstheorie:

»Was wird mit der Aussage erreicht, die kapitalistische Produktion enthalte die ›Tendenz‹ zur absoluten Verelendung der Arbeiterklasse? Offenbar kann man jetzt etwas behaupten, ohne durch Tatsachen widerlegt werden zu können. Wenn jemand sagt, es herrsche augenblicklich eine ›Tendenz‹ zum Regnen und es regnet nicht, dann wird er sagen, daß er ja auch nur eine ›Tendenz‹ behauptet, nicht aber tatsächlich und definitiv Regen prophezeit habe. Andererseits: Wenn es wirklich regnen sollte, dann vermag der Wetterprophet darauf hinzuweisen, daß er also schon lange wußte, daß es regnen würde. Treffer nimmt er für sich in Anspruch, Fehlschläge treffen ihn nicht. Wenn das nicht ›fröhliche Wissenschaft‹ ist, dann ist es zumindest *Prophetie ohne Risiko*. Den Grenzfall dieser vergnüglichen Strategie stellt ein tautologischer Satz [...] dar, wie ihn der Volksmund formuliert: Wenn der Hahn krähe auf dem Mist, dann

---

[135] Peter *Urban*, Moderne Wissenschaftslehre und marxistische Kapitalismustheorie, in: Zur Politik und Zeitgeschichte — Beilage zu: *Das Parlament*; Jg. 20, 1970, Nr. 39, S. 20. *Urban* wird hier stellvertretend für die Meere von Literatur zur nicht-marxistischen Kritik der Verelendungstheorie behandelt, weil seine Kritik besonders pointiert und bedenkenswert ist. Diese Meere wurden zwar von mir bibliographiert und bearbeitet, es wurde aber auch darauf verzichtet, sie ins Literaturverzeichnis mit einfließen zu lassen.
[136] MEW 23, S. 674.

ändert sich das Wetter, oder es bleibt wie es ist. Mit Meteorologie oder Landwirtschaft oder Wissenschaft überhaupt hat das natürlich nichts zu tun.«[137]

Nun hat aber Bodo *von Greiff* in seinem Buch ›Gesellschaftsform und Erkenntnisform — Zum Zusammenhang von wissenschaftlicher Erfahrung und gesellschaftlicher Entwicklung‹ (Frankfurt/New York 1976) gezeigt, daß alle wissenschaftlichen Gesetze so formuliert sind, daß sie nach *Urban* also alle Ausdruck ›fröhlicher Wissenschaft‹ sind. Die Formulierung des Fallgesetzes z. B. setzt voraus, daß man von einer Vielzahl von Erscheinungen beim jeweils einzelnen, empirisch beobachtbaren Fall eines Gegenstandes absieht und sie nach unterschiedlichen Faktoren aufteilt, wobei einer der Hauptfaktor ist, der dann in der Fallformel formuliert wird, und die anderen als ›Störfaktoren‹ isoliert werden müssen. Die Formulierung eines Gesetzes ist also überhaupt nur in der Abstraktion von dem jeweils einzelnen Verhalten und der einzelnen Beobachtung auf ein theoretisches Konstrukt hin möglich, daß das Verhalten des beobachteten Gegenstandes verallgemeinernd in eine erklärende Theorie einfügt und damit die beim Einzelfall auftretende Abweichung als Einwirken von ›Störfaktoren‹ erscheinen läßt. Diese ›Störfaktoren‹, wie zum Beispiel beim Fallgesetz der Luftwiderstand, können auch wieder als herausisolierte, einzelne Faktoren in Gesetzesform als Teil einer Theorie formuliert werden.
Die Einzelbeobachtung kann jedenfalls das formulierte Gesetz nicht widerlegen. Prüfstein ist vielmehr, ob die Theorie fähig ist, die Abweichung zu erklären und die Störfaktoren zu identifizieren, ohne dabei sich in Widersprüche zu verwickeln.
Dieses Wissenschaftsverständnis, das sich mit der bürgerlichen Gesellschaft entwickelt hat, und in allen Naturwissenschaften praktiziert wird, hat sich in den Gesellschaftswissenschaften nur punktuell durchgesetzt — wohl vor allem deshalb, weil sich in ihnen im Unterschied zu den Naturwissenschaften das private Interesse der Betroffenen in den Vordergrund drängt und den Einzelfall mit seinen Abweichungen wichtiger macht als das allgemeine Gesetz. So bleibt auch die durch *Popper* inspirierte Soziologie und Politologie in der ›Stückwerkwissenschaft‹ ohne erklärende, zusammenfassende Theoriebildung stecken. Wo an einer solchen Theoriebildung gearbeitet wird, wie bei den marxistischen Theoretikern, wird dem mit Schrecken und dem Vorwurf der Unwissenschaftlichkeit (wenn nicht Schlimmerem) begegnet.
Marx stellt im ersten Band des ›Kapitals‹ aber tatsächlich etwas dar, das in seiner Abstraktheit und Allgemeinheit und dem Absehen von den Störfaktoren auf gleicher Ebene han-

[137] *Urban*, a.a.O., S. 21.

delt wie das Fallgesetz oder andere Gesetze der Naturwissenschaft: mit dem Unterschied, daß diese Gesetze keine ewige Gültigkeit beanspruchen, sondern an das Vorherrschen ganz bestimmter historischer Bedingungen gebunden sind, nämlich an die Dominanz der — von *Marx* nicht umsonst ›naturwüchsig‹ genannten — Warenproduktion: es wird untersucht, welchen Bewegungsgesetzen das Kapital als sich selbst verwertender Wert gehorcht. Dabei fallen Staat, Klassen, Kunst, Kultur, Naturbedingungen, Weltmarkt, Gewerkschaften, Konkurrenzbedingungen wie das Verhältnis von Angebot und Nachfrage, Monopolbildung, Kriege etc. etc. unter die Kategorie zusätzlicher Faktoren, deren Einwirkung und Modifikation auf das einmal grundlegend und rein dargestellte Bewegungsgesetz in einem zweiten und dritten Schritt dargestellt und erklärt werden muß, bis schließlich die erscheinende Wirklichkeit als besondere Ausprägung unter jeweils besonderen historischen Bedingungen des allgemeinen Gesetzes erklärt werden kann, wobei diese anderen Faktoren selbst z. T. durch das Kapital erzeugt werden und in der Warenanalyse als notwendig angelegt sind.

Untersucht man nun die Bewegungsweise des Einzelkapitals unter diesen Bedingungen der Abstraktion und Isolierung von den anderen Faktoren, so kommt man tatsächlich zu der von *Marx* formulierten Schlußfolgerung als »das absolute, allgemeine Gesetz der kapitalistischen Akkumulation«: Der sich selbst verwertende Wert, der kein anderes Ziel und Kriterium kennt als diese Selbstverwertung, kann dieses Ziel nur erreichen, wenn er die Ware Arbeitskraft, den Wertbildner, möglichst rationell einsetzt. Das heißt aber nicht nur, daß das Kapital danach strebt, den Preis der Arbeitskraft zu senken, sondern viel wichtiger ist der rationelle Einsatz im Produktionsprozeß selbst. (Beides wird durch die Existenz einer relativen Übervölkerung sehr erleichtert.) Dabei braucht sich das Einzelkapital um die Reproduktionsbedingungen der Arbeitskraft genau wie diejenigen der Gesamtgesellschaft nicht zu kümmern — sie werden auf dem Markt als Marktbedingungen vorgefunden und scheinen dem Einzelkapital unbeeinflußbar wie das Wetter (man kann nur in angenehmere Klimazonen ausweichen). Es ist also tatsächlich das Bewegungsgesetz der kapitalistischen Akkumulation, daß das Kapital als sich selbst verwertendes Einzelkapital allein in seinem Verwertungsdrang betrachtet, allein auf Kosten des Proletariats wachsen kann und so eine mächtige Tendenz in sich trägt, das Proletariat zu verelenden, es in seinen Lebensnotwendigkeiten innerhalb und außerhalb des Produktionsprozesses zu bedrohen.

Schaut man sich den Aufbau der drei Bände ›Kapital‹ näher

an, so zeigt sich, daß *Marx* mit der Darstellung der abstrakten Kernstruktur der kapitalistischen Gesellschaft in der Warenanalyse beginnt und diese dann fortschreitend in ihrer begrifflichen Differenzierung entfaltet wird, bis am Schluß des dritten Bandes dargestellt ist, wie sich daraus die Begrifflichkeit der erscheinenden Wirklichkeit des kapitalistischen Wirtschaftsprozesses ergibt. Weil dieser Aufbau des *Marxschen* Werkes nicht begriffen worden war, wurde in der Zeit, als nur der erste Band publiziert war, die dortige Darstellung mißverstanden als die unmittelbare Beschreibung der erscheinenden Wirklichkeit. Die Wertbewegungen wurden als Beschreibung der Preisbewegungen, und die Analyse der Kapitalbewegungen, die von *Marx* als abstrakte Herausarbeitung des allgemeinen Kapitalbegriffs angelegt war, wurde als prophetische Sicht der tatsächlichen historischen Entwicklung aufgefaßt. Gerade was die Verelendungstheorie anging, schienen die wirklichen Verhältnisse sich auch ganz entsprechend der *Marxschen* Beschreibung zu verhalten. Als diese Entwicklung aber gegen Ende des 19. Jahrhunderts nicht in gleicher Weise weiterlief, kamen Zweifel an der gesamten *Marxschen* Theorie auf, die in der Revisionismusdebatte geäußert und heftig diskutiert wurden.

Es kann danach nicht überraschen, daß der dritte Band bei seinem Erscheinen weithin als eine Widerlegung des ersten Bandes und Widerrufung der ›Arbeitswertlehre‹ gelesen wurde.[138]

Genauso wie sich der erste Band vom dritten Band her relativiert und nur als abstrakte Darstellung der Kernstruktur und als weit von den Einzelheiten der beobachtbaren Tageserscheinung entfernt darstellt, genauso sind die drei Bände ›Kapital‹ insgesamt nur Teil eines umfassenden Ganzen in der *Marxschen* Planung der Analyse der kapitalistischen Gesellschaft. Die drei Bände sind nur die grundlegende Analyse der Gesellschaft »nach ihrer ökonomischen Struktur betrachtet«[139]. Daß sie mit dem fragmentarischen Kapitel mit dem Titel ›Die Klassen‹ endet, ist ein besonders deutliches Zeichen für das Fragmentarische der gesamten *Marxschen* Analyse. Er hatte im Rahmen der ökonomischen Analyse, im Rahmen der ›Kri-

---

[138] Vgl. Friedrich *Engels*, Ergänzung und Nachtrag zum III. Buche des ›Kapital‹, in: MEW 25 (III. Band des ›Kapital‹); er zitiert mehrere dieser Interpreten und versucht sie zu widerlegen. Er offenbart dabei aber seine eigene fehlerhafte Rezeption des Zusammenhanges des I. und III. Bandes. Er sieht die Vermittlung zwischen Wertbewegung und den davon abweichenden Preisbewegungen nicht als systematisch entwickelte, dauerhafte Notwendigkeit des Kapitalismus und Resultat der sich immer wieder auf die Durchschnittlichkeit hinbewegenden aber eben auch vom Durchschnitt abweichenden Kapitalbewegungen, sondern er sieht das Verhältnis als ein *historisches* Nacheinander.
[139] MEW 25, S. 827 (III. Band).

tik der politischen Ökonomie‹, noch eine separate Untersuchung über die Lohnarbeit, den Staat, den auswärtigen Handel und den Weltmarkt und in Ergänzung zu der systematischen, ökonomischen Darstellung eine historische Abhandlung der Entwicklung des Kapitalismus geplant.[140]

Das ›Kapital‹ — wie es uns heute vorliegt — analysiert die Gesellschaft allein unter dem Gesichtspunkt, das Kapital mit all seinen Differenzierungen und Bewegungsgesetzen darzustellen. Fragen der Konkurrenz, des Staates, des Weltmarktes etc. sind genau wie die in der Verelendungstheorie zusammengefaßten Auswirkungen auf das Proletariat nur unter diesem Gesichtspunkt behandelt. Die Verelendungstheorie muß also lediglich als *ein Teil* einer umfassenden marxistischen Theorie über die Bestimmungsfaktoren der Lage der Arbeiterklasse und der von ihr abhängigen Schichten angesehen werden. Sie ist *keine* Prognose oder gar prophetische Voraussage über die Entwicklung der tatsächlichen Lage der Arbeiterklasse, die mit Notwendigkeit aus der gesamten *Marxschen* Theorie folgt und deren Nichteintreffen eine Widerlegung dieser Theorie bedeuten würde.

3. Die Verelendungstheorie als Theorie über die Durchbrechung der Mystifikation

Diese Einschätzung des Stellenwertes der Verelendungstheorie innerhalb der *Marxschen* Theorie wird noch weiter bestätigt, wenn man den Anspruch der Verelendungstheorie untersucht, sie sei die Lösung für das Problem, wie das Proletariat durch eigene Erfahrung die Mystifikation des Kapitalverhältnisses durchbrechen könne. Wir wollen nun diesen Anspruch näher untersuchen. Dazu muß zuerst dargestellt werden, was unter ›Mystifikation des Kapitalverhältnisses‹ zu verstehen ist.

Die Mystifikation in ihrer Wirkung auf die Arbeiter

Für die im kapitalistischen Produktions- und Zirkulationsprozeß Befangenen — dem Arbeiter wie dem Kapitalisten — stellt sich die Tatsache, daß sie als Besitzer von Produktionsvoraussetzungen aus diesem Besitz Einkommen ziehen, mit Notwendigkeit so dar, als ob sie die Geld- und Warenquanten des Gesamtproduktes, die diesen Einkommen entsprechen, auch selbst produziert hätten. Es scheint so, als ob der Industrie-

---

[140] Vgl. Witali S. *Wygodski*, Die Geschichte einer großen Entdeckung — über die Entstehung des Werkes ›Das Kapital‹ von Karl Marx, aus dem Russischen übersetzt von H. Friedrich und H. Richter, Berlin 1967, S. 121 ff.

kapitalist als Besitzer der Produktionsmittel seinen eigenen Gewinn, als ob der Geldkapitalist, der sein Geldkapital gegen Zinsen verleiht, nicht nur ein Anteil am Produktionsergebnis erhält, sondern diesen Anteil ebenfalls selbst erzeuge. Genauso scheint der Grundeigentümer seinen Einkommensanteil selbst zu erzeugen. Und so erscheint es dann auch so, als ob auch der Arbeiter in seinem Lohn exakt den Anteil am Gesamtprodukt erhält, den er zu seiner Erzeugung beigetragen hat.

Letztlich sind aber alle Produkte Resultate der Verformung von Naturstoffen durch menschliche Arbeit. Die anderen ›Produktionsfaktoren‹, Boden und Kapital, sind also nur verselbständigte und verfestigte Resultate früherer Arbeit, die der lebendigen Arbeitskraft als fremde Mächte entgegentreten. Diese reale Verselbständigung der Resultate vergangener Arbeit gegenüber den arbeitenden Menschen, die Verkehrung lebendiger gesellschaftlicher Zusammenhänge in das Verhältnis von Dingen nennt Marx ›Fetischisierung‹, weil dabei dasselbe geschieht wie in primitiven Gesellschaften, bei denen der lebendige Mensch durch ein totes Ding beherrscht wird, z. B. durch die Adlerklaue, die seine Seele symbolisiert, weil ihm bei den Initiationsriten der Adler als ›sein‹ Tier bestimmt wurde. Wenn diese Adlerklaue, dieses Ding, verloren geht, dann hat der Indianer, der lebendige Mensch, seine Seele verloren, er muß sterben. Genauso wirkt in der warenproduzierenden Gesellschaft die Verkehrung der gesellschaftlichen Beziehung von Produzenten und Konsumenten zur Überlebenssicherung in die dingliche Beziehung zwischen den Waren zur Realisierung des Tauschwerts: würden z. B. die Menschen in der Bundesrepublik ein Einsehen mit sich selbst zeigen und endlich aufhören zu rauchen, dann würde dieser — gesundheitspolitisch überaus wünschenswerte — Akt der hier um ihre Gesundheit besorgten Menschen in den tabakproduzierenden Ländern Südamerikas auf die Arbeiter und ihre Familien wie eine schwere Naturkatastrophe zurückschlagen — weil sich Dinge, Tabak und Geld, nicht mehr gleich zueinander verhalten, müßten Tabakarbeiter sterben. Die Fetischisierung oder Verdinglichung der gesellschaftlichen Beziehungen ist also ein schlagend realer Prozeß.

Seine Auswirkungen auf das Bewußtsein der in diesem Prozeß Befangenen nennt Marx ›Mystifikation‹: der innere gesellschaftliche Zusammenhang der Verhältnisse kann nicht mehr unmittelbar durch Anschauung erkannt werden — im Gegenteil, die unmittelbare Anschauung führt gerade zu verkehrten Vorstellungen. Die Mystifikation des Kapitalverhältnisses ist also laut Marx Ergebnis der unmittelbaren Erfahrungen und kann gerade auch bei den Arbeitern ein Bewußtsein bedingen, in dem sich ihre Stellung im Kapitalismus völlig verkehrt darstellt: z. B. kann es ihnen so erscheinen, als ob sie ganz entsprechend ihrer Leistung bezahlt würden, daß der Lohn also nicht der Preis ihrer Arbeits*kraft,* sondern der Preis ihrer tatsächlich geleisteten Arbeit sei und die übrigen Preiselemente am Verkaufspreis der Ware aus der Leistung der anderen ›Produktionsfaktoren‹ entstünden. Es erscheint dann so, als ob es einen ›gerechten Lohn‹ gebe und sich alle Kritik am Kapitalismus erübrige, sobald dieser erreicht sei.

Im folgenden soll nun die Mystifikation des Kapitalverhältnisses in ihrer Wirkung auf die Arbeiter im Produktionsprozeß dargestellt werden anhand der Aussagen von Karl *Marx* im ›Kapital‹ (die römischen Ziffern geben jeweils den Band an) und in der Schrift ›Resultate des unmittelbaren Produktionsprozesses‹ (im Text als ›Re‹ abgekürzt):

Der kapitalistische Produktionsprozeß beginnt für den Arbeiter nicht als unmittelbarer Produktionsprozeß, etwa wie man sich den für die Selbstversorgung arbeitenden Bauer vorstellen kann, der die Ärmel hochkrempelt und mit der Arbeit anfängt. Damit der Produktionsprozeß als kapitalistischer Produktionsprozeß überhaupt beginnen kann, muß zuerst in der Zirkulationssphäre Kauf und Verkauf der Ware Arbeitskraft und Kauf und Verkauf der Produktionsmittel erfolgt sein. Das ist dann auch die erste Erfahrung des Arbeiters mit dem kapitalistischen Produktionsprozeß: seine lebendige Arbeitskraft, die sich von ihm nicht trennen läßt, weil sie seine Lebenskraft ist, also er selbst wird für diese Zeit mit Haut und Haaren zur Ware.

Dieser Akt der Zirkulation ist selbst schon eine Verkehrung, denn die lebendige Arbeitskraft wird als Ware einem Ding gleichgesetzt (III, S. 55), wird Objekt, und die Produktionsmittel, die vergangene, vergegenständlichte Arbeit — allgemein in der Form des Wertes, hier in der Naturalform der Produktionsmittel — tritt als Subjekt auf, das den Arbeiter beschäftigt: »Capital employs labour. Schon dies Verhältnis in seiner Einfachheit Personifizierung der Sachen und Versachlichung der Personen.« (Re, S. 79 f, 30 f, 34 f, etwa gleichlautend; Re 35 zeigt dies besonders schön an der Verkehrung im Begriffspaar ›Arbeitgeber‹ und ›Arbeitnehmer‹: »So heißt auch im heutigen Deutschen der Kapitalist, die Personifikation der *Sachen,* die Arbeit nehmen, *Arbeitgeber,* und der wirkliche Arbeiter, der Arbeit gibt, *Arbeitnehmer.*«)

Diese »Verkehrung, ja Verrückung von toter und lebendiger Arbeit, von Wert und wertschöpfender Kraft« (I, S. 329) findet seine volle Bestätigung in der Erfahrung, die der Arbeiter innerhalb des Produktionsprozesses macht: die Produktionsmittel, die gesamten materiellen Arbeitsbedingungen treten ihm als Verkörperungen des Kapitals entgegen. Die Produktionsmittel sind vom Kapital bereitgestellte Waren, in der Zirkulationssphäre gekauft, ihrem Produktionsprozeß und der Tatsache, daß sie selbst auch nur Resultat menschlicher Arbeit sind, weit entrückt durch die gleichmacherische Zirkulationssphäre, die alles nur noch als fertiges, gleiches Resultat setzt, ohne Ansehung seines konkreten Entstehungsprozesses. Die Maschinen sind da, und sie sind da, weil sie das Kapital dahin gestellt·hat. Man sieht ihnen ihren eigenen Produktionsprozeß nicht mehr an. Der einzelne Arbeiter hat damit nichts zu tun. Und als *einzelner* Arbeiter ist er eingekauft worden, als solcher hat er den Produktionsprozeß betreten.

Der Kapitalcharakter der Produktionsmittel stellt sich im Produktionsprozeß dar, »als ihnen an und für sich zukommend [. . .] unzertrennbar von ihnen, daher als *Eigenschaft, die ihnen als Dingen, als Gebrauchswerten, als Produktionsmitteln* zukommt. Diese erscheinen daher an und für sich als *Kapital* und das Kapital daher, welches ein *bestimmtes Produktionsverhältnis* ausdrückt, ein bestimmtes gesellschaftliches Verhältnis, worin innerhalb der Produktion die Besitzer der Produktionsbedingungen zu den lebendigen Arbeitsvermögen treten [. . .] als ein *Ding*, ganz wie der Wert als Eigenschaft eines Dings und die *ökonomische Bestimmung* des Dings als *Ware*, als seine dingliche Qualität erschien, ganz wie die gesellschaftliche Form, welche die Arbeit im Geld erhielt, sich als *Eigenschaften eines Dings* darstellte« (Re, S. 16 f). Der Kapitalfetisch ist also die sinnliche Erfahrung des Warenfetischs im kapitalistischen Produktionsprozeß.

Die sinnliche Erfahrung im Produktionsprozeß zeigt dem Arbeiter aber nicht nur die dingliche Qualität des in Wirklichkeit gesellschaftlichen Verhältnisses, sondern sie läßt ihn das Kapital als mit eigenen produktiven Kräften begabt erfahren: so, wie ihm der Zusammenhang mystifiziert wird, daß die Produktionsmittel in Wirklichkeit das vergegenständlichte Resultat vergangener Arbeit, als Ergebnis des Zusammenhangs aller Arbeiten sind, so kann er auch nicht das Produktionsergebnis als Ergebnis dieses Zusammenhangs identifizieren. »Der Zusammenhang ihrer Arbeiten tritt ihnen daher ideell als Plan, praktisch als Autorität des Kapitalisten gegenüber, als Macht eines fremden Willens, der ihr Tun seinem Zweck unterwirft« (I, S. 351). Die gesellschaftliche Kombination ihrer Einzelarbeiten zur produktiven Gesamtarbeit erscheint historisch und aktuell immer wieder aufs neue nicht als Leistung der einzelnen gekauften Arbeitskraft, sondern als Leistung des Kapitals (Re, S. 77 f).

Erst recht aber muß die gesteigerte Produktivkraft der Arbeit durch den Einsatz besserer Maschinerie, die größere Zahl produzierter Gebrauchswerte z. B. durch die Ersetzung des Handtransportes durch einen Kran, muß diese Steigerung der Produktion und des Produktionsergebnisses als reine Leistung des Kapitals erscheinen (I, S. 351, III, S. 95 f).

Diese Erfahrung auf der Ebene der Menge der produzierten Gebrauchswerte bestätigt sich selbstverständlich erst recht, wenn die produzierten Gebrauchswerte vom Kapitalisten auf dem Markt verkauft werden und einen gesteigerten Gesamterlös einbringen. Dadurch, daß z. B. ein Kran zur Arbeit hinzugekommen ist, hat sich die Arbeitsleistung der Arbeiter nicht verändert, im Gegenteil, die Arbeit ist eher leichter geworden. Die Steigerung in der Menge der gebauten Häuser pro Jahr ist also genausowenig auf die Arbeit zurückzuführen wie die höhere Preissumme, die dafür in der Zirkulationssphäre erzielt wird. Es wird ganz manifest erfahren: die Arbeiter produzieren nur einen Teil des in der Zirkulation realisierten Erlöses. Es ist also nur richtig, wenn sie auch nur einen Teil dieses Erlöses erhalten, und zwar, so muß es notwendig scheinen, ist es am gerechtesten, wenn sie entsprechend ihrer Leistung bezahlt werden: sie erhalten exakt den Teil, den sie auch beigetragen haben.

So erscheint der Lohn als Entgelt für die gesamte, geleistete Arbeit des Arbeiters, als das Äquivalent des von ihm erstellten Produktes und nicht als das Äquivalent für die zur Reproduktion als gleiche Arbeitskraft notwendigen Gebrauchswerte — eine Größe, die mit der Menge der im kapitalistischen Produktionsprozeß produzierten Güter nichts (mit der zu ihrer Produktion aufgewandten Arbeitskraft aber viel) zu tun hat.

So kehrt sich laut *Marx* der Wertzusammenhang von der Arbeit als einzig wertschaffender Kraft und der bloßen Verteilung dieses Wertes unter die Eigentümer der Produktionsagentien Arbeitskraft, Boden und Produktionsmittel notwendig um in das Gegenteil, in die Theorie nämlich, daß die Revenuequellen voneinander selbständige und unabhängige Wertquellen seien, die zusammengenommen den Preis aller Waren bestimmen. Diese Verkehrung wird nun auch noch durch eine Reihe von Zirkulationserfahrungen im Bewußtsein scheinbar bestätigt und damit noch weiter befestigt:

»Allerdings tritt während des unmittelbaren Produktionsprozesses die Natur des Mehrwerts fortwährend in das Bewußtsein des Kapitalisten, wie seine Gier nach fremder Arbeitszeit etc. uns schon bei der Betrachtung des Mehrwerts zeigte. Allein: 1. Es ist der unmittelbare Produktionsprozeß selbst nur ein verschwindendes Moment, das beständig in den Zirkulationsprozeß, wie dieser in jenen übergeht, so daß die im Produktionsprozeß klarer oder dunkler aufgedämmerte Ahnung von der Quelle des in ihm gemachten Gewinns, d. h. von der Natur des Mehrwerts, höchstens als ein gleichberechtigtes Moment erscheint neben der Vorstellung, der realisierte Überschuß stamme aus der vom Produktionsprozeß unabhängigen, aus der Zirkulation selbst entspringenden, also dem Kapital unabhängig von seinem Verhältnis zur Arbeit angehörigen Bewegung. [. . .] 2. Unter der Rubrik der Kosten, worunter der Arbeitslohn fällt, ebensogut wie der Preis von Rohstoff, Verschleiß der Maschinerie etc., erscheint Auspressung von unbezahlter Arbeit nur als Ersparung in der Zahlung eines der Artikel, der in die Kosten eingeht, nur als geringe Zahlung für ein bestimmtes Quantum Arbeit; ganz wie ebenfalls gespart wird, wenn der Rohstoff wohlfeiler eingekauft, oder der Verschleiß der Maschinerie verringert wird« (III, S. 54 f).

Diese Mystifikation des Kapitalverhältnisses stellt sich aber in der in dem *Marx*-Zitat analysierten Weise nicht nur bei Kapitalisten und wissenschaftlichen Ökonomen, sondern auch bei den im kapitalistischen Produktionsprozeß beschäftigten Arbeitern ein; das — so zeigt *Marx* im ›Kapital‹ — ist jedenfalls die übermächtige Tendenz, die durch die kapitalistische Poduktionsweise im Bewußtsein der Arbeiter erzeugt wird.

Die Zirkulationssphäre, die in der warenproduzierenden Gesellschaft zwischen Produktion und Konsumtion geschoben ist und die zersplitterte, private Produktion zur gesellschaftlichen Reproduktion vermitteln muß, läßt also die gesellschaftlichen Verhältnisse als Eigenschaft der Dinge, und zwar als naturgegebene und ewige Eigenschaften der Dinge erscheinen. Maschinen scheinen immer Kapital zu sein und das Produkt des Produktionsprozesses erscheint als Ergebnis des Zusammenwirkens der Produktionsfaktoren. Ohne sie — ohne das Kapital z. B. — scheint Produktion nicht möglich. So erscheint das Kapital und damit die tauschwertorientierte, also kapitalistische Produktionsweise insgesamt als ewige Naturnotwendigkeit. Den Kapitalismus abschaffen zu wollen, stellt sich so zu Recht als der irrwitzige Wunsch dar, ›die Kuh schlachten zu wollen, die man melkt‹.

Die Möglichkeit der Durchbrechung der Mystifikation bei Marx

Wenn das so ist, wie soll dann aber der Arbeiter zu einem Bewußtsein kommen, das ihn den wirklichen Zusammenhang des Kapitalismus erkennen läßt? Kann er durch den Schein der Oberfläche hindurch die wirklichen Verhältnisse erkennen und den inneren Zusammenhang erfahren? Braucht er dazu den Wissenschaftler *Marx* und seine Übersetzer, die ihm die Illusionen zerschlagen und ihn durch Schulung und Agitation zum antikapitalistischen Klassenkämpfer machen? Oder macht er im Produktionsprozeß und auch in der Zirkulationssphäre Erfahrungen, die es ihm ermöglichen, selbst und ohne äußerliche Anleitung die kapitalistische Produktionsweise und insbesondere den kapitalistischen Produktionsprozeß in seiner Spezifik zu erkennen?

Marx selbst sagt dazu wenig. In mehreren Schriften (z. B.
›Lohnarbeit und Kapital‹, ›Lohn, Preis und Profit‹, ›Arbeitslohn‹) entwickelt er die historische Unvermeidlichkeit von Organisationen der Arbeiterklasse aus dem Lohnverhältnis: der
Kampf um die Erhöhung des Lohnes und um die Verbesserung der Arbeitsbedingungen zwinge die Arbeiter, ihre gegen-
seitige Konkurrenz zu überwinden und sich zur Arbeiterorga-
nisationen zusammenzuschließen. Zugleich aber sei dieser
Kampf ein integraler Bestandteil des kapitalistischen Produk-
tionszusammenhanges und müsse an keinem Punkt mit den
Mystifikationen und Verkehrungen, wie sie oben dargestellt
sind, in Konflikt geraten. *Marx* schreibt dazu:

»Ich glaube nachgewiesen zu haben, daß ihre Kämpfe um den Lohnstandard von dem ganzen Lohnsystem unzertrennliche Begleiterschei-
nungen sind, daß in 99 Fällen von 100 ihre Anstrengungen, den Arbeitslohn zu heben, bloß Anstrengungen zur Behauptung des gegebnen Werts
der Arbeit sind und daß die Notwendigkeit, mit den Kapitalisten um ihren
Preis zu markten, der Bedingung inhärent ist, sich selbst als Ware
feilbieten zu müssen. (MEW 16, S. 151)

Ansonsten gibt es von *Marx* kaum irgendwelche Äußerungen
darüber, wie es den Arbeitern gelingen soll, den Kapitalismus
zu begreifen.
Die Durchbrechung der Mystifikation ist aber Voraussetzung
für ein antikapitalistisches Bewußtsein, denn erst wenn das
Spezifikum des Kapitalismus erkannt ist, also das, was verändert werden muß, damit die Produktionsweise nicht mehr
kapitalistisch ist, kann man von einem antikapitalistischen
Bewußtsein sprechen. Für die weitere Analyse muß also zuerst geklärt werden, was denn als das Spezifikum des Kapitalismus anzusehen ist.

*Die Verelendungstheorie und der ›Grundwiderspruch von
Lohnarbeit und Kapital‹*

Folgt man der gängigen Ansicht, so ist es der ›Grundwiderspruch zwischen Lohnarbeit und Kapital‹, der dadurch aufgehoben werde, daß das Privateigentum an den Produktionsmitteln in Gemeineigentum überführt wird.
Diese Ansicht stimmt zugleich vollkommen mit der Verelendungstheorie überein: denn nach ihr äußere sich dieser
›Grundwiderspruch‹ durch die verelendende Wirkung des Kapitalismus auf die Lage der Arbeiterklasse und der von ihr abhängigen Schichten. Das Kapital könne sich nur auf Kosten
der Arbeiterklasse bereichern und müsse ihr daher in der Zirkulationssphäre durch Steigerung der Konkurrenz unter den
Arbeitern mittels einer wachsenden industriellen Reservearmee den Lohn und die daraus abgeleiteten Einkommen —

heute Sozialhilfe, Rente oder Arbeitslosenunterstützung — bis auf ein unverzichtbares Minimum abspenstig machen, und in der Produktionssphäre alle Mittel zur Auspressung von Mehrarbeit, zur ökonomischsten Nutzung der eingesetzten Arbeiter anwenden, wie Intensivierung der Arbeit, Einsparung von arbeitserleichternden Mitteln, Verlängerung der Arbeitszeit etc. etc. Die Arbeiterklasse wehre sich dagegen, weil sie in ihren zentralen Lebensinteressen bedroht sei. Überall werde ihr dadurch ganz deutlich, wer der Verursacher dieses Elends sei, und in einem hin und her wogenden Kampf zwischen Kapital und Arbeit werde diese Erkenntnis gefestigt, werde das Proletariat geschult, und da es zugleich durch den Entwicklungsprozeß des Kapitalismus immer weiter zunehme, müsse es auf die Dauer den Sieg davontragen.

Nach dieser Auffassung ist es die entscheidende Kritik am Kapitalismus, daß die Arbeiter ›ausgebeutet‹ werden, daß sie weniger erhalten, als sie produzieren; ihr Produkt, das was sie produziert haben, gehört nicht ihnen, sondern wird vom Kapitalisten angeeignet, weil er über die Produktionsmittel verfügt. Der ›Widerspruch zwischen gesellschaftlicher Produktion und privater Aneignung‹ ist also Resultat des Privatbesitzes an Produktionsmitteln. Das Resultat der Ausbeutung, das ständig wachsende Elend (»So wird der Wald der in die Höhe gestreckten und nach Arbeit verlangenden Arme immer dichter, und die Arme selbst werden immer magerer«[141] lehrt das Proletariat aufs eindringlichste, was die Quelle seines Elends ist, und was verändert werden muß, um diesem Elend ein Ende zu bereiten.

Die bloße Verschlechterung der Lage in der Produktions- und Zirkulationssphäre macht aber den Grund für diese Verschlechterung noch nicht erkennbar. Sie kann wie ein undurchschaubares Naturereignis erfahren werden, gegen das man sich nicht gezielt wehren, sondern höchstens in einer letzten, hilflosen Verzweiflungstat, in einem Amoklauf des Umsichschlagens, das ›Ich halte es nicht mehr länger aus‹ in einer kurzlebigen und letztlich selbstzerstörerischen und resignativen Revolte zum Ausdruck bringen kann. Diese Naturhaftigkeit der Entwicklung, ihre Unabänderlichkeit ist aber gerade Inhalt der Mystifikation des Kapitalverhältnisses, wie wir gesehen haben: die kapitalistische Form der Produktion erscheint als die einzig mögliche Form der Produktion, erscheint als identisch mit der Produktion überhaupt, erscheint als ›ewige Naturnotwendigkeit‹.

Selbst wenn also im Prozeß der Verelendung — angenommen er fände so wie beschrieben statt — das Kapital als Verur-

[141] MEW 16, S. 422.

sacher dieses wachsenden Elends identifizierbar wäre, so müßt daraus noch keinesfalls die Erkenntnis folgen, daß der gesellschaftliche Produktionsprozeß auch auf nicht-kapitalistische Weise stattfinden könnte, daß das Kapital keine unabdingbare Produktionsvoraussetzung ist. Der Kampf gegen die verelendende Tendenz der Kapitalakkumulation ist im Gegenteil ohne weiteres mit der Produktionsfaktorentheorie und allen anderen durch die kapitalistische Produktionsweise erzeugten Mystifikationen vereinbar, wie wir heute tagtäglich an den gewerkschaftlichen Aktionen und ihren theoretischen Auslassungen sehen können.

Und selbst wenn man hypothetisch einmal den Fall annimmt, das Proletariat hätte in einem verzweifelten Aufstand die Klasse der Kapitalisten aus ihren Herrschaftspositionen vertrieben und würde daran gehen, das Privateigentum der Kapitalisten am Kapital abzuschaffen, so wäre damit noch keineswegs der Kapitalismus abgeschafft, obwohl dies nach der These vom ›Grundwiderspruch zwischen Lohnarbeit und Kapital‹ als Spezifikum des Kapitalismus der Fall sein müßte. Ob die Produktionsmittel Eigentum des Staates oder per Anteilscheine auf alle Einwohner verteilt oder per Aktie auf wenige Kapitalisten verteilt sind, ändert an der Bewegung des Kapitals *als sich selbst verwertender Wert im Prinzip nichts.* Dazu müßte zuerst der Tauschwert als regelndes Gesetz der Produktion und Zirkulation modifiziert und der Tendenz nach ersetzt werden durch die Orientierung der Produktion direkt an den Bedürfnissen und Arbeitskapazitäten der Menschen. Der ›Grundwiderspruch von Lohnarbeit und Kapital‹ ist also offensichtlch ein abgeleiteter Widerspruch, selbst nur Ausdruck eines grundlegenderen Verhältnisses, das erst dasjenige ist, was das Spezifikum des Kapitalismus ausmacht.

Das Verhältnis von Gebrauchswert und Tauschwert und die Verelendungstheorie

Was macht dann aber das Spezifikum des Kapitalismus aus? *Marx* beantwortet diese Frage im III. Band des ›Kapital‹.[142] In seinem Verständnis sind die Klassen der Lohnarbeiter und der Kapitalisten nur ›Träger‹ eines Prozesses, von dem sie selbst beherrscht werden, der scheinbar unabhängig von ihnen, zwar durch ihre eigene Aktion erzeugt, aber weil diese Aktion unkoordiniert erfolgt, sich als ihnen fremdes, übermächtiges Gesetz hinter ihrem Rücken durchsetzt. Sie können sich darauf einstellen und kalkulieren, es aber nicht beherrschen.

[142] MEW 25, S. 886 ff.

»Der Charakter 1. des Produkts als Ware, und 2. der Ware als Produkt des Kapitals, schließt schon die sämtlichen Zirkulationsverhältnisse ein, d. h. einen bestimmten gesellschaftlichen Prozeß, den die Produkte durchmachen müssen und worin sie bestimmte gesellschaftliche Charaktere annehmen; er schließt ein ebenso bestimmte Verhältnisse der Produktionsagenten, von denen die Verwertung ihres Produkts und seine Rückverwandlung, sei es in Lebensmittel, sei es in Produktionsmittel, bestimmt ist. Aber auch abgesehen hiervon, ergibt sich aus den beiden obigen Charakteren des Produkts als Ware, oder Ware als kapitalistisch produzierte Ware, die ganze Wertbestimmung und die Regelung der Gesamtproduktion durch den Wert.«

Die ganzen komplizierten Erscheinungsformen der kapitalistischen Gesellschaft sind also letztlich zurückzuführen auf die Form der Ware, die die Produkte — und zwar die ganz überwiegende Masse aller Produkte — im Kapitalismus annehmen.

Im Kapitalismus wird der *Tauschwert* als sich selbst verwertender Wert alleiniges Ziel der Produktion und verselbständigt sich damit noch weiter vom Gebrauchswert: nicht nur die Bedürfnisse der Individuen, sondern auch der innere Zusammenhang der qualitativ-konkreten Lebensnotwendigkeiten der Gesellschaft als ganzer, werden zum sekundären, sogar störenden Anhängsel der produzierten Ware. Die volle Verselbständigung gegen den Gebrauchswert, die völlige Loslösung gelingt zwar nicht, aber der Tauschwert in Form des Kapitals versucht sich das sperrige Hindernis überall gefügig zu machen und seinem Zweck zu unterwerfen.

Der Tauschwert ist die in selbständiger Form auftretende abstrakte Arbeit, die zur Produktion der Waren verausgabt wurde, vertritt also — in der vergegenständlichten Arbeit und in der aktuell verausgabten lebendigen Arbeit — die gesamtgesellschaftliche Produktionsfähigkeit. Der Gebrauchswert dagegen ist Ausdruck des zu befriedigenden Bedürfnisses irgendeiner Art. Befriedigung von menschlichen Bedürfnissen, konkreten Wünschen und Notwendigkeiten, ist Voraussetzung und Erfüllung der Reproduktion der Gesellschaft (womit keinesfalls gesagt werden soll, daß es keine anderen als zur Reproduktion notwendigen Bedürfnisse gäbe! Aber es ist unbestreitbar: sich reproduzieren heißt, Bedürfnisse erfüllen!). Der Gebrauchswert vertritt — gesamtgesellschaftlich gesehen — also die Erfordernisse der Reproduktion und Bedürfniserfüllung der Gesellchaft. Der Widerspruch zwischen Gebrauchswert und Tauschwert ist also Ausdruck des Widerspruchs, daß die kapitalistische Gesellschaft sich notwendigerweise in ihrer *Reproduktion* an den Bedürfnissen orientieren muß, in der *Produktion* der Güter, die diese Bedürfnisse befriedigen sollen, aber überhaupt nicht an diesen Bedürfnissen, sondern an der Aneignung eines Maximums abstrakter Produktionsfähigkeit orientiert, egal was damit produziert wurde oder werden kann. Dieses Auseinanderfallen von Produktion und Reproduktion führt nur darum nicht zur sofortigen Katastrophe, weil in der Warenform Gebrauchswert und Tauschwert, Bedürfnisbefriedigung und Produktionsfähigkeit aneinandergebunden sind. Wenn man also überhaupt von einem ›Grundwiderspruch‹ des Kapitalismus reden will, dann ist es dieser bereits in der Warenform enthaltene Widerspruch zwischen Tauschwert und Gebrauchswert. In seiner Zuspitzung durch die Tendenz zur Verselbständigung des Tauschwertes gegen den Gebrauchswert, durch die Unterordnung des Gebrauchswertes unter den Tauschwert, liegt das Spezifikum des Kapitalismus. Denn mit der Ersetzung der tauschwertorientierten Produktion durch eine Produktion, die direkt an den reproduktiven und subjektiven Bedürfnissen der Menschen orientiert ist, wäre auch der Kapitalismus verschwunden.

Dieses Unterwerfen und Gefügigmachen des Gebrauchswertes durch den als Kapital verselbständigten Tauschwert kommt am deutlichsten im *Produktionsprozeß* zum Ausdruck: Steigerung der Intensität der Arbeit, Senkung der Löhne, Verlängerung des Arbeitstages, extremste Arbeitsteilung bis zur Monotonie, Ersetzung qualifizierter Arbeitskräfte durch weniger qualifizierte und daher billigere, Einsparung von Maßnahmen zur Erleichterung der Arbeit, zur Sicherung gegen Unfälle, zur Verhinderung von Krankheiten und Gesundheitsschäden, Einsparung von eigentlich notwendigen Hilfs- und Ersatzkräften etc. etc., und all das begleitet von dem Konkurrenzdruck durch die ausländischen oder einheimischen Arbeiter und Arbeiterinnen, der industriellen Reservearmee, die dazu zwingt, sich die kleinlichste Despotie des Kapitals gefallen zu lassen. Es ist also genau die Analyse der Verselbständigung des Tauschwertes als Kapital gegen den Gebrauchswert, also die Bedürfnisse der Menschen, wodurch *Marx* zu den Formulierungen geführt wurde, die als Verelendungstheorie in der Geschichte der Arbeiterbewegung ein eigenes Leben und Schicksal entwickelt haben.

Wenn aber die auf Verelendung drängenden Tendenzen im Kapitalismus Ausdruck der Verselbständigung des Tauschwertes sind, dann müßte in ihnen doch das Spezifikum des Kapitalismus erfahrbar sein, so müßte man meinen. Die Wirkung der Kapitalakkumulation auf die Bedürfnisbefriedigung der Menschen innerhalb und außerhalb des Produktionsprozesses macht scheinbar die Verselbständigung der profitorientierten Produktion vom Gebrauchswert nur zu deutlich. Die Orientierung der Produktion direkt an den Bedürfnissen werde zur unmittelbar erfahrbaren Notwendigkeit. Die Mystifikation scheint durchbrochen, Notwendigkeit und Wesen des Sozialismus spontan erkennbar zu sein, die Verelendungstheorie als Theorie über die Entstehung antikapitalistischen Bewußtseins scheint gerettet.

In der Verelendungstheorie wird aber allein die Verselbständigung des Tauschwertes geschildert, sie stellt nur diese Seite dar. Die Erfahrungen der Arbeiter, die in ihr wiedergegeben werden, sind allein solche der Schlechterstellung, der Unterordnung des Gebrauchswertes unter den Tauschwert. Die Erfahrung, daß es auch anders gehen kann, daß der Gebrauchswert sich gegen den Tauschwert durchsetzen kann, daß es ein anderes Prinzip geben kann, an dem sich die Produktion orientieren kann, diese Erfahrung ist nach der Verelendungstheorie gar nicht möglich. Das würde aber bedeuten, daß die Arbeiter zwar erfahren, wie ihre Lebensbedürfnisse unter dem Kapitalismus unbefriedigt bleiben, wie die profitorientierte Produktion sie verkrüppelt und verelendet. Sie könnten das aber nur hinnehmen als eine bedauerliche, aber eben unvermeidliche Situation, denn der kapitalistische Produktionsprozeß müßte als identisch erscheinen mit dem Produktionsprozeß überhaupt. Die monolithische, fugenlose, konstante Erfahrung der Verelendung würde so die entscheidende Wirkung der Mystifikation noch bestärken, den Kapitalismus als ewige Naturnotwendigkeit ohne Alternative erscheinen lassen. Es zeigt sich also auch hier: ohne den Aufschwung, ohne die positive Erfahrung der Alternative, ohne konkret erfahrbare Utopie ist die Überwindung des Kapitalismus im Bewußtsein, ist antikapitalistisches Bewußtsein nicht möglich, genau wie der revolutionäre Wille, das kämpferische Klassenbewußtsein ohne die Erfahrung des Aufschwungs und die auf sinnliches Erleben gegründeten positiven Zukunftserwartungen — gegenüber dem wirklichen Rückfall im Abschwung — nicht möglich ist.

4. Zusammenfassung und Fragestellungen
für den Zweiten Teil

Es hat sich also gezeigt, daß die Verelendungstheorie, als Theorie der absoluten und relativen Verelendung, nur einen Teilaspekt einer umfassenderen Entwicklung richtig wiedergibt, nämlich den Abschwung nach einem längeren Aufschwung mit gesteigerten Bedürfnissen und selbstbewußten Zukunftserwartungen. Weil die Verelendungstheorie aber diesen Abschwung und die empörte Reaktion darauf, die gesteigerte Klassenkampfsituation, isoliert von dem dazugehörigen Aufschwung, weil sie die Erfahrung aus dem Abschwung zu einer Theorie vom Ganzen verabsolutiert, wird sie falsch.

1. Sie kann den Anspruch nicht erfüllen, eine Theorie über

die Entstehung von antikapitalistischem Bewußtsein durch Erfahrung im kapitalistischen Zirkulations- und Produktionsprozeß zu sein, weil sie nur das Leiden unter dem Kapitalismus schildern, aber nicht erklären kann, wo die Erfahrung gemacht werden soll, daß der Kapitalismus aufhebbar und das durch ihn erzeugte Leiden abwendbar ist. Der Verweis auf den ›Einfluß der sozialistischen Länder‹ kann hier genausowenig akzeptiert werden wie der auf die Agitation und Aufklärung durch kommunistische Organisationen. Bei beiden ist Voraussetzung für ihre Wirksamkeit, daß sie *selbstgemachte Erfahrungen* aufnehmen und in einen einleuchtenden Zusammenhang bringen.

2. Darum ist auch der Anspruch der Verelendungstheorie nicht erfüllbar, sie gebe eine Theorie über die Möglichkeit der Durchbrechung der Mystifikation. Wenn die Erfahrungen der Arbeiter so wären, wie sie die Verelendungstheorie beschreibt, dann würde sich die Mystifikation des Kapitalismus in eine ewige Naturnotwendigkeit, als einzig mögliche Form der Produktion beständig in den Köpfen befestigen und wäre nur durch äußerliche Aufklärung (vielleicht) durchbrechbar. Die Arbeiter würden nämlich nur die Allmacht und unabhängige Schöpferkraft des Tauschwertes als Kapital und ihre eigene Ohnmacht und Ersetzbarkeit erleben.

3. Deshalb kann die Verelendungstheorie auch nicht den Anspruch erfüllen, eine Handlungsanleitung für die Mobilisierung der Arbeiterklasse gegen das Kapital zu sein. Denn wenn sich die wirkliche Entwicklung so verhielte, wie es die Verelendungstheorie behauptet, wäre das Proletariat weder materiell noch psychisch oder physisch (und erst recht nicht von seinen Kenntnissen her) in der Lage einen Kampf zu führen, der über eine kurze Revolte hinausginge, geschweige denn, die gesellschaftliche Reproduktion in eigene Regie zu übernehmen. Vor allen Dingen aber ist eine Agitation, die in einer Situation, wo es sowieso immer schlechter geht, mit der Parole zur Aktivität aufrufen wollte, es gehe noch mehr bergab, ein Schlag ins Gesicht: Sie negiert die täglich beobachtbaren Schutzreaktionen der menschlichen Psyche: Resignation, Apathie und vor allem die Verdrängungsmechanismen, die bis zur völligen Verkehrung der Erfahrungsverarbeitung gehen können. Nimmt man noch hinzu, daß in einer Prestige- und Status-orientierten Gesellschaft der Abstieg nicht nur individuell, sondern auch gesellschaftlich im tagtäglichen Sozialverkehr geächtet wird, dann wird schlagend deutlich, daß die Strategie der ›Entlarvung‹ und der ›Zerstörung der Illusionen der Arbeiter über ihre Lage‹, daß die Verelendungstheorie als Mobilisierungsstrategie letztlich in die Isolierung führen muß. Daraus folgt, daß die Verelendungstheorie als Theorie über

die Entstehung massenhaften revolutionären Klassenbewußtseins und Kampfeswillens, als Theorie über die Entstehung der sozialistischen Revolution jeder Basis entbehrt.

4. Schließlich ist auch deutlich geworden, daß die Verelendungstheorie kein integraler Bestandteil der *Marxschen* Gesamttheorie ist und keinesfalls mit logischer Notwendigkeit aus ihr als Prognose über die Entwicklung der empirischen Wirklichkeit folgt. Vielmehr ist sie die willkürliche Zusammenfassung all der Textstellen bei *Marx*, in denen die Wirkung des verselbständigten Tauschwertes als Kapital auf die Arbeiterklasse und ihre Bedürfniserfüllung analysiert wird. Dabei ist unbestritten, daß in den früheren Schriften von *Marx* extreme Formen von Verelendungstheorien im Mittelpunkt stehen. Weiter ist unbestritten, daß *Marx* sich im ›Kapital‹ vorwiegend mit der Verselbständigung des Tauschwertes in den unterschiedlichen Erscheinungsweisen des Kapitals beschäftigt und damit der Interpretation, der Marxismus sei vor allem eine Verelendungstheorie, Vorschub geleistet hat. Es mag durchaus sein, daß *Marx* als Person — wie die meisten Sozialwissenschaftler seiner Zeit — so etwas wie eine Verelendungstheorie bis zuletzt vertreten hat. Wie dem auch sei, wenn eine Theorie einmal ihre eigene innere Logik entfaltet hat, dann ist sie genau so unabhängig von den Interpretationen und Willensäußerungen ihrer Verfasser wie eine Verfassung. Die innere Logik der materialistischen Geschichtsbetrachtung führt nicht zur Verelendungstheorie. Denn die in der Verelendungstheorie zusammengefaßten Aussagen sind allein solche über die Wirkung des verselbständigten Tauschwertes auf den Gebrauchswert, auf die Menschen und ihre Bedürfnisbefriedigung innerhalb und außerhalb des Produktionsprozesses. Die Gegenbewegung des Gebrauchswertes fehlt fast völlig.

Nun könnte man kulturkritisch argumentieren: der Tauschwert habe sich bereits den Gebrauchswert voll untertan gemacht; alle Bedürfnisse seien bereits so durch Werbung und durch die fetischisierte Warenbeziehung manipuliert und verfälscht, daß sie nur noch in einer Weise auftreten, in der sie die Herrschaft des Tauschwerts bestätigen. Das Bedürfnis nach Liebe erscheine z. B. nicht mehr als das nach Zärtlichkeit und Aufgehobensein, sondern als das nach Eroberung eines Prestigegegenstandes des Konsums.

Gegen diese kulturpessimistische Argumentation kann man nicht einfach ein konträres Menschenbild setzen, denn sie führt ja gerade den wichtigen Gedanken für sich an, daß Bedürfnisse eben keine ungeschichtlichen Naturkonstanten sind, sondern sich mit der geschichtlichen Entwicklung und den gesellschaftlichen Verhältnissen verändern und entwickeln.

Damit verweist diese Argumentation auch auf die reale Gefahr, die in der Tendenz zur Verselbständigung des Tauschwertes liegt: die Abstraktion von den konkret-sinnlichen Notwendigkeiten, die Verdinglichung menschlicher Beziehungen und die Konkurrenzorientierungen, die in der ökonomischen Warenbeziehung liegen, haben die Tendenz, sich auch auf Bereiche auszudehnen, wo gar keine unmittelbare Warenbeziehung herrscht.

Diese kulturpessimistische Argumentation verkennt allerdings, daß es auch im Kapitalismus weite Bereiche gibt, die von der Tauschwertrelation noch nicht erfaßt sind: es gibt da z. B. den Bereich der familialen Reproduktion. Die nächste Generation wird durch die Frauen in der Familie aufgezogen durch Arbeit, die nicht als gesellschaftliche gilt, weil sie nicht für den Markt geleistet wird und deshalb auch nicht in Wertbeziehungen eintritt, ohne die die Gesellschaft aber nicht weiterexistieren könnte.[143]

In den frühkindlichen Mutter-Kind-Beziehungen werden Erfahrungen und Interpretationsmuster geprägt, die Grundlage für spätere Bedürfnisse sind. Diese Erfahrungen und Bedürfnisse sind kein reines Produkt des Kapitalismus, wie schon die Nichtbewertung dieser Arbeit zeigt, sondern stammen aus den unmittelbaren materiellen Reproduktionsnotwendigkeiten der Gesellschaft. In der Mutter-Kind-Beziehung kann Liebe noch als Geduld, Zärtlichkeit, Zuwendung und Aufgehobenheit erfahren werden, und aus dieser Erfahrung erwächst dann auch das spätere Bedürfnis nach Wiederholung dieser Erfahrung. Umgekehrt, wo diese Erfahrung nicht vorhanden ist, bleibt nur Leere, Mißtrauen und Feindlichkeit, die in gewalttätigem und kriminellem Verhalten resultiert.

Am Staat, als von der ›Wirtschaft‹ abgesonderte Form des Allgemeinen, zeigt sich darüber hinaus, daß die am Tauschwert orientierte Produktion einen breiten Bereich von Gebrauchswerterfordernissen, an für das Überleben der Gesellschaft unverzichtbaren Produktionsnotwendigkeiten übrigläßt, weil sie nicht profitabel und nicht mit Zahlungskraft ausgestattet sind, die sich aber als gesamtgesellschaftliche Krisen bemerkbar machen, wenn sie vernachlässigt werden. Nahezu alle Staatsfunktionen sind solche Bereiche, die entweder vom Kapital nicht ausgefüllt werden können oder die das Kapital nicht mehr ausfüllt, weil sie nicht mehr profitabel genug sind. (Dabei darf aber nicht übersehen werden, daß der Staat an das Kapital gebunden bleibt, denn die Beeinträch-

---

[143] Vgl. Ludmilla *Müller*, Kinderaufzucht im Kapitalismus — wertlose Arbeit; über die Folgen der Nichtbewertung der Arbeit der Mütter für das Bewußtsein der Frauen als Lohnarbeiterinnen; in: Prokla 22, 6. Jg. 1976, Nr. 1; S. 13—65.

tigung der Kapitalinteressen würde die schwerste Krise heraufbeschwören – es sei denn, es gelänge, die tauschwertorientierte Produktion überhaupt abzuschaffen.)

In den Gebrauchswerterfahrungen und in den Bedürfnissen steckt also überall ein Element, das die engen Grenzen der kapitalistisch relevanten Bedürfnisse überschreitet und sich von der Bedürfnis*erfahrung* her kritisch gegen die Verkürzung und Verkrüppelung unter kapitalistischen Bedingungen wendet. Es muß also Aufgabe der weiteren Untersuchung sein, solche Bedürfniserfahrungen aufzuspüren.

Dabei muß nochmals deutlich ausgesprochen werden, daß in der Beschreibung einer solchen Erfahrungsbasis nur der *Ansatz*punkt für die *mögliche* Entwicklung von antikapitalistischem Bewußtsein beschrieben ist. Ob es sich aus solchen Erfahrungen tatsächlich entwickelt, oder ob diese Möglichkeit wieder durch andere, gegenläufige Erfahrungen zugedeckt wird, und auch wie aus dem Ansatzpunkt durch Lernprozesse aus gemeinsamem Widerstand möglicherweise Klassenbewußtsein entsteht, all das kann hier nicht untersucht werden. *Hier geht es allein um die Erfahrungsvoraussetzungen, ohne die ein antikapitalistisches Bewußtsein, das an eigenem Erleben anknüpft, nicht möglich ist.*

Im zweiten Teil der Arbeit soll nun untersucht werden, ob im kapitalistischen Produktionsprozeß innerhalb der Industrie für die Arbeiter und Arbeiterinnen ein Erfahrungsverlauf produziert wird, der diesen allgemeinen Anforderungen entspricht. Diese Beschränkung auf die Arbeiter und Arbeiterinnen in der Industrie soll keineswegs heißen, es werde unterstellt, nur sie könnten die Erfahrung von Aufwärts- und Abwärtsentwicklung machen, woraus man dann wieder eine Avantgardetheorie konstruieren könnte. Auch soll nicht behauptet werden, solche Erfahrungen könnten nur im unmittelbaren Produktionsprozeß gemacht werden, was ähnlich verhängnisvolle Avantgarde-Konstruktionen zur Folge haben müßte. Die Beschränkung im Untersuchungsgegenstand hat vielmehr außer arbeitsökonomischen zwei Gründe: einmal beziehen sich die meisten Varianten der Verelendungstheorie vor allem auf den Produktionsprozeß des industriellen Kapitals und seine Auswirkungen auf die Lage der Arbeiter, wobei als entscheidendes Argument immer wieder die angeblich kontinuierlich steigende Intensität der Arbeit angeführt wird. *Mit der Untersuchung der Entwicklungen gerade an diesem Punkt wird also die Kritik der Verelendungstheorie als Theorie über die Entwicklung antikapitalistischen Bewußtseins in einem zentralen Detailbereich fortgeführt.* Zum anderen zeigt die Analyse der Mystifikationen, daß es auf dem Hintergrund der Erfahrungen aus dem unmittelbaren Produktionsprozeß sicherlich leichter ist als in der verwirrenden Erscheinungswelt der Zirkulationssphäre, die Mystifikation des Kapitalverhältnisses zu durchbrechen. Damit soll aber, wie bereits gesagt, nicht behauptet werden, es sei nur hier möglich oder es müsse hier automatisch geschehen.

All das klingt vorerst abstrakt, weil es zuerst noch in seinen Konkretionen entwickelt werden muß. Hier nur soviel zur Verdeutlichung der Fragestellung: Der kapitalistische Produktionsprozeß ist nicht nur Verwertungsprozeß, sondern auch Arbeitsprozeß. Damit sein Zweck und Ziel, die Mehrwertproduktion, erreicht werden kann, müssen Gebrauchswerte hergestellt werden, zu deren Produktion konkret-nützliche Arbeit an Maschinen und mit Werkzeugen geleistet werden muß, die auch wieder in einer jeweils konkret-bestimmten Weise konstruiert und angeordnet sind, damit der Gebrauchswert mit seinen konkret-sinnlichen Eigenschaften erzeugt werden kann. Soll nun aufgrund der Konkurrenz in der Zirkulationssphäre das Wertergebnis im Produktionsprozeß verändert werden, z. B. ein geringerer Kostpreis einen höheren Profit ermöglichen, so bedeutet das immer (außer bei bloßen Preisschwankungen) eine Veränderung in dieser konkreten Seite des Produktionsprozesses. Diese Seite, also der Arbeitsprozeß, kann aber nicht beliebig manipuliert werden. Er bietet mannigfaltige Widerstände: Maschinen zur Herstellung von Kanonen werden nicht über Nacht zu Teigknetmaschinen, aus Metallgießern nicht plötzlich Bäcker; die Arbeiter können nicht länger und härter arbeiten als bis zu einer gegebenen Grenze, ihre Bewegungen nicht beliebig gesteuert werden etc. etc. Es gilt nun zusätzlich zu den in der Verelendungstheorie beschriebenen Seiten des Produktionsprozesses diese Widerstände der Gebrauchswertseite zu analysieren, und zwar nicht nur daraufhin, wie sie den Verwertungsprozeß beeinflussen, sondern vor allem, welche Erfahrungen dabei bei den Arbeitern produziert werden.

Danach müssen wir untersuchen, ob diese Erfahrungen im Bewußtsein der Arbeiter tatsächlich auch so verarbeitet werden, wie sie nach der Analyse als Basis eines selbsterfahrenen antikapitalistischen Bewußtseins verarbeitet werden können.

Für diese ganze Untersuchung kann das Verhalten der Organisationen der Arbeiterklasse außer Betracht bleiben, weil es darum geht, festzustellen, welche durch den kapitalistischen Produktionsprozeß selbst erzeugten Erfahrungen Basis sein könnten für die spontane Herausbildung eines antikapitalistischen Bewußtseins, ob dieses spontane antikapitalistische Bewußtsein trotz der Organisationen der Arbeiter entstehen kann, seien sie nun Anhänger oder Gegner der Verelendungstheorie.

Zweiter Teil

Arbeitserfahrung und Bewußtsein

Elemente einer Theorie
über die Erfahrungsbasis
antikapitalistischen Bewußtseins
im Produktionsprozeß

IV. Die Determinanten der Arbeitserfahrung im kapitalistischen Produktionsprozeß

Der kapitalistische Produktionsprozeß wird um des Profites willen veranstaltet. Ohne ihn fände er gar nicht statt. Dieses Ziel bestimmt denn auch die Entscheidungen über Veränderungen im kapitalistischen Produktionsprozeß, die seine konkrete Erscheinungsweise und damit auch die Arbeitserfahrungen der Arbeiter prägen. Das Streben nach dem Profit ist also der Motor in der Entwicklung und muß deshalb zentraler Untersuchungsgegenstand sein, wenn es um die Determinanten der Arbeitserfahrung im kapitalistischen Produktionsprozeß geht.

Für das Einzelkapital ergibt sich der Profit aus der Differenz zwischen Produktionskosten und Verkaufserlös, auf die einzelne Ware bezogen: aus der Differenz zwischen Kostpreis und Verkaufspreis. Der Verkaufspreis kann aber nicht willkürlich nach oben bewegt werden. (Und selbst wenn dies möglich wäre, würde das insgesamt nur eine inflationäre Verschiebung unveränderter Relationen bewirken, da der Verkaufspreis des einen Kapitals Element des Kostpreises des anderen Kapitals ist. Entstehung und Veränderung des Profits kann so also nur als Einzelerscheinung, nicht aber allgemein schlüssig erklärt werden.) Im allgemeinen kann das Kapital seinen Profit daher nur durch die Senkung des Kostpreises erhöhen. Die Determinanten der Arbeitserfahrung im kapitalistischen Produktionsprozeß sind folglich alle Maßnahmen, die das Kapital trifft, um den Kostpreis zu senken. Der Gegenstand dieses Kapitels ist also die Analyse der Kostpreisbewegungen.

Die Preise, Kostpreise wie Verkaufspreise, sind jedoch bloße Chiffren, hinter denen sich der in der warenproduzierenden Gesellschaft unbewußte Zusammenhang der gesamtgesellschaftlichen Reproduktionsnotwendigkeiten verbirgt. Soweit diese Preise Ausdrücke der Wertverhältnisse sind, steckt in ihnen mehr als der bloße Größenvergleich zweier abstrakter Preisquanten: in ihnen verbirgt sich das Schicksal der Produzenten als Produzenten des Profits durch Verausgabung ihrer Arbeitskraft. Die gegensätzlichen, konkreten Auswirkungen der Verselbständigungstendenz des Tauschwerts gegenüber dem besonderen Gebrauchswert müssen also schon hier verdeutlicht werden.[145]

---

[145] Mit der *Marx*schen Wertanalyse nicht vertraute Leser sollten auf S. 108 weiterlesen.

1. Steigerung der Intensität und Produktivkraft der Arbeit: die Gebrauchswertwirkungen der Wertbewegungen

In der warenproduzierenden Gesellschaft drückt sich die auf die Produktion der Waren verausgabte Arbeitskraft im Austauschverhältnis der Waren als besondere Eigenschaft aus, weil nur so das Bedürfnis nach bestimmten Arten und Mengen von Waren mit der gesellschaftlichen Produktionsfähigkeit wenigstens der Tendenz nach zur Übereinstimmung gebracht werden kann, ohne daß Produzent und Konsument in direkten, bewußt planenden Kontakt zueinander treten. Die Bewegung des Wertes drückt also Veränderungen in der Belastung des menschlichen Arbeitsapparates aus, oder wie *Marx* es nennt: die »Verausgabung von menschlichem Hirn, Muskel, Nerv, Hand usw.«[146]

Dieser Inhalt des Wertes kommt aber als solcher nirgendwo und nie zum Vorschein. Denn es hängen an den Waren keine Zettel, auf denen die Zahl der Arbeitsstunden und die Intensität der bei ihrer Produktion geleisteten Arbeit vermerkt ist (dies wäre auch gar nicht möglich, da die Intensität auch im Einzelfall empirisch nur unvollkommen bestimmbar ist).

Der Wert kommt also nie als Wert selbst, sondern immer nur als Preis zum Ausdruck. Dabei ist entscheidend wichtig, daß dieser Ausdruck die *relative* Anzahl der Produkte zum Ausdruck bringt, die in gleichen Zeiten und mit gleichem Arbeitsaufwand produziert worden sind. Es ist also ein proportionaler und kein absoluter Größenausdruck. Ein und derselbe Wertausdruck kann also zu verschiedenen Zeiten völlig unterschiedliche Belastungsverhältnisse, Intensitäten der Arbeit, Produktivitätsgrade etc. ausdrücken. Aus dem Preis kann also selbst dann, wenn er die Wertgröße ausdrückt, überhaupt nichts über die Gestalt der wertschöpfenden Arbeit und die Erfahrungen geschlossen werden, die sie vermittelt.

Hier muß man sich aber vor Augen führen, daß die Wertkategorie ohne den Wert*ausdruck* eigentlich keine Kategorie der warenproduzierenden Gesellschaft ist, weil sie nicht den *Tausch*wert, sondern die tatsächlich verausgabte Arbeitskraft behandelt, also nicht die erscheinende Tauschwertseite der Produkte, sondern die dahinter verborgene gemeinsame *Qualität* aller Waren, nämlich Resultat mühevoller Arbeit zu sein. Dieser Vermittlungspunkt des Werts mit dem Gebrauchswert, nämlich mit den Bedürfnissen der Arbeiter im Produktionsprozeß, bei der Verausgabung von Hirn, Hand, Muskel, Nerv etc. selbst, geht aber wieder völlig verloren durch die dingliche Darstellung des Wertes im Preis, der ein-

[146] MEW 23, S. 58.

zigen Ausdrucksmöglichkeit, die es für ihn gibt. Als Preis ist der Wert aber eine Zirkulationskategorie, die ihren Ursprung aus den Verhältnissen im Produktionsprozeß verbirgt, weil nicht mehr Arbeitsquanten selbst zueinander in Relation gesetzt werden, sondern verdinglichte Resultate dieser Arbeitsquanten. Interessant ist nur noch, ob mehr Geld beim Verkauf erzielt wird als beim Ankauf verauslagt werden mußte. Worin die Differenz begründet ist, wird irrelevant.

Da das Anhäufen von möglichst viel Wert einziges Ziel der Produktion ist, bedeutet dies, daß die Arbeitskraft der Arbeiter selbst, die zugleich ihre Lebenskraft ist, zum Gegenstand der Akkumulation wird. Diese wird aber nicht nur nach der Dauer, sondern auch nach der Intensität ihrer Verausgabung zur Basis der Akkumulation. Die erste und wichtigste Wirkung der Verselbständigung des Tauschwerts gegenüber dem jeweils konkreten Gebrauchswert, d. h. der Verselbständigung der profitorientierten Produktion gegen die besonderen Bedürfnisse, zeigt sich also darin, daß die Tauschwertbewegung nur läuft, wenn es gelingt, mehr und mehr Arbeitskraft in intensiver oder extensiver Weise einzusetzen, was für die Arbeiter bedeutet, daß über ihre Bedürfnisse im Produktionsprozeß nach sinnvoller Arbeit und humanen Arbeitsbedingungen auf der Grundlage eines Prinzips verfügt wird, das *diesen Bedürfnissen völlig gleichgültig gegenübersteht.*

2. Analyse der Kostpreisbewegungen

Die wirklichen Entscheidungen der Einzelkapitale, die sich dann als die tatsächlichen Determinanten der Arbeitserfahrungen auswirken, werden aber nicht auf der Basis der Wertbewegungen getroffen. Dies muß auch notwendig so sein, denn erst über die *Rückwirkung* der auf einer völlig anderen Ebene und nach völlig anderen Gesichtspunkten getroffenen Entscheidungen auf die dadurch in Bewegung gesetzten Arbeitsquanten, also auf die Wertebene, werden Veränderungen im gesamtgesellschaftlichen Reproduktionsprozeß innerhalb der Produktionssphäre geschaffen, die sich dann auf der Ebene der Preise und Kosten wieder in der Zirkulationssphäre auswirken und dem Einzelkapital als unbeeinflußbare, äußerlich vorgegebene Daten erscheinen, auf die es mit seinen Entscheidungen zu reagieren hat. Die Ebene der Profite und Kostpreise ist also der Ort, wo durch die subjektive, bewußte Aktion der Einzelkapitalien die unkontrollierbaren Gesamtwirkungen hinter dem Rücken der Beteiligten entstehen, die in ihrem inneren Zusammenhang erst verstanden werden können, wenn die Auswirkungen der Einzelentscheidungen durch die Wertbetrachtung hindurch zurück bis auf die Preisebene verfolgt werden. Da es uns hier aber um die Auswirkungen auf die Erlebniswelt der Arbeiter im kapitalistischen Produktionsprozeß geht, genügt es, die auf der Basis von Kostpreis und Profit getroffenen Entscheidungen in ihren Auswirkungen auf den Produktionsprozeß zu analysieren.

Der Kostpreis setzt sich zusammen: aus den gesamten Lohnkosten (L), die teils proportionale Kosten sind, d. h. mit dem Output variieren, teils ›fixe‹ Kosten sind, wie der Nachtwächter, der auch bei Stillstand der Produktion bezahlt werden muß; aus den fixen Materialkosten (Mf), in denen die dauerhaften Anlagen, Gebäude, Mieten und langfristigen Kapitalzinsen, also das ganze langsam umschlagende Kapital erfaßt ist, das in seiner Größe von kurzfristigen Schwankungen in der Ausbringungsmenge nicht beeinflußt wird; und aus den proportionalen Materialkosten (Mp), die direkt mit der Ausbringungsmenge schwanken, also Roh- und Hilfsstoffe der laufenden Produktion.

Diese einzelnen Elemente der Gesamtkosten verteilen sich jeweils auf die Anzahl der produzierten Waren, so daß sich die Stückkosten in der Formel ausdrücken lassen:

$$\text{Stückkosten} = \frac{\text{L plus Mf plus Mp}}{\text{Ausbringungsmenge (n)}}$$

Ich will nun die Veränderungsmöglichkeiten der Stückkosten und die Rückwirkung auf die Situation der Arbeiter im Produktionsprozeß unter zwei grundsätzlich verschiedenen Bedingungen untersuchen: einmal unter der Einschränkung, daß eine Steigerung des Outputs nicht möglich, weil nicht absetzbar ist, also unter den Bedingungen der Stagnation oder Krise, und dann ohne diese Einschränkung, also mit der Möglichkeit unbeschränkter Outputsteigerungen, also in der Hochkonjunktur.

Stückkostenbewegung bei konstantem Output (Stagnation und Krise)

Wenn es dem Einzelkapital wegen einer Absatzkrise nicht möglich ist, die Stückzahl zu erhöhen, weil z. B. der Rückgang in der erzielten Profitmasse offensichtlich auf mangelnde Nachfrage zurückzuführen ist, dann müssen die Faktoren im Zähler des Bruches gesenkt werden, wenn der Kostpreis sinken soll:

Die *proportionalen Materialkoste*n (Mp) müssen keinesfalls so proportional zur Stückzahl ansteigen wie das in der Bezeichnung erscheint: der Rohstoff, aus dem das Produkt schließlich hergestellt wird, kann billiger eingekauft werden, wie auch die anderen Hilfsstoffe der Produktion, z. B. Energie und Chemikalien. Falls dies nicht möglich ist, können billigere Substitute verwandt werden, wenn deren Qualität auch schlechter sein mag und ihre Verarbeitung im Produktionsprozeß mit erhöhter Arbeitsbelastung, mehr Schmutz, Lärm oder häufigeren Unterbrechungen der Produktion oder gar erhöhter Unfallgefahr verbunden sein mögen. Zugleich kann verschärft darauf gesehen werden, daß Roh- und Hilfsstoffe im Produktionsprozeß sparsamer eingesetzt werden, alle Reste soweit möglich wieder zum Einsatz kommen und in der Produktion selbst das Minimum an Material verwandt wird.

Die *fixen Materialkosten* (Mf) setzen sich aus all den Kostenelementen zusammen, die auch entstehen, wenn nicht produziert würde: z. B. Miete, Zinsen für aufgenommene Kredite, vor allem aber die gesamten Anlagen, Baulichkeiten, Maschinerie, die alle auch dann in ihrem Wiederverkaufspreis und Buchwert verlieren, wenn sie nicht betrieben werden. Bei konstanter Stückzahl ist dieser Teil des Kostpreises wenig beeinflußbar. Zugleich ist dieser Kostenteil besonders wichtig, weil die fixen Materialkosten mit der Entwicklung des Kapitalismus einen immer größeren Anteil an den Gesamtkosten und damit auch an den Stückkosten ausmachen.

Die Methoden in der Ökonomie der fixen Materialkosten bestehen immer noch vor allem darin, keine weiteren entstehen zu lassen und mit dem Vorhandenen möglichst sorgsam und sparsam umzugehen, so daß es seinen Gebrauchswert länger behält als seinen Buchwert.

»Diese Ökonomie erstreckt sich auf Überfüllung enger, ungesunder Räume mit Arbeitern, was auf kapitalistisch Ersparung an Baulichkeiten heißt; Zusammendrängung gefährlicher Maschinerie in denselben Räumen und Versäumnis von Schutzmitteln gegen die Gefahr; Unterlassung von Vorsichtsmaßregeln in Produktionsprozessen, die ihrer Natur nach gesundheitswidrig oder wie in Bergwerken mit Gefahr verbunden sind usw. Gar nicht zu sprechen von der Abwesenheit aller Anstalten, um dem Arbeiter den Produktionsprozeß zu vermenschlichen, angenehm oder nur erträglich zu machen. Es würde dies vom kapitalistischen Standpunkt eine ganz zweck- und sinnlose Verschwendung sein.«[147]

Die *Lohnkosten* (L) sind der flexibelste Bestandteil des Kostpreises, denn der Preis der Arbeitskraft ist ein Ergebnis der Auseinandersetzung zwischen Arbeit und Kapital und hängt damit von der jeweiligen Stärke ab. Kann das Kapital glaubhaft machen, daß die Existenz des Einzelkapitals bedroht und damit ›die Arbeitsplätze gefährdet‹ sind, dann befindet sich das Kapital bereits in der stärkeren Stellung, denn es ist kei-

[147] MEW 25, S. 97.

neswegs eine große industrielle Reservearmee notwendig, um die Position des Kapitals gegenüber den einzelnen Arbeitern im Betrieb zu stärken. Es genügt die glaubhafte Drohung, daß — zwar nicht alle — aber doch jeder einzelne mit dem Verlust des Arbeitsplatzes bedroht ist, um Konkurrenz in die Arbeiterschaft zu tragen und den Widerstand gegen Veränderungen im Arbeitsprozeß und im Einkommen zu schwächen.

Wenn offensichtliche Lohnkürzungen nicht durchsetzbar sind, so können doch entweder für gleichen Lohn oder für leicht höheren Lohn in Form von Prämien oder ähnlichem sehr hohe Einsparungen in fixen und proportionalen Materialkosten durch erhöhte Arbeitsbelastung und längere Arbeitszeiten herausgeholt werden.

So sind alle Methoden, den Kostpreis bei *konstantem* Output zu senken, letztlich Methoden zur erhöhten Arbeitsbelastung, zur Intensivierung der Arbeit. Ist aber der Widerstand der Arbeiter und infolge ihre Kampfkraft auch der Lohn hoch und die Möglichkeiten, die Arbeitslast zu erhöhen, gering, so steht dem Kapital auch bei konstanter Stückzahl immer noch die Möglichkeit offen, die Lohnkosten, die zu hoch sind oder gar im Wachsen begriffen sind, dadurch abzubauen, daß Arbeiter tatsächlich entlassen werden und die entstehende Lücke durch eine Steigerung der Produktivkraft der Arbeit ausgefüllt wird. Diese Ersetzung des ›Produktionsfaktors Arbeit‹ durch den ›Produktionsfaktor Kapital‹ findet selbstverständlich nur statt, wenn die Kosten, die durch die Steigerung der Produktivkraft der Arbeit entstehen, geringer sind als die eingesparten Lohnkosten, denn nur dann wird im Ergebnis der Kostpreis gesenkt. Der Prozeß selbst kann zugleich eine disziplinierende Wirkung auf die Arbeiter haben, ihre Solidarität und gewerkschaftliche Kampfkraft schwächen und so neue Wege zur Einsparung von Lohnkosten und verbesserter Ökonomie des konstanten Kapitals eröffnen.

Dies alles sind aber meist Rückzugsgefechte, defensive Aktionen der Kapitale, deren Position auf dem Markt in der Krise bedroht ist und die nun um ihre Existenz kämpfen, um ihre relative Position zu den anderen Kapitalen wiederzugewinnen und — wenn möglich — zu verbessern. Dies soll nicht heißen, daß diese Aktionen unbedeutend sind. Ganz im Gegenteil, denn die großen Schübe in der Intensivierung der Arbeit wie auch in der Steigerung der Produktivkraft der Arbeit sind während der Krise zu erwarten, wenn es für viele Kapitale tatsächlich eine Frage der Existenz ist, mit allen Mitteln den Kostpreis zu senken, ohne dies durch eine Erhöhung der Stückzahl bewirken zu können. Dabei haben wir gesehen, daß der Erhöhung der Intensität der Arbeit der Vorzug gegeben wird, weil sie kaum Mehrkosten verursacht, bei entsprechender Stärke der Kapital-Position sogar mit Senkung der Lohnkosten verbunden werden kann, indem Arbeiter entlassen werden und der Rest die gleiche Arbeit, vielleicht gegen eine leichte Lohnerhöhung, leisten muß. Zugleich ist die gesteigerte Intensität der Arbeit immer Begleiterscheinung der erhöhten Sparsamkeit im Umgang mit den Elementen des konstanten Kapitals, also den fixen und proportionalen Materialkosten.

Stückkostenbewegungen bei steigendem Output (Boom)

Es soll also jetzt untersucht werden, welches in der Hochkonjunktur die profitabelste Strategie zur Steigerung der Stückzahl bei gleichzeitiger Senkung des Kostpreises pro Stück ist. Denn sie wird von den fortgeschrittensten Kapitalen einer jeden Branche eingeschlagen werden und die anderen Kapitale müssen früher oder später nachfolgen, wenn sie ihre Position und damit ihre Existenz erhalten wollen. Hier ist also der Punkt, von dem die eigentliche Bewegung der Kapitale und damit letztlich auch der Werte und Arbeitsbelastungen ausgeht und bestimmt wird.

Steigerung der Produktivkraft der Arbeit durch verbesserte Maschinerie bedeutet immer zugleich auch eine erhebliche Steigerung der fixen und proportionalen Materialkosten. Sie lohnt sich also erst, wenn die *Steigerung des Output* so groß ist, daß die erhöhten Materialkosten verteilt auf die höhere Zahl von Produkten immer noch pro Stück eine Verringerung der Stückkosten bedeutet.

Wie aus der Kurve über die Stückkosten ersichtlich, fallen die Materialkosten pro Stück aber nicht linear, sondern hyperbolisch, also anfangs sehr stark und dann immer weniger. (Abb. siehe folgende Seite.)

(a) Der Mechanisierungssprung

Auf einem niedrigen Niveau der Mechanisierung ist diese Überlegung ohne große Bedeutung, da dort eine Steigerung der Produktivkraft der Arbeit nicht zu einer großen Steigerung der fixen Materialkosten führen muß. Auf einem höheren Mechanisierungsniveau bedeuten dagegen alle Verbesserungen der Maschinerie so große Steigerungen der Gesamtkosten, daß sie erst lohnen, wenn dabei eine *sprunghafte* Steigerung der Stückzahlen die gestiegenen Gesamtkosten auf so viele zusätzlich produzierte Stücke verteilt, daß die Stückkosten trotzdem fallen. Dies kann durch zusätzliche Personaleinsparungen und sparsameren Verbrauch der Rohstoffe erleichtert werden, entscheidend ist jedoch die sprunghafte Erweiterung des Output.

Stückkosten bei gegebener Anlage

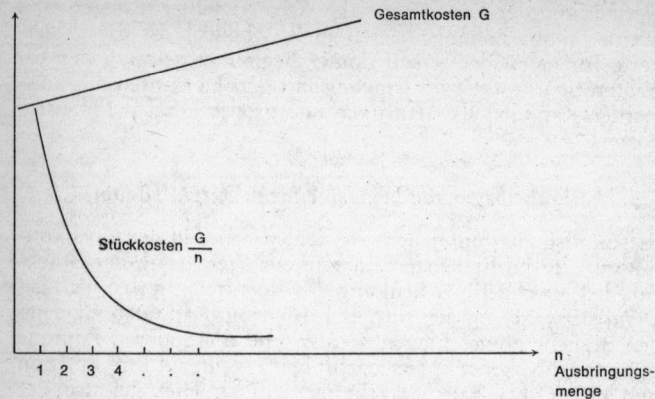

Wenn also größere Investitionen in grundlegenden technischen Umstellungen getätigt werden, dann lohnt sich das nur, wenn ein ganz neues technisches Niveau mit entscheidenden Steigerungen in der Ausbringungsmenge erreicht wird.

Es ist daher nicht überraschend, wenn *Kern/Schumann* in ihrer Untersuchung technischer Umstellungen und ihrer Folgen bei 22 Fällen überwiegend große Mechanisierungssprünge über mehrere Mechanisierungsstufen hinweg fanden *(Kern/ Schumann*, 1970, S. 144 — Durchschnitt 3,6 Stufen)[148]. Dabei zeigen alle Untersuchungen, daß die Stückkostensenkung das treibende Motiv für die Mechanisierung ist. Im Material der RKW-Untersuchung lag die Masse der Kostensenkungen zwischen 26 % und 50 %. Bei den Personalkosten gelang es 58 der 109 untersuchten Betriebe diesen Teil der Kosten über 50 % zu senken. Berücksichtigt man dann noch, daß der Anteil der Personalkosten in 82 % der Fälle zurückging, der Anteil der fixen Materialkosten an den Stückkosten aber in 88 % der Fälle anstieg, dann wird deutlich, daß die Senkung

[148] Diese Kurzzitierweise enthält: abgekürzter Vorname, Name, Erscheinungsjahr des zitierten Titels (bei mehreren zitierten Arbeiten im gleichen Jahr in alphabetischer Reihenfolge numeriert) und Seitenzahl bei umfangreicheren Artikeln oder Monographien (bei mehreren Bänden mit Bandangabe). Sie wird hier im zweiten Teil für alle Arbeiten benutzt, bei denen genauer Titel und Auflage nicht von unmittelbarer Bedeutung für das Verständnis des Textes ist, wie das im ersten Teil meist der Fall war. Dies gilt vor allem für alle empirischen Untersuchungen, die hier verarbeitet wurden. Die Kürzel lehnen sich auch an die dort geübte Praxis an. Der volle Titel kann jeweils im alphabetisch geordneten Literaturverzeichnis nachgesehen werden.

der Stückkosten vor allem durch Verringerung der durchschnittlichen Personalkosten bewirkt wird. (Sieben Berichte, S. 119, 124).

Die Rolle der Personalkosteneinsparung ist dabei kein Spezifikum einer bestimmten Arbeitsmarktsituation, wie dies etwa für die sechziger Jahre in der BRD galt, als »mehr als die Hälfte der befragten Firmen die Knappheit der menschlichen Arbeitskraft« als »besonderen Anlaß ihrer Investitionstätigkeit« angaben (RKW-Forschungsprojekt, 1. Band 1970, Sieben Berichte, S. 378). So gaben in einer ähnlichen Befragung in USA bei völlig anderer Arbeitsmarktsituation nur 5 % den Mangel an Arbeitskräften, 58 % dagegen direkt Kostensenkungen als Grund für die technischen Umstellungen an, obwohl die Struktur der Kostensenkungen von der oben referierten nicht grundsätzlich abwich (A. *Jungbluth*, 1966). Entscheidend ist viel weniger der Mangel an Menschen, die befähigt und bereit sind, bestimmte konkret-qualitative Arbeiten zu verrichten, sondern die relativ hohen Löhne, die für solche Arbeiten bezahlt werden müssen. Dies kann einmal durch Arbeitskräfteknappheit, aber auch durch starke gewerkschaftliche Positionen bedingt sein. Jedenfalls machen relativ hohe Löhne oft genug die technische Umstellung, d. h. die Ersetzung menschlicher Arbeit durch Maschinerie und damit die Steigerung der Produktivkraft der verbliebenen Arbeit, erst lohnend, weil sie erst dadurch eine Senkung des Kostpreises bedeuten und zu einer Steigerung des Profits führen.

Wir werden uns später noch detailliert mit dem Schicksal derjenigen befassen, die durch diese Kostpreisreduktion ›freigesetzt‹ werden, die also ihren Arbeitsplatz in dem besonderen Produktionsprozeß verlieren und auch in der neuen technischen Anlage keine Beschäftigung finden. Hier nur soviel vorweg: die Erfahrungen, die dabei produziert werden, sind in voller Übereinstimmung mit der Verelendungstheorie und werden von ihr detailliert beschrieben, denn in aller Regel bedeutet die Umsetzung an einen neuen Arbeitsplatz eine Verschlechterung sowohl in der Arbeitssituation wie im Arbeitseinkommen. Für ältere Arbeiter trifft dies besonders zu. In einer nicht ausgesprochen expansiven Konjunkturlage werden diese darüber hinaus als erste aus dem Arbeitsverhältnis entlassen und entgehen der Arbeitslosigkeit meist nur durch den Rentenantrag, durch vorzeitige Invalidität oder durch Abwanderung in schlechtbezahlte Dienstleistungsberufe wie Pförtner, Nachtwächter oder ähnliches (G. *Sandmann*, 1970; B. *Schulte* u. a., 1971).

Die konkreten Erfahrungen, die der Mechanisierungssprung erzeugt, sollen detailliert erst im folgenden Kapitel untersucht werden. Hier muß aber schon soviel eingebracht werden:

Vor allen Dingen bedeutet der Mechanisierungssprung einen *völlig neuen* Arbeitsprozeß. Die gesamte konkret-qualitative Seite des Produktionsprozesses ist umgewälzt. Andere Maschinen bedingen andere Handgriffe, Bewegungen, Kooperationsformen, andere Umweltbedingungen, Raumverhältnisse, anderen Materialfluß und einen neuen Produktionsrhythmus. Diese wichtigste Wirkung des Mechanisierungssprunges auf der Gebrauchswertebene wird von der Verelendungstheorie *völlig übersehen*. Die Wertbewegung — so scheint es — findet als Bewegung des Abstrakten auch in einem abstrakten Medium statt, nämlich in der verausgabten Arbeitskraft als solcher, abstrakte Verausgabung von Hirn, Hand, Muskel, Nerv etc. Als solche erscheint auch ihre kontinuierliche Steigerung den Verelendungstheoretikern als permanente Intensivierung der Arbeit nicht problematisch, denn sie wird eben nur als abstraktes Kontinuum gesehen.

Diese abstrakte Bewegung des Tauschwertes ist aber an den Gebrauchswert gebunden, ihr Medium ist also nicht die abstrakte Verausgabung von Arbeitskraft, sondern die jeweils besondere, konkrete gebrauchswert-schaffende Arbeit, in der die Abstraktion erscheinen muß.

Das Abstrakte kann überhaupt nur in seinen Konkretionen erscheinen (so wie es nicht *den* Baum gibt, sondern immer nur Orangenbäume, Kastanienbäume, Kirschbäume etc.). Dies wird von derjenigen Variante der Verelendungstheorie übersehen, die sich auf die kontinuierliche Steigerung der Intensität der Arbeit stützt (und wir haben gesehen, daß dies die heute verbreitetste und ernstzunehmendste ist). Darum fallen ihr auch nicht die Grenzen auf, an die die Steigerung des Arbeitstempos und der Arbeitsanstrengung in jedem konkreten Arbeitsablauf einmal stoßen müssen. Grenzen, die kaum mehr überschreitbar sind, bei denen es sich aber vor allen Dingen nicht lohnt, sie zu überschreiten, weil die Kosten zu hoch würden.

Ist das Kapital einmal in diese Situation geraten, dann kann die Bewegung im abstrakten Tauschwert nur noch weiter gesteigert werden durch einen radikalen Bruch in der konkreten Seite des Produktionsprozesses: der Kostpreis kann nur noch durch den Mechanisierungssprung gesenkt werden. Dieser Mechanisierungssprung stülpt aber zugleich den Arbeitsprozeß, die konkrete Arbeit, völlig um. Dieser neue, vorher noch nie dagewesene Arbeitsprozeß ist aber auch neu für das Kapital. Er bietet zwar eine verbesserte Kostensituation, ist aber dem Tauschwertinteresse noch längst nicht voll gefügig gemacht. Die neuen Bewegungsformen, arbeitsorganisatorische Zusammenhänge, Kooperationsformen, Schichteinteilungen etc. sind zwar schon bei der Herstellung der Maschinerie auf möglichste Sparsamkeit ausgelegt worden, doch bleiben noch vielfältige Möglichkeiten für Einsparungen, für weitere detaillierte Kostpreissenkungen durch weitere Arbeitsteilung, verbesserte Organisation, präzisere Akkorde etc. Diese müssen erst erkannt und gefunden werden. Das Verwertungsinteresse muß den sperrigen, konkret-qualitativen Arbeitsprozeß zuerst zersetzen und zerlegen, bis er ihm gefügig gemacht werden kann. Der Druck ist also während und auch einige Zeit nach dem Mechanisierungssprung deutlich verringert. Zugleich bedeuten die meisten Mechanisierungssprünge eine Übernahme von Funktionen und Prozessen durch die Maschinerie, die vorher Teil der belastenden menschlichen Arbeit waren. Im folgenden Kapitel soll deshalb die These untersucht werden, daß *Mechanisierungssprünge in der Regel zu Arbeitserleichterungen führen.*

Hier ist für den Zusammenhang der Verelendungstheorie jedenfalls festzuhalten, daß die Verselbständigung des Tauschwerts gegenüber dem besonderen Gebrauchswert sich im Produktionsprozeß in der *Gleichgültigkeit* des Kapitals gegenüber den konkreten Auswirkungen der Veränderungen im Produktionsprozeß auf die Bedürfnisse der Arbeiter darstellt: dem Kapital ist es grundsätzlich gleichgültig, ob sich aus einer technischen Umstellung Arbeitserschwernisse oder Arbeitserleichterungen ergeben, entscheidend ist allein die Wirkung auf der Kostenebene. Die Kapitalanalyse schließt also die Möglichkeit von Arbeitserleichterungen durch technische Umstellungen nicht aus:

»Arbeitserleichterungen bildeten keine unmittelbare Umstellungsursache. Gelegentlich der aus ökonomischen Gründen durchgeführten Umstellungen war man zwar bemüht – solange Wirtschaftlichkeitserwägungen nicht dagegen sprachen –, auch den arbeitenden Menschen nach Möglichkeit zu berücksichtigen; doch sind andererseits in einigen Fällen durch technische Umstellungen auch Arbeitserschwernisse zustande gekommen« (Sieben Berichte, S. 378).

(b) Die arbeitsorganisatorische Rationalisierung

Wenn diejenigen Kostpreissenkungen erreicht sind, die durch die bloße technische Umstellung erreicht werden können, d. h. wenn die technische Kapazität der Anlage ausgenutzt ist, wenn also alles an Tauschwertakkumulation herausgeholt worden ist, was aus der sprunghaften Steigerung der Produktivkraft der Arbeit herauszuholen war, muß sich die weitere Senkung des Kostpreises neue Wege im konkret-qualitativen Arbeitsprozeß suchen. Dann verläuft die weitere Tauschwertakkumulation also in einer anderen Gebrauchswertgestalt.

Dies ist insbesondere dann aktuell, wenn der Mechanisierungssprung nicht ein Griff nach dem Extraprofit, sondern ein Gleichziehen mit dem Rest der Branche war und das Einzelkapital nun versuchen muß, mit anderen Mitteln seine Position zu verbessern.

Der Arbeitsprozeß muß zuerst auf alle Möglichkeiten untersucht werden, aus denen sich durch kleine technische Änderungen, durch Veränderungen der Arbeitsorganisation, durch verfeinerte Arbeitsteilung und vor allem durch erhöhte Arbeitsgeschwindigkeit eine weitere Senkung des Kostpreises, eine Steigerung des Outputs bei minimalen zusätzlichen Kosten erreichen läßt. Der neue Arbeitsprozeß, der mit dem Mechanisierungssprung geschaffen wurde, muß dem Verwertungsprinzip vollends gefügig gemacht werden.

Dabei spielt aber noch eine weitere Tauschwert-Überlegung eine entscheidende Rolle: Die neue Anlage muß sich amortisieren, das in ihr angelegte Kapital muß zuerst wieder durch den Verkauf produzierter Waren hereingekommen sein. Während dieser Abschreibungszeit müssen die Stückkosten verringert werden, indem man die »Kombination zwischen einer maximalen Nutzung der menschlichen Arbeitskraft und einer optimalen Nutzung der Betriebsmittel« anstrebt (H. *Pornschlegel*, 1965, S. 53). Dies ist um so wichtiger, weil die enorm gestiegenen fixen Kosten, die in der neuen Anlage stecken, nur als Gesamtkosten tatsächlich fix sind. Von den Stückkosten her gesehen sind sie es keineswegs: »Je höher das in automatisierten Fertigungseinrichtungen investierte Kapital und je länger die Stillstandszeit, d. h. der Produktionsausfall ist, um so höher wird naturgemäß auch der Fixkostenanteil sein, mit dem das Produkt zusätzlich — nämlich für die Dauer der Stillstandszeit — belastet wird« (R. *Weinrich*, 1961, S. 18).

Unter den hier angenommenen Voraussetzungen eines expansionsfähigen Marktes, der ein wachsendes Output aufnehmen kann — und diese Bedingungen galten in nahezu allen Branchen für die gesamten fünfziger und für die meisten Branchen auch noch überwiegend in den sechziger Jahren — unter diesen Voraussetzungen muß das Einzelkapital alle Mittel anwenden, um das Output während der gesamten Abschreibungszeit der Maschinerie ständig zu steigern.

Ein Mittel dazu ist, alle Pausen, Stillstände und Ausfälle der Anlage zu vermeiden. Das andere Mittel, das ohne weiteres gleichzeitig angewandt werden kann, besteht — abstrakt gesprochen — darin, pro Zeiteinheit die Leistungsabgabe der an der Anlage arbeitenden Menschen zu erhöhen.

Es geht also darum, durch Intensivierung der Arbeit und kleine technische Änderungen arbeitsorganisatorischer Art das Output weiter zu steigern und dabei die Kosten, wenn möglich absolut, auf jeden Fall aber pro produzierter Einheit zu senken. Das Resultat ist unter diesen Umständen (auf gegebenem technischen Niveau) eine stetige Zunahme der Arbeitsbelastung, eine Verschlechterung in der Arbeitssituation: durch verstärkte Arbeitsteilung, Beschleunigung des Arbeitstempos durch Verfahren vorbestimmter Zeiten, mit deren Hilfe die Arbeitsplätze umorganisiert werden, Einführung von Mehrstellenarbeit bzw. Mehrmaschinenbedienung, durch Leistungslohnverfahren und durch eine Reihe anderer Mittel, die wir im folgenden Kapitel detailliert darstellen werden, zielt die arbeitsorganisatorische Rationalisierung auf maximale menschliche Leistungsabgabe, bis schließlich die Grenze der ›maximalen Leistungsverdichtung‹ erreicht ist. Danach kann der Stückkostpreis durch keine weiteren arbeitsorganisatorischen Rationalisierungen gesenkt werden. Der konkret-qualitative Arbeitsprozeß ist der am Tauschwert orientierten ›betrieblichen Rationalität‹ voll gefügig gemacht worden, er ist Leistungs-gesättigt. Eine weitere Senkung des Stückkostpreises ist nur durch einen völlig neuen konkret-qualitativen Arbeitsprozeß auf neuem technischen Niveau, also erst mit einem neuen Mechanisierungssprung möglich. Der erfolgt aber nur dann, wenn die alten Anlagen rechnerisch wie technisch voll abgeschrieben, oder aber im ökonomischen Vergleich zur Konkurrenz überholt sind.

Bei *Schlaich* (1967, S. 15) und anderen, die solche und ähnliche Diagramme entwickeln[149], erscheint aber der Wechselprozeß von der Mechanisierung zur Intensivierung und zurück zur Mechanisierung als eine Beschreibung des gesamten Entwicklungsprozesses der Industrie von der einfachen Handarbeit bis zur Vollautomatisierung. Demnach gäbe es eine Phase paralleler Mechanisierung und Intensivierung während der Frühgeschichte des Kapitalismus, die gegenwärtig durch eine Phase der vorwiegenden arbeitsorganisatorischen Rationalisierung, also der »systematischen Bewegungsvereinfachung und -verdichtung« (K. *Schlaich*, 1967, S. 20), abgelöst, aber bereits an die Grenze der möglichen Intensivierung gestoßen sei, und seit Beginn der sechziger Jahre zunehmend in die Vollmechanisierung, bzw. Automatisierung, münden werde. Dies mag als epochale Betrachtungsweise der insgesamt im Kapitalismus dominierenden Methoden zur Stückpreissenkung nicht einmal so falsch sein. Als Darstellung, wie ein Einzelkapital seinen Produktionsprozeß im zeitlichen Ablauf gestaltet, wann durch vorwiegende Intensivierung, wann durch Mechanisierungssprünge, muß man ihr doch skeptisch begegnen, denn in ihr sind abstrakte Kostenüberlegungen ohne historische Dimension einfach als historischer Prozeß dargestellt. Schon allein die Überlegungen, daß das Einzelkapital nicht über unbeschränktes Kapital verfügt, daß die Entwicklung der

---

[149] Sieben Berichte, S. 212; F. *Stier*, 1965, S. 102; F. *Friedmann*, 1959.

Technik jeweils schrittweise von produktiveren zu noch produktiveren Verfahren geht, die jeweils Extraprofite bringen, sich dann aber verallgemeinern, daß es auf jeder Ebene der Mechanisierung in dem durch sie neu geschaffenen konkret-qualitativen Arbeitsprozeß Möglichkeiten zur arbeitsorganisatorischen Rationalisierung gibt, daß die jeweiligen Marktgegebenheiten die Möglichkeiten für outputsteigernde Mechanisierungssprünge eröffnen oder verbieten — all das läßt die Übertragung einer bloßen Kostenbetrachtung auf die zeitliche Entwicklung sehr problematisch erscheinen. Nach unseren bisherigen Überlegungen müßte das *Schlaichsche* Diagramm vielmehr in die ›Stufenwechsel‹-Diagramm gezeigte Richtung verändert werden, um die zeitliche Entwicklung der Methoden zur Senkung der Stückkosten darzustellen.

Der Stufenwechsel von arbeitsorganisatorischer Rationalisierung (Intensivierung) und Mechanisierung im Zeitablauf

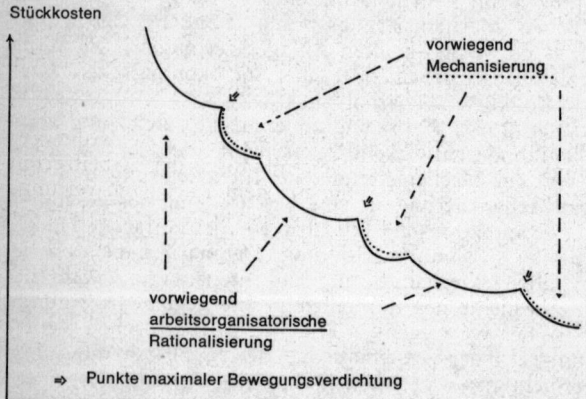

Die hier schematisierte Entwicklung kann selbstverständlich auch nicht als Darstellung der tatsächlichen historischen Entwicklung angesehen werden, denn es fehlen die Marktschwankungen, die politischen Ereignisse wie Kriege und all die anderen Momente, die eine solche Entwicklung unregelmäßig machen. Aber die von solchen historischen Zufälligkeiten bereinigte Entwicklung ist durchaus so wiedergegeben, wie sie sich nach all den Überlegungen darstellt, die wir darüber angestellt haben, wie sich der für das Kapital bestimmende Drang zur Senkung des Kostpreises im Medium des konkret-qualitativen Arbeitsprozesses durchsetzt: Wenn der Punkt maximaler Bewegungsverdichtung, höchster Intensivierung, erreicht ist, kann eine weitere Kostpreissenkung nur mit einem Mechanisierungssprung erreicht werden. Dadurch wird aber

118

ein völlig neuer Arbeitsprozeß geschaffen, der zwar auch schon bei seiner Einrichtung arbeitsorganisatorisch durchrationalisiert ist, aber dem Kapitalverwertungsinteresse noch nicht annähernd voll gefügig, gesättigt ist. Nach dem Mechanisierungssprung setzt daher eine Phase der vorwiegend arbeitsorganisatorischen Rationalisierung ein, in der dieser neu entstandene Arbeitsprozeß auf alle Möglichkeiten hin durchgeprüft wird, den Kostpreis ohne Änderung der technischen Anlage zu senken. Erst wenn alle diese Möglichkeiten ausgeschöpft sind, lohnt sich ein neuer Mechanisierungssprung, denn auch in diesem Arbeitsprozeß ist der Punkt maximaler Bewegungsverdichtung erreicht worden. Die Entscheidung, ob ein solcher Mechanisierungssprung stattfindet oder nicht, hängt ganz wesentlich von der Konjunktur und der Konkurrenz ab: schlechte Absatzerwartung verbieten ihn, das Vorpreschen von Konkurrenten macht ihn zwingend.

Dieser Wechselprozeß von vorwiegender Mechanisierung und Intensivierung ergibt sich also als zentrale Determinante der langfristigen Erfahrung im kapitalistischen Produktionsprozeß für die Arbeiter. Es geht nun darum, diese Erfahrung selbst zu untersuchen. Dies wird Aufgabe des folgenden Kapitels sein.

Es kann hier aber schon festgehalten werden, daß die Verelendungstheorie schon die Determinanten der Arbeitserfahrung verkürzt darstellt, wenn aus dem Kapitalverwertungsinteresse allein die permanente Intensivierung der Arbeit und — als Resultat der Steigerung der Produktivkraft der Arbeit — allein die industrielle Reservearmee gefolgert wird. Die negativen Folgen der Kapitalverwertung auf die Arbeiter sollen keineswegs bestritten oder relativiert werden; indem sie aber isoliert und zur Beschreibung des Produktionsprozesses als Ganzem verabsolutiert werden, erhalten sie einen genauso falschen Charakter wie die Verselbständigung und Verabsolutierung des Abschwungs in der sonstigen Verelendungstheorie: das Kapital erscheint als die Omnipotenz im Produktionsprozeß, die volle Gewalt über den Gebrauchswert hat, der kein Hindernis gewachsen ist und der nichts abgerungen werden kann, bevor sie nicht als Ganzes gestürzt ist. Aber es läßt sich nicht einmal für die Mechanisierungssprünge eine linear eindeutige Wirkung der Kapitalverwertung für die konkret-qualitative Ebene ableiten. *Kern/Schumann* (1972, S. 33) stellen fest:

»Wenn wir somit zu dem Ergebnis kommen, [. . .] daß die Triebkraft der technischen Entwicklung primär im Interesse einer besseren Kapitalverwertung zu sehen ist, impliziert diese Feststellung allerdings keine Aussage über die Richtung der Arbeitsveränderungen, die sich *de facto* infolge technischer Neuerungen ergeben. [. . .] Je nach dem technischen Niveau der Produktion vor und nach der Umstellung variieren die Arbeitsfolgen der Neuerung, je nach dem Mechanisierungssprung ergeben sich Arbeitsverbesserungen, Arbeitsverschlechterungen oder in sich widersprüchliche Arbeitsveränderungen.«

Das Verwertungsinteresse hat keine linear eindeutigen Folgen, weil es, obwohl selbst ein durchaus linear eindeutiges Bestreben nach der Senkung des Kostpreises, sich nur in dem Medium des jeweiligen konkret-qualitativen Arbeitsprozesses betätigen und deshalb immer jeweils unterschiedliche konkret-qualitative Folgen zeitigen kann, die dem Kapital aber gleichgültig sind.

3. Zusammenfassung

Die Untersuchung der Kostpreisbewegung ergab, daß bei gleichem Kapitaleinsatz für eine gleiche Outputsteigerung die Intensivierung der Arbeit deutlich profitabler als die Steigerung der Produktivkraft der Arbeit ist.

Dies ist der Grund dafür, daß bei einem beschränkten Markt, wenn also Outputsteigerungen ökonomisch ungünstig sind, vor allem die Intensivierung der Arbeit eingesetzt wird, um Lohn- und Materialkosten einzusparen. Nur bei der Möglichkeit, über Ausdehnung des Marktanteils doch ein größeres Output abzusetzen, wird auch die Mechanisierung in größerem Umfang eingesetzt.

Unter der Voraussetzung eines expandierenden, aufnahmefähigen Marktes zeigte sich dagegen als Determinante der Arbeitserfahrung im kapitalistischen Produktionsprozeß ein *Stufenwechsel von Mechanisierungssprüngen* mit sprunghaften Outputsteigerungen, die einen neuen konkret-qualitativen Arbeitsprozeß schaffen, der dem Verwertungsinteresse noch nicht voll unterworfen ist, und *arbeitsorganisatorischen Rationalisierungen* als Gegenbewegung, in deren Verlauf ohne größere technische Umstellungen vor allem die Intensität der Arbeit gesteigert wird, bis der Arbeitsprozeß für das Verwertungsinteresse gesättigt und nicht weiter intensivierbar ist, worauf ein neuer Mechanisierungssprung folgen muß.

Da die Steigerung der Produktivkraft der Arbeit vom Wertbegriff her keine Steigerung in der Verausgabung von Arbeitskraft, weil keine Wertsteigerung, impliziert, dafür aber eine Steigerung in der Menge der produzierten Gebrauchswerte, liegt die Annahme nahe, daß im Mechanisierungssprung die Erfahrung einer Verbesserung der Arbeitssituation, also einer Aufwärtsentwicklung, gemacht werden kann.

Die nachfolgende arbeitsorganisatorische Rationalisierung, die im wesentlichen eine Intensivierung der Arbeit bewirkt, kann dann als die Verschlechterung in der Arbeitssituation, als die Abwärtsentwicklung erfahren werden.

Diese Annahme wird in den folgenden Kapiteln mit dem umfangreichen Material aus den Gebieten der Arbeitswissenschaften, Industriesoziologie und Arbeitsmedizin kritisch konfrontiert, d. h. es wird vor allem Material berücksichtigt, das der Annahme widerspricht. Dabei — das kann schon hier gesagt werden — bestätigt sich die Annahme zwar insgesamt, es müssen aber einige wichtige Einschränkungen eingeräumt werden: es gibt auch Arbeitserschwernisse als Resultate von Mechanisierungssprüngen und es gibt umgekehrt auch Arbeitserleichterungen durch arbeitsorganisatorische Rationalisierungen.

Da es über den Stand der Mechanisierung in der BRD und die Entwicklungstendenzen keine Gesamterhebung gibt, muß man bei der Untersuchung des Zusammenhanges von Entwicklung der Produktivkraft der Arbeit und der Arbeitsbelastung andere Wege gehen. Der hier eingeschlagene sieht so aus: zwischen den Extremen der reinen Handarbeit einerseits und der vollautomatisierten Produktion ohne menschlichen Eingriff andererseits werden die Stufen bestimmt, auf denen die Mechanisierung der Arbeit, d. h. die Ersetzung menschlicher Arbeitsfunktionen durch technische Vorrichtungen, verlaufen können. Diesen Stufen werden dann die entsprechenden Arbeitsbelastungen auf jeder Stufe zugeordnet. Erst dann wird versucht einzuschätzen, auf welchen Stufen der Mechanisierung sich die Industrie der BRD bewegt und welche weitere Entwicklung erwartet werden kann.

V. Die Erfahrungen im kapitalistischen Produktionsprozeß beim Mechanisierungssprung.
Die Entwicklung der Mechanisierung in ihrer Auswirkung auf die Arbeitsbelastung

Das erste Problem, das es zu lösen gilt, ist die Bestimmung eines theoretischen Modells der Mechanisierungsstufen, in denen die Entwicklung der Produktivkraft der Arbeit, oder betriebswirtschaftlich ausgedrückt: der technischen Rationalisierung, verläuft.

1. Die Mechanisierungsstufen

In der hier berücksichtigten Literatur wurden über 20 unterschiedliche Stufenschemata zur Entwicklung der Mechanisierung vorgefunden. Diese Zahl zeigt schon ein wenig, wie schwierig es ist, die technische Entwicklung von der Handarbeit zur vollautomatisierten Produktion in eine Stufenabfolge zu bringen. Dabei ergibt sich die Hauptschwierigkeit aus dem methodischen Problem, wo man die Schnitte der Stufentrennung ansetzen soll.

Wenn diese Einteilung nicht durch die reine Willkür des subjektiven Zwecks bestimmt sein soll, also nicht bloß definitorischen bzw. klassifikatorischen Charakter haben soll, dann muß sie ein aus der Entwicklung selbst stammendes Kriterium aufzeigen und gleichzeitig nachweisen können, daß sich anhand dieses Kriteriums der Prozeß der technischen Entwicklung selbst in Stufen vollzieht.

Das Kriterium, das sich unmittelbar aus dem Stoff anbietet, ist die Ablösung der menschlichen Arbeit durch technische Vorrichtungen, bis schließlich die vollautomatisierte Produktion ohne Notwendigkeit menschlicher Eingriffe erreicht ist.

H. H. *Moll* (1961, S. 53) sieht diese Entwicklung als kontinuierlichen Prozeß ohne Stufungen und berechnet deshalb für jeden Arbeitsplatz eine Prozentzahl, die den Automatisierungsgrad des Arbeitsplatzes angeben soll: er listet 32 Grundfunktionen der menschlichen Arbeit auf, versieht jede mit einer bestimmten Maßzahl von Arbeitswerten, die auf Basis der analytischen Arbeitsbewertung gewonnen wird, und berechnet dann den prozentualen Automatisierungsgrad, indem der prozentuale Anteil der mechanisierten Grundfunktionen an der Gesamtsumme der Arbeitswerte ermittelt wird.

Auf den ersten Blick erscheint dies als eine ungeheuer elegante Lösung des Problems. Aber bei näherer Betrachtung zeigt sich, daß die Kontinuität des prozentualen Anstiegs, die jeden willkürlichen Stufenschnitt zu umgehen scheint, nur scheinbar gegeben ist: wenn vermieden werden soll, daß jede der 32 Grundfunktionen der anderen gleich gilt und damit z. B. die technisch sehr schwierige und späte Ablösung der Kontroll- und Korrekturfunktionen mit den relativ unkomplizierten und früh mechanisierten Funktionen des Menschen als Energiequelle für den Antrieb gleichgesetzt werden, dann ist die Willkür der Abstufungen lediglich auf die unterschiedliche Gewichtung der Grundfunktionen durch die Arbeitswertmaßzahlen verschoben. Wenn also die historische Entwicklung der Mechanisierung und zugleich die unterschiedliche technische Komplexität der Ablösung menschlicher Arbeitsfunktionen berücksichtigt werden soll, dann ergibt sich notwendig eine Abstufung. Dies insbesondere auch deshalb, weil die unterschiedliche Komplexität und Kompliziertheit der technischen Aufgabe zugleich sich als unterschiedlich hohe Investitionskosten bei der Ablösung der menschlichen Arbeitsfunktion ausprägen und damit den realen historischen Entwicklungsprozeß der Einführung technischer Neuerungen unmittelbar bestimmen und — wie im vorigen Kapitel entwickelt — real auch als Stufenprozeß gliedern.

In der Literatur findet der Stufungsvorschlag von J. R. *Bright* (1955 und 1960) am meisten Beachtung. *Kern/Schumann* (1970, I S. 57) zeigen jedoch überzeugend, daß *Bright* nicht genügend Aspekte der abzulösenden Arbeit berücksichtigt (nämlich nur den Antrieb, die Kontrolle und die Korrektur des Arbeitsablaufs) und deshalb z. B. einen Boiler mit Signalpfeife auf der Stufe 10, eine automatische Revolverdrehbank aber nur auf Stufe 6 plaziert werden müßte.

Man muß also für ein Schema der Mechanisierungsstufen alle Aspekte der menschlichen Arbeit erfassen, die im Prozeß der Mechanisierung zunehmend durch die Maschinerie übernommen werden. Ein Arbeitsplatz kann dadurch in das Schema eingeordnet werden, daß man feststellt, wie weit die einzelnen Tätigkeitsaspekte mechanisiert sind und so den Schwerpunkt der Entwicklung ermittelt. Zusätzlich zu *Brights* Dimensionen des Antriebs, der Kontrolle und der Korrektur des Arbeitsablaufes habe ich von *Kern/Schumann* (1970, I S. 56 ff, II S. 83 ff) die Tätigkeitsaspekte »Wie erfolgt die Gestaltung (Ausführung) des Arbeitsablaufes?«, »Wie erfolgt die Zuführung und Abnahme des Gegenstandes?« und »Welcher Umfang des Arbeitsprozesses wird durch die technische Anlage erfaßt?« übernommen (vgl. Schema S. 126).

Dieses Schema der Mechanisierungsstufen wird im weiteren die Basis sein, auf die die theoretischen und empirischen

Aussagen über die Belastungsentwicklung am Arbeitsplatz bei der Mechanisierung der Arbeit bezogen werden. Schon allein deshalb muß mit der Darstellung des Schemas selbst eine Synopse der anderen Schemata der Mechanisierungsstufen gegeben werden, anhand deren sich dann die Aussagen der jeweiligen Autoren nachprüfbar in mein Schema übersetzen lassen. Diese Übersetzungssynopse ist aber darüber hinaus notwendig, um die Willkür, die auch in dieser Einstufung steckt, über die anderen Versuche kontrollierbar zu machen.

Man hätte damit eigentlich das Schema von *Kern/Schumann* (1970, II S. 83) übernehmen können und nicht zu den über 20 noch ein weiteres Schema dazukonstruieren brauchen, wenn sich in ihrer Stufung nicht die Entwicklung der Mechanisierung mit der Entwicklung der arbeitsorganisatorischen Rationalisierung, Steigerung der Produktivkraft und Steigerung der Intensität der Arbeit vermischen würden: Die Stufe 2 ›Fließbandfertigung‹ und die Stufe 6 ›Aggregatsysteme‹ unterscheiden sich von den darüber und darunter liegenden Stufen nicht so sehr in der technischen Entwicklung als in der Form der Arbeitsorganisation (Fließarbeit ist bereits beim manuellen Sammeln und Heften von Papieren gegeben; Aggregatsysteme sind auch als Sonderform der Mehrmaschinenbedienung zu sehen). Ich habe deshalb diese beiden Stufen ausgelassen. Zugleich habe ich mich bemüht, das Schema von *Kern/Schumann* mit dem von *Rohmert/Schlaich* (1967) zu vereinen: letzteres berücksichtigt zwar nicht so viele Dimensionen, trennt aber gezielt zwischen ›Mechanisierungsstufen‹ und ›Rationalisierungsstufen‹. Die beiden Schemata boten sich zusätzlich zu einer Verschmelzung deshalb an, weil bei *Rohmert/Schlaich* die Stufe 5 ›Maschine‹ registriert die Arbeitsausführung und signalisiert sie an den Bedienungsmann‹ aufgrund der mehrdimensionalen Betrachtung als eigene Stufe ausscheiden mußte (schon einfache Werkzeuge wie eine Waage, ein Voltmeter etc. auf Stufe 1, 2 etc. erfüllen dies Kriterium), und sich die 8 Stufen von *Rohmert/Schlaich* wie vorher schon die 9 Stufen von *Kern/Schumann* auf gemeinsame 7 Stufen verminderten.

In der folgenden Synopse sind die unterschiedlichen Stufungsvorschläge auf meine Stufen bezogen.

2. Die Entwicklung der Arbeitsbelastung auf den Mechanisierungsstufen

Die Entwicklung der Mechanisierung ist, wie wir gesehen haben, vor allem dadurch gekennzeichnet und einordenbar, daß zunehmend menschliche Tätigkeiten und Funktionen im Arbeitsprozeß durch mechanische Vorrichtungen ersetzt werden. (Automatisierung ist dabei nur ein besonders hoher Grad der Mechanisierung und nicht ein ganz neuer Vorgang.) Demnach müßte die Arbeitsbelastung im gleichen Maße abnehmen, in dem von Mechanisierungsstufe zur Mechanisierungsstufe fortgeschritten wird. Für die isolierte, einzelne Tätigkeit in ihrem Gesamtablauf betrachtet, trifft dies auch sicher zu, wenn man noch nicht die Zahl der Wiederholungen dieser Tätigkeit in der Zeit mit einbezieht (A. *Hennecke*, 1970,

Synopse der Mechanisierungsstufen

	Kern/Schumann 1970 Stufen	Arbeits-typen	Rohmert/ Schlaich 1967	Hennecke 1970	Weinreich 1961 9**	Zender 1962 S.96	Moll,H. 1961 S.53	Ulrich,E. 1968 S.42*	Bright 1955/ 1960	Auerhan 1961
1 Handarbeit mit Handwerkszeug	1	(2)	1	A B C	1	1	0 %	1	1 2	1
2 von Hand geführtes Werkzeug oder Aggregat mit Fremdantrieb	(2) 3	(3) (4) 5 6	2	D E F	2	1	ca. 10 %	1	3 4 5 (9)	2 3
3 Über Bedienungsinstrument geführtes Werkzeug oder Aggregat mit Fremdantrieb	4	7 8	3(5)	G H	3 (4)	2	ca. 20 %?	2	4 5 9 10	3
4 multifunktionales Aggregat ohne Notwendigkeit permanenter Eingriffe	5 (6)	9 10 (11)	4(5)	I K (L)	(3) 4	3	ca. 40 %?	2	6 7 8 9 10	3 4 5
5 teilautomatisches Aggregat mit begrenzten Programmalternativen	7	12 13	6(5)	M N (L)	5 6	4	ca. 60 %?	3	6 8 9 10 11 13	5 6 7
6 teilautomatisches Aggregat mit Selbstkorrektur während d. Arbeitsablaufs	8	14 15	7	O	6	4	ca. 90 %	3	9 10 11 12 13 14 15 16	6 7 8 9
7 vollautomatisierte Fertigung	9		8	P	6	5	100 %	4	17	9 10 11

* Mit Ulrich,E. (1968) sind weitere 13 Autoren in die Synopse einbezogen; um die Übersetzung der Ulrich- schen Synopse in die unsrige zu erleichtern, wurden die beiden wichtigsten Autoren aus seiner Übersicht (Bright und Auerhan) ebenfalls auf unsere Stufung übersetzt.

** nach Saljé (1056)

Schema der Dimensionen der Mechanisierung und der Mechanisierungsstufen

Welcher Umfang d. Arbeitsprozesses wird von techn. Anlage erfaßt? *	Wie erfolgt Zuführung und Abnahme des Gegenstandes? *	Wie erfolgt Gestaltung des Arbeitsablaufes? *	Wie erfolgt Antrieb des Arbeitsablaufes? **	Wie erfolgt Kontrolle d. Arbeitsablaufes? **	Wie erfolgt Korrektur d. Arbeitsablaufes? **	Mechanisierungsstufen ***
- - -	Mensch mit Handwerkzeug	Mensch mit Handwerkzeug	Mensch mit Handwerkzeug	Mensch mit Handwerkszeug	Mensch mit Handwerkszeug	**1** Handarbeit mit Handwerkszeug
einfunktionales Einzelaggregat	variabel (manuell oder maschinell, z.B. Fließband)	Einzelfunktionen maschinell bzw. fremdenergetisch	Einzelfunktionen maschinell bzw. fremdenergetisch	Mensch mit Handwerkszeug	Mensch mit Handwerkszeug	**2** von Hand geführtes Werkzeug oder Aggregat mit Fremdantrieb
multifunktionales Einzelaggregat	nicht kontinuierlich maschinell	zunehmend maschinell bzw. fremdenergetisch	zunehmend maschinell bzw. fremdenergetisch	Mensch mit Bedienungsinstrumenten	Mensch mit Bedienungsinstrumenten	**3** Über Bedienungsinstrument geführtes Werkzeug oder Aggregat mit Fremdantrieb
Aggregatsystem	variabel zunehmend kontinuierlich maschinell	⇩ bis	⇩ bis	Mensch mit zunehmend selbsttätigen Signal- und Signaleinrichtungen	Mensch mit zunehmend selbsttätigen Signal- und Signaleinrichtungen	**4** multifunktionales Aggregat ohne Notwendigkeit permanenter Eingriffe
Einzelaggregate teilautomatisierte Aggregatsysteme	⇩ bis			zunehmend zumindest partiell selbsttätig rückgekoppelt	zunehmend zumindest partiell selbsttätig rückgekoppelt	**5** teilautomatisches Aggregat mit begrenzten Programmalternativen
Einzelaggregate teilautomatisierte Aggregatsysteme				⇩ bis	⇩ bis	**6** teilautomatisches Aggregat mit Selbstkorrektur während des Arbeitsablaufs
vollautomatisierte Einzelaggregate oder Aggregatsysteme	voll kontinuierlich	selbsttätig	selbsttätig	voll selbsttätig optimierend	voll selbsttätig optimierend	**7** vollautomatisierte Fertigung

* nach Kern/Schumann (1970, II, S.8off)
** nach Bright (1955) und Rohmert/Schlaich (1967)
*** eigene Stufung und Bezeichnungen aus * und **

S. 133). Betrachten wir die Veränderungen durch die Mechanisierung an einem besonders gründlich untersuchten Beispiel in einer Eisengießerei (Th. *Hettinger*, 1970, S. 187—196). Der einzelne Arbeitsgang sah zuerst so aus:

»Bei laufender Arbeit werden zunächst die abgebackenen Kerne entnommen und in eine neben dem Arbeitsplatz stehende Kiste abgelegt. Danach werden die Maskenhälften wieder zusammengefügt, zu einer Einfüllrichtung (Transportweg etwa 1,5 m) transportiert und in einer Druckluftpresse fixiert. Aus einer Kiste wird dann mit einer Handschaufel Sand (phenolharzumhüllter Quarzsand) entnommen und in die Form durch Einschütten des Sandes aufgefüllt. Nach einer gewissen Anbackzeit wird die Maske durch Drehen der Fülleinrichtung um 180 Grad gedreht und der dabei ausfließende Sand mit der Handschaufel aufgefangen. Die Maske wird dann wieder in die Ausgangsposition gebracht, die Fixation gelöst, aufgenommen und zum Drehofen (etwa 1,5 m) transportiert, auf der Auflageplatte abgelegt und diese zum Abbacken der Kerne in den Ofen hineingedreht. Damit wird gleichzeitig die vorgewärmte bzw. mit den abgebackenen Kernen gefüllte Maske herausgedreht und der nächste Arbeitsgang beginnt.«

Belastende Faktoren sind bei dieser Arbeit vor allem die Wärmestrahlung, bei der Arbeit am Ofen, und der Transport der schweren Masken.

Nach dem ersten Mechanisierungssprung sah der Arbeitsplatz dann so aus:

»Um das Gewicht der einen Maskenhälfte beim Öffnen der Maske abzufangen, wurde eine starre Gegenfeder angebracht. Der Füllvorgang, der im Prinzip dem des alten Arbeitsplatzes entspricht, geschieht jetzt aus einer über der Maske befindlichen Wanne, in die der Sand aus einem großen Sandbehälter automatisch nachfließt. Damit wird das am alten Arbeitsplatz erforderliche Bücken weitgehend vermieden.«

An dem neuen Arbeitsplatz wird die Maske elektrisch aufgeheizt. Dadurch ist die Hitzestrahlung, die zuvor ein wesentlicher arbeitserschwerender Faktor war, um 86 % gesenkt worden. Zugleich fallen die Transportwege mit der hohen Muskelbelastung durch statische Haltearbeit weg. Darüber hinaus sorgt eine Absaugvorrichtung am neuen Arbeitsplatz dafür, daß Gase, Dämpfe und Staub den Arbeiter nicht mehr belästigen und gefährden.

Der einzelne Arbeitsvorgang ist also ganz erheblich erleichtert worden. Aber selbstverständlich wurde der einzelne Arbeitsvorgang nicht nur erleichtert, sondern zugleich beschleunigt und in der Abfolge verdichtet. Diese stärkere Nutzung der Arbeitszeit, die einer Intensivierung der Arbeit gleichkommt, und die technische Verbesserung der Anlage haben eine Steigerung von 1000 auf rund 3000 Kerne pro Schicht zur Folge gehabt, eine Steigerung um immerhin 200 %, die die höheren Kosten »in wenigen Wochen« ausgeglichen hatte. Trotz dieser offensichtlichen Leistungssteigerung in der gesamten Produktionszeit wirkte sich die Erleichterung des einzelnen Arbeitsvorgangs sogar auch in der — gegenüber dem alten Arbeitsplatz erhöhten — Summe der Arbeitsvorgänge eindrucksvoll deutlich aus:

»Am alten Arbeitsplatz zeigt sich eine mittlere Arbeitspulsfrequenz von 64 Pulsen/min als Zeichen einer eindeutigen Schwerstarbeit mit erheblicher Überbelastung des Kreislaufs.« Es finden sich »Belastungsspitzen bis zu 94 Arbeitspulsen/min«.

Dabei muß man sich vor Augen halten, daß nach übereinstimmender Meinung aller Arbeitswissenschaftler und Arbeitsmediziner eine *Dauerbelastung,* die 40 Arbeitspulse pro Minute (d. h. eine Erhöhung des Pulsschlages um 40 Pulse über die individuellen Werte bei Ruhelage) die Grenze für die zumutbare Belastung darstellt, oberhalb deren Gesundheitsschäden unvermeidlich sind.

»Im Gegensatz zum alten Arbeitsplatz ist die Belastung des Kreislaufes am neuen Arbeitsplatz mit 24 Arbeitspulsen/min im Schichtmittel klar als im zumutbaren Bereich liegend zu erkennen. Die Arbeitsbelastung ist als mittelschwer anzusprechen. Extreme Belastungsspitzen sind im Schichtverlauf nicht mehr gegeben.«

Dieser Senkung der Arbeitsbelastung um 62,5 % entspricht die Reduktion des Kalorienverbrauchs am neuen Arbeitsplatz auf 2,4 kcal/min gegenüber 3,1 kcal/min am alten Arbeitsplatz.

In einem zweiten Mechanisierungssprung wurde derselbe Arbeitsprozeß weiter mechanisiert.

Ein Vergleich der Arbeitsplätze, die sich von der Stufe 2 bis zur Stufe 4 entwickelten, zeigt, daß die Gesamtbelastung eindeutig und erheblich sinkt bei gleichzeitiger Steigerung des Output:

»In der Arbeitsablaufstudie fällt auf, daß sich die Pausenzeiten — im wesentlichen arbeitsablaufbedingte Wartezeiten — von rund 11 % am ursprünglichen Arbeitsplatz sowie bei der elektrischen Anlage, auf rund 35 % bei der automatischen Anlage erhöhen. Die Arbeitspulsfrequenz beträgt an den verschiedenen Arbeitsplätzen 55, 31 und schließlich 22 Arbeitspulse/min, d. h. es zeigt sich eine erhebliche Reduzierung der Belastung gegenüber dem ursprünglichen Arbeitsplatz, um rund 44 bzw. 60 %. [. . .] Die Angabe über die Klimaverhältnisse weist [. . .] aus, daß die Effektivtemperatur zwar von untergeordneter Bedeutung ist, die Wärmestrahlung dagegen am ersten Arbeitsplatz im Schichtmittel 156 Kcal/m²h, am zweiten Arbeitsplatz 56 Kcal/m²h und am automatisierten Arbeitsplatz schließlich 30 Kcal/m²h beträgt. Vom 1. und 2. Arbeitsplatz wurde bei dem gleichen Kerntyp die Arbeitsleistung um rund 100 %, vom 1. zum 3. Arbeitsplatz schließlich um rund 370 % gesteigert. Trotz einer Reduzierung der Arbeitsbelastung um 60 % wurde also eine Produktionssteigerung von 370 % erreicht.«

Dieses Beispiel belegt eindrucksvoll die grundsätzliche Richtigkeit der eingangs formulierten Annahme, daß sich die Arbeitssituation bei Mechanisierungssprüngen verbessert.

Untersucht man jedoch die einzelnen Belastungsaspekte der

Arbeitssituation, dann ergibt sich ein erheblich differenzierteres Bild. Sie sollen im folgenden einzeln analysiert werden, wobei besonders diejenigen Entwicklungen berücksichtigt werden müssen, die der Annahme von der fortschreitenden Arbeitserleichterung bei Mechanisierungssprüngen widersprechen.

Solch detaillierte arbeitsphysiologische Untersuchungen von Umstellungsfällen gibt es allerdings nicht häufig, weil sie für die Wissenschaftler sehr aufwendig und für die Arbeiter recht störend sind (für die Kalorienmessung müssen Atemmasken zur Feststellung des Sauerstoffumsatzes getragen werden!). Auf weniger exakter Basis sind aber eine ganze Reihe von Untersuchungen und Einschätzungen über die Entwicklung von Arbeitsbelastung durch die Mechanisierung angestellt worden, zum Teil mit Hilfe von Verfahren der analytischen Arbeitsbewertung (A. *Hennecke*, 1970; W. *Fuchs*, 1968; E. *Zander*, 1967; H. *Moll*, 1961), andere auf der Basis qualitativer Vergleichsuntersuchungn und Beobachtungen (*Kern/ Schumann*, 1970; *Rohmert/Schlaich*, 1967), oder nur als Ergebnis von Erfahrungen und Vermutungen (E. *Ulrich*, 1968; J. R. *Bright*, 1960). Diese Untersuchungen und Einschätzungen haben allerdings den Vorteil, daß sie meist versuchen, einen Gesamtüberblick über die Entwicklung in Form von Kurven und Diagrammen zu geben, so daß die Entwicklung der Arbeitsbelastung auf den unterschiedlichen Mechanisierungsstufen verglichen und beurteilt werden kann. Diese Ergebnisse sollen daher auf mein Mechanisierungsstufenschema übersetzt und im folgenden auf Übereinstimmungen und Abweichungen untersucht werden.

Physische Belastung

Alle Autoren stimmen überein in ihrer Beurteilung des Kurvenverlaufs bei der physischen Belastung. Die erforderliche Muskelanspannung fällt mit dem Verlauf der Mechanisierung annähernd hyperbolisch gegen Null auf der höchsten Mechanisierungsstufe. Empirische Untersuchungen (A. *Hennecke*, 1970, W. *Fuchs*, 1968, H. *Moll*, 1961) bestätigen diesen Verlauf eindeutig. In den Kurven zur ›Entwicklung der physischen Belastung‹ zeigt sich aber, daß der Kurvenverlauf lediglich die jeweilige Maximalbelastung auf der gegebenen Mechanisierungsstufe anzeigt und daß es unterhalb dieser Maximallinie eine breite Streuung von Belastungsgraden gibt. Es ist also durchaus möglich und wahrscheinlich, daß Arbeiter Umstellungen auf den Mechanisierungsstufen 1 bis 4 nicht als eine Erleichterung der physischen Belastung, sondern im Gegenteil als Erschwernis erleben können, wenn sie von einem Arbeitsplatz mit geringer Belastung auf einen neuen Arbeitsplatz versetzt werden, der innerhalb seiner Mechanisierungsstufe maximale physische Anforderungen stellt. Im allgemeinen kann jedoch als Regelfall angesehen werden, daß mit steigender Mechanisierung und erst recht bei Mechanisierungssprüngen über mehrere Stufen hinweg eine deutliche Erleichterung der körperlichen Belastung verbunden ist. Dabei stimmt von den Gesamteinschätzungen diejenige von *Bright* (1960) am besten mit den Beobachtungen an einzelnen Arbeitsplätzen überein.

Lediglich zwei Beobachtungen von *Kern/Schumann* (1970) liegen ganz außerhalb des Kurvenverlaufs: das sind einmal die Beobachtungen von motorischer Bandarbeit und zum anderen die Automatenkontrolle bei Mehrmaschinenbedienung. Beide Arbeiten sind in ihrer Belastungssituation im wesentlichen durch arbeitsorganisatorische Maßnahmen und nicht durch den Grad der Mechanisierung bestimmt. Sie werden deshalb im folgenden Kapitel behandelt werden. Es zeigt sich aber an diesen Fällen, daß die Annahme, Mechanisierungssprünge bedeuteten Arbeitserleichterungen, nur mit Einschränkungen zutreffen kann: Es gibt auch Mechanisierungssprünge, in denen die Arbeiter zwar die Erleichterung der Arbeit pro produzierter Einheit, zugleich aber eine Steigerung in der Gesamtbelastung erfahren, die vor allem aus den arbeitsorganisatorischen Rationalisierungen resultieren, die hier zum Teil bereits zusammen mit dem Mechanisierungssprung geplant und eingeführt wurden.

Psychische Belastung

Die Kurven zur ›Entwicklung der nervlich-psychischen Belastung‹ zeigen die unterschiedlichen Einschätzungen, die es in der Literatur zur Entwicklung der psychischen Arbeitsbelastung auf den unterschiedlichen Mechanisierungsstufen gibt. Sie zeigen keine einheitliche Tendenz wie bei der physischen Belastung, sondern sehen aus wie ein kompliziertes Schnittmuster: *Zander* (1967) prognostiziert einen dauernden Anstieg; *Moll* (1961) dagegen einen dauernden Rückgang; *Rohmert/Schlaich* (1967) einen Anstieg bis zur 4. Stufe und einen Rückgang ab der 5. Stufe; *Bright* (1960) nimmt bei seiner Durchschnittskurve den Höhepunkt zwischen der Stufe 2 und 3 an und erwartet einen bis Stufe 5 langsamen, dann rapiden Rückgang. Allerdings unterscheidet er bei der psychischen Belastung nach der Zuverlässigkeit der Maschine, an der gearbeitet wird: ist sie von hoher Zuverlässigkeit, so steigt nach *Bright* die psychische Belastung in den ersten Sta-

Entwicklung der physischen Belastung

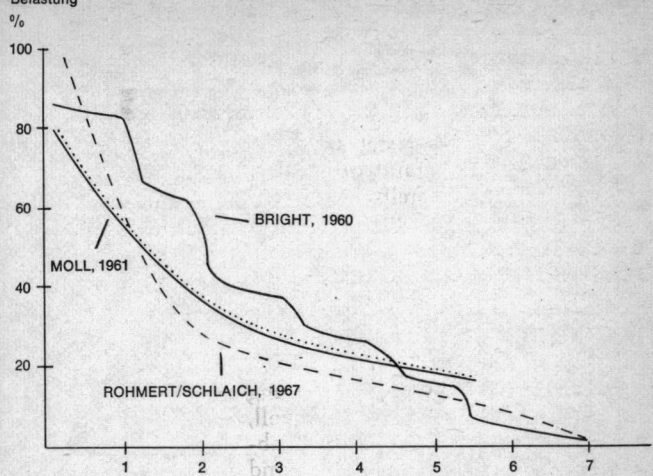

(a) allgemeine Einschätzungen

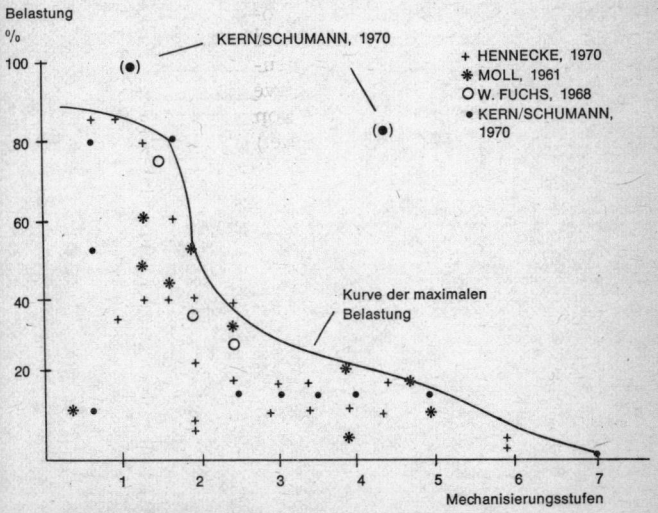

(b) empirische Meßergebnisse

Entwicklung der nervlich-psychischen Belastung

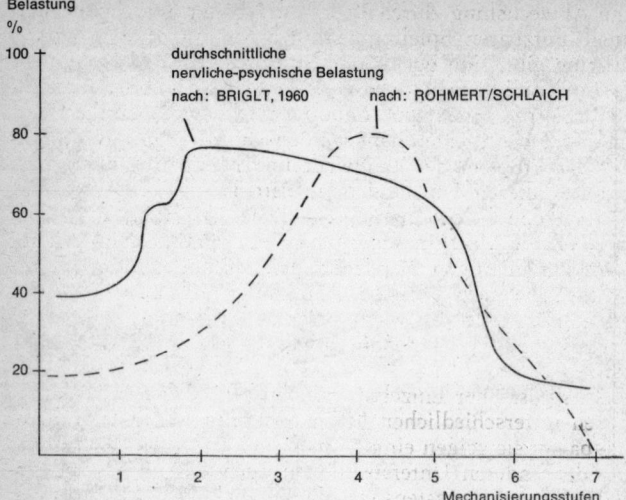

(a) Durchschnittsbedingungen

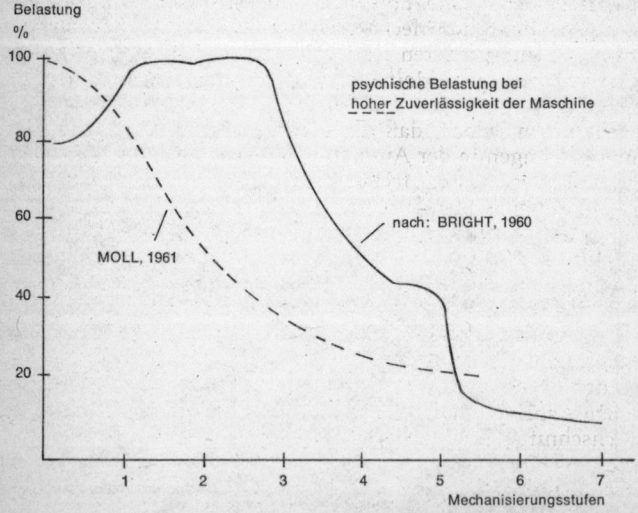

(b) bei hoher Zuverlässigkeit der eingeführten Maschinerie

dien der Mechanisierung außerordentlich hoch an, weil es dann keine Pausen durch Band- und Maschinenstillstände, keine Abwechslung durch Reparaturarbeiten und keine individuell nutzbaren Spielräume durch Manipulationen an der Maschine gibt. Von der dritten Stufe an fällt dafür dann die Belastung rapide, weil die zuverlässige Maschine den menschlichen Eingriff zunehmend unnötig macht und auch die Überwachung locker gehandhabt werden kann. (Dabei wird allerdings das Problem der Langweile und Monotonie übersehen, das unter diesen Umständen auftritt und — wie wir noch sehen werden — eine ganz erhebliche Belastung darstellen kann.) Ist die Maschine dagegen unzuverlässig, dann erlaubt sie in den niedrigen Bereichen der Mechanisierung all die eben beschriebenen Vorteile, während sie auf höheren Mechanisierungsstufen — ob Mehrmaschinenbedienung oder nicht — den Arbeiter zu ständig angespannter Aufmerksamkeit zwingt.

Die Ergebnisse der Einzeluntersuchungen von Arbeitsplätzen auf den unterschiedlichen Mechanisierungsstufen sind nicht so disparat: sie zeigen einmal, daß die Werte von *Moll* durch keine der anderen Untersuchungen auch nur annähernd gestützt werden, wenigstens was die Entwicklung auf den ersten beiden Mechanisierungsstufen angeht. W. *Fuchs* (1968) hat seine Untersuchung mit dem Ziel angelegt, die Kurven von *Bright* und *Rohmert/Schlaich*, die einen Anstieg zeigen, mit der von *Moll* (1961) zu konfrontieren und zwischen ihnen zu entscheiden. Seine Ergebnisse, die sich lediglich auf die niedrigen Stufen der Mechanisierung beziehen und ansonsten schwer zu interpretieren sind, widerlegen aber eindeutig den Kurvenverlauf von *Moll* einer stetig fallenden psychischen Belastung.

Bedenkt man jedoch, daß die Einschätzungen von *Moll* aus Untersuchungen in der Automobilindustrie gewonnen worden sind, und zwar aus der technischen Umstellung von Arbeiten, die ursprünglich Bandarbeiten waren und nun durch immer komplexere Automaten übernommen wurden, so kann man mit Hilfe der *Brightschen* Hypothese über die hohe psychische Belastung durch besonders zuverlässige Maschinen auf niedrigen Mechanisierungsstufen das Zustandekommen der Kurve von *Moll* erklären. Die Hypothese von *Bright* über den gegensätzlichen Belastungsverlauf erklärt auch den ›ausgerissenen‹ Wert von *Kern/Schumann* über die bereits besprochenen Aspekte hinaus. Darüber hinaus kommt die *Brightsche* Durchschnittskurve auch den sonstigen Werten am nächsten, die aus Untersuchungen einzelner Arbeitsplätze gewonnen worden sind. Dabei muß man sich allerdings vor Augen führen, daß es bisher noch kein empirisch ausweisbares Einstu-

Entwicklung der nervlich-psychischen Belastung

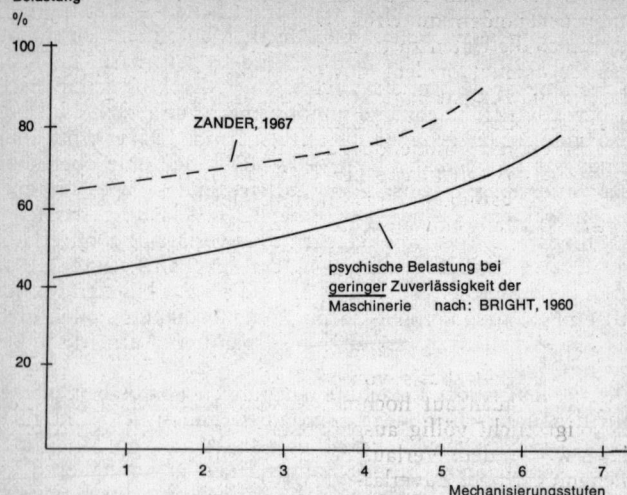

(c) nervlich-psychische Belastung bei geringer Zuverlässigkeit
der eingeführten Maschinerie

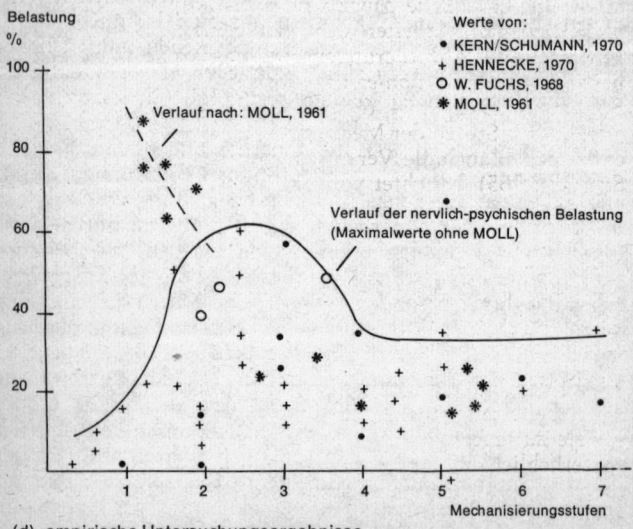

(d) empirische Untersuchungsergebnisse

fungskriterium für die psychische Belastung gibt (H. *Barten-werfer*, 1960 und 1963), außer einigen Versuchen mit Hormonrückständen im Urin (H.-U. *Deppe*, 1973, S. 126), so daß auch die Daten zu einzelnen Arbeitsplätzen auf Schätzungen beruhen. Trotzdem müssen sie als Kontrolle für die Globaleinschätzungen benützt werden, weil es eben keine zuverlässigeren Daten gibt (Th. *Hettinger*, 1968, S. 205). Das mit *Bright* übereinstimmende Fazit über den generellen Verlauf formuliert A. *Hennecke* (1970, S. 131): Es ist zu erkennen, daß die Belastungen der Sinne und Nerven »von den unteren Stufen an langsam ansteigen. Im mittleren Bereich können allerdings sehr hohe Belastungen auftreten, die höher sein können als diejenigen in den hochmechanisierten Endstufen.« Wenn demnach *Brights* Einschätzung größere Wahrscheinlichkeit hat, wonach die Belastung vom mittleren Bereich an zurückgeht, so kann auch die Einschätzung von E. *Zander* (1967) auf der Basis von 3500 Arbeitsplätzen, wonach die Belastung auch auf hochmechanisierten Arbeitsplätzen noch ansteigt, nicht völlig ausgeschlossen werden. Dies entspricht aber wieder dem Verlauf bei *Bright* für Arbeit an »Maschinen mit geringer Zuverlässigkeit«.

Worin besteht die psychische Belastung bei der Entwicklung der Mechanisierungsstufen?

Die Anforderungen an Sinne und Nerven spielen sich auf sehr disparaten Ebenen ab: 1. Bedeutet die Umstellung selbst meist eine erhebliche psychische Belastung (F. *Pollock*, 1964, S. 253), weil die Arbeiter nicht genügend auf die neuen Tätigkeitsarten, die Anforderungen und möglichen Störungen vorbereitet werden *(Böhle/Altmann* 1972, S. 195 ff; *Kern/ Schumann*, 1972, S. 54, 69 u. 48 ff). Dies gilt insbesondere für die höheren Stufen der Mechanisierung, wo mit dem Buchwert der Anlagen auch die Verantwortung der Arbeiter steigt. J. F. *Scholz* (1965) berichtet von der Meßwartenarbeit, einer Arbeit, die auf Stufe 7 steht:

»Besonders die Anfangsphase der Automation bedeutet eine starke nervliche Belastung, eine psychische Anspannung, die mit Beklemmungs- und Angstgefühlen, mit Schlafstörungen und verschiedenartigen körperlichen Sensationen einhergehen kann. Nur bei ausreichender Umstellungsfähigkeit und Anpassung verschwinden durch Gewöhnung diese Spannungen, diese ›psychische Müdigkeit‹.«

2. Auf den unteren Mechanisierungsstufen bedeutet die Rolle der Arbeiter als »Lückenbüßer für noch fehlende Automation, wo sie zu teuer oder zu schwierig ist« (H. *Nutzhorn*, 1970) ein erheblich höheres Arbeitstempo und damit eine entsprechend hohe Belastung nicht nur des Körpers, sondern vor allem auch der Sinne und Nerven (B. *Schulte*, u. a., 1971, S. 127 f). Dies ist vor allem dann der Fall, wenn es der am

Band oder an der Maschine beschäftigten Person nicht gelingt, sich dem Rhythmus der Anlage auf einer unbewußten, habituellen Ebene anzupassen (*Kern/Schumann*, 1970, I, S. 80 und 84). Wird solche Arbeit ohne genügende Erholungszeiten dauerhaft geleistet, »dann häufen sich die psychischen Erscheinungen, zum Beispiel Labilität, Depressionen, Reizbarkeit und psychosomatische Störungen. Man spricht in solchen Fällen von chronischen Ermüdungszuständen« (R. R. *Schmid*, 1961, S. 13).

Wie im vorangegangenen Punkt bereits dargestellt, tritt diese Form der extremen nervlichen Belastung aber bei Mehrmaschinenbedienung auch auf höheren Mechanisierungsstufen auf, und zwar als dominante Erscheinung des gesamten Arbeitsgeschehens, die »zumeist eine dauerhafte, ohne gesundheitliche Schäden nur schwer zu bewältigende Dauerbeanspruchung« (Materialien, SOFI, 1973, S. 77) bedeutet.

3. Mit der abnehmenden Notwendigkeit menschlicher Eingriffe tritt auf den höheren Mechanisierungsstufen eine neue Art psychischer Belastung auf, die durch Unterforderung gekennzeichnet ist: das Personal ist für die komplexeren Anlagen besonders ausgebildet und verfügt über ein höheres geistiges Anspruchsniveau als bei den früheren repetitiven Teilarbeiten. Zugleich aber müssen diese Fähigkeiten nur selten wirklich eingesetzt werden, weil die Anlage normalerweise ohne die Kenntnisse und den Eingriff gut funktioniert. Das setzt das Personal aber nicht für andere Tätigkeiten frei, sondern zwingt es zu monotonem, langweiligem Ausharren und Überwachen der Anlage, da der Notfall jederzeit eintreten kann. Bei weniger hochmechanisierten Anlagen ist sogar ein ständiges angespanntes Beobachten und Kontrollieren notwendig (F. *Burkhardt*, 1969; H. *Valentin*, 1967, S. 16). Die Anforderungen schwanken also zwischen Reizüberlastung und Reizarmut, wobei beide — wie bei der körperlichen Über- und Unterforderung (M. *Haider*, 1962, S. 148 f) — gleich schädlich sein können (H. *Nutzhorn*, 1970; Th. *Hettinger*, 1970, S. 205). Die Monotonie kann zu Halluzinationen, Suggestibilität und Antriebsverlust führen (M. *Haider*, 1962, S. 79 ff), wodurch die für die Wachsamkeit notwendige Anspannung noch erhöht werden muß, was wiederum die psychische Belastung steigert (*Bartenwerfer*, 1960, S. 11). Das Personal wird daher oft durch Beschäftigungstherapie aufmerksam gehalten (*Nutzhorn*, 1970).

Monotonie tritt als psychische Belastung aber auch oft auf niederen Mechanisierungsstufen bei repetitiver Teilarbeit unter Bedingungen extremer Partikularisierung auf: sie verstärken die Ermüdung, führen zu einem Leistungsabfall, der durch verstärkte Anstrengung und entsprechend erhöhte psychische Belastung kompensiert werden muß (A. *Gubser*, 1968).

Die Entwicklung der psychischen Beanspruchung ist auf den unterschiedlichen Mechanisierungsstufen also uneinheitlich und widersprüchlich, doch deutet das überwiegende Material auf einen Anstieg im mittleren Bereich, der auf den hohen Mechanisierungsstufen deutlich, aber nicht auf das Niveau bei handwerklicher und ganzheitlicher Arbeit der Stufe 1 zuzurückgeht.

Arbeitsumwelt

(a) Schmutz, Wetter, Beleuchtung
Wie die Messungen von *Hennecke* (›Mechanisierung...‹) zeigen, wirken diese Faktoren auf den unteren Mechanisierungsstufen uneinheitlich. Zum Teil sind sie extrem hohe Belastungsfaktoren, an anderen Arbeitsplätzen dafür aber überhaupt nicht vorhanden. Auf Stufe 2 bis 4 treten sie im allgemeinen ziemlich gehäuft auf, um mit wachsender Mechanisierung — wieder mit Ausnahme der Mehrstellenarbeit — abzunehmen. Dies leuchtet auch ein, denn die immer komplexeren Arbeitsinstrumente schieben sich mehr und mehr zwischen den Arbeiter und den zu bearbeitenden Gegenstand (IFO-Institut, 1962, S. 64; *Kern/Schumann*, 1970, II, S. 88 ff).

Diese Entwicklung bedeutet für die Arbeiter eine wichtige Erleichterung und Verbesserung: Denn Schmutz, Öl, Fett, Staub, Temperatur, Gase, Dämpfe, Nässe, Erschütterungen und schlechte Lichtverhältnisse machen die Arbeitszeit des Arbeiters oft genug zur Qual und führen auf die Dauer zu Gesundheitsschädigungen, die nur in wenigen Fällen und dann erst nach langwierigen Verfahren als Berufskrankheiten anerkannt werden.

So führt z. B. die Dauerexposition gegen eine Hitze, wie sie an dem eingangs ausführlich beschriebenen Arbeitsplatz auftrat, zu extremen Kreislaufbelastungen, die in signifikant häufigeren Kreislaufkollapsen resultieren als bei Arbeitsplätzen ohne Hitzeexposition (W. *Kellner*, 1973a, M. *Jokl*, 1970). Dabei verringert die Hitze die Arbeitsleistung um 20—30 % gegenüber normalen Arbeitsplätzen bei Gesunden — bei Kranken sogar noch erheblich stärker (G. *Frada* u. a., 1969). Obwohl dies häufig technisch ohne weiteres möglich wäre, werden solche gefährdenden und beeinträchtigenden Erscheinungen der Arbeitsumwelt oft nicht abgestellt, weil die Leistungsminderung überhaupt nicht erkannt wird, deshalb die Kosten einer solchen Schutzmaßnahme zu hoch erscheinen und auf die Anpassungsfähigkeit der Arbeiter vertraut wird

Mechanisierung und Schmutz, Öl, Fett, Staub, Temperatur, Gase, Dämpfe, Nässe, Erschütterungen, Blendung, Lichtmangel

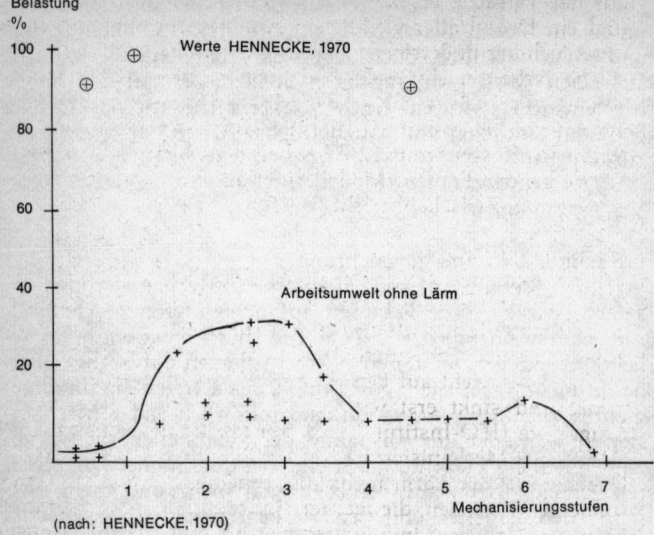

(nach: HENNECKE, 1970)

Lärm, Unfall- und Erkältungsgefahr

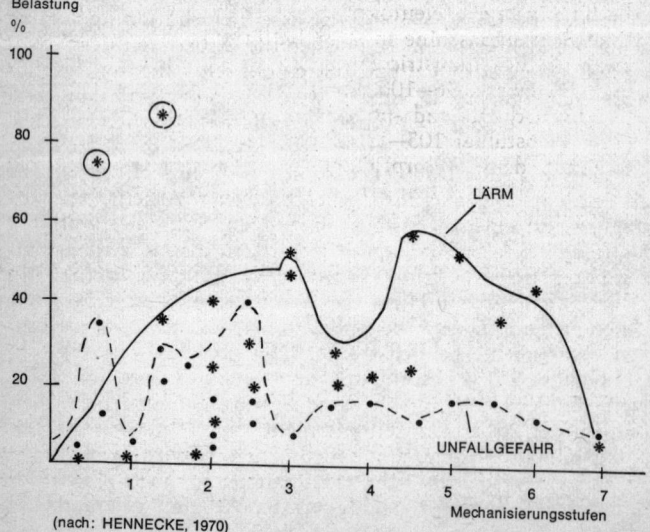

(nach: HENNECKE, 1970)

(*Kern/Schumann*, 1972; *Böhle/Altmann*, 1972, S. 145 ff). Wie stark diese Beeinträchtigungen daher verbreitet sind, läßt sich aus der Tatsache ersehen, daß zwei Drittel aller männlichen und ein Drittel aller weiblichen Arbeiter bei einer Vorsorgeuntersuchung in Betrieben Baden-Württembergs 1969/70 über solche Arbeitserschwernisse klagten, wobei Lärm/Erschütterungen mit 19,3 % (11,5 % bei Frauen) an der Spitze lagen, gefolgt von Staub mit 10,5 % (9,5 %) und allgemeinen Witterungseinflüssen mit 12,7 % bei den Männern, aber nur 1,2 % bei den Frauen (Modell einer allgemeinen Vorsorgeuntersuchung, Zwischenbericht, S. 78).

(b) Lärm
Wie die durchgezogene Linie in der Kurve ›Lärm und Unfall — und Erkältungsgefahr‹ zeigt, steigt der Lärm nach einer uneinheitlichen Entwicklung bei sehr niedriger Mechanisierung auf den folgenden Stufen deutlich an, sackt in der Mitte ein wenig ab, erreicht auf den Stufen 5 bis 6 einen neuen Höhepunkt und sinkt erst wieder auf der höchsten Mechanisierungsstufe (IFO-Institut, 1962, S. 63; *Kern/Schumann*, 1970, II, S. 88 ff; Mechanisierungsgrad, 1958, S. 19 f).
Dabei wirkt der Lärm nicht nur schädigend auf das Gehör, sondern: »Personen, die mehrere Jahre täglich über 6 Stunden Lärm der Größenordnung zwischen 65 und 90 dB(A) ausgesetzt waren, können erkranken an: Gleichgewichtsstörungen, Herz- und Gefäßerkrankungen, Magengeschwüren, Blutarmut, Störungen im Magen-Darm-Trakt und schwere seelische Störungen (Neurosen) u. a.« (Lärm, IGM, 1970, S. 32).
Eine Schreibmaschine in 2 m Entfernung erzeugt bereits 70 Phon. In der Industrie herrschen aber folgende Lautstärken vor: Sägewerk 96—100 Phon, Preßlufthammer 105 Phon, Druckluftschleif- und -bohrmaschine 100—105 Phon, Weberei (220 Webstühle) 105—110 Phon, Turbokompressorhalle 118 und auf dem Motorprüfstand 130—135 Phon. Lärm über 100 dB bei der Arbeit ist als Ursache für Berufskrankheiten anerkannt (G. *Jansen*, 1962, S. 19; G. *Kaminsky*, 1973).
Aber bereits während des Arbeitsprozesses führt die dauerhafte Lärmeinwirkung genau wie die Hitzeexposition zu Leistungseinschränkungen (G. *Jansen*, 1962, S. 15), die »entweder durch erhöhten energetischen Aufwand ausgeglichen werden oder sie fließen unkompensiert in die Qualität der Leistung ein« (W. *Nesswetha*, 1964).
Der mit der Mechanisierung zunehmende Lärm bedeutet also nicht nur die Gefahr einer langfristig irreparablen Gesundheitsschädigung, sondern eine permanente Belastung während des Abeitsprozesses, die durch zusätzliche Anspannung und Arbeitseinsatz aufgefangen werden muß. Konrad *Thomas*, der

durch teilnehmende Beobachtung die betriebliche Situation der Arbeiter untersucht und hervorragend dargestellt hat, bezeichnet die Wirkung des Lärms und die Verarbeitung durch die Arbeiter als »beispielhaft für eine große Zahl von Arbeitsbedingungen« (K. *Thomas*, 1964, S. 14). Er beschreibt die Wirkung des Lärmes:

»Gespenstisch wirkt es am Montag morgen, wenn über Sonntag nicht gearbeitet wurde; dann herrscht nämlich Stille. Zuerst, zu Arbeitsbeginn werden die Motoren der Maschinen, der Hobelbänke, Drehbänke, Schleifmaschinen, Bohrmaschinen usw. eingeschaltet. Sie geben ein *Summen ab*, mehr oder weniger stark. Dann beginnt die Arbeit. Die verschiedensten Geräusche setzen ein: Kratzen, Schaben, Pfeifen und Schlagen. Jede Maschinenart und jede Bearbeitungsart, dazu jedes Metall haben ihren eigenen Lärm, der sich nun im großen *summiert*. Dabei ist auffällig – um einen Vergleichspunkt zu nehmen, der nicht zu fern liegt –, daß der Lärm in den letzten Jahren um ein mehrfaches zugenommen hat!
Früher wurden zur Bearbeitung sogenannte ›Naturstähle‹ verwendet, heute arbeitet man nach Möglichkeit mit ›Hartmetallstählen‹, der bekanntesten Marke nach auch ›Widia‹ genannt. Die Geräusche, die der Widia-Stahl hervorruft, sind in hohem Grad unangenehmer, als die des Naturstahls – hart und pfeifend.
Zu dem Lärm der Maschinenbearbeitung tritt im allgemeinen noch der Lärm der Schlosserarbeiten hinzu, z. B. der Schleifgeräte, ebenso der schleifenden und mit Preßluft meißelnden Gußputzer. Dann befinden sich unter demselben Dach vielleicht noch Prüfstationen für die fertiggestellten Motoren oder Geräte. Es scheint als gäbe es keine Variante des Lärms, die nicht aufzufinden wäre. [. . .] Neben der als ›unangenehm‹ empfundenen Wirkung des Lärms auf die Ohren, deren Untersuchung eine Schädigung der Organe und Nerven ergeben hat, fällt als erstes auf, daß kaum ein Mensch in der Fabrik, d. h. in deren Werkstätten, sich mit einem anderen bei normaler Lautstärke unterhalten kann. Die Mehrzahl der Arbeitsplätze erfordert Schreien und macht schon eine Verständigung unter drei oder vier Leuten unmöglich« (K. *Thomas*, 1964, S. 11 f).

Dabei wäre der Lärm oft genug nicht nur in seiner Wirkung durch Lärmschutzmittel, sondern schon in seiner Entstehung, erst recht aber in seiner Summierung reduzierbar:

»Die Größe der Hallen z. B. hat ja verschiedene Gründe. Man überlegt, ob diese Hallen nicht in vielen Fällen aus Tradition so groß sind. [. . .] Oder ob es notwendig ist, daß alte, ohnehin schon große Hallen noch erweitert werden, mit der Folge, daß noch mehr Maschinen und Arbeitsplätze noch mehr Lärm hervorrufen? Warum ist z. B. ein großer Prüfraum, der von Zeit zu Zeit einen unerträglichen Lärm in die Halle schickt, direkt an die Halle angebaut? [. . .] Sicher gibt es wichtige Faktoren, die eine Zusammenlegung der Räume begünstigen. Aber wie schätzt man die Arbeiter in diesem Zusammenhang ein?«

Durch die Allgegenwart und scheinbare Unvermeidbarkeit des Lärms bleibt den Arbeitern nichts anderes übrig, wenn sie nicht verrückt werden wollen, als den Lärm zu verdrängen:

»Das bedeutet aber: ›Man‹ hört den Lärm nicht mehr in demselben Maße wie vorher, obwohl er vorhanden ist. Es kann sein, daß man in dem Moment, in dem man sich an den Lärm erinnert oder auf ihn aufmerksam gemacht wird, ihn erneut schmerzhaft empfindet. Aber was brächte das für einen Gewinn ein, diesen Lärm ständig zu empfinden? Offensichtlich doch keinen! Jeder tut also gut daran, den Lärm zu vergessen, sich an ihn zu gewöhnen.«

»In dieser Wirkung steht aber der Lärm nur beispielhaft für eine große Zahl von Arbeitsbedingungen, die als gefährdend und schädlich angesehen werden müssen, die aber selbst dann, wenn sie in höherem Maße als gefährlich erkannt sind, auf Grund der Tatsache, daß sie unausweichlich erscheinen, von den Betroffenen nicht allgemein wahrgenommen werden dürfen und können. Man entzieht sich ihnen, bzw. glaubt sich ihnen entziehen zu können, indem man diese ›hinnimmt‹, sich an sie ›gewöhnt‹, sich ihrer nicht mehr in vollem Maße bewußt ist, von ihnen nicht mehr spricht. Damit ist aber noch lange nicht gesagt, daß es sie *nicht mehr gibt*. Sondern es muß festgestellt werden, daß sie eben *verdrängt* sind« (K. *Thomas*, 1964, S. 12 ff).

Diese Beobachtung zeigt nicht nur wie sehr das Arbeitserlebnis von der Arbeitsumwelt mitgeprägt wird, sondern bestätigt die Ergebnisse aus dem ersten Teil dieser Arbeit voll, wonach auf eine als unabwendbar und unausweichlich erscheinende Belastung mit Verdrängung reagiert wird, um die Situation wenigstens psychisch ertragbar zu gestalten.

Das muß aber keineswegs heißen, daß eine Verbesserung in der Situation nicht mehr bemerkt würde. Im Gegenteil: wir werden sehen, daß die Reduktion von Schmutz, Staub, Hitze etc. sowie die geringere Muskelbelastung im Zuge der Mechanisierung außerordentlich positiv vermerkt wird.

(c) Unfallgefährdung

Der Rückgang in der Unfallgefährdung mit der Mechanisierung (in den Daten *Henneckes* seltsamerweise mit der Erkältungsgefahr vermischt) stellt eine entscheidende Verbesserung der Arbeitssituation dar.

Dies ist um so wichtiger, weil die Bestimmungen des gesetzlichen Arbeitsschutzes sich nur auf die extremen Situationen beziehen, ansonsten aber den Schutz vor Gefahren für Leben und Gesundheit nur soweit vorsehen, »wie es die Natur des Betriebes gestattet« (zit. n. *Böhle/Altmann*, 1972, S. 145 ff — dort Kommentar), womit es der Entwicklung dieser ›Natur‹ überlassen bleibt, die häufigsten Unfallursachen abzustellen.

(d) Qualifikationsanforderungen (Ausbildung)

Die Polarisierung der Belegschaften in hochqualifizierte und wenig qualifizierte Arbeiter als Begleiterscheinung der fortschreitenden Mechanisierung ist übereinstimmendes Resultat nahezu aller neueren Untersuchungen zu dieser Frage. Das RKW-Forschungsprojekt ›Wirtschaftliche und soziale Aspekte des technischen Wandels in der Bundesrepublik Deutschland‹ stellt als wichtigstes unter den übereinstimmenden Ergebnissen die ›Differenzierung und Polarisierung der Beschäftigtenstruktur‹ fest (Bd. 1, Sieben Berichte, S. 376).

Entwicklung der Qualifikation

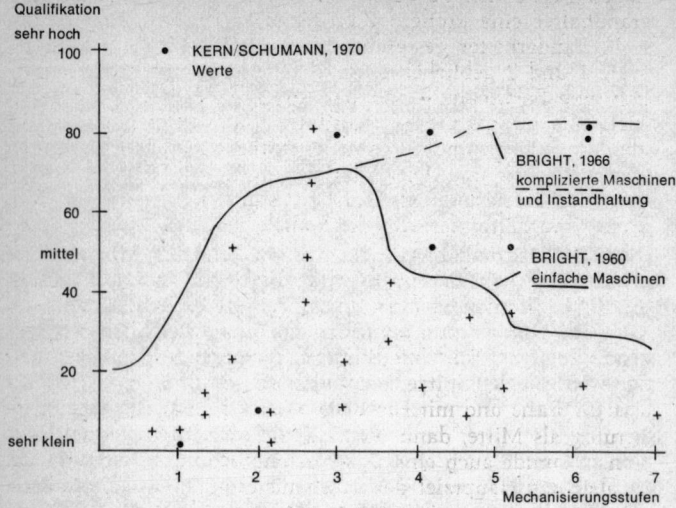

In der Kurve zur ›Entwicklung der Qualifikation‹ kommt diese Polarisierung ab Stufe 3 deutlich zum Ausdruck: einmal in den an Einzelarbeitsplätzen beobachteten Werten zum anderen in der Kurvenführung von *Bright* (1960). Diese gibt in ihrem unteren Ast, der den Durchschnittswerten von *Hennecke* auffällig parallel folgt, die Regulierungs- und Überwachungsarbeiten mit fallenden Qualifikationsanforderungen wieder. Der obere Ast, der den Beobachtungen von *Kern/Schumann* (1970) über den oberen Strang der Qualifikationsanforderungen entspricht, zeigt dagegen die Anforderungen, die an den komplizierteren und komplexer zu bedienenden Anlagen und vor allem bei der Instandhaltung dieser Anlagen entstehen.

Diese Polarisierung hat zweierlei völlig verschiedene Ursachen, die hier streng auseinandergehalten werden müssen: die eine liegt nicht so sehr in der Mechanisierungsentwicklung selbst, sondern im quantitativen Verhältnis der mechanisierten und der kaum mechanisierten Bereiche. Die hochmechanisierten Bereiche werden mit relativ wenigen Arbeitskräften betrieben, während die weniger mechanisierten Bereiche, vor allem die durch repetitive Teilarbeit bestimmte Montage, bei der Ausdehnung des Gesamtoutput mit einem entsprechend größeren Personalaufwand betrieben werden müssen — in dem

Werk stehen dann einer z. B. gleichgebliebenen Zahl für die neuen Maschinen ausgebildeter Maschinenbediener und Instandhalter eine größere Zahl ungelernter und angelernter, z. B. Bandarbeiter gegenüber, die auf der Mechanisierungsstufe 1 und 2 geblieben sind. Genauso ist gesamtwirtschaftlich eine Entwicklung denkbar, in deren Zuge die mittleren Mechanisierungsstufen quantitativ kaum vertreten, dafür aber die Extreme und die ihnen entsprechende Qualifikationen stärker besetzt sind. Die Polarisierung ist hier Ergebnis nicht der Mechanisierung als solcher, sondern des veränderten Strukturverhältnisses von mechanisierten und wenig mechanisierten Arbeitsplätzen.

Die andere Ursache liegt in der Mechanisierungsentwicklung selbst: stellt man sich in einem idealtypischen Modell *die Qualifikationsstruktur der Industriearbeiter zu Beginn der Mechanisierungsentwicklung als eine Pyramide vor* mit wenigen Meistern an der Spitze, einer großen Masse von Hilfsarbeitern als Basis und mit Facharbeitern und Inhabern von Lehrberufen als Mitte, dann wird deutlich, daß dieser Qualifikationspyramide auch eine Lohnkostenpyramide entspricht. Da es aber das Hauptziel der Mechanisierung unter kapitalistischen Bedingungen ist, den Lohnkostenanteil zu reduzieren, wird diejenige Arbeit durch mechanische Vorrichtungen zuerst ersetzt werden, bei der einerseits die Lohnkosten so hoch sind, daß die Aufwendungen für neue Maschinerie sich lohnen, und bei der andererseits die Mechanisierung technisch möglich und sinnvoll ist. Zuerst werden also die untersten Basisschichten der Pyramide abgebaut werden, weil die ungelernten Arbeiter durch ihre schiere Masse ein wichtiges Kostenelement sind. Das Resultat ist eine allgemeine Höherqualifizierung der in mechanisierten Anlagen beschäftigten einfachen Durchschnittsarbeit (H. *Klages*, 1959, S. 146 ff; R. *Weinrich*, 1961, S. 26; G. *Maurischat*, 1968, S. 136). »Die Zahl der Ungelernten bzw. Hilfsarbeiter nimmt aufs Ganze gesehen ab.« (*Altmann/Kammerer*, 1970, S. 44). Die Qualifikation dieser Anlernarbeiter ist nicht mehr eine spezifische, sondern gefordert wird eine allgemeine Flexibilität, Mobilität und Anpassungsfähigkeit (Sieben Berichte, S. 91).

Die Basis der Pyramide wird also bis auf eine Ebene angehoben, auf der die Mechanisierung der Arbeiten schon so schwierig wird, daß die eingesparten Lohnkosten geringer als die Mechanisierungskosten wären. Diese Relation verändert sich erst wieder auf der mittleren Ebene der Pyramide: dort steigen die Lohnkosten für die qualifizierten Arbeiter so an, daß bereits wieder erhebliche Mechanisierungskosten in Kauf genommen werden können. Dies gilt selbstverständlich auch für alle mechanisierbaren Tätigkeiten an der Spitze der Pyramide. Dort steht dem aber besonders oft die konkrete Form der Tätigkeit im Wege:

»Die Facharbeiter können sich außer in den klassischen Berufen des Werkzeug- und Vorrichtungsbaues, der Reparatur und der Instandhaltung nur in den Produktionsbereichen halten, in denen Komplexität des Arbeitsablaufs und Variabilität der Nachfrage besonders vielseitige, qualifizierte Arbeit verlangen . . .« (G. *Friedmann*, 1959, S. 18).

Aus der Pyramide wird so eine rundherum angebissene Birne.

Gesamtentwicklung

Es wurden bisher vor allem diejenigen Fälle behandelt, die der Hypothese, der Mechanisierungssprung bringe Arbeitserleichterungen, widersprachen. In der Kurve zur ›Gesamtbelastung‹ wird aber bei der Darstellung, wie sich die durchschnittliche Gesamtbelastung mit der Mechanisierung wahrscheinlich entwickeln wird, deutlich eine Abnahme von der 3. Mechanisierungsstufe an aus allen Kurven prognostiziert. Die am Anfang beschriebenen Arbeitsplätze in der Metallindustrie, die von Th. *Hettinger* untersucht und in ihrer Entwicklung dargestellt wurden, scheinen also doch die typische Entwicklung zu repräsentieren, die Annahme hat sich — mit einigen Einschränkungen zwar, aber insgesamt doch — bestätigt.

Gesamtbelastung

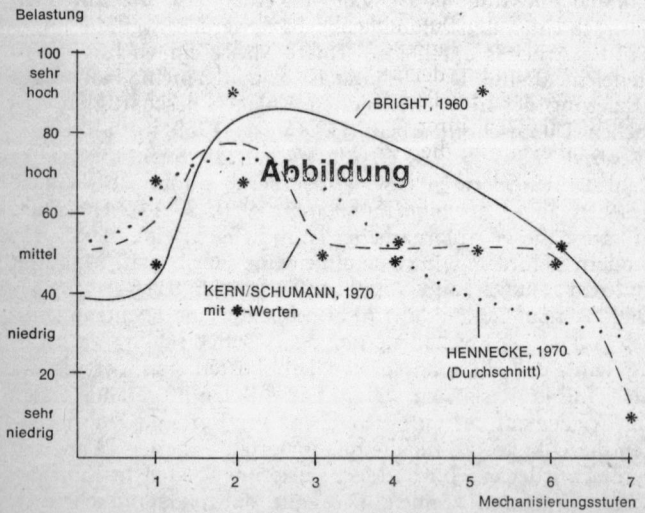

In der Kurve zeigen aber bereits die ›ausgerissenen‹ Werte von *Kern/Schumann* (1970) für die Automatenkontrolle, daß dies eine genauso unzulässige Vereinfachung wäre wie die Behauptung mancher Vertreter der Verelendungstheorie, unter kapitalistischen Bedingungen führe die Mechanisierung allemal nur dann nicht zur allgemeinen Verschlechterung, wenn die Kampfkraft der Arbeiterklasse dies verhindern könne (z. B. J. *Auerhan*, 1961, S. 156 ff). Vielmehr muß man die Vorstellung von der Polarisierung der Industriearbeiterschaft durch die Mechanisierung von dem Bereich der Qualifikation auch auf die sonstige Belastungsentwicklung ausdehnen. Das bedeutet aber, daß im Zuge eines Mechanisierungssprunges, den Arbeiter in einem Betrieb mitmachen, *beide* Erfahrungen, Verbesserung *und* Verschlechterung in der Arbeitssituation vorkommen können.

Eine Gruppe von Arbeitern, die durch den Mechanisierungssprung dequalifiziert, auf die verbleibenden repetitiven Teilarbeiten oder auf Tätigkeiten wie Automatenkontrolle bzw. Maschinenbedienung umgesetzt wird, macht eindeutig die Erfahrung eines Prozesses, der ihre Arbeitssituation *verschlechtert*. Aber auch für sie wird in dem Umstellungsprozeß die sinnliche Erkenntnis vermittelt, daß durch die neuen mechanischen Anlagen viel mehr Gebrauchswerte produziert werden und daß zur Produktion des einzelnen Gebrauchswertes sehr viel weniger Arbeit und Mühe angewandt werden muß. Sie können erkennen, daß es nicht an der Maschinerie liegt, wenn sich ihre Arbeitssituation durch Mehrstellenarbeit, erhöhtes Arbeitstempo und Lärm verschlechtert.

Innerhalb dieser Gruppe gibt es aber auch einen Typ von Umstellungserfahrung, der nicht einmal dieses Erlebnis der Differenz zwischen im Prinzip arbeitserleichternder Maschinerie und den Folgen ihrer kapitalistischen Anwendung vermittelt: all diejenigen, die durch den Mechanisierungssprung aus der bisherigen relativ qualifizierten und eigenständigen Tätigkeit verdrängt und auf andere Arbeitsplätze in anderen Teilen des Produktionsprozesses mit geringerer Qualifikation und Autonomie versetzt werden. Für sie gibt es nur das Erlebnis, durch die Mechanisierung in ihrer speziellen Qualifikation überflüssig geworden zu sein und nun als Lückenbüßer für die Maschinen funktionieren zu müssen. Auf diesem extremen Pol der Mechanisierungserfahrung gibt die Verelendungstheorie eine durchaus exakte Beschreibung des individuellen Erlebnisses.

Auf dem Gegenpol gibt es aber für alle diejenigen, die beim Mechanisierungssprung in dem mechanisierten Arbeitsprozeß ihre Stelle mit veränderter Funktion behalten, die Erfahrung einer deutlichen Verbesserung der Arbeitssituation.

3. Quantitative Verbreitung der Mechanisierungserfahrung in der Bundesrepublik Deutschland

Die Frage nach der quantitativen Verbreitung der Mechanisierungserfahrung in der BRD ist exakt überhaupt nicht beantwortbar, weil es keinerlei Statistik über die Arbeitsplätze und ihre Veränderungen für die Bundesrepublik Deutschland gibt. Man kann die quantitative Verteilung also nur eingrenzen und mit Trendangaben illustrieren: E. *Ulich* (1968, S. 125) folgert aus der Literatur, daß bei der Mechanisierungsentwicklung mit »einer generellen Abnahme der Hilfsarbeiter und einer Zunahme der Facharbeiter, die als Einsteller und Wartungspersonal eingesetzt sind« zu rechnen sei. »Der Anteil der angelernten Arbeiter dürfte im Vergleich zur Gesamtzahl der in der Produktion Beschäftigten zunächst ansteigen und dann in den höheren Stufen der Automatisierung wieder abfallen.«

Altmann/Kammerer (1970, S. 57) nehmen dagegen eher eine Abnahme des Facharbeiteranteils an, wenn sie auch die Steigerung in der Instandhaltung und deren wachsendes quantitatives Gewicht anerkennen (Sieben Berichte, S. 207). Für die Angelernten schätzen sie einen Anteil von 40 % aller gewerblichen Arbeitnehmer in der Industrie (S. 49).

Die Daten über die Veränderung des relativen Anteils von einzelnen Qualifikationsgruppen deuten zwar auf eine Richtung, sind aber für die positiven oder negativen Erfahrungen mit der Mechanisierung nicht aussagekräftig genug, denn in diesen Daten sind immer die Gesamtprozesse und nicht allein die Mechanisierungsbewegungen erfaßt. Man muß deshalb auf die Detailuntersuchungen zurückgreifen, die allerdings keinen repräsentativen Charakter haben. *Kern/Schumann* haben in ihren Untersuchungen (wie auch die anderen Projekte innerhalb des RKW-Forschungsprojektes ›Wirtschaftliche und soziale Aspekte . . .‹ und alle anderen mir zugänglichen Detailuntersuchungen) speziell Umstellungsfälle ausgesucht, ohne angeben zu können wie typisch die ausgewählten Beispiele für die Entwicklungen in der Gesamtindustrie sind.

Obwohl also technische Umstellungen bei *Kern/Schumann* weit überrepräsentiert sein werden, machen die Arbeitsplätze an hochmechanisierten Anlagen der Stufe 6 und 7 nur 7 % bzw. 6 % aller untersuchten Arbeitsplätze (Meßwarten und Anlagenkontrolleure) aus. Ihr tatsächlicher Anteil an den Arbeitsplätzen an der Gesamtindustrie muß daher noch erheblich geringer sein *(Kern/Schumann*, 1970, II, S. 31).

Im übrigen sprechen alle ökonomischen Überlegungen dafür, daß die Mechanisierung für lange Zeit auf ein mittleres Niveau beschränkt bleibt und nur in wenigen, besonders leicht mechanisierbaren Bereichen wie in der chemischen Verarbeitung in kontinuierlichen Prozessen auf eine hoch teilautomatisierte Ebene ansteigt (*Oppenländer*, 1968, S. 109; *Rohmert/Schlaich*, 1967, S. 78; W. *Kellner*, 1968, S. 335 schätzt, daß nur 7 bis 40 % aller industriellen Arbeitsplätze automatisiert werden können).

Nun zeigt unsere Analyse aber, daß der Mechanisierungssprung durchaus auch auf den unteren Stufen der Mechanisierung als Verbesserung der Arbeitssituation erlebt werden kann. Die Daten über den Automatisierungs*grad* und seine Verbreitung geben also ebenfalls keinen genügenden Aufschluß zur Beantwortung der Frage nach der Verbreitung positiver und negativer Mechanisierungs*erfahrungen*. Vom vorangegangenen Kapitel her wissen wir allerdings, daß die Verbreitung von technischen Umstellungen kleinerer und größerer Art sehr groß ist, daß also jeder Arbeiter mit großer Wahrscheinlichkeit in seinem Arbeitsleben mindestens einen solchen Mechanisierungssprung miterlebt. Dies wird durch eine Befragung in Österreich 1962 in etwa 600 Betrieben bestätigt, wobei alle großen Betriebe erfaßt wurden: »33 % haben ihr Erzeugungsprogramm, 43 % ihrer Organisation erheblich geändert und in 41 % der Fälle ergab sich durch Einführung neuer technischer Verfahren sogar ›*ein neuartiger Charakter der Arbeit*‹« (I. *Wölfl*, 1965, Hervorh. W. W.). In der BRD dürften die Zahlen sicherlich nicht niedriger ausfallen.

Die Analyse der quantitativen Verhältnisse ergibt also zuerst einmal, *daß sich nichts auch nur annähernd Genaues über die Häufigkeit und quantitative Verbreitung* der positiven und negativen Erfahrungen mit der Mechanisierung sagen läßt. Man kann lediglich feststellen: nahezu alle in größeren Betrieben Beschäftigten machen Erfahrungen mit technischen Umstellungen und werden dabei in der Regel eine Verbesserung ihrer Arbeitssituation erleben. Mit großer Wahrscheinlichkeit können sie aber auch negative Erfahrungen mit einem Mechanisierungssprung machen. Diese Wahrscheinlichkeit besteht besonders für ältere Arbeiter und solche mit sehr geringer oder mittlerer Qualifikation, weniger dagegen für langjährige, qualifizierte Betriebsmitglieder und für erfahrene, jüngere Anlernarbeiter (*Kern/Schumann*, 1972, S. 51 ff).

4. Zusammenfassung

Die Annahme, bei Mechanisierungssprüngen ergebe sich eine Verbesserung in der Arbeitssituation durch die Verringerung der Arbeitsbelastung, hat sich also mit folgender Einschränkung *bestätigt:* sie trifft nur dann nicht zu, wenn der neue mechanisierte Arbeitsprozeß bereits auf einem anderswo entwickelten und bereits bewährten *hohen* Niveau arbeitstechnischer Rationalisierung eingeführt wird.

Arbeiter, die durch den Mechanisierungssprung von ihrem bisherigen Arbeitsplatz verdrängt werden, können die technische Umstellung ebenfalls als Verschlechterung ihrer Arbeitssituation erfahren, da diese Umsetzung in der Regel Statusverlust, Lohneinbußen und Eingliederung in restriktive Arbeitsprozesse mit vorwiegend repetitiver Teilarbeit bedeutet.

Eine quantitative Aussage über Häufigkeit und Verbreitung von Mechanisierungssprüngen und erst recht von positiven oder negativen Erfahrungen der Arbeiter mit Mechanisierungssprüngen ist nicht möglich.

VI. Die arbeitsorganisatorischen Rationalisierungen in ihrer Wirkung auf die Arbeitsbelastung

Im vorangegangenen Kapitel hat sich bestätigt, daß mit dem Mechanisierungssprung in der Regel eine Arbeitserleichterung und damit verbesserte Bedürfnisbefriedigung während der Arbeit im kapitalistischen Produktionsprozeß erfahren werden kann. In diesem Kapitel geht es nun darum zu prüfen, ob die nachfolgende arbeitsorganisatorische Rationalisierung 1. die erwartete Verschlechterung in der Arbeitssituation auch tatsächlich herbeiführt und ob sie 2. als willkürliche, d. h. nicht durch die konkrete Form des Arbeitsprozesses begründbare Maßnahme erfahren wird und deshalb als eindeutig allein aus dem Profitinteresse des Kapitals begründet erkannt werden kann.

Aus der Bewegung der Kostpreiselemente folgt, daß auf einen Mechanisierungssprung eine Phase folgen muß, während der sich die neue Maschinerie bezahlt machen muß. In dieser Phase werden keine größeren mechanischen Umstellungen an der Anlage vorgenommen. Sie wird vielmehr — wenn es die Nachfrage erlaubt — bis an ihre Kapazitätsgrenze gefahren und soll sich ohne weitere Kosten für Technik amortisieren. Aber auch in dieser Phase muß der Kostpreis gesenkt werden. Dabei treten Veränderungen im technisch gegebenen Arbeitsprozeß in den Vordergrund, die vor allem den Einsatz der Menschen in der Anlage als Kostenfaktor zu optimieren versuchen. Die bisherigen Überlegungen legten die Vermutung nahe, daß diese arbeitsorganisatorischen Rationalisierungen vor allem auf eine Intensivierung der Arbeit und damit auf eine Verschlechterung der Arbeitssituation hinauslaufen, daß sie also die Abwärtsentwicklung nach der Aufwärtsentwicklung in der Arbeitssituation bedeuten. Diese Annahme gilt es jetzt anhand der empirischen Untersuchungen über die Wirkung der arbeitsorganisatorischen Rationalisierungen auf die Arbeitsbelastung zu überprüfen. Dabei muß genau unterschieden werden, auf welchen Mechanisierungsstufen solche Veränderungen in der Arbeitsorganisation eingeführt werden, da ihre Wirkungen in unterschiedlichen Arbeitsprozessen durchaus gegensätzlich sein können.

Auf den unteren Mechanisierungsstufen dominieren noch die Handarbeitszeiten, die ohne große technische Eingriffe beeinflußt und verändert werden können. Die Methoden der arbeitsorganisatorischen Rationalisierung sind daher für diese

Stufen besonders weit entwickelt und in der Literatur detailliert untersucht. Es ergibt sich daher in der Darstellung vom Material her eine Trennung zwischen arbeitsorganisatorischen Rationalisierungsmaßnahmen auf den ersten drei und auf den höheren Mechanisierungsstufen.

1. Das ›Arbeitsstudium‹ — die Theorie der arbeitsorganisatorischen Rationalisierung

Wenn ein Unternehmen die Stückkosten bei gegebener technischen Ausstattung senken will, muß der Arbeitsprozeß daraufhin untersucht werden, wie Betriebsmittel eingespart oder wie die vorhandenen Arbeitskräfte besser, d. h. ökonomischer, eingesetzt werden können. So wie die technischen Wissenschaften die Mittel zur Steigerung der Produktivkraft der Arbeit entwickeln, so liefern die Arbeitswissenschaften die Mittel und Methoden zur Optimierung des Arbeitseinsatzes bei gegebenem technischen Stand. Die Darstellung der Methoden zur arbeitsorganisatorischen Rationalisierung ist also zugleich die Darstellung einer Geschichte der Arbeitswissenschaften, denn: »Die Darstellung einer Geschichte der Arbeitswissenschaft muß deshalb wesentlich erscheinen, weil sie die Einheitlichkeit aller Bestrebungen, die Arbeitsleistung zu verbessern, ins Bewußtsein hebt« (H. H. *Hilf*, 1957, S. 37). Bei einer Zeitstudie, die auf F. W. *Taylor* zurückgeht, wird ein Arbeiter an seinem Arbeitsplatz über kürzere oder längere Zeit hinweg beobachtet und die Dauer seiner unterschiedlichen Arbeitselemente mit verschiedenen Stoppuhren gestoppt und aufgezeichnet.

Die Beobachtung wird vor allem unter dem Gesichtspunkt angestellt, wie der Bewegungsablauf vereinfacht und arbeitsteilig zergliedert werden kann, um möglichst viele solcher auf höchste Effektivität getrimmte Bewegungszyklen in einer Zeiteinheit durch Bewegungsverdichtung unterzubringen. Optimale *Bewegungsgestaltung*, *Arbeitsteilung* und *Bewegungsverdichtung* sind also die Ziele der »Bestgestaltung« der Arbeitsplätze (D. *Thöne*, 1969, S. 131). W. F. *Taylor* demonstrierte den Erfolg seiner neuen Methode an einem Barrenverlader, der vor der »Bestgestaltung« 300, danach 1156 Eisenbarren am Tage trug. Dabei hatte *Taylor* noch keine detaillierte Annalyse des Bewegungsablaufs angewandt. Diese wurde erst von Frank B. *Gilbreth* (1868—1924) entwickelt, der von der Grundannahme ausging, daß »Zweckmäßigkeit einer Arbeit und ihr Erfolg offenbar zuerst von der Bewegungsgestalt und dann erst vom Tempo abhängen« (H. H. *Hilf*, 1957, S. 50). Aus seinen Untersuchungen entwickelten sich im

Laufe der Jahre die Verfahren vorbestimmter Zeiten, die in den vierziger Jahren in den USA kommerziell verbreitet und in den fünfziger Jahren auch in der BRD eingeführt und ab Mitte der sechziger Jahre auch hier kommerziell ausgebeutet und für jeden zugänglich wurden (Pornschlegel, 1968: siehe dort eine detaillierte Darstellung zur geschichtlichen Entwicklung der Verfahren!).

Diese Verfahren basieren darauf, daß alle auftretenden Bewegungsarten mit bestimmten Zeitwerten versehen werden, die aus der Auswertung eines umfangreichen Filmmaterials gewonnen wurden. So ermittelt man z. B. den Grundwert für ›Zugreifen‹ aus der Analyse mehrerer tausend Zugreifbewegungen, die in wirklichen industriellen Arbeitsprozessen gefilmt wurden. Der Grundwert wird nun noch mit einem Faktor für die Länge der Zugreifbewegung multipliziert. Die Verfahren beanspruchen, in diesem Wert die Zeit ermittelt zu haben, die ein durchschnittlicher Arbeiter für eine Zugreifbewegung der bestimmten Länge braucht. Es muß also nicht mehr der wirklich arbeitende Arbeiter in seinem wirklichen Arbeitsprozeß mit Stoppuhren beobachtet und analysiert werden. All die Schwierigkeiten und Täuschungsgefahren können umgangen werden: schon bevor der jeweilige Arbeitsplatz eingerichtet ist oder bevor die neue Serie angefangen wird, hat der Arbeitsstudienmann mit Hilfe der Verfahren vorbestimmter Zeiten ausgerechnet, welche Bewegungen in welcher Reihenfolge die geringste Zeitsumme ergeben, indem er die Zeitwerte der einzelnen minimal notwendigen Bewegungen wie in einem Puzzle aus den Werten der Grundbewegungen zusammensetzt und aufaddiert. Die traditionelle Stoppuhr des REFA-Mannes von früher kommt erst wieder zum Einsatz, um später zu prüfen, ob die wirkliche Arbeit auch in der errechneten Zeit geleistet wird oder ob der Arbeiter gar ein noch einfacheres und zeitsparenderes Verfahren gefunden hat.

Diese Verfahren werden aber auch zur Überprüfung bestehender Arbeitsprozesse angewandt.

Wie schon die Zeitstudien Taylors die Grundlage waren, auf denen der Automobilkapitalist Ford das System der Fließarbeit als ein exakt aufeinander abgestimmtes Gefüge arbeitsteiliger Kooperation entwickelte, so vervollkommnen die Bewegungsstudien der Verfahren vorbestimmter Zeiten die Möglichkeiten, eine ursprünglich zusammenhängende Arbeit — und sei sie noch so kompliziert — in eine Vielzahl kleinster und damit einfachster Einzelarbeiten zu zerlegen, die alle genau so aufeinander abgestimmt sind, daß sie nacheinander in einem gleichmäßig ablaufenden Takt verrichtet werden können und dabei ineinander greifen, ohne an einer Stelle eine unnötige Pause entstehen zu lassen.

Die Verfahren sind von ihrer ganzen Konstruktion her darauf ausgerichtet, die Intensität der Arbeit zu steigern: Die Bewegungsgrundzeiten sind aus einem Filmmaterial ermittelt, das an routinierten Arbeitern, die sogar zum Teil im Akkord arbeiteten, aufgenommen wurde (K. *Schlaich*, 1967, S. 27 f). Eine Bewegung verändert sich aber ganz erstaunlich, wenn sie sich aus einer einzelnen, bewußten zu einer millionenfach wiederholten, unbewußten Routinehandlung entwickelt: sie glättet sich, wird z. B. als Greifbewegung weniger suchend, zeitraubende Korrekturbewegungen fallen weg etc. Da die Arbeitstakte und Maschinengeschwindigkeiten, also der gesamte Zusammenhang der Arbeitsteilung, von der Arbeitsvorbereitung so berechnet worden ist, als ob jede einzelne der Bewegungen in dieser Weise hochroutinisiert wären, müssen die Arbeiter und Arbeiterinnen dauerhaft auf diesem vorgegebenen, hohen Geschwindigkeitsniveau arbeiten, wenn sie auch nur mit dem normalen Arbeitsrhythmus mithalten können wollen. Das wirft besondere Schwierigkeiten für die neu anzulernenden Arbeiter auf, denn sie sollen in ein oder zwei Wochen eine Geschwindigkeit erlernen, die von den Personen, an denen das Filmmaterial gewonnen wurde, erst nach jahrelanger Routine erreicht worden war. Es ist, als ob man von einem Untrainierten im Sport plötzlich verlange, mit einem routinierten Leistungssportler mitzuhalten. Um diese — im Sport als absurd deutlich werdende — Überforderung trotzdem erfüllen zu können, haben die Arbeitswissenschaften komplizierte Trainingsverfahren entwickelt mit Beobachtungsübungen, Reflektionsintervallen, in denen der Bewegungsablauf durch ›mentales Training‹ vorgestellt und automatisiert werden soll *(Rohmert/Rutenfranz/Ulich*, 1971, S. 180).
Von daher kommen denn auch die Einwände, die Konrad *Schlaich* in seiner Dissertation über ›Vergleich von beobachteten und vorbestimmten Elementarzeiten manueller Willkürbewegungen bei Montagearbeiten‹ (1967) gegen die Verfahren formuliert: »Ein entscheidender Ansatzpunkt der Kritik an WF (Work Factor, W. W.) und MTM (Movement Time Measurement, W. W.) ist die industrielle Situation, aus der heraus sie in den Jahren 1930—1950 entwickelt wurden« (S. 209). Erstens herrschte damals eine ganz andere Arbeitsorganisation als heute. Nicht zuletzt durch die Verfahren selbst sind Bewegungen in den Vordergrund getreten, die von den Verfahren als besonders günstig ausgewiesen werden. Andere Bewegungen sind wegen der veränderten Apparate und Produkte häufiger geworden. Berücksichtigt man weiterhin die Tatsache, daß die Arbeitsgeschwindigkeit und das Ausmaß von Leistungszurückhaltung bei den Arbeitern stark von der Arbeitsmarktlage, von der Betriebszusammensetzung, dem

Alter ihrer Mitglieder, gewerkschaftlichem Organisationsgrad etc., also von Kampfkraft und Bewußtsein der Arbeiter abhängt (S. 134), so kann man in den Verfahren den Versuch sehen, den Stand in Bewußtsein und Kampfkraft der amerikanischen Arbeiterklasse während der Zeit der Arbeitslosigkeit nach der Weltwirtschaftskrise und während des Krieges als dauerhafte Norm vorzugeben, indem die Bewegungszeiten von damals in dem weißen Mantel der Wissenschaftlichkeit auftreten, als die für solche Bewegungen immer und überall notwendigen Zeiten. K. *Schlaich* kann aber eindrucksvoll nachweisen, daß die Verfahren nicht nur den durch sie selbst z. T. bestimmten historischen Wandel unberücksichtigt lassen, sondern auch in der Bestimmung der Zeitdauer bei ein und derselben Bewegung eine Streuung von plus/minus 16 % und mehr aufweisen (S. 88, 197 ff). Diese Unschärfe wird genauso wie die Fixierung an den Arbeitsbedingungen amerikanischer Arbeiter 1930—1950 dazu benutzt, die Leistungsanforderungen an die Arbeiter und Arbeiterinnen möglichst hochzutreiben.

Die MTM-Vorgabezeit liegt aber um 15 %, die WF-Zeit sogar um 25 % über der REFA-Normalzeit. 40 Akkordarbeiterinnen, die K. *Schlaich* beobachtet hat, erbrachten eine Leistung, die im Schnitt um 17 % über der REFA-Normalleistung lag. Wäre ihre Leistung nach MTM bestimmt worden, so hätten sie mit ihrer Akkordleistung gerade die Vorgabezeiten erfüllen können. Wäre in der Fabrik WF angewandt worden, dann hätten sie noch 8 % über ihre bisherige Akkordleistung beschleunigen müssen, um auch nur die normale Vorgabezeit einhalten zu können (K. *Schlaich*, 1967, S. 136).

Wie wir aber bereits gesehen haben, werden die Verfahren gar nicht so wichtig bei der Bestimmung der Akkordbasis als bei der Durchführung arbeitsorganisatorischer Umstellungen, bei der Neufestlegung von Arbeitsablauf, Arbeitsteilung und Arbeitsrhythmus, so daß die hohe Geschwindigkeit gar nicht durch eine von außen gegebene Norm, sondern durch den Produktionsrhythmus des Arbeitsprozesses selbst bestimmt scheint.

Dies führt schließlich zu Taktzeiten von bis zu 10 Sekunden, d. h. ein und dieselbe Abfolge von Arbeitsbewegungen wiederholt sich alle 10 Sekunden (P. *Grünfeld*, 1964 und Informationen der IG-Metall beim Streik 1973 in Baden-Württemberg). Dabei leisten die Verfahren vorbestimmter Zeiten einen ganz entscheidenden Beitrag und geben der Arbeitsteilung gegenüber früher eine neue Qualität.

Die Anforderungen werden minimiert, die Bewegungen vereinfacht und zerlegt, der Kraftaufwand pro Arbeitstakt verringert, dafür aber wird das Tempo der verbliebenen Arbeitsbewegungen, die Anzahl der Arbeitstakte pro Minute immens gesteigert, »der vorhandene Rest an Anforderungen wird [. . .] intensiviert« (H. *Pornschlegel*, 1968, S. 99). Solche Intensivierungen des Bewegungsablaufs z. B. von einhändigen auf beidhändige Arbeit mit Fußunterstützung bringt Zeitersparnisse bis zu 46 % (K. *Schlaich*, 1967, S. 24) bzw. eine Steigerung des Output um 30 % (Verfahren vorbestimmter Zeiten, 1968, S. 50). F. *Stier* (1965, S. 103) bezeichnet es als allgemeine Erfahrung, daß »der Einsatz des Bewegungsstudiums im Schnitt etwa 20 . . . 30 % Stückzeitersparnis gegenüber der bisherigen Fertigung mit meist nur 10 % der für die Vollmechanisierung nötigen Investitionskosten« erbringt. Wie wir bereits erarbeitet haben, findet der nächste Mechanisierungssprung also erst dann statt, wenn der »arbeitstechnische Sättigungsgrad« (B. *Schulte*, 1964) erreicht ist. Auf diese Weise füllen die Verfahren vorbestimmter Zeiten ökonomisch und technisch die Lücke zwischen einer Handarbeit und der vollen Mechanisierung der durch menschliche Arbeit bestimmten Bewegungen. Sie kommen also überall dort zum Einsatz, wo menschliche Bewegungsabläufe und menschlicher Kraftaufwand noch ein bestimmendes Element des Arbeitsprozesses sind, d. h. sie werden z. B. auch in höchstmechanisierten Produktionsprozessen auf alle Zwischenglieder der Produktion, wie Transport, Lagerhaltung, Verpackung, insbesondere aber auf den immer wichtiger werdenden Bereich der Instandhaltungsarbeiten angewandt (*Kern/Schumann*, 1970, S. 175 ff; W. *Erdmann*, 1970).

2. Lohnanreiz — die Verlängerung der Zirkulationssphäre in den Produktionsprozeß

Es sollen hier nicht die unterschiedlichen Lohnanreizsysteme entwickelt und diskutiert werden. Hier geht es allein darum, die Auswirkungen dieser speziellen arbeitsorganisatorischen Rationalisierungsmaßnahmen auf die Belastung der Arbeiter herauszuarbeiten. Für alle anderen Aspekte kann hier auf die Arbeiten von H. *Funke* (1972 u. 1974) verwiesen werden.

Akkord

Vor W. F. *Taylor* war der Akkord ein Vertrag zwischen Meister und Arbeiter über den Lohn, den der Arbeiter pro bearbeitetem Stück erhalten sollte. Dieses Stücklohnverfahren überließ es dem Arbeiter, wie er das Stück bearbeitete. Der Meister hatte nur darauf zu sehen, daß der Gesamtlohn nicht zu weit davonlief, denn das hätte bedeutet, daß man dem Arbeiter zu wenig abverlangt hatte. Solche Neufestsetzungen des Stücklohnes führten jedesmal zu heftigen Auseinandersetzungen und zur Störung des ›Betriebsfriedens‹. Zugleich machten sie den Arbeitern klar, daß sie nicht auf volle Leistung arbeiten durften, sondern ihre Leistung zurückhalten mußten. Die Situation war die von zwei Monopolisten, die sich auf dem Markt treffen.

Das erste ›wissenschaftliche‹ Akkordlohnverfahren versuchte wie alle nachfolgenden, den stillschweigenden Zusammenschluß der Arbeiter und damit ihre monopolistische Position zu sprengen: Arbeitsstudium und daraus entwickelte Arbeitsgestaltung sollte den Arbeitern die Möglichkeit zu Absprachen über die Geschwindigkeit nehmen, weil nicht mehr sie, sondern das Management über Arbeitsweise und -geschwindigkeit entscheiden würde (*Pornschlegel/Birkenwald/Wiesner*, 1965, S. 75). Seit *Taylor* soll der Akkord also nur dafür sorgen, daß die bis ins Detail festgelegte und bereits zusammengedrängte Arbeit noch schneller, mindestens aber nach Plan geleistet wird (E. *Kupke*, 1951, S. 10).

Dabei wird im allgemeinen so vorgegangen, daß auf der Basis des geplanten Arbeitsprozesses festgelegt wird, was als Höchstverdienst bei einer optimalen Leistung angemessen erscheint und das Lohngefüge zu vergleichbaren Arbeitergruppen nicht durcheinander bringt (W. *Kellner*, 1964, S. 46 f). Von dieser Leistungs- und Lohnhöhe aus wird dann auf die Normalleistung zurückgerechnet, die im allgemeinen — von der erwarteten Leistung aus gerechnet — um 30 % niedriger liegt (P. *Hülsmann*, 1964, S. 25). Zur Bestimmung des tatsächlichen Lohnes wird dann stichprobenartig der Arbeitsprozeß beobachtet und geschätzt, ob die Arbeit noch schneller geleistet werden kann, ob und wieviel Prozent sie über der angesetzten Normalleistung liegt. Beim REFA-Verfahren werden dann auf dieser Basis die Stückzeiten und Stückpreise festgelegt. Bei der Anwendung von Verfahren vorbestimmter Zeiten wird das Leistungsgradschätzen lediglich zur Kontrolle verwandt, ob die vorausberechneten Stückzeiten auch tatsächlich die Leistungsmöglichkeiten der Arbeiter und Arbeiterinnen ausschöpfen (W. *Kellner*, 1964, S. 38 f). Dieser willkürlich definitorischen Bestimmung von dem, was normale und optimale Leistung sein soll, die sich nicht an der Leistung, sondern an der Kostenrechnung des Unternehmers orientiert, entspricht das Ergebnis: »Gegenüber dem Zeitlohn wurde bisher mit Hilfe des Stücklohnes im Akkord im allgemeinen ein Produktionszuwachs um 30 v. H., ein Verdienstzuwachs um 25 v. H. und eine betriebliche Kostensenkung um 20 v. H. erzielt« (P. *Hülsmann*, 1964, S. 45).

Bei gegebenem Akkord wird das Willkürliche in seiner Fest-setzung aber nicht deutlich. Es scheint vielmehr so, als ob jeder Arbeiter ganz entsprechend seiner Leistung bezahlt würde.

So scheint das Ziel des ›Taylorismus‹ erreicht, den monopolistischen Zusammenschluß der Arbeiter gesprengt, die Leistungsmöglichkeiten transparent gemacht und jedem Arbeiter das Gefühl gegeben zu haben, er werde proportional zu seiner Leistung, also gerecht, aufgrund wissenschaftlicher Kriterien, bezahlt. Das eigentlich ökonomische Ziel — die Kostensenkung — verhindert allerdings, daß die Akkordsysteme jemals diese Befriedungsfunktion auf Dauer behalten können: Wenn die Arbeiter im naiven Glauben an die Versprechungen vom leistungsgerechten Einkommen sich ›ins Zeug legen‹, schnell arbeiten, dabei Routine entwickeln oder gar arbeitssparende Methoden entdecken, mit deren Hilfe sie ihre Leistung tatsächlich auch über die vorgesehene Streuung bis zu 30 % der Normalleistung steigern können, dann steigen die Lohnkostenanteile wieder, anstatt wie vorgesehen abzunehmen, insbesondere wenn die ganze Belegschaft an dieser Leistungsverbesserung Anteil hat. »Hieraus ergibt sich, daß eine *Vorgabezeit* grundsätzlich nicht ›wertbeständig‹ ist, sondern in größeren Intervallen *der Korrektur bedarf*« (H. *Böhrs*, 1959, S. 97).

»Hoher Lohn ist für die Firma [. . .] das Signal, hier nachzuprüfen, ob sich bessere Methoden der Bedienung ergeben haben und diese evtl. noch zweckmäßiger gestaltet werden können, oder ob die Höhe des Verdienstes ausschließlich der großen Arbeitsleistung des Arbeiters zuzuschreiben ist. In der Regel gelangt man zu dem Ergebnis, daß das erste zutrifft, und es wird eine neue Akkordbasis, auf der mehr Arbeitsgänge pro Zeiteinheit zu absolvieren sind, festgelegt. Diese Maßnahme gilt als *Akkordschere.* Hat der Arbeiter das einmal erlebt, nimmt er sich vor, in Zukunft mit seiner Leistung immer dann zurückhaltend zu sein, wenn er bis zu einem Akkordbetrag gekommen ist, bei dessen Überschreitung er eine Neufestsetzung des Akkords befürchtet. Diese Reaktion des Arbeiters wird in der Literatur meist als *Bremsen* bezeichnet« (H. *Wiedemann*, 1964, S. 37).

Dabei ist die Anwendung der Akkordschere durchaus abhängig vom Konjunkturverlauf und von der Kampfstärke der Gewerkschaften. In einer Zeit, während der das Unternehmen auf die Kooperation der Arbeiter angewiesen ist und die Preisentwicklung einen größeren Spielraum bei der Kostenkalkulation erlaubt, wird die Neufestsetzung nur bei einem extremen ›Ausreißen‹ der Akkorde erwogen (H. R. *Northrup*, 1960, S. 143). Sobald aber ein Betrieb in die ›Kostenklemme‹ kommt, ist die Akkordschere eines der ersten und wichtigsten arbeitsorganisatorischen Rationalisierungsmittel, das eingesetzt wird (H. *Wiedemann*, 1964, S. 36). Ihr Einatz ist sogar vom Bundesarbeitsgericht für Rechtens erklärt worden (V. *Stieber*, 1959, S. 14).

Diese Neufestsetzungen der Akkordbasis werden von den Arbeitern als gezielte Maßnahmen erlebt zur Steigerung der Intensität der Arbeit im Interesse des Unternehmers, seine Profite bzw. Gewinne zu steigern. Während der jeweils gegebene Arbeitsprozeß noch als ein durch Produkt und Technik eindeutig festgelegter, allein durch Sachzwang bestimmter erlebt werden kann, machen die wiederholten, äußeren Eingriffe und Veränderungen des Arbeitsflusses und der Arbeitsgeschwindigkeit eindeutig klar, daß dieser Prozeß nicht durch die Technik oder die herzustellenden Güter, also durch die Gebrauchswertseite bestimmt sind, sondern durch die Tauschwertseite, durch den Drang zur maximalen Ökonomisierung des eingesetzten Kapitals.

Damit ist aber in der Beziehung zwischen Management und Arbeiter wieder das Marktverhältnis hergestellt: jede Arbeit wird von der Kalkulation mit einem ›Preis‹ versehen — entweder unmittelbar in Geld ausgedrückt, meist aber in Zeiteinheiten, die vom Arbeiter sofort in den erzielbaren Stundenlohn umgerechnet werden (K. *Thomas*, 1964, S. 37). Die Arbeiter können sich dem Trend zur Senkung dieses Preises nur dadurch entgegenstellen, daß sich durch stillschweigende Veränderungen der Arbeitsweise, durch Schauspielerei bei der Zeitaufnahme, durch heimliche Umstellungen an den Maschinen (die oft ein stark erhöhtes Unfallrisiko implizieren) und durch permanente Nichtbeachtung der Arbeitsvorschriften einen Zeitpuffer für persönliche Bedürfnisse herausarbeiten und ansonsten mit ihrem Output nur innerhalb der 30 % über der Normalleistung verbleiben. Sie müssen also mit allen Mitteln versuchen, ihre wahre Situation vor den Augen des Managements verborgen zu halten. Konrad *Thomas* (1964) spricht deshalb auch von der »verborgenen Situation« des Arbeiters und wird darin von D. *Roy* (1952, S. 427—442), der ebenfalls über längere Zeit als teilnehmender Beobachter im Produktionsprozeß mitgearbeitet hat, voll bestätigt.

Die Verborgenheit der Situation gibt den Arbeitern die Möglichkeit, aus der Marktposition der vollständigen Konkurrenz gegenüber der Arbeitskalkulation herauszukommen und den Preis der zu vergebenden Arbeiten wenigstens teilweise zu beeinflussen. Um ein solches monopolistisches Verhalten durchhalten zu können, müssen sie einerseits jeden hart sanktionieren, der die Verborgenheit durchbricht, der die gesetzten Grenzen überschreitet und ›wühlt‹ und damit die Neufestsetzung des Akkords provoziert (besonders eindrucksvoll dazu: D. *Roy*, 1952, und W. *Kellner*, 1964). Andererseits aber müssen die Arbeiter und Arbeiterinnen, um die Verborgenheit der Situation aufrechterhalten zu können, dafür sorgen, daß die »Kalkulation« auch diejenigen Resultate erhält, die sie vorausgesagt hat. In Wirklichkeit läuft aber vieles anders, als diese annimmt: Material und Werkzeug müssen beschafft werden (»Es gibt kaum einen Betrieb, in dem wirklich alles benötigte Werkzeug in genügender Anzahl vorhanden ist. Oft läßt sich mit dem Werkzeug nicht so arbeiten, wie vorgesehen! Es gibt Abnützung des Werkzeugs. Immer brechen Bohrer und Stähle ab. Was selbst bei guten Bedingungen zusätzlich an Zeit und Energie aufgewendet wird, damit man die Sache ins Lot bringt — darüber gibt es noch keine Statistik und kein Tagebuch.« — K. *Thomas*, 1964, S. 45); die Planung funktioniert oft nicht, besonders bei Termindruck; die Maschinen sind unterschiedlich gut geeignet. Für all das sind nur 5 % der Zeiten vorgesehen. Der Arbeiter muß also »täglich die mangelnde Ordnung und das mangelnde Funktionieren des Betriebes *durch seine Leistung kompensieren*« (K. *Thomas*, 1964, S. 46). Die Leistung der Arbeiter und Arbeiterinnen liegt also immer deutlich höher als durch die Akkordsätze der »Kalkulation« ausgewiesen.

Wie wirkt sich nun diese Leistungssteigerung auf die Arbeiter und Arbeiterinnen aus? Wie wir bereits gesehen haben, bedeutet auch nach dem Selbstverständnis der Arbeitswissenschaften jedes dauerhafte Überschreiten der Normalleistung nach REFA die Gefahr einer zumindest langfristigen Gesundheitsschädigung und Leistungsbeeinträchtigung. Vergleichende Untersuchungen von Arbeitsplätzen im Zeitlohn und unter Akkordbedingungen durch Th. *Hettinger* bestätigen dies voll und ganz: bei vergleichbaren Arbeitsplätzen lagen Pulsfrequenz und Kalorienaufwand eindeutig höher: die Pulsfrequenz um 43 %, im zweiten Fall sogar um 104 % höher als im Stundenlohn, wobei in beiden Fällen die Arbeitspulsfrequenz im Schichtmittel deutlich über die zumutbare Dauerbelastungsgrenze stieg (Th. *Hettinger*, 1970, S. 157 ff — in einem dritten Fall fiel die Pulsfrequenz und Kalorienverausgabung im Akkord gegenüber der Stundenlohnarbeit: dort waren die Stundenlöhner an völlig veralteten Maschinen mit hohen statischen Arbeitsanteilen beschäftigt.) Im zweiten Fall, bei dem sich die Arbeitsbedingungen des Stundenlöhners vom Akkordlöhner tatsächlich nur durch die Lohnform unterschieden, führte die veränderte Lohnform zu einer Outputsteigerung um 83 %, von 6 auf 11 Stück. Diese Outputsteigerung konnte aber nur mit einer viel höheren Steigerung der Anstrengung und Arbeitsbelastung erreicht werden: Arbeitspulsfrequenz von 24 Pulse/min auf 49 Pulse/min (+ 104 %) und Kalorienverausgabung von 2,4 kcal/min auf 3,8 kcal/min (+ 58 %). Dabei kam die Arbeitsplatzuntersuchung zu dem überraschenden Ergebnis, »daß die reinen Tätigkeitszeiten bei der Arbeit im Stundenlohn mit 83,1 % höher lagen als während der Akkordarbeit mit 74,5 %« (ebd., S. 161) und daß die Erholungspausen aus eigenem Ermessen bei Akkordlohn (17,6 %) deutlich höher lagen als bei Stundenlohn (13,8 %).

»Stark belastende Arbeitselemente wurden durch den Stundenlöhner mit einem größeren Zeitaufwand durchgeführt und damit in ihrer Belastung je Zeiteinheit reduziert« (ebd., S. 167). Zugleich legte der Akkordlöhner eine große Zahl von Kurzpausen ein, die es ihm ermöglichten, sein hohes Arbeitstempo über die gesamte Schicht zu halten. (Auf dieses Verhalten werden wir bei der ›Humanisierung der Arbeit‹ zurückkommen.)

Die psychischen Belastungen, die von solchen Arbeitsbedingungen erzeugt werden, sind aber zumindest genauso schwerwiegend: Wenn es gelingt, den Bewegungsablauf so zu habitualisieren, daß er praktisch ohne Bewußtsein automatisch abläuft, so daß an anderes gedacht werden kann, dann wird die Arbeit als psychisch nicht besonders belastend erfahren (*Kern/Schumann*, 1970, S. 71; RKW-Forschungsprojekt, Bd. 1, Sieben Berichte, 1970, S. 216). Aber selbst wenn eine solche Habitualisierung gelungen ist, kann sie doch nicht den ganzen Arbeitstag über durchgehalten werden: die Arbeitsfähigkeit verändert sich in einer zyklischen Weise während des Tagesverlaufes; die Ermüdung nimmt mit der Dauer der Arbeit zu; es müssen immer größere Anstrengungen aufgewandt werden, um den Arbeitsrhythmus halten zu können; die Eintönigkeit der Arbeit, die Monotonie der immer gleichen, kurzzeitigen Bewegungsabläufe verstärkt die Ermüdung (siehe Grafik); es müssen immer bewußtere Anstrengungen gemacht werden, denn der Arbeitstakt der Maschinerie oder des Bandes bleibt meist unverändert (M. *Haider*, 1962).

Monotonie und Ermüdung

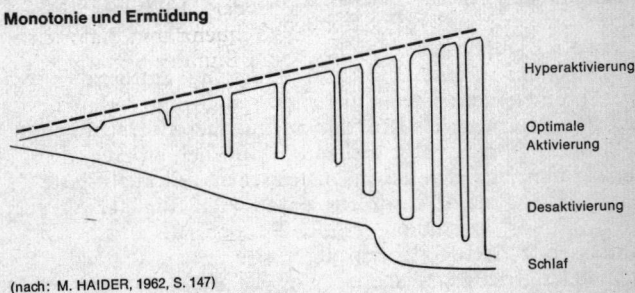

(nach: M. HAIDER, 1962, S. 147)

Bei Einförmigkeit und Reizarmut der Situation kommt es zu einer zunehmenden Desaktivierung, deren Auswirkungen wir als Monotoniezustände kennen und deren Extrem der Schlafzustand darstellt. Dies soll durch die untere, stark ausgezogene Linie zur Darstellung werdenden. Bei kontinuierlich ausgeführten Aktivitäten aber kommt es durch den dauernden Reizeinfluß eher zu einem Ansteigen des Aktivierungsniveaus, was allerdings von Art und Grad der Beanspruchung abhängt und verschiedenste Verläufe nehmen kann, die hier nicht eingezeichnet sind. Trotz Reizbeanspruchung treten jedoch kurzzeitige Aktivitätsunterbrechungen auf (Blockings, Aufmerksamkeitsverluste, Verluste der gerichteten Selektion, verzögerte Reaktionen usw.), welche im Verhalten nicht unbedingt sichtbar bzw. beobachtbar sein müssen. Diese oft nur 1–2 Sekunden dauernden Aktivitätsunterbrechungen führen in Extremfällen zu kurzzeitigen Schlafanfällen (Einnicken) und können daher vielleicht allgemein mit Desaktivierungszuständen in Zusammenhang gebracht werden« (M. *Haider*, 1962, S. 146 f).

Die extreme Reizarmut bei beobachtenden und kontrollierenden Tätigkeiten hat also ähnliche Folgen und einen ähnlichen Ermüdungs- und Belastungsverlauf wie die einförmige, extrem schnelle Arbeit mit hoher physischer Belastung: bei beiden führt die zunehmende Diskrepanz zwischen den gleichbleibenden Anforderungen der Arbeit und der wachsenden Ermüdung dazu, daß die Arbeiter und Arbeiterinnen »in wachsende innere Spannung geraten, daß sie durch den ›Zwang zur Arbeit‹ nervös und kribbelig werden, eine Tendenz zum ›Wegrennenwollen‹ verspüren und schließlich ungeduldig und mißmutig werden« (M. *Haider*, 1962, S. 81).

Bei der repetitiven Teilarbeit am Fließband oder an der Einzelmaschine im Akkord hat sich dafür in der arbeitsmedizinischen Literatur der Terminus ›Hetzarbeit‹ eingebürgert: »Das ständige ›Sich-Bemühen‹ und ›Doch-nicht-Erreichen‹ einer zeitlich überhöhten Arbeitsanforderung kennzeichnet damit das Phänomen der Arbeit unter Zeitdruck und insbesondere der Hetzarbeit. Die nervöse Belastung der Hetzarbeit läßt sich als Erlebnis einer intensiven ›Frustration‹ mit allen ihren negativen Folgen für das Leistungsverhalten beschreiben« (*Graf/Rutenfranz/Ulich*, 1965, S. 8). Die Anspannung, das Tempo doch noch zu erreichen, führt zu Verkrampfungen und einer Steigerung der Pulsfrequenz mit einer Belastung des Herz-Kreislaufsystems (S. 50).

P. *Hülsmann* (1962, S. 30 f) schildert außerordentlich prägnant und eindrucksvoll die »gesetzmäßigen Verlaufs- und Wirkungsformen« als Reaktion auf andauernde Hetzarbeit. Ich will ihn hier daher abschließend ausführlich zitieren, denn in ihm kommt zugleich der im historischen Teil analysierte Zusammenhang zum Ausdruck, daß bei anhaltender Verelendung — und Verelendung ist nichts anderes als eine besonders umfassende Art der Überforderung — zwar Aufstände, aber keine langfristige, planende und selbstbewußt vorgehende Massenaktion möglich ist. Die drei Phasen lassen sich also durchaus auf die Entwicklung in einer Gesellschaft übertragen.

»*1. Phase = Aggressionsphase*
Zu Beginn der Überforderung treten Schwankungen und Fehlerhäufungen in den Leistungen auf. In Mimik und Gestik geht die Kontrolle über gewohnte Ausdrucksgestalten verloren. Es kommt zu affektiven Entladungen, bei Männern oft zu Wutausbrüchen, bei Frauen häufig zu haltlosem Weinen oder zu ungesteuertem Sozialverhalten (Streit unter den Arbeiterinnen). [. . .]
2. Phase = Regressionsphase
Diese Phase ist charakterisiert durch ein steiles Absinken der effektiven Leistung, Auflösung der Gestaltungs- und Ausdrucksfähigkeit, Aufgabe von Wert und Gewissensbindungen sowie Resignation und Einschränkung aller Interessen. Sie endet mit der Flucht in ein Persönlichkeitsreservat, das Halt und Geborgenheit verbürgt. Diesen Zustand nennt man auch im allgemeinen Sprachgebrauch zusammenfassend Versagungs- oder Erschöpfungszustand oder nervösen Zusammenbruch.
3. Phase = Restitutionsphase
Nach entsprechend langer Verharrung in der 2. Phase kommt die Wendung mit der Rekonstruktion des persönlichen Spannungsbogens und Wiederanstieg der Leistung mit neuer Übungsfähigkeit und leistungsmäßiger Neuorientierung sowie Wiederverfestigung des erschütterten Persönlichkeitsgefüges.
Bei entsprechenden Umwelteinflüssen kann auch aus dieser Phase ein Rückfall in die Aggressionsphase eintreten. In einem solchen Falle kann ein Steckenbleiben in der Regressionsphase mit Übergang in Krankheit (Depression) erfolgen.«

Prämiensysteme – der Zusammenhang von Lohnsystemen und Mechanisierung

Nach H. *Maul* (1965, S. 49) bleiben die direkt an die Arbeitsleistung gebundenen Lohnformen auf die beiden ersten Mechanisierungsstufen beschränkt, weil sie »auf übernormaler Geschwindigkeit, Anstrengung und Wirksamkeit des Arbeiters« beruhen und nur einsetzbar sind, »wenn mindestens für einen erheblichen Anteil des Ablaufs diese Eigenschaften eines Arbeiters zur Wirkung gebracht werden können«. Das kann auch erklären, warum in der Statistik von 1966 lediglich 23 % der Männer und 26 % der Frauen, die in der Industrie als Arbeiter beschäftigt waren, als im Akkordlohn arbeitend ausgewiesen werden (Materialien, SOFI, 1973, Berechnung nach Tabelle 96), wobei vorwiegend montierende oder sonst niedrig mechanisierte Produktionsprozesse sehr viel höhere Prozentzahlen aufweisen können.
Das heißt aber nicht, daß auf den höheren Mechanisierungsstufen kein Lohnanreiz mehr zur Leistungssteigerung angewandt werden kann oder angewandt wird. Nur nimmt er dort die Form des Prämienlohnes an, der bei einer gewünschten Mindestleistung einsetzt und den höchsten Betrag an dem Punkt des ›betrieblichen Optimums‹ für die Größe erreicht, auf deren Veränderung er festgelegt ist (G. *Haase*, 1969, S. 37). Weil der Prämienlohn auf ganz unterschiedliche Größen vergeben werden kann, ist er ein viel differenzierteres Steue-

rungsinstrument, etwa zur Kontrolle von qualitativen Standards oder zur Steuerung einzelner Kostenelemente (H. *Wiesner*, 1969). Dabei ist entscheidend, daß die Arbeitsplätze mit immer mehr fixem Kapital ausgestattet sind, der einzelne Arbeiter also durch seine Anstrengung oder Fehlleistung immer größere Werte beeinflußt (H. *Maul*, 1965, S. 40 f gibt dazu Zahlen an!). Die teuren ›Betriebsmittel‹ müssen also optimal ausgelastet sein. Das Management ist dabei viel mehr auf das Verantwortungsbewußtsein, das Mitdenken und die Leistungsbereitschaft der Arbeiter angewiesen und kann nicht so sehr auf Kontrolle und Druck vertrauen.

»Der Arbeitnehmer soll nun also durch den Lohnanreiz dazu verpflichtet werden, die Produktion und den Arbeitsablauf zu steuern. Er soll diejenigen Reibungsflächen und Schwachstellen weiterhin beseitigen helfen, wo dies bisher durch technische und organisatorische und Kontrollmaßnahmen der Führungskräfte nicht oder nicht in ausreichendem Maße möglich war« (W. *Schaefer*, 1968).

Auch die Anwendung von Verfahren zur Arbeitsbewertung werden mit zunehmender Mechanisierung weniger sinnvoll, weil der durch die Arbeiter beeinflußbare Arbeitsanteil abnimmt, vor allem aber weil das Interesse an der Spaltung und Differenzierung der im Betrieb beschäftigten Arbeiter mit dem Proportionalakkord ebenfalls zurückgeht (E. *Zander*, 1970, S. 179; *Rohmert-Schlaich*, 1967, S. 80 f). Laut H. *Knebel* (1970, S. 189) wurden solche Verfahren 1966 auf 64 % aller Beschäftigten in der BRD angewandt.
In dem Maße, in dem die andauernde Beeinflussung des Produktionsgeschehens durch den Menschen in den Hintergrund tritt, gewinnt der garantierte Zeitlohn, das Gehalt, an Bedeutung (H. *Wiesner*, 1969, S. 24 ff). Die entsprechende Kurve zeigt daher in etwa den Entwicklungszusammenhang von Mechanisierung und Lohnformen. (Abb. nebenstehende Seite.)

3. Arbeitszeit

Zwar haben die Gewerkschaften während der letzten Jahrzehnte eine schrittweise Reduktion der tariflich festgelegten Normalarbeitszeit durchsetzen können, doch zugleich wuchs die Intensität der in der verbliebenen Zeit zu leistenden Arbeit, so daß die Verkürzung der Arbeitszeit meist zu keiner Beeinträchtigung des Produktionsergebnisses führte (H. H. *Hilf*, 1957, S. 45; K. *Huffelmann*, 1964). Zugleich entwickelt sich aber eine Tendenz zur Steigerung der insgesamt pro Tag im Zusammenhang mit der Arbeit verbrachten Zeit durch den Zwang zur Überstundenleistung (K. *Thomas*, 1964; Materialien SOFI, 1973, S. 65) und durch die Verlängerung der

Mechanisierung und Lohnformen

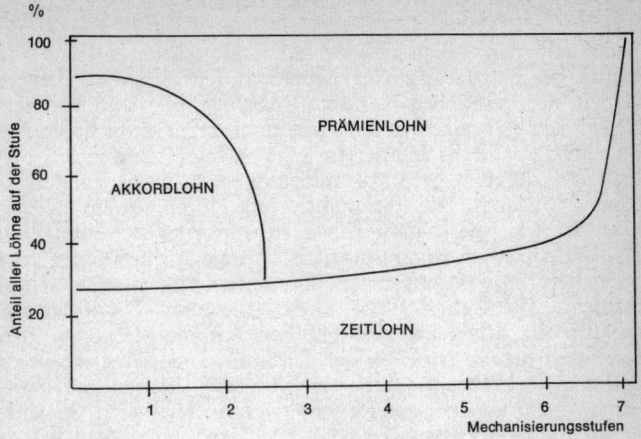

(nach: H. MAUL, 1965, S. 50 – auf unsere Mechanisierungsstufen übertragen und nach Angaben von H. WIESNER, 1969, S. 24–27, leicht verändert)

Anfahrtswege (H. *Tschök*, 1968). So ergab sich für 1969 ein Schnitt von 9,7 Stunden reiner Arbeitszeit bei Industriearbeitern und -arbeiterinnen, wobei 57 % an normalen Werktagen 10 und mehr Stunden, 21 % sogar 11–12 Stunden arbeiteten (Materialien SOFI, 1973, S. 302). Die Gewerbeaufsichtsämter berichteten für 1968 über Einzelbeispiele, »wo insbesondere von ausländischen Arbeitern täglich bis zu 17 Stunden, bei einer wöchentlichen Arbeitszeit von 73 Stunden, gearbeitet wurde« (Jahresbericht, BAY, S. 64, 1968). Bei einer tariflichen Arbeitszeit von 40 Stunden in der Woche betrug die tatsächliche arbeitsgebundene Wochenarbeitszeit mit Anfahrtswegen und Pausen 1969 im Schnitt 47,6 Stunden (Materialien SOFI, 1973, S. 66).

Bei einer erhöhten Intensität der Arbeit fallen aber solche Verlängerungen der Arbeitszeit besonders ins Gewicht: O. *Graf* (1962, S. 69 f) stellte für den 9stündigen Arbeitstag damals fest, daß sich während der neunten Stunde ein außerordentlicher und auf die Dauer gesundheitsgefährdender »Ermüdungsabfall« ereignet. Th. *Hettinger* (1970, 229 f) kam bei seinen arbeitsphysiologischen Untersuchungen in der metallverarbeitenden Industrie zu dem Ergebnis, daß bei hoher Belastung während der normalen 8-Stunden-Schicht jede Überstunde extrem gesundheitsschädlich ist: »Jede Überstunde wirkt sich [. . .] zusätzlich in rund zwei betrieblichen Fehlstunden aus.«

4. Arbeitsorganisatorische Rationalisierung auf den höheren Mechanisierungsstufen

Auch auf den höheren Mechanisierungsstufen werden die Mittel der Einsparung von Arbeitskräften durch intensivere Arbeit der verbliebenen, durch Arbeitsteilung und Beschäftigung weniger qualifizierter Arbeiter auf den einfacheren Arbeitsplätzen durch verschärfte Arbeits- und Bewegungskalkulation, durch engere Kontrolle und auch durch Leistungslohn angewandt. Die Rationalisierung »nimmt einen beliebigen Maschinenpark als gegeben an und setzt sich zum Ziel, [. . .] allein durch organisatorisch optimalen Einsatz der vorhandenen Produktionsmittel, Kostensenkungen zustandezubringen« (W. *Zeller*, 1965). Diese allgemeine Formulierung, die für alle arbeitsorganisatorischen Rationalisierungen gilt, impliziert für die Arbeiten auf den höheren Mechanisierungsstufen jedoch über die auch sonst üblichen Maßnahmen hinaus zwei ganz spezifische Rationalisierungsmethoden: Schichtarbeit und Mehrstellenarbeit.

Schichtarbeit

»Die Kapitalintensität der Textilindustrie, wo ein einzelner Arbeitsplatz ohne weiteres einen Kapitaleinsatzwert von 500 000 Franken haben kann, erheischt gebieterisch eine mindestens zweischichtige, wenn nicht dreischichtige Nutzung« (W. *Zeller*, 1965).

Diese Einsicht führt dazu, daß mit der Zunahme der Mechanisierung in allen Bereichen auch die Nacht- und Schichtarbeit zunimmt (*Schürmann/Müller-Seitz*, 1969, S. 321), wobei unterstützend wirkt, daß ihrer Einführung bei Männern keine rechtlichen Beschränkungen entgegenstehen (E. *Ulich*, 1964, S. 10). So waren 1960 12 %, 1965 13,9 % und 1972 bereits 17,5 % der abhängig Erwerbstätigen in Nachtarbeit beschäftigt (H. *Funke*, 1972, H. 4, S. 100; Statist. Bundesamt, WiSta, 1973 b), was ein Indikator für die Entwicklung des Schichtbetriebs ist, wobei berücksichtigt werden muß, daß der Schichtanteil noch erheblich höher liegen muß, da viele weitere Firmen zwar Schichtarbeit aber keine Nachtschicht haben.

Diese wachsende Einführung von Schicht- und Nachtarbeit muß als eine gravierende Intensivierung der Arbeit und erhebliche Steigerung der Arbeitsbelastung gewertet werden: Die Arbeitswissenschaften haben auf der Basis von vielen Messungen eine Kurve für den Verlauf der durchschnittlichen Leistungsbereitschaft über die 24 Stunden eines Tages ermittelt (vgl. Schema nebenstehende Seite).

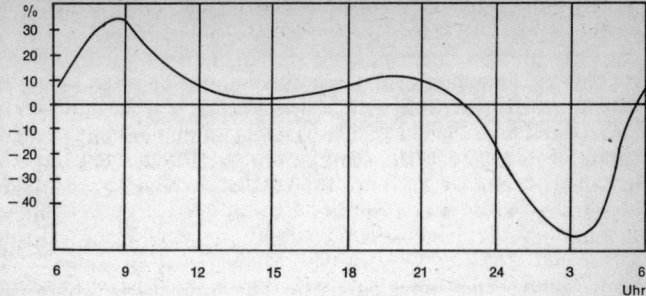

Schema der physiologischen Leistungsbereitschaft über 24 Stunden

(nach: E. ULICH, 1964, S. 13)

Dabei hat sich ergeben, daß auch bei langjähriger Nachtarbeit keine Umstellung dieses Leistungsverlaufs zu beobachten
ist (E. *Ulich*, 1964, S. 15). Die Reaktionszeit bleibt verlangsamt (*Mann/Rutenfranz/Aschoff*, 1972 u. *Mann/Rutenfranz/
Stiller*, 1973). In der Nachmittagsschicht gegen 15 Uhr, vor
allem aber in der Nacht nach 22 Uhr muß eine sehr viel höhere Intensität in der Arbeitsanstrengung erbracht werden,
um den gleichgebliebenen Maschinentakt einhalten zu können (E. *Ulich*, 1964, S. 26). Messungen von Hormonaus-
scheidungen haben darüber hinaus ergeben, daß schon alleine
die umschichtige Einteilung der Arbeit als Streßfaktor wirkt
(*Hale* u. a. 1971). Dazu kommt, daß die Schichtarbeit mit
Wechselrhythmus die davon betroffenen Arbeiter und Arbeiterinnen aus einem regelmäßigen Sozialbezug herausnimmt,
weil alle sonstigen Sozialkontakte und Institutionen auf eine
normale Tagesrhythmik eingestellt sind (H. *Loskant*, 1970).
Deshalb ist es für die Betroffenen auch kaum möglich, den
verlorengegangenen Nachtschlaf tagsüber ungestört nachzu-
holen (*Knauth/Rutenfranz*, 1972).
Während der Nachtschicht gibt es keine nachweisbare Erhöhung der Unfallzahlen (RKW, Nacht- und Schichtarbeit, 1961,
S. 10), weil nachts unter verminderter Außenkontrolle und
mit den Nachtzulagen weniger hektisch gearbeitet wird
(E. *Ulich*, 1964, S. 30 ff). Dafür aber lassen sich eine merk-
liche Zunahme der meldepflichtigen, d. h. schweren Unfälle,
für die Nacht- und erst recht für die Spätschicht nachweisen;
in der Spätschicht kommen noch eine Häufung anderer, leichterer Unfälle hinzu, weil zu einer Zeit reduzierter physiologischer Leistungsbereitschaft eine gegenüber der Nachtschicht
besonders hohe Leistungsanforderung und -kontrolle gegeben ist (H. *Rehhahn*, 1973).

Schichtarbeit, insbesondere aber Wechselschicht mit Nachtarbeit, führt eindeutig nachweisbar zu erhöhtem Auftreten von »vegetativen Störungen und Magenbeschwerden sowie Appetit- und Schlafstörungen« (E. *Ulich*, 1964, S. 36). Zwar ist eine erhöhte Sterblichkeitswahrscheinlichkeit für Schichtarbeiter nicht nachweisbar (*Taylor, Pocock*, 1972), doch führt jahrzehntelange Schichtarbeit zu einer eindeutigen psychischen Voralterung (*Eitner/Funke/Tröger*, 1969). Dies vor allem dann, wenn sie auch noch mit Akkord- oder Prämienlohn verbunden wird, was 1969 bei $^2/_3$ von über 100 000 untersuchten in Schichtbetrieb beschäftigten Arbeitern zutraf (*Schürmann/Müller-Seitz*, 1969): »Hier wird in einem Zustand niedrigster physiologischer Leistungsbereitschaft ein Höchstmaß an Arbeitsleistung gefordert« (S. 322). *Rutenfranz* (1967, S. 21) kommt daher ganz allgemein für Schicht- und Nachtarbeit zu dem Ergebnis:

»Geht man von der Voraussetzung aus, daß es sich bei jeder Nachtarbeit um einen pathologischen Vorgang handelt, dann sollte Nachtarbeit nur in dringenden Notfällen zugelassen sein. Es empfiehlt sich darum, zum Schutz des arbeitenden Menschen kontinuierliche Arbeit nur da zu genehmigen, wo es die Fertigungsprozesse zwingend notwendig machen. Eine Einführung von kontinuierlicher Arbeit aus Gründen der bloßen Gewinnsteigerung ist aus arbeitsphysiologischen und arbeitsmedizinischen Gründen immer abzulehnen.«

Mehrstellenarbeit — die Anpassung des Menschen an die Technik

Wie wir im 1. Teil dieses Kapitels bereits gesehen haben, führt die Mechanisierung von menschlichen Tätigkeiten *pro produziertem Stück* im Prinzip zu einer Entlastung. Es kommen nun aber eine Reihe von Faktoren hinzu, die diesem Prinzip für die Gesamtarbeit entgegenwirken können: 1. höhere Störanfälligkeit, 2. »Erweiterung des Aufgaben- und Verantwortungsbereiches (job enlargement)«, 3. »Entstehung von Spezialtätigkeiten«, 4. »zeitliche Verdichtung der Arbeitsfolgen«, und 5. »Ausübung verschiedener Tätigkeiten in bestimmten Zeitabständen (job rotation)« (Sieben Berichte, 1970, S. 227). Diese arbeitsorganisatorischen Rationalisierungsschritte erfolgen meist in einem zeitlich oft ausgedehnten Prozeß nach der technischen Umstellung, weil bei der Umstellung »vorausschauende Personalbedarfsplanungen, Tätigkeitsanalysen, genaue Qualifikationseinschätzungen und wissenschaftliche Auswahlverfahren *im allgemeinen nicht* zur Anwendung kommen. Dieses Ergebnis bestätigt, daß die Betriebe *die Arbeitsorganisation als elastischen Faktor* ansehen, der sich kurzfristig und wirksam auf die objektiven Bedürfnisse der Technik einzurichten vermag und dessen Gestalt daher keiner gezielten, systematischen Planung bedarf« (*Kern/Schumann*, 1972, S. 43 — Hervorh. W. W.). P. *Hülsmann* (1964, S. 26) spricht daher auch sehr treffend von der Rationalisierung als der »Anpassung des Menschen an das Berufsleben«: »Der rationalisierte Arbeitsplatz ist nach sachlichen Gesichtspunkten geformt, denen sich der Mensch anzupassen hat. Persönliche Wärme und menschliche Eigenheiten sind preiszugeben.«

Die Mechanisierung wirkt aber meist bereits durch ihre Einführung extrem intensivierend auf die Arbeit in den vor- und nachgelagerten Bereichen, wenn diese nicht etwa auf ein gleich hohes Mechanisierungsniveau gebracht worden sind (*Böhle/Altmann*, 1972, S. 101 ff; E. *Sachse*, 1959, S. 103 nennt ein Beispiel, wo dies zu einer 100 %igen Steigerung in der Arbeitsgeschwindigkeit führte). In denjenigen Bereichen, die selbst mechanisiert worden sind, sinken zwar Belastung und Anforderung an der einzelnen Maschine und das bisherige Quantum kann mit einem Bruchteil an Arbeitsaufwand hergestellt werden, doch die dadurch eingesparte Arbeitszeit wird zum Ansatzpunkt der arbeitsorganisatorischen Rationalisierung auf diesen höheren Ebenen der Mechanisierung: sie wird entweder für mehr von der gleichen oder für andere Arbeiten ausgenutzt.

An der einzelnen Maschine sinkt die physische und psychische Belastung ganz entsprechend dem allgemeinen Trend der Belastungsentwicklung bei Mechanisierung. Dadurch aber, daß ein und derselbe Arbeiter mehrere Automaten gleichzeitig kontrollieren und bei Stillständen wieder in Gang setzen muß, vervielfacht sich die Belastung derart, daß sie dem allgemeinen Trend in der Belastungsentwicklung genau entgegenläuft.

Dies wird noch um vieles verschärft, wenn die Auslastung nicht nur nach der Erfahrung, sondern mit Hilfe des Arbeitsstudiums festgelegt wird. Dazu wieder die Erfahrungen von W. E. *Zeller* (1965): »Viele konkrete Erfahrungen zeigen, daß die empirische Festlegung der Stellenzahl in fast allen Betrieben zu niedrig ausfällt. Das systematische Arbeitsstudium als Bestandteil der investitionslosen Rationalisierung führt in fast allen Fällen zur Erkenntnis, daß für einen bestimmten Maschinenpark bis anhin zuviel Personal vorhanden war. Ohne die geringste Investition kann der Personalbestand abgebaut werden.« Dazu werden entweder durch Stoppuhrverfahren oder mit den Verfahren vorbestimmter Zeiten Vorgabezeiten errechnet. Eine volle Auslastung ist dann gegeben, wenn so viele Stellen bedient werden, wie die Vorgabezeit für die Stellenbedienung in der gesamten Belegungszeit enthalten ist (E. *Wedekind*, 1965). Darüber hinaus wird nach dieser Berechnung auch noch »im Interesse des Einsatzwillens und der

damit verbundenen Verdienstchancen« (ebd.) ein Lohnanreiz-
system festgelegt: die volle Auslastung wird mit 100 % als
Normalleistung angenommen; Leistungslohn wird bezahlt
für die Bedienung von mehr Stellen als diese 100 % (W. *Loos*,
1965, S. 31). Die Belastungssteigerung bei dieser Form der
Intensivierung der Arbeit ist höher als bei einer bloßen Steigerung der Geschwindigkeit an ein und derselben Maschine,
weil die räumliche Ausdehnung des Arbeitsfeldes eine erhöhte physische (herumhasten) und psychische Belastung (erschwerte Kontrolle) bedeutet (H. *Pornschlegel*, 1965, S. 48).
Die Mehrstellenarbeit ist auf den mittleren bis zur sechsten
Mechanisierungsstufe in vielen Branchen verbreitet, vor allem
in der Textilindustrie (H. *Tschök*, 1968) und in der Lederbe-
arbeitung sowie in der chemischen, Kunststoff-verarbeiten-
den, keramischen und Papierindustrie, aber auch sehr weit
verbreitet in der metallverarbeitenden Industrie (H. *Wiesner*,
1965, S. 41 ff). Dies ist mit ein Grund, warum auch in höher-
mechanisierten Gießereibetrieben gegenüber solchen geringerer Mechanisierung eine kaum weniger gewordene Belastungsverteilung angetroffen wird: es zeigt sich, daß immer noch
44 % der untersuchten Arbeiter »sowohl in energetischer als
auch in kreislaufmäßiger Hinsicht Belastungen eingehen, die
die Dauerleistungsgrenze überschreiten« (H. *Scholz*, 1963,
S. 205). Mehrstellenarbeit, Leistungslohn und sonstige arbeitsorganisatorische Rationalisierungsmaßnahmen haben
das Arbeitstempo und damit auch die Arbeitsbelastung so
sehr gesteigert, daß die physiologische und arbeitsmedizinische Untersuchung von Arbeitsplätzen in der Eisen- und
Stahlindustrie zu dem erschreckenden Ergebnis kommt, in der
Belastungsverteilung gebe es in dem Zeitraum von 1949—1969
trotz aller arbeitserleichternder Mechanisierungen keine
»wesentlichen Veränderungen« (Th. *Hettinger*, 1970, S. 215).

5. ›Humanisierung der Arbeit‹ —
oder: Die Sperrigkeit des Gebrauchswertes

Seit etwa 1970 taucht in der Presse und in der arbeitswissenschaftlichen wie sozialpolitischen Literatur das Wort von der
›Humanisierung der Arbeit‹ auf. Damit werden Veränderungen
im Arbeitsprozeß umschrieben, die offensichtlich auf die Bedürfnisse der Arbeiter im Produktionsprozeß selbst eingehen.
Dabei ist besonders auffällig, daß diese Veränderungen in vielen Fällen ohne vorangegangene Forderungen oder gar Kämpfe der Arbeiter vom Management selbst geplant und eingeführt wurden (*Ulich/Groskurth/Bruggemann*, 1973). Diese
Tatsache ist um so erstaunlicher, da das RKW-Forschungs-

projekt ›Wirtschaftliche und soziale Aspekte des technischen Wandels in der Bundesrepublik Deutschland‹ feststellte, die Arbeit werde bei der Planung des Produktionsprozesses als der flexible Faktor angesehen, der sich den ökonomischen und technischen Forderungen anzupassen hat. (Sieben Berichte, Übereinstimmende Ergebnisse, S. 378 f).

Das einzige, was diese Haltung verändert haben kann, sind Veränderungen in der Kostenstruktur. Der Gebrauchswert, d. h. hier die konkreten Bedürfnisse und die Leidensfähigkeit der Arbeiter, kann sich den Erfordernissen der abstrakten Tauschwertbewegung nicht völlig gefügig machen:

»Die Anpassungsfähigkeit des Menschen allzu sehr zu beanspruchen, bedeutet aber, abgesehen von der gesundheitlichen Bedrohung, in den meisten Fällen eine Verminderung des Wirkungsgrades seiner Arbeit, da er ständig einen Teil seines Energieaufwandes zur Kompensation der ihm nicht gemäßen Arbeitsbedingungen verbrauchen muß, der damit der eigentlich produktiven Arbeit verlorengeht« (O. *Graf*, 1954 b, S. 5).

Von einem bestimmten Punkt an entstehen aus der erhöhten Arbeitsbelastung aber nicht nur Minderleistungen, sondern Nebenkosten der Produktion: 1. aus der erhöhten Fluktuation der Arbeiter, wegen der Summierung der Anlernkosten und der Ausfallzeiten während der Anlernzeit und des Verlustes an einsetzbarer, einzelbetrieblicher Arbeitserfahrung (E. *Lux*, 1967; W. *Kellner*, 1968 b, S. 175); 2. durch die Arbeitsunfälle, die den Betrieb aufhalten, Ausfälle bringen und eine Reihe von Folgekosten nach sich ziehen (P. C. *Compes*, 1966); und 3. aus dem erhöhten Krankenstand mit all seinen offensichtlichen Kostenwirkungen. Dazu kommen noch 4. Häufungen von Qualitätsmängeln bis hin zu Sabotage und sich zuspitzende Konflikte unter den Arbeitern selbst wie auch zwischen ihnen und dem Management, die sich, nicht nur wenn sie sich bis zu Streikhandlungen aufschaukeln, zu deutlich fühlbaren Kostensteigerungen führen *(Gülden/Krutz/ Krutz-Ahlring*, 1973, S. 48 ff).

In den Arbeitswissenschaften gehört es aber schon längst zu den »gesicherten Erkenntnissen«, »daß jede Überforderung des arbeitenden Menschen unwirtschaftlich ist und eine bessere Arbeitsleistung auf die Dauer nicht durch Erhöhung der Anforderungen, sondern durch menschengerechtere Gestaltung der Arbeit erreicht werden kann« (W. *Brokmann*, 1969, S. 6). Schon G. *Friedmann* (1959 deutsch, 1952 französische Originalausgabe) zeigte, daß wachsende *Arbeitsteilung* und Spezialisierung auf minimalisierte Handgriffe von einer bestimmen Grenze an zu einer Verringerung der Stundenleistung und zugleich zu häufigeren und längeren Fehlzeiten und erhöhter Fluktuation führen (S. 73). Er konnte schon damals von Betrieben berichten, die aus dieser Erkenntnis die Konsequenz gezogen hatten und das Aufgabengebiet ihrer Arbeiter erweitert (job-enlargement) und bereichert (job-enrichment) und dabei die Erfahrung gemacht hatten, daß die damit verbundenen Kosten durch die Einsparungen aus einem verringerten Ausfall und einer beachtlichen Leistungssteigerung aufgewogen worden waren (S. 58 ff). Noch deutlicher wurde diese Leistungssteigerung, wenn den Arbeitsgruppen lediglich das Planziel vorgegeben worden war, sie aber in Ausführung und Organisation der Arbeit sich selbst überlassen blieben (S. 28 ff). Diese Experimente reichen bis in das Jahr 1924 zurück (S. 37). Ein solch frühes Experiment erzielte eine Steigerung der Produktivität um 30 % und eine Reduktion der Fluktuation um zwei Drittel (*Ulich/Groskurth/Bruggemann*, 1973, S. 70).

Für die *Dauer der Arbeit* war auch bereits sehr früh schon bekannt, daß in kürzerer Zeit erheblich mehr geleistet werden kann (K. *Diehl*, 1923, S. 6 ff). So berichtet R. R. *Schmid* (1961, S. 17 f) von einem Tunnelbau, bei dem die Stundenleistung um 94 % gesteigert werden konnte bei einer Verkürzung der Arbeitsschicht von 8 auf 4 Stunden; und K. *Huffelmann* (1964, S. 63 f) kann zeigen, daß eine zu lange Arbeitszeit sogar das Gesamtergebnis drückt, weil sich die Stundenleistung gegenüber einer kürzeren Arbeitszeit stark reduziert. Daneben hatten die Arbeitswissenschaften auch schon in den 30er Jahren (O. *Graf*, 1954 a) entdeckt, wie wichtig nicht nur die Arbeitszeit in ihrer Gesamtdauer, sondern auch in ihrer Verteilung über den gegebenen Arbeitstag für die Leistung ist: führt man regelmäßige Kurzpausen über den Tag hinweg ein, dann kann man eine Leistungssteigerung beobachten, die um so höher ist, je häufiger solche Kurzpausen von einer Dauer zwischen einer und drei Minuten eingelegt werden (M. *Haider*, 1962, S. 8). Das erklärt man sich damit, daß die Erholung einen hyperbolischen zeitlichen Verlauf hat, also daß anfangs die Ermüdung sehr schnell und dann immer langsamer abnimmt (H. H. *Hilf*, 1957, S. 117; *Müller/Rohmert*, 1959).

Ebenfalls sehr früh übten die Arbeitswissenschaften Kritik am *Fließprinzip*, soweit es nicht nur als Mechanisierung des Transportes, sondern als arbeitsorganisatorische Rationalisierung auftritt und einen festen Arbeitstakt für vielgliedrig ineinander verschachtelte Arbeitsteilung bestimmt: 1954 konnte O. *Graf* (1954 a) nachweisen, daß an solchen Bändern im Durchschnitt 10 % der Arbeitszeit aus unnötiger Wartezeit bestehen, weil sich Fehler und Stauungen an einem Arbeitsplatz auf das gesamte Band auswirken und sich gegen das Ende des Bandes sogar noch kumulieren. Gleichzeitig führt das aber zu gehäuften Erscheinungen der so außerordentlich schädlichen Hetzarbeit, weil die Ausfälle dann wieder stoßweise aufgeholt werden müssen. *Graf* forderte schon damals, statt dessen das Band in einzelne Bündel von Arbeitsplätzen mit Materialpuffern dazwischen aufzulösen (S. 35). Mindestens aber sollte das Tempo des Fließbandes dem Tagesverlauf der physiologischen Leistungsbereitschaft angepaßt werden (O. *Graf*, 1962 und E. *Ulich*, 1964, S. 20). Erst 1962 wurden Fließbänder nach dem Bündelsystem mit Puffern eingerichtet, als sich in einem Betrieb die unvorhergesehenen Wartezeiten sogar auf 19 % erhöht hatten. Die Umstellung reduzierte sie radikal und senkte zugleich die Fehlerzahl, verbesserte die Einstellung zur Arbeit und brachte viermal weniger Ausfallzeiten (H. G. *van Beek*, 1962 und 1963). Der Ausstoß wuchs gleichzeitig um 19,3 % (*Ulich/Groskurth/Bruggemann*, 1973, S. 42); als Volvo und Renault nacheinander ein ähnliches System einführten, berichteten sie ebenfalls über Produktivitätssteigerungen um 20 % (*Financial Times*, 12. 7. 1973).

Selbst die Grundprinzipien jeder arbeitsorganisatorischen Rationalisierung, der *Leistungslohn*, die *Personalplanung*, die *Arbeitsplanung, -vorbereitung* und *-kontrolle* durch das Management als wichtigste Mittel zur Leistungssteigerung und Leistungskontrolle sind in den Arbeitswissenschaften schon längst umstritten: Während die meisten Betriebe auch heute noch die Arbeiter über den materiellen Anreiz in Leistungslöhnen oder Gewinnbeteiligungen dazu bringen wollen, das »betriebliche« Interesse zu ihrem eigenen zu machen, schrieb der renommierte, französische Industriesoziologe A. *Touraine* (1965, S. 11), eines der wichtigsten Ergebnisse der Industriesoziologie sei es gewesen, die relative Wirkungslosigkeit finanzieller Anreize zu demonstrieren. Zwar erzeugen *Veränderungen* in der Bezahlung und im Lohnsystem deutlich entsprechende Veränderungen im Leistungsverhalten der Arbeiter. Bei *unveränderten Lohnbedingungen*, was nicht mit einer Konstanz der Lohn*höhe* gleichgesetzt werden darf, bestimmen diese aber nicht mehr annähernd so sehr das Leistungsverhalten und die Motivation wie die Normen und die Anerkennung durch die Gruppe (*Zalzenik/Christensen/Roethlisberger*, 1958, S. 354; H. J. *Kreitz*, 1970, S. 24; H.-U. *Deppe*, 1973, S. 143). Gruppenanerkennung führt z. B. unabhängig von den Anreizen durch das Management zu Konstanz in der Leistung, und zwar etwa auf der Ebene der geforderten Leistungen, während mangelnde Gruppenanerkennung von starken Schwankungen in der Leistung begleitet ist (*Zalzenik/Christensen/Roethlisberger*, 1958, S. 251 ff). Gruppen, die in sich keine festen Normen und Anerkennungskriterien entwickelt haben, reagieren auch auf die Anerkennung und Zuwendung von außen mit einer Leistungssteigerung. Dies ist jedenfalls die einleuchtendste Erklärung dafür, daß bei den berühmten Hawthorne-Studien durch *Mayo, Roethlisberger* und andere in den zwanziger Jahren nur die Frauengruppen auf die wechselnden Zuwendungen und Veränderungen der Wissenschaftler mit Leistungssteigerungen auch dann reagierten, wenn diese nach objektiven Maßstäben eine Verschlechterung der Arbeitssituation herbeiführten (E. *Mayo*, 1933, reprint 1960, S. 70 f), während bei den männlichen Gruppen solche äußeren Beeinflussungen, die nicht zu einer tatsächlichen Verbesserung der Situation führten, ohne Wirkung blieben: »Äußere Bedingungen‹, wie Lohnhöhe, Prämiensysteme, Arbeitszeitgestaltung usw. wirken nur, indem sie die ›innere Situation‹ des betreffenden beeinflussen. Sie werden zum ›Anreiz‹, indem sie Motive schaffen oder verändern« (M. *Haider*, 1962, S. 4).

Aus diesen Erkenntnissen folgerten die Arbeitswissenschaften: 1. die *Arbeitsgruppen* an der Planung und Entwicklung aller Veränderungen im Arbeitsprozeß mitwirken zu lassen (»Bei teilnehmenden Gruppen sind auch Fluktuationen, Absentismus und Streiks am geringsten.« — H. J. *Kreitz*, 1970, S. 21); 2. den Arbeitern das Gefühl der Objekthaftigkeit zu nehmen, indem sie vollständig *informiert* und befragt werden (»Der Arbeiter wehrt sich instinktiv und bewußt dagegen, gleichsam als Produktionsmittel bewertet zu werden.« — O. *Graf*, 1954 a, S. 32); 3. die *Einzelakkorde* mit Überprüfung durch den Zeitnehmer abzuschaffen, weil sie zwischen den Arbeitern zu einer Preiskonkurrenz und gegenüber dem Management zu einer Leistungsverweigerung mit immer größerem Abschotten gegen Information und Kontrolle zwischen beiden Bereichen führt (W. *Kellner*, 1964, S. 40 ff). Diese »verborgene Situation« der Arbeiter erzeugte eine »Anarchie, die nur noch durch *Kommandogewalt von oben* und den Zwang, Geld zu verdienen, *von unten* im Gefüge bleibt« (K. *Thomas*, 1964, S. 49; ähnlich: H. *Wiedemann*, 1964, S. 56 ff). Der Leistungslohn mit Zeitkontrolle führt deshalb zu der Tendenz, organisatorische und technische Verbesserungsmöglichkeiten, die die Arbeiter erkennen oder durchgeführt haben, zu verheimlichen: »Deshalb kann unter Umständen der Leistungslohn ein Ansporn zur Leistungszurückhaltung statt zur Leistungssteigerung sein« (N. R. *Northrup* 1960, S. 144); 4. die Gruppen ihre Zuammensetzung, ihre Arbeitsorganisation, -geschwindigkeit und -zeiten selbst einteilen zu lassen, weil Leistung, Krankenstand und Fluktuation ganz entscheidend durch die *Gruppenstruktur* beeinflußt werden (W. *Kellner* 1964, S. 43—52; 1968 b, S. 336). F. *Scherke* (1949, S. 146) schätzte die innerbetrieblichen Reibungsverluste, die durch Betriebspsychologie vermindert werden könnten, auf 30 bis 40 %. Und W. *Kellner* berichtet aus einem

Betrieb, in dem solche autonomen Gruppen gebildet wurden, von einer Leistungssteigerung bis zu 40 % der Ausgangsleistung (1968 b, S. 313; in 1973 b, S. 208, berichtet er von einem anderen Fall mit bis zu 24 % Leistungsteigerung).

Obwohl all diese Ergebnisse und auch die eindrucksvollen betrieblichen Beispiele längst bekannt waren, wurde zum Beispiel auf dem eben behandelten Gebiet in der betrieblichen Praxis weiterhin mit kaum wirksamen, aber billigen Mitteln wie der Farbgebung der Räume oder gar völlig unwirksamen Phrasen vom ›guten Betriebsklima‹ gearbeitet (L. *v. Friedeburg*, 1963, S. 73 u. 21). Aber auch bei den anderen längst bekannten Einwänden gegen die traditionellen arbeitsorganisatorischen Rationalisierungsprinzipien kann man erst etwa seit Beginn der siebziger Jahre — gleichzeitig mit dem Auftauchen des Schlagwortes von der ›Humanisierung der Arbeit‹ — eine verbreitetere Anwendung dieser Erkenntnisse in der betrieblichen Praxis beobachten (Beschreibungen und Erfolgsdaten in: *Ulich/Groskurth/Bruggemann*, 1973; *Gülden/Krutz/Krutz-Ahlring*, 1973, und F. *Vilmar*, 1973). Wie kann man einerseits den langen Dornröschenschlaf und andererseits den plötzlichen Umschwung zu einer verbreiteten Anwendung und gleichzeitiger publizistischer Hochkonjunktur dieser Erkenntnisse erklären?

Es hat sich gezeigt, daß dem Management nur diejenigen konkreten Erscheinungen des Arbeitsprozesses ins Bewußtsein treten, die sich als steigende Kosten oder sinkende Erträge äußern. Die angestrengte Bemühung um Kostensenkung und Ertragssteigerungen führt zu einer immer rigideren Arbeitsgestaltung, die konkreten Erscheinungen des Produktionsprozesses und die Bedürfnisse der Arbeiter, der Gebrauchswert, werden völlig für die Kostenrechnung funktionalisiert, zerlegt und dem Tauschwertinteresse gefügig gemacht. Der Gebrauchswert ist aber nicht unbegrenzt funktionalisierbar, sondern verhält sich mit seinen konkreten Eigenschaften sperrig zum Verwertungsinteresse: selbst wenn die Arbeiter ihre Lebensbedürfnisse im Produktionsprozeß ganz dem Interesse an einem möglichst hohen Lohn unterordnen würden, so müßten die Auswirkungen der Überlastung doch auf die Gesundheit der Arbeiter und auf ihre Unfallhäufigkeit durchschlagen. Und auch die oben aufgezählten leistungsmindernden Wirkungen der Fließarbeit oder des Leistungslohnes mit Zeitaufnahme etc. lassen sich nicht vermeiden. Solange sich diese Fehler einer rigiden arbeitsorganisatorischen Rationalisierung aber nur in *entgangenen* Leistungsmöglichkeiten niederschlagen, werden sie dem Kapital in seiner Kostenrechnung überhaupt nicht bewußt. Die Kosten sinken. Daß sie noch weiter sinken könnten, diese hypothetische Alternative zeigt sich nicht.

Erst wenn die Auswirkungen der Intensivierung der Arbeit in Arbeitsunfällen, Krankenstand und Fluktuation die Kostenentwicklung umkehren und zu einer Kostensteigerung führen, wenn sich die Fehler der Arbeitsorganisation nicht bloß als entgangene, potentielle Leistungssteigerungen, sondern als spürbarer Leistungsrückgang auswirken, dann werden sie zu Faktoren, die dem Management bewußt werden, und deren Bewältigung zur dringlichen Aufgabe wird. Die Kosten aus Fehlzeiten, Fluktuation, Ausfällen, Qualitätsminderung und Leistungszurückhaltungen müssen in den Griff gebracht werden: in diesem Moment werden und wurden die von den Arbeitswissenschaften entwickelten Strategien aufgegriffen und zur Anwendung gebracht. Während man früher zum Beispiel den Krankenstand mit Entlassungsdrohungen, Prämien, Kontrollen und Ärztebeeinflussung zu drücken versuchte (was auch heute in der Stagnation wieder gelingt) (K. *Böker*, 1971, S. 917 ff), schlägt W. *Kellner* als effektiveres, weil zugleich insgesamt leistungssteigerndes Maßnahmenbündel vor: autonome Arbeitsgruppen, keine individuelle Zeitabnahme, sondern fest definierte Leistungsstandards, Vorgesetztenverhalten von einer dominanten zu einer partnerschaftlichen Haltung verändern und Ursachen von Beschwerden über betriebliche Verhältnisse abstellen (W. *Kellner*, 1968 b, S. 308 f). »Die Erfahrungen der letzten Jahrzehnte zeigen, daß ein Höchststand an Produktivität nicht durch Überbewertung der Gewinne und Vernachlässigung der menschlichen Probleme erzielt wird« (E. *Zander*, 1969). Diese Erfahrungen wurden durch die steigenden Kosten aus den Folgen der Intensivierung der Arbeit vermittelt. Sie muß insbesondere in der Montage und Fertigung auf den unteren Stufen der Mechanisierung in weiten Teilen tatsächlich den Punkt erreicht haben, wo eine weitere Steigerung der linearen Belastungszunahme keine weitere Kostensenkung, sondern im Gegenteil Kostensteigerungen bringen. Das Resultat sind die arbeitsorganisatorischen Veränderungen, die gegenwärtig unter dem Titel ›Humanisierung der Arbeit‹ in Presse und wissenschaftlicher Literatur beschrieben werden, wobei die Bezeichnung ›Humanisierung der Arbeit‹ für diese Maßnahmen oft mehr über diejenigen aussagt, die sie im Munde führen, als über die ›neuen Formen der Arbeitsgestaltung‹ selbst, wie dieselben Maßnahmen weniger prätentiös und zugleich präziser von *Ulich/Groskurth/Bruggemann* (1973) genannt werden.

Diese neuen Formen der Arbeitsgestaltung wirken sich durchaus als deutliche Verbesserung der Verhältnisse am Arbeitsplatz und meist auch als Arbeitserleichterung aus und werden auch als solche im Bewußtsein der betroffenen Arbeiter verarbeitet (*Ulich/Groskurth/Bruggemann*, 1973). Sie werden vorwiegend bei repetitiven Teilarbeiten angewandt und können so — falls sie in größerem Umfang in der Bundesrepublik zur Anwendung kommen sollten — auch denjenigen Arbeitern, die keine positiven, d. h. die Arbeitssituation verbessernden Erfahrungen mit der Mechanisierung gehabt haben, diese Erfahrung einer Verbesserung der Bedürfnisbefriedigung schon innerhalb des kapitalistischen Produktionsprozesses vermitteln. Allerdings ist die Anzahl der bisher davon betroffenen Arbeiter außerordentlich klein.

Die Anwendung dieser Verfahren wird aber nicht auf die unteren Mechanisierungsstufen beschränkt bleiben. Da sie darauf hinauslaufen, ähnlich wie die Leistungslohnformen die Arbeitsmotivation der Arbeiter mit den Kosteninteressen der Unternehmen gleichzurichten, sind sie bei den teuren Arbeitsplätzen mit geringen äußeren Kontrollmöglichkeiten auf den höheren Mechanisierungsstufen in leicht veränderter Form ohne weiteres anwendbar und von besonderer Wichtigkeit (H. *Nutzhorn*, 1970).

6. Zusammenfassung

Wir sehen uns also in der Annahme bestätigt, daß die arbeitsorganisatorischen Rationalisierungen, die auf den Mechanisierungssprung folgen, eine deutlich erfahrbare Steigerung der Arbeitsbelastung bedeuten: sie können also durchaus die Erfahrung des *Abschwunges,* der Verschlechterung im Arbeitsprozeß, *nach dem Aufschwung,* der Arbeitserleichterung durch den Mechanisierungssprung, darstellen.

Dieser Wechselprozeß ist auf den unteren und mittleren Mechanisierungsstufen besonders ausgeprägt, bleibt aber nicht auf sie beschränkt (wie K. *Schlaich*, 1967, S. 15 und Sieben Berichte, S. 80 meinen). Die Autoren des ökonomischen Untersuchungsteils zur Industrie desselben RKW-Forschungsprojekts kommen nämlich zu dem einleuchtenden Ergebnis, daß mit zunehmender Substitution der menschlichen Arbeitskraft durch Technik, d. h. ›Realkapital‹, »der Produktivitätseffekt dieser Substitution immer mehr abnimmt« (Sieben Berichte, 1. Bd., S. 118). Aus diesem Zusammenhang, der auch als wachsende organische Zusammensetzung des Kapitals und damit zusammenhängender tendenzieller Fall der Durchschnittsprofitrate umschrieben werden kann, folgern die Autoren die Notwendigkeit einer Intensivierung der Arbeit auch auf den höheren Mechanisierungsstufen:

»In Zukunft werden deshalb für die bundesdeutsche Industrie zwei Wege zur weiteren Steigerung von Produktion und Produktivität an Bedeutung zunehmen: technische Umstellungen mit relativ geringer Kapitalintensivierung sowie vermehrter Arbeitseinsatz« (ebd.).

Dabei ist zuerst einmal in der volkswirtschaftlichen Terminologie an die Beschäftigung von mehr Arbeitern gedacht, doch dieselbe Erkenntnis, in die Sprache der Betriebswirtschaft übersetzt, läuft bei knappem Arbeitskräfteangebot auf Intensivierung der Arbeit hinaus. Die arbeitsorganisatorischen Rationalisierungen bedeuten vorwiegend eine Intensivierung der Arbeit und führen daher zu erheblichen Restriktionen in der Arbeitssituation und erhöhen die Arbeitsbelastung, doch ist auch in vielen der arbeitsorganisatorischen Rationalisierungen eine gleichzeitige Steigerung der Produktivkraft der Arbeit enthalten, die die aufgewandte Arbeitskraft pro Stückeinheit vermindert. Durch die gleichzeitige Bewegungsverdichtung wirkt sich dies jedoch kaum jemals als Arbeitserleichterung aus.

Die Intensivierung der Arbeit wirkt sich auf die Arbeiter auf vielfältige Weise aus: Ermüdung, Arbeitsunfälle, Krankheit und Fehlzeiten, Fluktuation etc., die alle auch eine betriebliche Kostendimension haben. Bei zunehmender Intensivierung der Arbeit erreichen diese Kosten einen Umfang, daß sie als separate Größen Beachtung finden und kontrolliert werden müssen. Da die Quelle dieser Kostenelemente in der Verschlechterung der Arbeitssituation liegt, können sie nur durch eine Verbesserung der Situation reduziert werden. Diese arbeitsorganisatorischen Rationalisierungsmaßnahmen, die unter der Bezeichnung ›Humanisierung der Arbeit‹ propagiert werden, verbessern also die Arbeitssituation deutlich und reduzieren meist auch die Arbeitsbelastung.

Von diesen arbeitserleichternden arbeitsorganisatorischen Rationalisierungen sind allerdings gegenwärtig nur ganz wenige Arbeiter betroffen, so daß sie die allgemeine Feststellung, daß die arbeitsorganisatorischen Rationalisierungen eine Abwärtsentwicklung bedeuten, nur wenig modifizieren können.

VII. Ausmaß und Verlauf der Arbeitsbelastung bei industrieller Arbeit in der Bundesrepublik Deutschland, dargestellt an ihren Folgen

Bisher wurde an einzelnen Arbeitsplätzen ermittelt, wie sich Mechanisierung und arbeitsorganisatorische Rationalisierung auf die Arbeitsbelastung auswirkt. Dabei hat sich im wesentlichen bestätigt, daß in Mechanisierungssprüngen an solchen Arbeitsplätzen eine Verbesserung der unmittelbaren Arbeitssituation erlebt werden kann, während die nachfolgenden arbeitsorganisatorischen Rationalisierungen als Verschlechterung erfahren werden, die sich nicht direkt aus den technisch-konkreten Notwendigkeiten des Arbeitsprozesses ergeben, sondern diesem äußerlich und willkürlich durch das Profitinteresse aufgezwungen werden. Ob dieser Wechselprozeß als Erfahrung im Bewußtsein dann auch zu einem antikapitalistischen Bewußtsein verarbeitet wird, das der spezifisch kapitalistischen tauschwertorientierten Produktion die Forderung nach der Orientierung an den Bedürfnissen entgegensetzt, soll im nächsten Kapitel untersucht werden.

Hier soll nun zuerst untersucht werden, ob sich das, was an einzelnen Arbeitsplätzen nachgewiesen wurde, auch für die gesamte Industrie der BRD nachweisen läßt. Dabei ergeben sich einige methodische Schwierigkeiten: Wir haben wiederholt gesehen, wie schwierig es ist, sich über die quantitative Verbreitung von arbeitsorganisatorischen Rationalisierungsmaßnahmen oder über den Stand in der Mechanisierung innerhalb der Industrie ein Bild zu machen. Die Hauptschwierigkeit entsteht aus der Geheimniskrämerei der Betriebe mit allen Informationen, zu deren Herausgabe sie nicht gesetzlich verpflichtet sind.

Noch schwieriger ist der Versuch einer Gesamterhebung über die Entwicklung der Arbeitsbelastung in der BRD: Die Arbeitsbelastung hängt eng zusammen mit der Intensität der Arbeit, wie wir gesehen haben. Nun könnte man meinen, die Intensität und damit die Arbeitsbelastung durch die Entwicklung des Outputs pro Arbeiterstunde erfassen zu können. In diese Größe gehen aber sowohl die Steigerung der Produktivkraft wie die der Intensität ein. Der Anteil der Steigerung des Output durch Intensivierung der Arbeit läßt sich nicht herausisolieren. Und selbst wenn das möglich wäre, hätte man damit auch nur einen Indikator, dessen Relation zur Arbeitsbelastung ungeklärt wäre, denn die Annahme einer Proportionalität von Arbeitsergebnis und menschlicher Leistung ist durchaus unbegründet. Von einem gewissen Punkt an steigt die Belastung — ausgedrückt in Arbeitspulsfrequenz und Kalorienverausgabung — viel schneller als der Mengenausstoß (*Pornschlegel/Birkwald/Wiesner*, 1965, S. 65 f.)

Daten über die Intensität der Arbeit und damit über die Belastung wird es also direkt nicht geben. Da der Mengenausstoß als Indikator ausscheidet, bleiben als einzige mögliche Indikatoren die *Folgen der Arbeitsbelastung*, die Auswirkungen auf die Arbeitenden übrig: Arbeitsunfälle, Krankheit, Berufskrankheiten, Voralterung und Frühinvalidität und als letzte mögliche Folge, Übersterblichkeit.

Im Folgenden soll jeder dieser Indikatoren dargestellt und auf seine Aussagekraft über die quantitative Entwicklung und das Ausmaß der Arbeitsbelastung untersucht werden. Dabei kann sehr leicht der Eindruck entstehen, daß mit dieser Arbeit letztlich doch die Verelendungstheorie bewiesen werde, denn die Darstellung der Folgen des industriellen Produktionsprozesses in so konzentrierter Form zeigt doch sehr deutlich, daß sich die Verselbständigung des Tauschwerts gegen die Bedürfnisse der Arbeiter insbesondere im Produktionsprozeß deutlich klassenspezifisch auswirkt. Wenn sich der folgende Text daher wie eine Beweisführung zur Verelendungstheorie liest, dann liegt das vor allem daran, daß die Entwicklung der Arbeitsbelastung nur über die Entwicklung ihrer negativen Auswirkungen erfaßt werden kann. Eine Verbesserung in der Arbeitssituation macht sich also nicht durch positive Indikatoren bemerkbar, sondern nur als weniger vom Negativen. Es kommt daher vor allem auf die *Veränderungen* der Faktoren an. Zugleich aber darf nicht übersehen werden, daß die negativen Wirkungen der Verselbständigung des Tauschwerts auch im Rahmen einer Kritik an der Verelendungstheorie Gegenstand einer Kapitalismuskritik bleiben müssen. *Erst ihre Verselbständigung zum Ganzen macht sie hilflos — weil unfähig zur Veränderung des Kritisierten.*

1. Arbeitsunfälle

Die Statistik zur ›Entwicklung von Arbeitsunfällen‹ zeigt für den Zeitraum 1950 bis 1970 — von oben nach unten: die angezeigten Arbeitsunfälle und die Anzahl der Vollarbeiter in Millionen (ein Vollarbeiter ist ein statistisches Konstrukt: teilzeitbeschäftigte oder nicht das volle Jahr beschäftigte Arbeiter werden so zueinander verrechnet, daß eine Anzahl von dauernd und voll beschäftigten Arbeitern zur Grundlage für die Berechnung der Unfallhäufigkeit wird). Daraus ergibt sich dann der Ausdruck für die Unfallhäufigkeit: Angezeigte Arbeitsunfälle je 1000 Vollarbeiter (Unfallverhütungsbericht, 1973). Darunter sind der Verlauf der Arbeitslosenquote (Jahresgutachten 1973) und die Veränderungsrate des Nettoproduktionsvolumens in der Industrie gegenüber dem Vorjahr (Materialien, SOFI, Tab. 7) als Indikatoren über den Konjunkturverlauf eingetragen, wie er sich auf die Arbeiter in der Industrie auswirkt. Schließlich sind die Kurven für die erstmals entschädigten Arbeitsunfälle je Vollarbeiter und für die tödlichen Arbeitsunfälle je 1000 Vollarbeiter eingetragen (Unfallverhütungsbericht 1973). Die ›erstmals entschädigten Arbeitsunfälle‹ sind so schwere Unfälle, daß »eine Minderung der Erwerbsfähigkeit von mindestens 20 v. H. eintritt« (Unfallverhütungsbericht 1973, S. 18). Da die Entschädigung immer mit einer Zeitverschiebung beantragt und gewährt wird, sagen die Daten nichts über die Häufigkeit schwerer Unfälle im betreffenden Jahr, sondern können nur eine langfristige Tendenz anzeigen.

Die Kurven zeigen vor allem: 1. eine global sinkende Tendenz in der Häufigkeit der *tödlichen* und *schweren* (erstmals entschädigten) Unfälle; 2. die Konjunkturabhängigkeit des Kurvenverlaufs im Ansteigen der Häufigkeit der angezeigten Unfälle bei sinkender Arbeitslosenquote und umgekehrt im Tiefpunkt 1967 bei gleichzeitigem Ansteigen der Arbeitslosenquote; 3. eine sinkende Tendenz in den angezeigten Unfällen insgesamt und in der Unfallhäufigkeit seit Ende der fünfziger Jahre bis 1967 mit konstanter bis steigender Tendenz danach.

Zu 1.: Die global sinkende Tendenz bei schweren und tödlichen Unfällen ist vor allem auf die verbreitete Einführung der Technik seit Beginn der sechziger Jahre zurückzuführen. Die Maschinerie reduziert nämlich einmal das Unfallrisiko dadurch, daß bei einer wachsenden Zahl von Bearbeitungsvorgängen der Arbeiter von den Gefahrenquellen räumlich getrennt wird (Sieben Berichte, 1970, S. 227); zum anderen aber eröffnet sie eine Vielzahl von Möglichkeiten zur technischen Sicherung der verbliebenen menschlichen Arbeitseingriffe durch Sicherungsautomatiken und -sperren (P. C. *Compes*, 1965). Aber auch hier wie überall stehen für das Management Kostenüberlegungen im Vordergrund, die das Sicherheitsoptimum nicht dort festlegen lassen, wo es keine vermeidbaren Unfälle mehr gibt, sondern es wie folgt bestimmen: »Ein wirtschaftlich-optimaler Sicherheitsgrad ist dort erreicht, wo die Summe der Kosten aus Unfällen und der aus Sicherungs-Bemühungen am geringsten ist« (P. C. *Compes*, 1966). Es nimmt daher nicht wunder, wenn die Gewerbeaufsichtsämter in ihrem Jahresbericht für 1968 immer wieder als

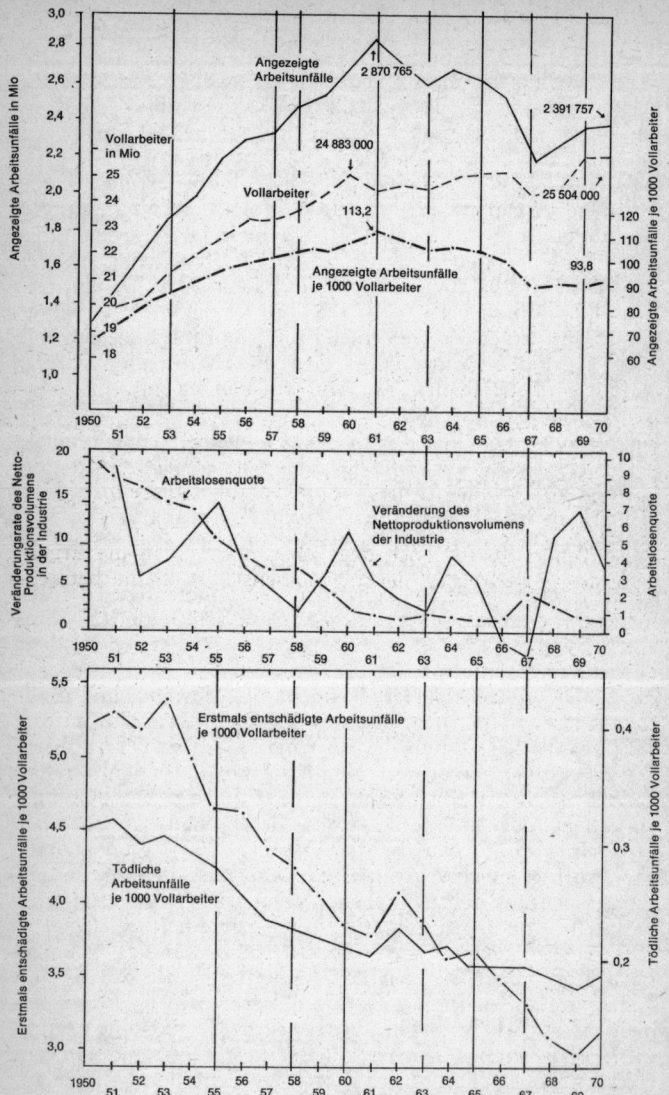

Entwicklung von Arbeitsunfällen 1950—1970 in Relation zu Arbeitslosenquote und Konjunktur

Ursache für Unfälle »leichtsinnige, aber billige Arbeitswei-se« (Jahresberichte 1968, BW 15) angeben. H.-U. *Deppe* kann eindrucksvoll nachweisen, daß diese Kostenüberlegungen und die Formulierung des Unfallverhütungsgesetzes zusammen umfassende Maßnahmen verhindern und die Unfallverhütung ihren Schwerpunkt in verbalen Ermahnungen statt im technischen Schutz finden lassen (1973, S. 115 ff).

Zu 2.: Der Rückgang der gemeldeten Unfälle insgesamt in den Rezessionen von 1958, 1963 und 1966/67 erklärt sich vor allem aus der Furcht um den Arbeitsplatz, die es den Arbeitern angeraten scheinen läßt, Arbeitsunfälle nur dann zu melden, wenn dies wegen der Schwere des Unfalls unvermeidlich ist. Das zeigt sich schon alleine daran, daß man bei der Anzahl der *tödlichen* und erstmals *entschädigten* Unfälle keinen solchen sprunghaften Rückgang für das Jahr 1966/67 beobachten kann (Übersicht der Berufsgenossenschaften 1971, S. 15 und 17). Daneben führt eine Rezession aber auch noch zu einer Einschränkung der Überstundenarbeit und vermindert so die Gelegenheit für Unfälle.

Zu 3.: Nun gilt es aber zu erklären, wie es zu dem deutlichen Anstieg der gemeldeten Unfälle pro 1000 Vollarbeiter bis 1961 kommt und warum sich — trotz der risikomindernden Wirkung der Technik — nach 1968 keine weitere Abnahme, sondern eher die Tendenzwende zu einer erneuten Zunahme andeutet.

Diese Tendenz wird noch deutlicher, wenn man die Ergebnisse der gewerblichen Berufsgenossenschaft alleine betrachtet:

Jahr	gemeldete Unfälle pro 1000 Vollarbeiter	1961 = 100	Jahr	gemeldete Unfälle pro 1000 Vollarbeiter	1961 = 100
1961	137,8	100	1966	111,9	81
1962	128,9	93	1967	97,2	71
1963	122,8	89	1968	100,5	73
1964	122,1	89	1969	99,7	72
1965	118,5	86	1970	102,6	74

(berechnet nach: H.-U.Deppe, 1973, S.97)

Als wichtige Erklärung wird sich auch hier der Zusammenhang zur Konjunkturentwicklung anbieten, denn wenn die bedrohte Arbeitsplatzsicherheit 1967 zu einem Rückgang in den angezeigten Arbeitsunfällen geführt hat, so mußte umgekehrt die wachsende Arbeitsplatzsicherheit (ausgedrückt im Sinken der Arbeitslosenquote) zu einem Anstieg sowohl der angezeigten Arbeitsunfälle überhaupt wie auch der Unfallhäufigkeit führen. Damit wäre zwar der Anstieg bis 1961 erklärt, aber es bleibt offen, warum die Flaute von 1958 diesen Anstieg in der Unfall*häufigkeit* nicht im geringsten unterbricht, obwohl sie sich in einer erhöhten Arbeitslosenquote niederschlug. Wichtiger aber: der Rückgang in der Arbeitslosenquote hält über 1961 an und bleibt dann bis 1966 etwa stabil, ohne daß sich die Unfallzahlen weiter erhöhen, wie eigentlich zu erwarten gewesen wäre. Im Gegenteil: sie sinken ganz deutlich trotz hoher Konjunktur und niedriger Arbeitslosigkeit. Und dies, obwohl seit 1961 ein ständig wachsender Anteil der Vollarbeiter aus dem Ausland kommt, was die Erwartung steigender Unfallzahlen bestärkt, da ausländische Arbeiter häufiger Arbeitsunfälle erleiden als deutsche (H.-U. *Deppe,* 1973 und Unfallverhütungsbericht, 1972, S. 145).

Der Verlauf der Kurve über die Entwicklung der Unfallhäufigkeit kann also nicht *allein* aus der Konjunktur und Arbeitsmarktentwicklung erklärt werden, sondern es muß nach Erklärungen in der Veränderung des Arbeitsprozesses selbst gesucht werden. Dabei muß die Veränderung in der Arbeitsbelastung, also in der Intensität der Arbeit an erster Stelle genannt werden, da sie das Unfallgeschehen bei gegebener Technik vor allem anderen prägt, wie vielfältige Forschungen zeigen:

H. *Rehhahn* (1973, S. 323) kommt durch den Vergleich von Tagesleistungskurve und Stundenverteilung der Unfälle zu dem Ergebnis, daß »gut drei Viertel aller Arbeitsunfälle [. . .] als Folgen des Arbeitseifers« und »nicht einmal ein Viertel [. . .] physiologisch bedingten Fehlhandlungen zuzurechnen ist«. K. *Thomas* (1964, S. 47) und H. *Wiedemann* (1964, S. 64) zeigen, daß Arbeiter unter dem Zeitdruck des Akkords durchaus bereit sind, und sich oft gezwungen sehen, Sicherheitsvorschriften außer acht zu lassen, um auf ›ihr Geld‹ zu kommen. Sie werden darin auch noch von ihren Vorgesetzten implizit bestärkt, da »die Draufgänger, die besonders häufig in Unfälle verwickelt sind, von den Vorgesetzten als besonders gute und leistungsstarke Mitarbeiter gewertet werden« (H. *Rehhahn,* 1973, S. 325).

H. A. *Paul* (1967, S. 200) berichtet über eine 45prozentige Zunahme von Unfällen bei »Arbeit unter Zeit- und Platznot«; W. *Kellner* (1967 b, S. 170 und 207) ermittelte einen signifikanten (Irrtumswahrscheinlichkeit geringer als 0,05) Zusammenhang zu erhöhter Unfallhäufigkeit bei Arbeitern, wenn die Arbeitszeit zu lange dauerte, sie 10 und mehr Spätschichten gefahren hatten, in der Arbeitsgruppe jemand den Akkord unterboten hatte oder sonstige schwere Spannungen herrschten. Die Länge der Arbeitszeit erhöht aber nur dann das Unfallrisiko — dann aber sehr deutlich —, wenn sowieso stark belastende Arbeit geleistet wird: in einer Untersuchung von Th. *Hettinger* (1970, S. 231) betrug der Anteil an Unfällen bei leichten physischen Belastungen 1,28 %, bei mittleren schon 2,01 % und bei schweren 2,73 %, wenn keine Überstunden geleistet wurden. Kamen nun Überstunden (26,4 im Untersuchungsmonat) hinzu, dann fiel bei leichten Belastungen der Anteil auf 1,21 %; bei mittleren stieg er auf 2,14 % und bei schweren Belastungen schnellte der Anteil auf 3,55 % hinauf (über 200 % der Unfälle bei leichter Belastung).

Dieses Untersuchungsmaterial zeigt also völlig eindeutig, daß das Ansteigen der Unfallhäufigkeit bei unveränderter Technik als Indikator für die steigende Intensität der Arbeit in diesem Zeitraum interpretiert werden muß. Bei veränderter Technik sinkt aber die Unfallhäufigkeit. Demnach kann aus dem Verlauf der Unfallkurven eine Hypothese über die Entwicklung der Arbeitsintensität in der BRD formuliert werden: bis 1961 stand die Intensivierung der Arbeit im Vordergrund, die dann im großen Ausmaß von technischen Umstellungen abgelöst wurde, die insgesamt eine Erleichterung der Arbeitsbelastung mit sich brachten, bis nach der Krise 1966/67 auch wieder zunehmend die Intensivierung der Arbeit in den Vordergrund trat.

2. Krankheit und Arbeitsunfähigkeit

Diese Hypothese muß nun am Verlauf der Fehlzeiten, des Krankenstandes und der ärztlichen Befunde überprüft werden. Ergibt sich bei diesen Folgen der Arbeitsbelastung ein paralleler Verlauf, d. h. ein Anstieg bis Anfang der sechziger Jahre, ein Rückgang bis 1967 und danach wieder ein Anstieg, so kann die Hypothese als bestätigt angenommen werden und es kann davon ausgegangen werden, daß in der ersten Hälfte der sechziger Jahre die meisten Arbeiter und Arbeiterinnen in der Industrie eine Verbesserung ihrer Arbeitssituation erfahren haben, also die von uns als notwendige Voraussetzung für die Entwicklung von antikapitalistischem Bewußtsein geforderte Aufwärtsentwicklung.

Bei der Überprüfung der Gültigkeit dieser Hypothese ergibt sich aber eine große Schwierigkeit: selbst wenn die vermutete Parallelität tatsächlich besteht, beweist sie allein noch gar nichts. Denn 1. können Grippewellen oder irgendwelche anderen Krankheiten, die mit der Arbeitsbelastung überhaupt nichts zu tun haben, durch zufälliges Zusammenwirken die Parallelität verursachen. Es muß im folgenden also ausführlich und detailliert nachgewiesen werden, welche Krankheiten durch bestimmte Formen der Arbeitsbelastung bedingt werden (eine ausschließliche Verursachung durch Arbeitsbelastung ist nur äußerst selten nachzuweisen, meist kann nur gezeigt werden, daß Auftreten und Verlauf der Krankheit durch die Arbeitsbelastung beeinflußt werden); 2. könnte man meinen, daß die Arbeitsbelastung sich erst nach langer Zeit auswirkt, man also an Veränderungen der Krankheitshäufigkeit nur auf Veränderungen in der Arbeitsbelastung früherer Zeiten, aber keinesfalls des gegebenen Jahres schließen könnte. Es kann hier schon gesagt werden, daß dem nicht so ist. Doch muß das ausführlich und eindeutig nachgewiesen werden. Daher müssen die Determinanten des Krankenstandes besonders detailliert untersucht werden.

Der Zusammenhang von Arbeitsbelastung und Krankheit ist ebenso eindeutig belegbar wie der zum Unfallrisiko: »Wir wissen, daß Beruf und Arbeit dann schädlich sind und krank machen können, wenn die physische und psychische Leistungsfähigkeit des Menschen über- oder unterfordert wird« *(Valentin/Lehnert/Wottowitz*, 1967, S. 83). Dauerhafte Über- oder Unterforderung führt zu chronischen Ermüdungszuständen mit schweren psychischen und somatischen Folgen (R. R. *Schmid*, 1961, S. 13 f).

Dabei ist die normale Durchschnittsintensität der Arbeit in der BRD bereits so hoch, daß griechische Bauern in ihrem ersten Jahr als ausländische Arbeiter in der BRD deutliche Überanstrengungssyndrome, vegetative Labilität und Magen-Darm-Störungen als Anpassungserscheinungen zeigen (H. *Stirn*, 1964). Die anhaltende Belastung mit diesem Intensitätsgrad der Arbeit führt mit sehr hoher Wahrscheinlichkeit zu pathologischen Erscheinungen: Bei einer Vorsorgeuntersuchung an 31 476 arbeitenden, also *nicht* krankgeschriebenen Sozialversicherten in Baden-Württemberg durch die Universität Ulm zeigte sich, daß von den jüngeren Altersklassen nur 10—15 %, ab 45 Jahren aber nicht einmal mehr 1 % als ›gesund‹ eingestuft werden konnten.[150]

Dabei ergab sich der Trend für alle Alterklassen: »Mit steigendem Arbeitsschweregrad steigt auch der Anteil klinisch Auffälliger« (Modell, Zwischenbericht, S. 43).

[150] Modell einer allgemeinen Vorsorgeuntersuchung im Jahre 1969/70, Schlußbericht, Stuttgart 1972, S. 15. Die ›Abteilung für Medizinische Statistik, Dokumentation und Datenverarbeitung der Universität Ulm‹ hat mich großzügig und geduldig mit Material versorgt, das weit über die publizierten Zwischen- und Schlußberichte hinausgeht, wofür ich an dieser Stelle danken will. (Zitierweise: Modell, Zwischenbericht; Modell, Schlußbericht; Modell, Zusatzmaterial).
Weiterhin will ich hier dem ›Institut für Dokumentation und Information über Sozialmedizin und öffentliches Gesundheitswesen‹ (48 Bielefeld, Westerfeldstr. 15) für das außerordentlich reichhaltige und umfangreiche dokumentarische und bibliographische Material danken, das ich von dort erhalten habe. Ich kann hier nur jedem empfehlen, der in diesem Gebiet arbeiten will, sich an diese Institution mit seinen Fragen zu wenden. Schließlich will ich hier Hans Halter dafür danken, daß er mir sein Archiv zugänglich gemacht hat.

Ursachenforschung ist aber in der Medizin wenig entwickelt (H. *Sopp*, 1973, S. 269), und es besteht immer die Möglichkeit, den verursachenden Faktor für eine spezielle Krankheit als endogen, also in Konstitution, Disposition und Erbanlage des Kranken liegend, zu interpretieren (P. *Christian*, 1967) oder die Entwicklung des Krankenstandes als durch Fehlverhalten in der arbeitsfreien Zeit begründet darzustellen (F. *Thieding*, 1965, S. 26: »Nicht an der Arbeit sterben die Menschen, sondern an ihrer Pseudoerholung«, und K. *Huffelmann*, 1964, S. 70 führt erhöhte Krankenstände auf die Arbeitszeitverkürzung zurück: »echter menschlicher Gewinn« sei außerhalb der Arbeit fraglich, S. 59 f) Deshalb müssen im folgenden zuerst einzelne Elemente der Arbeitssituation auf ihre gesundheitsschädigende Wirkung und dann einzelne Krankheitsarten auf ihren Zusammenhang zur Arbeitsbelastung untersucht werden. Erst dann kann eine Darstellung und Analyse der Entwicklung des globalen Krankenstandes aussagekräftig sein. Dabei werde ich zweierlei Material verwenden:

1. Einzeluntersuchungen, in denen die Probanden einer medizinischen Untersuchung ihres tatsächlichen Gesundheitszustandes unterzogen wurden und dieser dann auf einen statistischen Zusammenhang zu anderen Variablen über Geschlecht, Alter, Beruf, Tätigkeitsart, Tätigkeitsumstände etc. untersucht wurden. Hierbei ergeben sich lediglich Unsicherheiten aus den oft kaum vergleichbaren oder objektivierbaren Diagnoseverfahren, d. h. Einstufungsverfahren nach Schwere und Art der Krankheit, weil die Grenzen recht fließend und selbst bei identischen gemessenen Werten unterschiedliche Zuordnungen möglich sind (H. *Silomon*, 1973, S. 121 ff) Trotzdem haben diese Daten den Vorteil, daß die Angaben über die Morbidität von der subjektiven Einschätzung der Kranken selbst weitgehend unabhängig sind.

2. Angaben über den Krankenstand entweder auf der Basis betrieblicher Erhebung oder aus Angaben der Allgemeinen Ortskrankenkassen. Auch sie werden auf ihren statistischen Zusammenhang zu Daten aus dem beruflichen und persönlichen Bereich untersucht. Da in ihnen aber immer die Umstände der subjektiven Entscheidung für oder gegen eine Krankmeldung mit eingehen, haben diese Daten einen ganz anderen Stellenwert als die objektivierten medizinischen Angaben. Bevor also solche Zusammenhänge interpretiert und ausgewertet werden können, müssen die allgemeinen Determinanten des Krankenstandes genauer bestimmt werden:

Auch die Höhe des Krankenstandes, ausgedrückt in der Zahl der arbeitsunfähig geschriebenen pro 100 Versicherungsmitglieder, schwankt deutlich mit der Konjunktur, insbesondere mit der Lohnhöhe und der Arbeitsplatzsicherheit (K. *Thieding,* 1960, S. 164; K. *Böker,* 1971; H. *Sopp,* 1973). Daraus schließt *Thieding* auf die schlechte Arbeitsmoral derjenigen Arbeiter, die den höheren Krankenstand in der Hochkonjunktur ausmachen, und stellt ihren »wahren Krankheitsbefall« in Zweifel (1960, S. 79). *Sopp* (1962, S. 132) findet in einer ›Faktorenanalyse des Krankenstandes‹, daß die Hauptmasse des Krankenstandes von einem Drittel der Belegschaft gestellt wird, das er in Anlehnung an die amerikanische Medizinsoziologie das ›böse Drittel‹ nennt, das durch kurzdauernde aber häufige Fehlzeiten den Krankenstand hochtreibe. Dabei geht er so weit zu fordern, den — damals noch tätigen — Vertrauensärzten solle anhand der soziologischen Daten die Identifikation des ›bösen Drittels‹ erleichtert werden, damit sie besonders scharf auf Simulation kontrolliert werden könnten (S. 156).

Dieser Theorie von den ›Sozialparasiten‹ (H. *Sopp,* 1973, S. 271 f) widersprechen aber die Ergebnisse der Vorsorgeuntersuchung in Baden-Württemberg ganz eklatant: in einer Phase der Hochkonjunktur 1969/70, als also niemand befürchten mußte, wegen einer leichtfertigen Krankmeldung seinen Arbeitsplatz zu verlieren, wurden solche Mitglieder der Allgemeinen Ortskrankenkasse untersucht, die im Betrieb anwesend waren, um »festzustellen, welche Gesundheitsgefährdungen bei Versicherten von 15—60 Jahren bestehen, die nicht krank gemeldet sind und ihrer Arbeit nachgehen« (Modell, Zwischenbericht, S. 5). Von diesen angeblich gesunden Untersuchten waren bei 63,9 % der Männer und bei 71,1 % der Frauen medizinische Maßnahmen erforderlich; in der Altersgruppe 55—59 Jahren, wo die Studie repräsentativen Charakter beanspruchen kann, sind es sogar 80,2 % bei den Männern und 85,2 % bei den Frauen (Modell, Schlußbericht, S. 22). 14,2 % (13,3 % bei den Frauen) der behandlungsbedürftigen Leiden wurden durch die Vorsorgeuntersuchung erstmals entdeckt (Modell, Zwischenbericht, S. 126). Dabei kamen so schwerwiegende Krankheiten zum Vorschein, daß immerhin 1,6 % der untersuchten Männer und 1,3 % der Frauen nach der Untersuchung eine Behandlung im Krankenhaus angeraten wurde (Modell, Zwischenbericht, S. 125). Diese Daten stimmen übrigens ziemlich genau mit denen überein, die H. *Abendroth,* 1966, bei einer medizinisch-soziologischen Untersuchung an 500 Hüttenarbeitern gewonnen hat. Bedenkt man weiter, daß bis zum 45. Lebensjahr nur 10–15 %, danach sogar nur noch 1 % der Untersuchten ohne pathologischen Befund waren (Modell, Schlußbericht, S. 15), dann erscheint folgende Interpretation der Determinanten des Krankenstandes durch W. *Kellner* erheblich realistischer als die ›Sozialparasiten-Theorie‹:

»Es gibt [. . .] einen von Betrieb zu Betrieb verschieden großen, aber im Gesamtdurchschnitt recht kleinen Prozentsatz von Arbeitern, die ›krank feiern‹, ohne objektiv arbeitsunfähig zu sein. [. . .]
Es besteht [. . .] ein großes Reservoir an Menschen mit Gesundheitsbeeinträchtigungen, die prinzipiell zu einer ärztlichen Konsultation führen können. Den Anstoß, den Arzt aufzusuchen, geben daher in vielen Fällen keineswegs medizinische, sondern psychologische oder soziologische Faktoren.«

Außer bei chronischen und schweren Leiden entscheiden also soziologische und psychologische Ursachen über die Entscheidung zur Krankmeldung, wobei mangelnde ›Arbeitsmoral‹ nur ein sehr untergeordneter Faktor ist. Wenn also in der folgenden Darstellung der Krankenstand als Bezugsdatum verwandt wird, kann damit weniger ein objektiv medizinischer Beleg der pathologischen Auswirkungen des untersuchten Faktors erbracht werden als der Hinweis darauf, daß die Betroffenen ihre Arbeit als ›krank machend‹ erleben. Der Krankenstand zeigt deshalb aber auch Veränderungen in der Arbeitsbelastung sehr schnell an und kann daher ohne weiteres als Indikator über den tatsächlichen Verlauf der Arbeitsbelastung in der Zeit genommen werden.

Krankenstand und Krankheit als eine Auswirkung der Arbeitsbedingungen

a) Arbeitsumwelt
Die pathogene Auswirkung vieler Erscheinungen der normalen Arbeitsumwelt war und ist so offensichtlich und unbestreitbar, daß eine beachtliche Anzahl von ihnen gesetzlich als Auslösefaktoren von *Berufskrankheiten* anerkannt worden sind: Von den 1972 anerkannten 47 Berufskrankheiten sind 39 (83 %) eindeutig auf die Arbeitsumwelt zurückzuführen, und zwar 33 auf den Umgang mit gefährdenden chemischen, strahlenden oder lungengängigen Stoffen, 5 durch arbeitsumwelt-bedingte Infektionskrankheiten und schließlich die immer wichtiger werdende arbeitsumweltbedingte Berufskrankheit, die Lärmschwerhörigkeit. Von den restlichen 8 Berufskrankheiten, die nicht auf die Arbeitsumwelt, sondern auf die besondere Arbeitsweise zurückzuführen sind, haben nur 3 größere quantitative Bedeutung erlangt: Meniskusschä-

den bei Untertagearbeiten, Erkrankungen der Sehnenscheiden u. ä. bei Überanstrengung und einseitiger Belastung und die Erkrankungen durch Erschütterungen mit Preßluftwerkzeugen. Die Wirkungen der Arbeitsumwelt dominieren aber auch unter den am häufigsten auftretenden und erstmals entschädigten Berufskrankheiten: schwere Hauterkrankungen, Silikose, Lärmschwerhörigkeit und Infektionskrankheiten stehen mit 70 % aller angezeigten und 81 % aller erstmals entschädigten Berufskrankheiten eindeutig im Vordergrund (eigene Berechnungen und Einstufungen nach: Unfallverhütungsbericht 1972, Punkt 4). Dabei ist auffällig, daß die traditionellen Arbeits-Umweltbelastungen wie die Silikose und die Hauterkrankungen seit 1965 eine generell rückläufige Tendenz haben, während die Lärmschwerhörigkeit steil zunimmt (von 1967 bis 1971 eine Steigerung der angezeigten um 282 % und der erstmals entschädigten Fälle um 413 %; Unfallverhütungsbericht 1972, S. 49). Dies entspricht ganz unseren Erkenntnissen über die Entwicklung dieser Faktoren mit der zunehmenden Mechanisierung.

Um als Berufskrankheit anerkannt zu werden, muß der Nachweis erbracht werden, daß eine pathologische Erscheinung zu einer Minderung der Erwerbs- oder Berufsfähigkeit führt und durch die besondere ausgeübte Tätigkeit verursacht worden ist. Dadurch sind aber Einflüsse der Arbeitsumwelt, die zu erhöhten und beschleunigten allgemeinen Verschleißerscheinungen führen, bisher unberücksichtigt geblieben. Bei der Vorsorgeuntersuchung in Baden-Württemberg gaben aber 51,6 % der Untersuchten erschwerte Arbeitsumweltbedingungen (Staub, Hitze, Kälte, Lärm, Geruch, Wetter, Unfallgefahren und sonstige) an; bei ihnen waren auch medizinische Maßnahmen häufiger erforderlich als bei Untersuchten, die keine solchen Arbeitsschwernisse angeben (auf dem 1 %-Niveau signifikant; Modell, Ergänzungsmaterial, eigene Berechnungen). Nach einer Untersuchung in der DDR verursacht dauerhaftes Arbeiten in anomalem Klima (Hitze, Kälte) eine biologische Voralterung des Körpers *(Eitner/Funke/Tröger, 1969, bestätigt durch H. W. Kaal, 1970)*. Dieser Zusammenhang ist zwar beweisbar, aber zur Anerkennung als Berufskrankheit genügt dies nicht, denn: »Den Nachweis zu erbringen, daß eine bestimmte Krankheit auf dauernde Hitzeeinwirkung zurückzuführen sei, wird deshalb sehr schwer sein, weil Organ- und Kreislauferkrankungen auf einer Vielzahl anderer Ursachen beruhen können« (K.-H. *Bornhorn*, 1973, S. 8). So führt dauerhafte Arbeit bei Lärm zwischen 65 und 90 Phon nicht nur zu Schwerhörigkeit, sondern nachweislich auch zu Herz- und Gefäßerkrankungen, Magengeschwüren, Blutarmut und schweren seelischen Störungen. (Lärm,

IGM, 1970, S. 32). Bei der Analyse der Krankheitsentwicklung muß also auf diese Krankheiten besonders geachtet werden.

(b) Arbeitszeit

Die Auswirkungen verlängerter Arbeitszeit, insbesondere aber von Schicht- und Nachtarbeit sind bereits oben ausführlich dargestellt worden. Hier gilt es lediglich nachzutragen, daß die Vorsorgeuntersuchung in Baden-Württemberg einen hoch signifikanten Zusammenhang zwischen Schicht- und Nachtarbeit und der Notwendigkeit von medizinischen Maßnahmen gefunden hat (Modell, Ergänzungsmaterial).

(c) Arbeitsorganisation

Eindeutig ist der Zusammenhang zwischen dauerndem, hohen Arbeitstempo und der größeren Krankheitshäufigkeit: die Vorsorgeuntersuchung stellte bei Arbeiterinnen im Akkord eine 20 %ige Erhöhung statistisch signifikant fest (Modell, Schlußbericht, S. 27). Dies zeigt sich auch in den Fehlzeiten. W. *Schmidt* (1967, S. 30 f) stellte die Verhältnisse bei 1391 männlichen und 415 weiblichen Arbeitern fest (s. Tabelle).

Lohnart	Fehlzeitendauer bis zu 3 Tagen	4 Tage bis 2 Wochen	2 Wochen bis 6 Wochen	mehr als 6 Wochen
männlich:				
Akkordlohn	3,74	30,9	42,75	10,32
Zeitlohn	3,95	21,1	37,5	9,89
weiblich:				
Akkordlohn	14,7	43,2	60,5	15,5
Zeitlohn	35,0	25,0	95,0	10,0

Akkordarbeiter sind also häufiger und länger arbeitsunfähig. Dies wird von W. *Kellner* (1971) und H. *Sopp* (1962, S. 94 f) bestätigt. Selbst dann, wenn es nicht zu dem extremen Phänomen der Hetzarbeit kommt, das oben in Ablauf und Wirkung dargestellt worden ist, führt das erhöhte Tempo zu dauernd erhöhter Pulsfrequenz, zu bis zu 40 %iger Steigerung der Adrenalin- und Noradrenalin-Ausschüttung und Langzeitwirkungen auf Herz, Kreislauf und Blutdruck (H.-U. *Deppe*, 1973, S. 125 ff).
Aber nicht nur Arbeitstempo, sondern auch die Arbeitsschwere haben solche direkt nachweisbaren Konsequenzen, wie sie (wiederum nur als Tendenzangabe wegen der mangelnden Repräsentativität) in den Ergebnissen der Vorsorgeuntersuchung in Baden-Württemberg zum Ausdruck kommen (im Ergebnis übereinstimmend, G. *Fuchs*, 1964, S. 62 f; Th. *Hettinger*, 1970, S. 226 f).

Belastung durch körperliche Arbeit	Heilverfahren erforderlich	med. Maßnahmen erforderlich	Verteilung der Untersuchten auf d. Arbeitsart
			(% der Untersuchten in d. jeweiligen Arbeitsart)
keine	15,2	64,5	3,4
leicht sitzend	16,6	67,3	15,5
leicht stehend	16,8	67,0	16,2
mittel sitzend	22,2	69,7	3,5
mittel stehend	20,5	67,7	39,6
schwere	24,5	69,0	11,8
			100,0

(berechnet nach: Modell, Ergänzungsdaten; der Zusammenhang ist durchweg auf dem 1 %-Niveau signifikant.)

Der Zusammenhang ist hier so eindeutig und ausgeprägt, daß es schon von hier aus berechtigt erscheinen muß, die Entwicklung von Krankheiten und Krankenstand in der erwerbstätigen Bevölkerung als Indikator für die Entwicklung der Arbeitsbelastung zu nehmen. Die gesundheitsschädigenden Auswirkungen industrieller Arbeit werden auch nur zu verständlich, wenn man liest, daß es über längere Zeit hinweg zu Belastungen kommt bis zu — in einigen Fällen gemessen — 190 Pulse/min., »einen Wert, wie wir ihn auch bei Hochleistungssportlern im Wettkampf kennen« *(Hettinger/Steinhausen/Bosse, 1969)*.

(d) Exkurs: Differenzierungen nach Qualifikation, Geschlecht und Alter
Krankheit und Krankenstand sind zwar nicht vom Grad der Schulbildung, aber vom Grad der Berufsausbildung und damit implizit auch wieder von der Arbeitsart abhängig (W. *Kellner*, 1970 b u. 1973 a): gelernte Arbeiter sind seltener und kürzer krank als un- oder angelernte, auch haben sie hochsignifikant seltener einen Kreislaufkollaps (weil sie der Hitze nicht so ausgesetzt sind) und signifikant seltener eine Reihe anderer Krankheiten wie Sehnenzerrungen, Harnwegsinfektionen u. ä. (W. *Kellner*, 1973 a). Dies wird auch voll durch die Ergebnisse der Vorsorgeuntersuchung bestätigt (Modell, Ergänzungsdaten). Dieser Zusammenhang läßt sich darüber hinaus auch für die Zugehörigkeit zu den Lohngruppen nachweisen (W. *Schmidt*, 1967).
Über die Frage, ob Frauen einen höheren Krankenstand haben als Männer, gibt es in der Literatur einen ausgedehnten Streit: Vor H. *Sopp* (1962) galt es als unbestreitbare Tatsache, daß Frauen einen bis zu 40 % höheren Krankenstand haben als Männer. Er zeigte erstmals, daß in einer Untersuchung über einen längeren Zeitraum und auf tatsächlich vergleichbare Gruppen (d. h. mit gleicher Arbeit) ein signifikanter Unterschied zwi-

schen den Fehlzeiten von Frauen und Männern nicht festzustellen sei. W. *Schmid* (1967, S. 10 f) zeigte an seinem Material, daß dies zwar für Fehlzeiten über 6 Wochen, nicht aber
für die kurzzeitigen Fehlzeiten gelte; sie seien bei Männern
seltener. Die Vorsorgeuntersuchung in Baden-Württemberg
ergab für den objektiven Gesundheitszustand von Frauen,
daß »bei untersuchten, in Arbeit stehenden Frauen häufiger
Gesundheitsstörungen festgestellt werden als bei ihren männlichen Kollegen« (Modell, Schlußbericht, S. 17). Dies wird
auch durch eine Untersuchung durch das Statistische Bundesamt (WiSta 3/1974, S. 184) bestätigt, wonach von 100 erwerbstätigen Frauen 18, bei den Männern nur 15 an wenigstens einem Tag im Erhebungsmonat krank waren. M. *Pflanz*
(1962, S. 295 f) geht noch davon aus, man könne »keine besondere Gesundheitsgefährdung der erwerbstätigen Frau
nachweisen«. Er zeigt denn auch am Beispiel des Zwölffinger-
darmgeschwürs, »daß diese Krankheit bei ihr (der Frau — W.
W.) nur auftritt, wenn sie den gleichen Berufs- und Leistungs-
konflikten wie der Mann ausgesetzt ist« (S. 222). Und *Cinca*
Jucovschi (1968) stellten in einer Erhebung, die auch Nicht-
Erwerbstätige erfaßte, bei Männern eine deutlich erhöhte
Morbidität bei berufsbedingten Leiden fest. Deshalb scheint
es berechtigt, wie K. *Böker* (1971, S. 909) die höhere Krankheitsanfälligkeit bei arbeitenden Frauen nicht auf biologische
Disposition, sondern auf die Doppelbelastung durch Beruf
und Haushalt und die arbeitsplatzspezifischen Belastungen
zurückzuführen. Der Krankenstand, d. h. die betrieblichen
Fehlzeiten, werden dadurch aber nicht notwendigerweise beeinflußt: das Statistische Bundesamt (WiSta, 3, 1974) fand
die Arbeitsunfähigkeitsquote bei Männern (12 %) und Frauen
(13 %) etwa ausgeglichen, weil *von den objektiv Kranken*
insgesamt nur 75 %, bei den Männern 79 %, bei den Frauen
aber nur 71 % sich dann auch tatsächlich krank meldeten!
Die Arbeitsunfähigkeit nimmt mit dem Alter in der Dauer zu
und in der Häufigkeit ab. Insgesamt nimmt aber die Zahl der
Tage Arbeitsunfähigkeit auf 100 gleichaltrige Versicherte, die
betrieblich entscheidende Zahl also, mit dem Alter zu. (H.
Sopp, 1962, S. 29; M. *Pflanz*, 1962, S. 228 f; W. *Schmidt*, 1967,
S. 11—17). Wir wissen aber von der Vorsorgeuntersuchung in
Baden-Württemberg, daß der Anteil der objektiv Kranken mit
dem Alter stetig steigt. Man muß also davon ausgehen, daß
sich die älteren Arbeiter und Arbeiterinnen nur bei schwerwiegenden Leiden dafür entscheiden, krank zu »feiern«.

(e) Arbeitszufriedenheit: psychosomatische Folgen der Arbeitssituation

Das Modell einer Vorsorgeuntersuchung faßt die wichtigsten
aufgefundenen Beziehungen so zusammen:

»Je größer der Beschäftigungsbetrieb [. . .], je schwerer die körperliche
Belastung, je belastender die Arbeitszeitregelung und die betriebliche Situation, um so schlechter die durchschnittliche gesundheitliche Verfassung
der so charakterisierten Arbeitnehmer. [. . .] An der Spitze mit 30 %
mehr Heilverfahrens-Anträgen als der Durchschnitt, liegt die Gruppe je-
ner, die ›sonstige‹ Arbeitserschwernisse nannte. Hierunter sind wesentlich
auch solche erfaßt, die sozialpsychologische Aspekte, wie z. B. Betriebsklima, betreffen. Die allgemeine Zufriedenheit im Beruf zeigt entsprechende Beziehungen. Bei den unzufriedenen Frauen werden rund 25 %,
bei den unzufriedenen Männern rund 20 % mehr Heilverfahrens-Anträge
gestellt, wobei die mit den Leistungsanforderungen unzufriedenen wesentlich stärker betroffen sind als z. B. die mit dem Verdienst unzufriedenen« (Modell, Schlußbericht, S. 27).

»Es bestehen also gesicherte Beziehungen zwischen berufli-
chem Schicksal und Gesundheit« (Modell, Zwischenbericht,
S. 43). Dieser Zusammenhang läßt sich genauso deutlich
beim Krankenstand beobachten: H. *Sopp* (1962, S. 132),
W. *Schmidt* (1967, S. 77) und H. J. *Kreitz* (1970, S. 23) stellen übereinstimmend eine äußerst enge Beziehung zwischen
dem Grad, in dem ein Arbeiter sozial in den Betrieb und seine
Arbeitsgruppe integriert ist, und der Dauer und Häufigkeit
von Arbeitsunfähigkeit fest.

Wolfgang *Kellner* hat in außerordentlich umfangreichen und
detaillierten Untersuchungen soziale, persönliche und betriebliche Daten mit dem Krankenstand und dem medizinischen
Befund aus Krankenkassenberichten in Beziehung gesetzt.
Dabei fand er folgende signifikante Zusammenhänge:

1. Kollegen, die glauben, daß es im Betrieb willkürliche Be-
vorzugungen gibt, liegen im Krankenstand um 80 bis 90 %
über dem Durchschnitt (1964, S. 43).

2. Kollegen, die glauben, die Kameradschaft im Betrieb sei
schlecht, haben eine doppelt bis sieben mal längere Dauer der
Arbeitsunfähigkeit als der Durchschnitt (1964, S. 44).

3. Den »strengsten Zusammenhang zwischen Arbeitssituation
und Krankenstand« fand er im Bereich der Leistungsbewertung: in der Gießerei, wo man keine Angst vor dem Zeitnehmer haben mußte, war der Krankenstand ganz außergewöhn-
lich niedrig; überall dort aber, wo jede Leistungsveränderung
den Zeitnehmer bringt, war der Krankenstand außerordentlich hoch. Dabei war er innerhalb dieser Abteilungen bei denjenigen Gruppen noch besonders hoch, die meinten, einen
›Akkordwühler‹, also einen, der durch überschnelles Arbeiten
eine Höhersetzung des Akkords veranlaßt, in der Gruppe zu
haben. Mitglieder dieser Gruppe waren häufiger und 2½mal
solange krank wie solche, die diese Sorge nicht hatten (1964,

S. 35 ff — Alle diese Ergebnisse sind auch in 1968 b dargestellt).

Für die einzelnen *Krankheitsarten* bestehen folgende Beziehungen, die für die Untersuchung unserer Hypothese besonders relevant sein werden (kursiviert):

4. Informale Gruppenführer in Arbeitsgruppen waren im
Durchschnitt 8,4 Tage, die Kollegen 14,4 Tage krank. Sie haben hochsignifikant seltener Krankheiten des *Stützapparates*,
des *Herzens* und des *Kreislaufs* sowie seltener Infektionen der
oberen Luftwege (1970 a — medizinische Interpretation dort!)
Umgekehrt haben Kollegen, die mit der Arbeitsgruppe oder
mit dem Verhältnis zum unmittelbaren Vorgesetzten nicht
zufrieden sind (oder aber aus sonstigen Gründen mit der Arbeit unzufrieden sind), ein deutlich erhöhtes Risiko, einen
Herzinfarkt zu erleiden und auch daran zu sterben (*Sales/
House*, 1971) sowie an sonstigen *Herz-Kreislauf-Leiden* zu
erkranken (*Blohmke/Depner/Frederking/Stelzer*, 1971). Darüber hinaus erkranken sie häufiger an Grippe, weil die psychische Anspannung die Disposition für Ansteckungen erhöht
(W. *Kellner*, 1971; M. *Pflanz*, 1962, S. 183) und an *Magengeschwüren* als Ausdruck ihres »Geborgenheitsverlustes«
(W. *Kellner*, 1971).

5. W. *Schmidt* (1967, S. 73) fand eine Korrelation zwischen
der Position im Gruppensoziogramm und der Dauer und Häufigkeit der Fehlzeiten, wobei diese insgesamt mit der Größe
der Gruppe zunahmen.

6. In allen Fällen, in denen zwischen einem Kollegen und
seinem unmittelbaren Vorgesetzten ein Ungunstverhältnis be-
stand, stieg der Krankenstand proportional mit dem ausge-
drückten Grad der Ungunst an. Damit verbunden war ein hochsignifikant häufigeres Auftreten von Grippe, *Enteritis* und
Diarrhoe sowie *Stenokardie* (Angina Pectoris). Wenn sich der
Kollege benachteiligt glaubte, war der Krankenstand bis zu
90 % höher, wobei *Herzinfarkt, Ulcus* und *chronisches Ma-
gengeschwür* hochsignifikant häufiger auftraten (W. *Kellner*,
1971).

Und wenn ein höherer Vorgesetzter einem Arbeiter des öfte-
ren direkte Arbeitsanweisungen gab, wurde ein z. T. mit außerordentlich geringer Irrtumswahrscheinlichkeit von weniger als 1 % festgestelltes häufigeres Auftreten von Betriebs-
unfällen, *Herzneurosen*, sonstigen *Neurosen*, *Psychosen* und
Depressionen sowie von Ekzemen und Cephalgien angetroffen (W. *Kellner*, 1971).

All diese Beobachtungen legen die Interpretation für das ganze Geschehen von Krankheit und Krankenstand nahe, daß
Krankheit und Arbeitsunfähigkeit immer dann besonders ausgeprägt sind, wenn sozialer Druck und Behinderung der Selbst-

entfaltung die Arbeiter besonders bedrängen. Bedenkt man noch, welch hohe soziale Sperren überwunden werden müssen, bevor ein Arbeiter sich mit seiner Arbeitssituation offen verbal unzufrieden erklärt — das bringt ihn meist in die Nähe des Eingeständnisses, er habe versagt, weshalb sich in allen Arbeiterbewußtseinsstudien auch ein so geringer Prozentsatz explizit Unzufriedener findet (vgl. dazu *Kern/Schumann*, 1970 I, S. 183 ff) — dann muß man den Zusammenhang von hoher Arbeitsunzufriedenheit und hohem Krankenstand nach beiden Richtungen hin interpretieren: *ein besonders hoher Krankenstand ist ein präziserer Ausdruck für die mangelnde Arbeitszufriedenheit als die Ergebnisse verbaler Befragungen.* Arbeitszufriedenheit ist dabei allerdings eine viel zu euphemistische Umschreibung; die Arbeiter und Arbeiterinnen bringen in der Krankmeldung vielmehr trotz ihrer verbalen Zusicherung, sie seien mit ihrer Arbeit durchaus zufrieden, zum Ausdruck, daß die Arbeit und die Umstände, unter denen sie stattfindet, *sie krank macht,* daß sie es in Wirklichkeit nicht mehr aushalten können.

Solche Arbeitssituationen, die von den Betroffenen durch — keinesfalls vorgetäuschte, sondern tatsächlich somatisch feststellbare — Krankheiten verarbeitet werden, werden in der Literatur häufig mit dem Terminus ›stress‹ bezeichnet (das ist aber nur das englische Wort für: Anspannung, Anstrengung, Beanspruchung, Belastung). Hans *Selye,* der Begründer der Stressforschung, faßte Stress noch vor allem organisch als die übermäßige, einseitige Anpassung eines oder mehrerer Organe an dauerhafte Überlastung, wenn »dadurch die immer wieder betroffenen Gefäße bei diesem Anpassungssyndrom durch endogen sezernierte Hormone zu stark geschädigt werden« (1962, S. 10). Die in einer Belastungssituation zur Körpermobilisation freigesetzten Hormone »können gegensätzlich wirken, zum Beispiel Entzündung hemmen oder fördern. Die Folge von Streß kann eine nützliche Anpassung des Organismus sein, aber ebenso Fehlentwicklung mit krankhaften Folgen wie Zusammenbruch des *Kreislaufs, Schädigung der Nieren* und *Magengeschwüren*« (H. *Selye, Süddeutsche Zeitung* vom 23. 11. 73, S. 11 — Hervorh. W. W.). Solche Hormone werden aber nicht nur bei akuten körperlichen Belastungen, sondern auch bei psychischer Anspannung und schon beim Inangriffnehmen einer Arbeit freigesetzt, die als besonders belastend eingeschätzt wird. So kann Erschöpfung und Müdigkeit nach M. *Pflanz* (1962, S. 89) auch ohne Arbeit bei inneren Konflikten durch Muskelverkrampfungen eintreten: »Psychologisch besteht ein enger Zusammenhang zwischen Hoffnungslosigkeit und Müdigkeit, wobei Ursache und Wirkung ebensowenig zu trennen sind wie bei der Beziehung von Müdigkeit zu Vitalitätsverlust.« Dieser Reaktionsverlauf erklärt die Tatsache, daß in der Literatur weniger die unabhängig gemessene arbeitsplatzspezifische Belastung als vielmehr die relative Überlastung, d. h. die Überforderung der individuellen Leistungsfähigkeit und die daraus resultierende Frustration als entscheidender pathogener Faktor der Arbeitssituation angesehen wird (M. *Pflanz*, 1962; Faktorenstruktur der Berufsbelastung, 1967; J. *Nöcker*, 1962; *Rohrberg/Uhlmann*, 1971; P. *Hülsmann*,1967; kritisch dazu z. B.: J. A. *Smith*, 1956, und K. *Köhn*, 1967).

Dabei werden solche Situationen durchaus schichtenspezifisch unterschiedlich verarbeitet: da bei den Arbeitern »eine Neurose mit rein psychischer Symptomatik nicht als Krankheit mit den damit verbundenen Privilegien angesehen (wird), während dieses Vorurteil in den oberen Schichten nicht besteht« (M. *Pflanz*, 1962, S. 86), werden sie bei Arbeitern viel häufiger organisch mit den entsprechenden somatischen Erscheinungen verarbeitet, oder aber erst beim Auftreten dieser somatischen Symptome als Krankheit zur Kenntnis genommen (Materialien, SOFI, 1973, S. 310). Daraus erklärt H. *Silomon* (1973, S. 119) die enorme Zunahme typischer psychosomatischer Leiden wie *Asthma, Kolitis, Migräne, Geschwüre, Herzinfarkt* während der letzten Jahrzehnte. Da neurotische Symptome bei Frauen — ähnlich wie bei Angehörigen der Oberschichten — sozial und kulturell akzeptiert sind, zeigt sich bei Arbeiterinnen eine »erhöhte Anfälligkeit für neurotische und funktionelle Störungen« (M. *Pflanz*, 1962, S. 222 f).

Auch der erhöhte Verbrauch von Psychopharmaka läßt auf den Belastungsverlauf schließen: in einer Vergleichsuntersuchung an schwangeren, erwerbstätigen Frauen zeigte sich ein Anstieg des Arzneimittelkonsums zwischen den beiden Untersuchungszeiträumen 1961—1963 und 1968—1971 um etwa das Vierfache! (H. J. *Mauss*, 1972).

K. *Böker* (1971, S. 916) referiert die Erfahrungsaussagen von praktischen Ärzten, wonach »zwischen 50 und 80 % aller in der haus- oder fachärztlichen Praxis gestellten Diagnosen Krankheiten betreffen, die zumindest teilweise durch psychische (und damit auch gesellschaftliche) Faktoren bedingt sind«.

Aus diesen Untersuchungsergebnissen kann man für die weitere Analyse als gesichert festhalten:

1. Die Veränderung des Krankenstandes drückt unmittelbar erfahrene Veränderungen in der Situation der Arbeiter und Arbeiterinnen aus. Ein allgemeines Ansteigen oder Fallen der Krankheitshäufigkeit muß daher auf betriebliche und/oder konjunkturelle Faktoren zurückgeführt werden.

2. Bei der Analyse der einzelnen Krankheitsursachen muß besonders auf Krankheiten am *Herz- und Kreislaufsystem*, an Magen und Darm, also am *Verdauungssystem* und auf *psychische Krankheiten* wie Psychosen, Depressionen etc. geachtet werden, weil sie nachweislich in besonders engem Zusammenhang mit der subjektiven Verarbeitung von Arbeitsbelastung — insbesondere von Stress — stehen. (Da Psychosen etc. im statistischen Material nicht gesondert aufgeführt werden, sollen in der folgenden quantitativen Betrachtung und zur Überprüfung unserer Hypothese allein die *Krankheiten des Kreislauf-* und *Verdauungssystems* herangezogen werden.)
3. Von der Tatsache, daß die belastungsrelevanten Krankheiten meist psychosomatisch entstehen und häufig im Widerspruch zu den verbalen Aussagen zur Arbeitszufriedenheit stehen, darf nicht geschlossen werden, daß ihr Ansteigen Indikator für wachsende Verdrängung und damit zunehmende Unbewußtheit der eigenen Situation sei: die Angaben über Arbeitszufriedenheit müssen immer in Relation zu den Erwartungen gesehen werden, die von den Arbeitern an die Arbeit gestellt werden. Wenn jemand angibt, er sei mit der Arbeit zufrieden, kann das oft heißen, daß er nichts anderes erwartet hat und daß er durchaus weiß, daß es noch schlimmer sein könnte.

Bei der Interpretation der quantitativen Entwicklung des Krankenstandes 1958—1969 muß man zuerst einmal die Veränderungen in der Erhebungsmethode während dieses Zeitraumes berücksichtigen:
1. Seit dem 26. 6. 1957 waren die Krankenkassen verpflichtet, vom dritten Tag der Arbeitsunfähigkeit (bei mehr als 14 Tagen Arbeitsunfähigkeit vom 1. Tag an) Krankengeld zu bezahlen. Deshalb wurde als Basisjahr das Jahr 1958 gewählt.
2. Am 12. 7. 1961 wurde die Zahl der Karenztage auf einen gesenkt und der Lohnausgleich auf 100 % erhöht, wodurch sich der Krankenstand rein rechnerisch erhöhte, weil nun auch die kurzdauernden Arbeitsunfähigkeiten der Krankenkasse gemeldet wurden (H. *Schaefer*, 1967, S. 92).
3. Seit dem 1. 1. 1962 werden Versicherte, »die sich in einem Heilverfahren der gesetzlichen Unfall- oder Rentenversicherung befinden [...], nicht mehr den arbeitsunfähig Kranken der Krankenversicherung zugerechnet und tauchen dementsprechend in den Krankenstandstatistiken nicht mehr auf. Die dadurch resultierende Senkung des Krankenstandes wird auf ungefähr 0,5 % (absolut) geschätzt« (K. *Böker*, 1971, S. 903).
4. Seit dem 1. 1. 1970 »werden die Krankenstände von Arbeitern und Angestellten gemeinsam veröffentlicht und sind demzufolge mit den Vorjahreszahlen nicht mehr vergleich-

bar« (K. *Böker*, 1971, S. 903). Deshalb werden im folgenden nur die Angaben bis einschließlich 1969 berücksichtigt (vgl. auch: Die Ortskrankenkassen 1972, S. 128).

Es soll nun anhand der Entwicklung der Arbeitsunfähigkeit von 1958 bis 1969 die Hypothese überprüft werden, die sich aus der Entwicklung der angezeigten Arbeitsunfälle ergab: der Anstieg der Unfallzahlen bis 1961 und ihr Rückgang danach ist nicht nur aus den Entwicklungen des Arbeitsmarktes zu erklären, sondern ist ein *Indikator für die Entwicklung der Arbeitsbelastung.*

Dazu wurden in den folgenden Kurven noch einmal die Konjunkturdaten Veränderung des Nettoproduktionsvolumens in der Industrie gegenüber dem Vorjahr, die Arbeitslosenquote und als Indikator für den Einsatz von Maschinerie die privaten Ausrüstungsinvestitionen in Milliarden DM (Jahresgutachten des Sachverständigenrates 1972) sowie die bei den gewerblichen Berufsgenossenschaften angezeigten Arbeitsunfälle pro 1000 Vollarbeiter eingetragen (Hauptergebnisse der Arbeits- und Sozialstatistik). Darunter ist der Verlauf der Jahresergebnisse aus der Krankheitsartenstatistik der Allgemeinen Ortskrankenkassen für Mitglieder mit sofortigem Anspruch auf Barleistungen, d. h. abhängig Erwerbstätige mit Anspruch auf Lohnausgleich bzw. Lohnfortzahlung, eingezeichnet und zwar immer bereits als Indexreihe mit Basis 1958 (zusammengestellt und berechnet nach den Statistischen Jahrbüchern der BRD). Die absoluten Zahlen, jeweils bezogen auf 1000 Mitglieder, sind in den Tabellen im Anhang aufgelistet.

In der Abbildung wurden nur die Daten *für Männer* berücksichtigt, weil sie eine höhere Erwerbsquote und deshalb eine geringere — möglicherweise auch gesundheitliche — Selektion haben. Die Verhältnisse unterscheiden sich bei den Frauen aber kaum (lediglich der Anstieg der Krankheiten des Kreislaufsystems ist ausgeprägt steiler). Die Relation zu den Männern wird aus einer Tabelle ersichtlich, in der jeweils die Daten der Männer = 100 gesetzt wurden. Für die erste Phase bestätigt sich die Erkenntnis der Literatur (z. B. P. *Hülsmann*, 1962, S. 55), daß die Frauen eine niedrigere Fallzahl, dafür aber eine größere Dauer der Abeitsunfähigkeit haben. Ab 1965 verschiebt sich das Verhältnis aber gravierend: die Arbeiterinnen haben in Häufigkeit und Dauer einen höheren Krankenstand. Bedenkt man noch, daß bei ihnen der Rückgang dazu in der Rezession von 1967 geringer ist als bei den Männern, so wird die Wirkung der erhöhten Belastung von Frauen und zugleich ihre größere Disziplinierbarkeit deutlich (Stat. Bundesamt, WiSta, 1973, berichtet von der höheren Krankheitsanfälligkeit bei Frauen, zugleich aber von ihrem

Entwicklung des KRANKENSTANDES und ausgewählter belastungsrelevanter URSACHEN für Arbeitsunfähigkeit 1958–1969 in Relation zu ARBEITSUNFÄLLEN und KONJUNKTUR

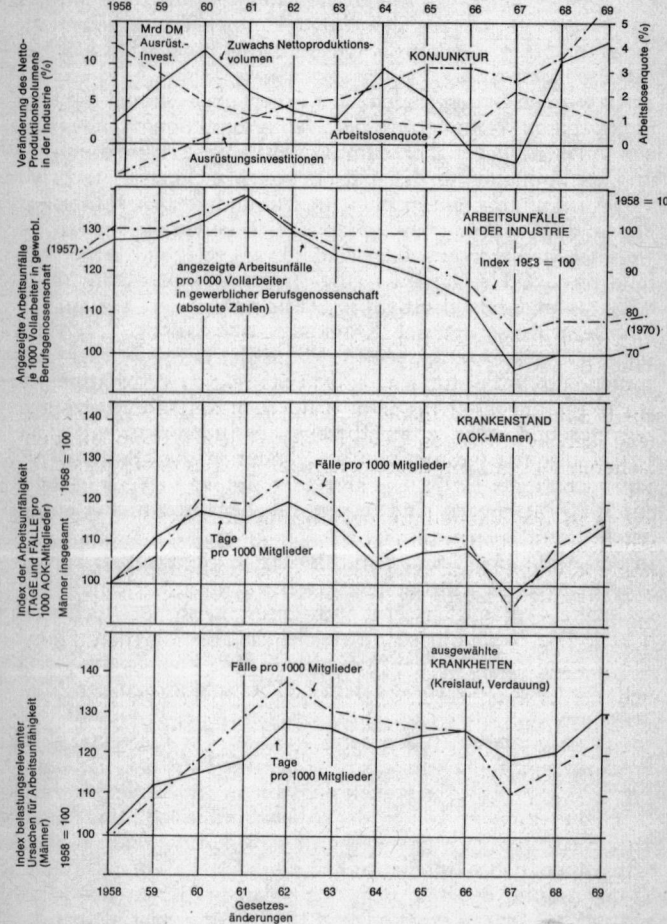

nahezu ausgeglichenen Krankenstand). L. *Müller* (1972, S. 57) gibt an, daß 60–70 % aller Arbeiterinnen im Akkord arbeiten. Berücksichtigt man aber dabei, daß Frauen nur 80 % der körperlichen Leistung des Mannes bringen können, daß ihre maximale Dauerbelastungsgrenze deutlich niedriger liegt als bei Männern (W. *Ehrhardt*, 1967, S. 180 und *Schulte/ Armbruster/Schmidt*, 1971), daß Frauen aber täglich mindestens 3 Stunden zusätzlich Hausarbeit leisten müssen (H. O. *Kleine*, o. J., u. W. *Ehrhardt*, 1967), dann wird diese Veränderung selbst bereits zu einem Indikator für die Entwicklung der Belastung der Arbeiterinnen. Damit stimmt auch die erhöhte Anfälligkeit für Erschöpfungskrankheiten (H. J. *Haase*, 1964) und die hier festgestellte besondere Steigerung bei den Krankheiten des Kreislaufsystems überein.

In der Abbildung sind die Kurven für die Arbeitunfähigkeits*fälle* eingetragen, obwohl sie geringere betriebliche Relevanz haben als die Arbeitsunfähigkeits*tage*, weil sie die Vergleichbarkeit mit der Unfallentwicklung herstellen, die ebenfalls durch die Fall*häufigkeit* und nicht durch die Ausfall*dauer* ermittelt wird. Für alle anderen Zwecke muß die Zahl über die Dauer der Arbeitsunfähigkeit pro 1000 AOK-Mitglieder vorgezogen werden, weil sie sowohl den medizinischen Fortschritt (ausgedrückt in der sinkenden Tageszahl pro Fall — siehe Tabelle) wie das Gewicht der Fälle (sichtbar an dem flacheren Verlauf in Rezessionen, z. B. 1967) berücksichtigen.

Bereits in der Darstellung der allgemeinen Entwicklung von Arbeitsunfähigkeit nach Häufigkeit und Dauer ohne Betrachtung spezieller Ursachen für die Arbeitsunfähigkeit wird die parallele Entwicklung zu den Arbeitsunfällen deutlich: Diese Parallelität besteht allerdings nur im Verlauf, also im Anstieg bis Anfang der sechziger Jahre und im Rückgang bis zur Tendenzwende nach 1967. In den absoluten Beträgen und auch in der Steilheit der Veränderung weichen die Kurven gelegentlich stark voneinander ab. Die Arbeitsunfälle erreichen nie die relative Höhe der Arbeitsunfähigkeit und sinken dann auch viel schneller und stärker ab. Auch ist der Anstieg nach 1967 nicht so ausgeprägt wie bei der Arbeitsunfähigkeit. Dies liegt vor allem daran, daß technische Veränderungen sehr viel stärker auf das Unfallrisiko als auf die sonstigen möglicherweise pathogenen Arbeitsbedingungen wirken und umgekehrt eine Verschlechterung der allgemeinen Arbeitsbedingungen sich viel deutlicher in der Zunahme der Arbeitsunfähigkeitsfälle ausdrückt (wenn die konjunkturelle Entwicklung dies erlaubt). Der Tiefpunkt bei 1967 und der folgende Anstieg ist jedoch eindeutig der konjunkturellen Entwicklung zuzuschreiben und kann est auf der Basis vergleichbarer Daten für die Zeit nach dem Lohnfortzahlungsgesetz als Indiz für eine Tendenzwende in der Arbeitsbelastung herangezogen werden. Allerdings könnte man nach der Entwicklung der Ausrüstungsinvestitionen, der Konjunktur und der Arbeitslosenquote nach 1967 vermuten, daß ein weiterer Mechanisierungsschub die Belastung und damit den Krankenstand gegenüber 1964 und 1966 senken würde. Der entgegengesetzte Verlauf könnte hier auf eine Steigerung der Arbeitsbelastung trotz erhöhter Ausrüstungsinvestitionen verweisen, ... wenn der gesamte Kurvenverlauf hinreichend gesichert als Indikator für die Entwicklung der Belastung bei industrieller Arbeit genommen werden kann. Dafür soll nun der Beweis erbracht werden.

Der Verlauf der Kurven für die belastungsrelevanten Ursachen für Arbeitsunfähigkeit, *Kreislaufkrankheiten* und Krankheiten der *Verdauungsorgane* — den Zusammenhang zwischen diesen Schädigungen und dem Arbeitserlebnis haben wir auf den vorangegangenen Seiten genügend gesichert —, zeigt bereits eine viel auffälligere Parallelität: lediglich ihr Höhepunkt ist um ein Jahr verschoben.

Nun könnte man folgende Einwände bringen:

1. Krankheiten des Kreislaufsystems und der Verdauungsorgane sind vor allem auf eine endogene Disposition und nicht so sehr auf Exposition zurückzuführen *(Eitner/Funke/Tröger,* 1969). Dagegen ist aber darauf hinzuweisen, daß bei gleichmäßiger Disposition Schwankungen in der Arbeitsunfähigkeit nur durch Veränderungen in den auslösenden Faktoren erklärt werden können.

2. Solche Krankheiten können nicht auf den Einfluß der Arbeitsbedingungen alleine zurückgeführt werden, da gerade das Auftreten von Kreislaufkrankheiten eng mit Konsumgewohnheiten wie Übergewicht und Rauchen korreliert (L. *Delius,* 1967, u. *Hochrein/Schleicher,* 1970) und sie eher bei leichter als bei schwerer körperlicher Arbeit auftreten *(Eitner/Funke/Tröger,* 1969). Hierzu muß noch einmal betont werden, daß selbstverständlich die Arbeitsbelastung nur als einer neben anderen krankheitsverursachenden Einflüssen anzusehen ist. Aber auch hier ist kein plötzlicher Wandel in den allgemeinen außerberuflichen Arbeitsbedingungen seit 1962 nachweisbar, der die Tendenzwende erklären könnte. Im Gegenteil; der Konsum von Alkohol und Tabakwaren nahm über die ganze Periode kontinuierlich zu. Die Schwankung muß also anderswo ihre Ursache haben. Weiter wurde hier nie behauptet, daß allein physische Überlastung krankheitsverursachend sei, sondern daß der Arbeitsunfähigkeit auslösende Faktor in der Diskrepanz zwischen Leistungsanforderungen und Leistungsmöglichkeiten liege (S. H. *Preston,* 1970;

J. *Nöcker*, 1962 und auch L. *Delius*, 1967, S. 37).

Wenn sich also sonst nichts verändert hat außer den Bedingungen des Arbeitsprozesses — und der sprunghaft erhöhte Einsatz des ›Produktionsfaktors Kapital‹ zur Ersetzung des ›Produktionsfaktors Arbeit‹ war das logische Ergebnis eines weiterhin aufnahmefähigen Marktes bei gleichzeitiger Sättigung des Arbeitsmarktes um 1961 —, so muß die Tendenzwende in Unfallhäufigkeit und Häufigkeit der Arbeitsunfähigkeit auf diese Veränderungen zurückgeführt werden.

3. Man könnte argumentieren, eine Veränderung in der Arbeitsbelastung wirke sich physiologisch-medizinisch erst sehr viel später auf die Arbeiter aus, so daß man von einer Änderung in der Entwicklung der Arbeitsunfähigkeit zwar auf eine Veränderung in der Arbeitsbelastung, aber nicht auf den Zeitpunkt dieser Veränderung schließen könne. Dagegen ist aber auf den engen und unmittelbaren Zusammenhang von subjektiver Einschätzung der Arbeitsbedingungen und Häufigkeit der medizinisch überprüften Krankheitssymptome und — nur noch deutlicher ausgeprägt — Schwankungen im betrieblichen Krankenstand zu verweisen.

4. Schließlich könnte man auf den wachsenden Anteil von ausländischen Arbeitern seit 1961 verweisen und einwenden, sie seien jünger und daher gesünder, darüber hinaus, wenn sie nicht aus dem EWG-Bereich kommen, erst nach einer Gesundheitsprüfung zugelassen worden und müßten so die Häufigkeit von Krankheiten und Arbeitsunfähigkeiten deutlich verringern. W. *Schmidt* (1967, S. 33) stellte aber fest, daß ausländische Arbeiter im Vergleich zum Durchschnitt der deutschen Arbeiter keine geringere Arbeitsunfähigkeitshäufigkeit zeigen.

5. Man könnte argumentieren, die Parallelität sei reiner Zufall. Es soll hier ein qualitatives, argumentierendes Beweisverfahren benutzt werden, um den Zufall als Verursacher der Parallelität in den Kurvenverläufen auszuschließen:

Nach den vorangegangenen Ausführungen sind Krankheiten des Kreislaufsystems und der Verdauungsorgane besonders eng mit den Wirkungen von Streß und Arbeitsüberlastung verknüpft. Schaut man sich die Kurven dieser beiden Krankheitsarten einzeln (Abb. ›Vergleich des Verlaufs . . .‹, C und D) oder addiert (Abb. ›Entwicklung des Krankenstandes . . .‹, unterste Kurve) an, so fällt die besonders deutliche Übereinstimmung mit dem Kurvenverlauf der Unfallhäufigkeit auf. Vergleicht man den Verlauf der anderen Krankheitskurven, so fällt auf, wie disparat und gegensätzlich sie verlaufen. Keine außer der Kurve B, die auch wieder ein gerüttelt Maß an arbeitsbelastungsrelevanten psychischen und psychosomatischen Reaktionsmöglichkeiten auf Arbeitsüberlastung enthält,

Vergleich des Verlaufs einzelner Ursachengruppen für Arbeitsunfähigkeit mit dem Durchschnittsverlauf
(männlich: Fälle pro 1000 Mitglieder der AOK 1958–1969)
(1958 = 100)

A Krankheiten der Knochen und Bewegungsorgane, angeborene Mißbildungen, bes. Krankheiten der frühesten Kindheit und des Blutes, der blutbildenden Organe, der Sinnesorgane, Altersschwäche sowie mangelhaft bezeichnete Krankheiten

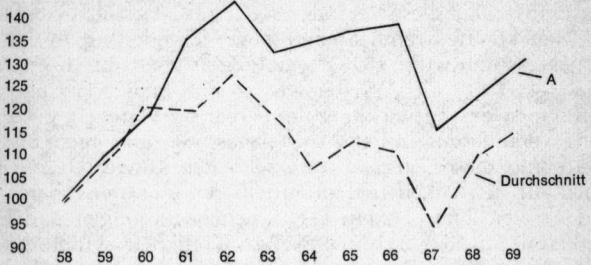

B Allergische, Stoffwechsel- und Ernährungskrankheiten, Störungen der inneren Sekretion, Psychosen, Psychoneurosen und Persönlichkeitsstörungen sowie Krankheiten des Nervensystems

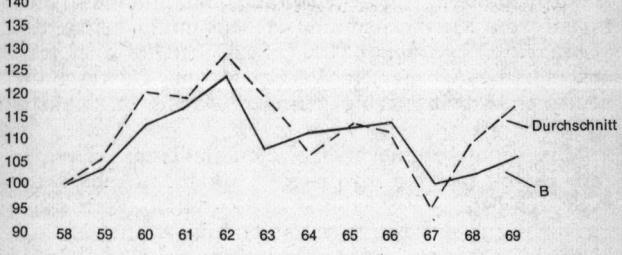

C Krankheiten der Verdauungsorgane

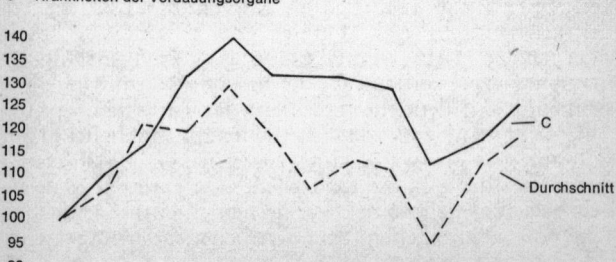

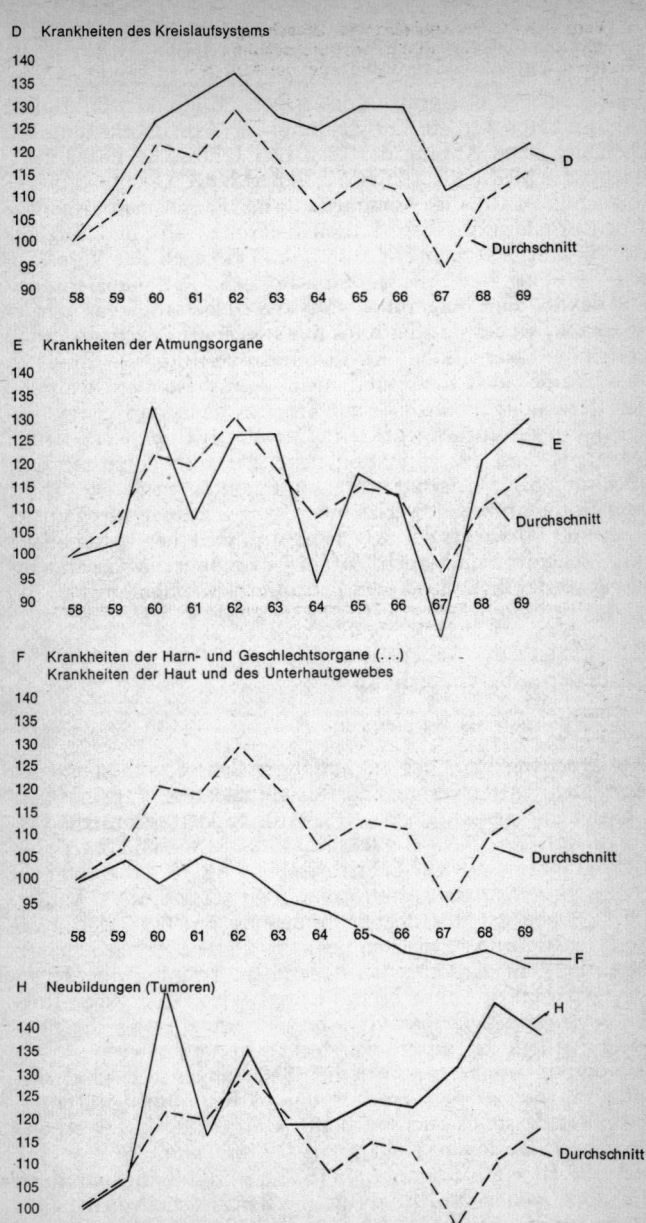

D Krankheiten des Kreislaufsystems

E Krankheiten der Atmungsorgane

F Krankheiten der Harn- und Geschlechtsorgane (...)
Krankheiten der Haut und des Unterhautgewebes

H Neubildungen (Tumoren)

kommt zu solch einer Näherung an die Unfallkurve.

Damit ist die Hypothese bestätigt, daß die Entwicklung der Daten über die Unfall- und Arbeitsunfähigkeitshäufigkeit ein Indikator für die Entwicklung der Arbeitsbelastung ist. Demnach löste Anfang der sechziger Jahre eine Phase überwiegender Mechanisierung (Sieben Berichte, Ökonomischer Untersuchungsteil) die vorangegangene Phase überwiegender arbeitsorganisatorischer Rationalisierung ab und brachte eine deutliche Arbeitserleichterung. Erst nach der Rezession von 1967 nehmen arbeitsorganisatorische Rationalisierungen und damit die Steigerung von Arbeitsbelastungen wieder überhand, wobei sie allerdings mit steigender Mechanisierung verbunden war (hohe Ausrüstungsinvestitionen). Zugleich aber wurde auch mehr und mehr — insbesondere während der Rezession 1966/67 — auf arbeitsorganisatorische Rationalisierungen zurückgegriffen. Der Verlauf der Kurven legt jedenfalls diese Interpretation nahe, die auch durch die Entwicklung der Wirtschaftsdaten unterstützt wird. Die These vom Stufenprozeß abwechselnder vorwiegender Mechanisierung und vorwiegender arbeitsorganisatorischer Rationalisierung scheint damit auch auf die ökonomische Gesamtentwicklung der BRD für diesen Zeitraum anwendbar.

3. Spätfolgen der Arbeitsbelastung (ein deprimierender Exkurs)

Das Altwerden als Verelendung

Die Arbeitsmedizin hat in umfangreichen Forschungen den ›normalen‹ Altersverlauf der Leistungskurve für die verschiedenen menschlichen Arbeitsfunktionen ermittelt (W. *Brokmann*, 1969; A. T. *Welford*, 1968 — mit umfangreicher Bibliographie —; RKW-Schriftenreihe: Ältere Arbeitnehmer, 1967; *Schulte/Armbruster/Schmidt*, 1971; E. A. *Müller*, 1961). Dabei ist das übereinstimmende Ergebnis, daß zwar die Höchstleistung zwischen dem 25. und 40. Lebensjahr stetig zurückgeht, daß aber bei dauerndem Training die Dauerleistungsfähigkeit kaum beeinträchtigt wird. Allerdings sinkt die psychische Belastbarkeit sehr viel schneller als die physische, so daß der durch die Mechanisierung bewirkte Wandel von physischen zu psychischen Belastungen sich sehr nachteilig für die älteren Arbeiter und Arbeiterinnen auswirkt, besonders da sie es auch noch mit Umstellungen viel schwerer haben als jüngere Kollegen (W. *Brokmann*, 1969, S. 117 und 132 f). *Kern/Schumann* (1972, S. 53) berichten denn auch, daß sie meist nicht an die mechanisierten Arbeitsplätze übernommen, sondern auf einfachere, unqualifizierte Arbeitsplätze versetzt werden. Dort können sie ihre Erfahrungen und Fähigkeiten nicht mehr einsetzen, die ja ihr spezifischer Vorzug gegenüber den jüngeren Kollegen sind. Statt dessen müssen sie repetitive Teilarbeiten mit hohen Anforderungen an das Tempo leisten (*Böhle/Altmann*, 1972, S. 124 f). Hohe Konzentration und hohes Tempo einhalten zu könnnen (und das noch unter erschwerenden Umweltbedingungen) ist aber wiederum eine der wenigen Leistungsarten, die mit zunehmendem Alter immer schwerer fallen (W. *Brokmann* 1969, S. 58; RKW-Schriftenreihe ›Ältere Arbeitnehmer‹, 1967, S. 16). W. *Nesswetha* (1966) berichtet aus seinem Material, Arbeiter könnten durchschnittlich bis zum 30. Lebensjahr Einzelakkord, bis zum 45./50. Lebensjahr Gruppenakkord und bis zum 65. Lebensjahr nur Arbeiten mit Erfahrungs- und Sorgfalts-Prämien leisten. Die Verdienstmöglichkeiten verschlechtern sich also trotz erhöhter Anstrengung und Belastung. Eine Kündigung durch den älteren Arbeiter, um sich einen angenehmeren Arbeitsplatz zu suchen, kommt aber auch nicht in Frage, weil ältere Arbeiter mit sehr langdauernder Arbeitslosigkeit rechnen müssen; 1969 war die Arbeitslosenquote bei den 55- bis 65jährigen um das Dreifache höher als die Gesamtarbeitslosigkeit (G. *Sandmann*, 1970), und 1971 stellten sie 28 % aller Arbeitslosen und 70 % der über ein Jahr lang Arbeitslosen (*Süddeutsche Zeitung*, 29. 12. 1971). Die älteren Kollegen ziehen daher die Frühberentung trotz der erheblichen Einkommenseinbußen einer Weiterbeschäftigung unter Bedingungen vor, die für sie eine Überforderung bedeuten müssen (vgl. mehrere Umfrageergebnisse, die dies eindrucksvoll zeigen, in: Flexibilität der Altersgrenze, 1969). Otto *Blume* (1968) hat in 4 Großstädten jeweils etwa 2000 über 65jährige Industriearbeiter befragt: mehr als die Hälfte war vor dem 65. Lebensjahr aus dem Erwerbsleben ausgeschieden, und etwa die Hälfte befürworteten ein früheres Pensionierungsalter auch dann, wenn sie deswegen auf $1/3$ ihrer Einkünfte verzichten müßten. Wenn man bedenkt, daß sich auf diese Weise das Einkommen eines Arbeiters ab dem 50. Lebensjahr ständig verschlechtert, daß er von hochbezahlten Arbeitsplätzen stufenweise auf immer schlechter bezahlte und zugleich auch schlechter angesehene Arbeitsplätze versetzt wird, daß er dann über die Randbereiche der Erwerbstätigkeit (Arbeitslosigkeit, Berufsunfähigkeit, Erwerbsunfähigkeit und Altersrente), die ihn über die Abstufungen immer wieder in die Arbeit zurückbringen sollen, schließlich auf Alters- oder Invalidenrente geht; wenn man weiter bedenkt, daß dieser ganze Abstieg in Einkommen und Ansehen von einem sich beständig verschlechternden Gesundheitszustand begleitet ist, so kann man nicht umhin, die Theorie von der absoluten Verelendung als eine exakte Beschreibung der individuellen Lebensperspektive von Arbeitern über 45 anzunehmen. Meist reagieren die älteren Arbeiter und Arbeiterinnen denn auch entsprechend den hier vorgetragenen Überlegungen mit völliger Passivität und Resignation und sind froh, wenigstens dem sie mehr und mehr überfordernden Produktionsprozeß entronnen zu sein. So erklärt sich auch die Häufung von Selbstmorden in diesem Alter. Diese Reaktionen selbst können als besonders überzeugende Beweise für die Unhaltbarkeit der Verelendungstheorie als Theorie über die Entstehung von antikapitalistischem Bewußtsein und revolutionärer Mobilisation verstanden werden.

Vorzeitiger Aufbrauch

H. *Selye* (1962, S. 4) umschreibt den Alterungsprozeß biologisch »als die Summe aller Abnutzungserscheinungen [. . .], die wir im Leben erlitten haben.« »Streß aber ist die Quote der Geschwindigkeitsrate der Abnutzung während eines Lebensabschnittes« (S. 9). Daraus folgert er:

»Alterserscheinungen durch Streß entstehen hauptsächlich dann, wenn vorzugsweise das eine oder andere Organ ganz besonders in Anspruch genommen wird und dadurch die immer wieder betroffenen Gefäße bei diesem Anpassungssyndrom durch endogen sezernierte Hormone zu stark geschädigt werden« (S. 10). »Dann sterben die Menschen gewöhnlich daran, daß dieses bevorzugt belastete Organ zum schwächsten Glied wird und die Kette bricht« (S. 11).

H. *Valentin* (1967) hat dafür den Terminus ›vorzeitiger Aufbrauch‹ geprägt und auf den engen Zusammenhang zur Beanspruchung im Erwerbsleben verwiesen (so auch: H. A. *Paul*, 1967; und L. *Nottbohm*, 1967).
Eitner/Funke/Tröger (1969) fanden in einer breiten Untersuchung, daß hohe Schichtzahlen und Überbeanspruchung zu einer deutlichen *psychischen*, schlechtes Raumklima und statische, einseitige Muskelbelastungen auf die Dauer zu einer *biologischen Voralterung* führen können. W. *Wittgens* (1967) betont dabei den Faktor der erblichen Disposition, der aber auch hier wieder nicht die Veränderung in der Zeit erklären kann: Die Daten über die Neuzugänge wegen ›Altersschwäche, vorzeitigem Altersabbau‹ der Rentenversicherung für Arbeiter und für Angestellte von 1960 zeigen überall steigende Tendenz (vgl. Tabelle nebenstehende Seite).
Die Zunahme der Berentungsursache ›vorzeitiger Aufbrauch‹ bei der Rentenversicherung der Arbeiter kommt am deutlichsten durch die Bezugsziffer des Anteils dieser Ursache an 1000 Rentenzugängen bei der Erwerbsunfähigkeit bis 1967 zum Ausdruck. (Danach wurde ein Teil der Symptomatik ab-

wegen Berufs- und Erwerbsunfähigkeit aus der Ursache 89 ("Altersschwäche, vorzeitiger Altersabbau" bis 1967)

	Erwerbsunfähigkeit				Berufsunfähigkeit			
Jahr	Männer	pro 1000	Frauen	pro 1000		Männer	pro 1000	Frauen	pro 1000
1960	2360	48	3622	85		2705	52	3101	70
1961	2992	48	3185	77		2983	55	3603	75
1962	3295	54	3458	84		3748	69	3687	86
1963	3607	59	3587	92		3583	72	2684	81
1964	3608	56	4527	97		3159	71	3084	98
1965	4263	60	5134	99		2991	73	2715	95
1966	5070	66	5347	97		2398	64	2372	89
1967	5931	67	6253	108		2383	57	2225	79

getrennt, so daß die Zahlen nicht mehr vergleichbar sind. Die
Entwicklung kann also leider nur bis 1967 verfolgt werden.)
Zugleich stieg diese Berentungsursache auch in der Bedeutung.
Während sie 1960 bei den Männern noch an der 5. (Erwerbsunfähigkeit) bzw. 6. Stelle (Berufsunfähigkeit) in der Häufigkeit lag, rückte sie 1965 an die 3. bzw. 4. Stelle auf (bei Frauen
unverändert überall 4. Stelle). Sie rangierte also gleich hinter den Hauptursachen für die Invalidisierung: Herz- und
Kreislaufkrankheiten und Gelenkerkrankungen.
Bei der Rentenversicherung für Angestellte dagegen, für die
vergleichbare Anteilzahlen nur für 1965 und dabei zusam-
mengezogen für Erwerbs- und Berufsunfähigkeit vorliegen,
rangierte der vorzeitige Aufbruch bei den Männern an 16.
und bei den Frauen an 9. Stelle. Zugleich zeigen die niedrigen absoluten Zahlen bei den Angestellten auch einen ver-
gleichsweise sehr niedrigen Anteil an den gesamten Beren-
tungsursachen: 1965 wurden bei den Männern 13, bei den
Frauen 21 von 1000 Neuzugängen wegen dieser Ursache registriert. *Der Unterschied in den Belastungsfolgen ist kaum
deutlicher zu belegen.*
Aber nicht nur die höhere Belastung der Arbeiter gegenüber
den Angestellten läßt sich anhand der Entwicklung des vorzeitigen Aufbruchs dokumentieren, auch die weitere Zunahme
der Belastung geht aus dem Anstieg bis 1967 sehr deutlich
hervor, wobei die Zunahme der Erwerbsunfähigkeit schwerer
wiegt, da diese Rente nur bei Nachweis einer sehr viel gra-
vierenderen Schädigung als bei der Berufsunfähigkeit gewährt
wird.

Frühinvalidität

Mit der Frühinvalidität (Renten wegen Erwerbsunfähigkeit
und wegen Berufsunfähigkeit, die vor Erreichung der gesetzlichen Altersgrenze gewährt werden) wird sehr oft im Zu-

sammenhang mit der Entwicklung der Arbeitsbelastung argumentiert, und zwar oft in völlig gegensätzlicher Weise (z. B. M. *Pflanz*, 1962, S. 121 f; H. *Schaeffer*, 1967, S. 94 ff; *Wagner/Körner/Neubert*, 1966, S. 20 f). Wenn man sich die Statistik der Rentenanstalten etwas genauer anschaut, dann zeigt sich, daß man mit diesen Daten kaum etwas über die Entwicklung der Folgen von Arbeitsbelastung bei Arbeitern oder Angestellten aussagen kann:

1. Der rechtliche Rahmen hat sich mehrfach so verändert, daß echte, vergleichbare Zeitreihen gar nicht aufgestellt werden können.

2. Der konjunkturelle Einfluß ist erheblich stärker als bei der Arbeitsunfähigkeitsentwicklung, weil sich den von Arbeitslosigkeit bedrohten älteren Kollegen die Alternative zwischen Arbeitslosigkeit und Rentenantrag stellt und Betriebe immer das Abschieben in die Rente einer Entlassung vorziehen und darum bei nachlassender Konjunktur zuerst auf diesem Wege die Belegschaft verkleinern (St. *Münke*, 1964, S. 50; *Schewe/Zöllner*, 1957, S. 76 f).

Im übrigen dominieren bei den Invalidisierungsursachen dieselben Leiden wie bei der Arbeitsunfähigkeit: Kreislaufkrankheiten, Schäden am Bewegungsapparat und Nervenkrankheiten: »die Invalidität beruht ganz überwiegend auf Krankheiten, die man auch als Verbrauchserkrankungen bezeichnen kann« (D. *Zöllner*, 1967, S. 263). Aber auch hier — wie bei der Arbeitsunfähigkeit — zeigt sich in der anerkannten Invalidität nur die Spitze eines Eisbergs: W. *Nesswetha* (1969, S. 117) berichtet von einer Untersuchung von 660 63- bis 65jährigen *aktiven*, also *nicht* invalidisierten Industriearbeitern, wo der Gesundheitszustand von 37 % eine weitere Arbeit nicht zumutbar erscheinen ließ. In diesem Alter sind aber 6 von 10 Industriearbeitern bereits invalidisiert (W. *Brokmann*, 1969, S. 68).

Übersterblichkeit

Die Lebenserwartung eines neugeborenen Jungen nahm seit 1871 dauernd zu, und zwar von 35,58 Jahren 1871 auf 67,41 Lebensjahre 1970/72. Während der letzten 20 Jahre ist diese Steigerung aber vor allem auf die verringerte Säuglingssterblichkeit zurückzuführen. Das zeigt sich schlagend daran, daß heute ein 5jähriger eine kürzere Lebenserwartung hat als vor 10 Jahren, also 1960/62. Und für einen 10jährigen stieg die Lebenserwartung bis 1960/62, fiel dann aber sogar hinter den 1949/51 erreichten Stand zurück. Für alle Altersgruppen zwischen 20 und 75 Lebensjahren hatte die Lebenserwartung 1949/51 ihren Höhepunkt erreicht und ist seitdem um durchschnittlich 0,455 Jahre in jeder Altersgruppe gefallen, wobei in den Altersgruppen zwischen 50 und 65 die Lebenserwartung um nahezu ein dreiviertel Jahr zurückging.

Bei den Frauen nahm im gleichen Zeitraum, 1949/51 bis 1970/72, bei den Altersgruppen zwischen 50 und 65 die Lebenserwartung um durchschnittlich 1,7 Jahre zu, wobei sie bei den Frauen schon 1949/51 um anderthalb Jahre über der der Männer gelegen hatte. 1970/72 konnte deshalb eine 50jährige Frau erwarten, daß sie wahrscheinlich noch 27,65 Jahre leben würde – das sind 4,6 Jahre mehr als ein gleichaltriger Mann. Noch drastischer kommt die gegensätzliche Entwicklung in folgendem Zahlenverhältnis zum Ausdruck: während die Sterbewahrscheinlichkeit eines 70jährigen Mannes 1970/72 gegenüber einem 70jährigen 1932/34, also vor beinahe 40 Jahren, von 54,01 auf 55,92 pro 1000, also um 3,5 % *gestiegen* ist, *fiel* sie im selben Zeitraum für 70jährige von sowieso schon niedrigeren 47,61 auf 30,19 pro 1000, also um 36,5 %! (Alle Zahlen berechnet nach den ›Sterbetafeln in abgekürzter Form‹, in: Stat. Bundesamt, WiSta, 7, 1974, S. 473).

Das Statistische Bundesamt interpretiert diese Erhöhung der Übersterblichkeit der Männer gegenüber den Frauen so:

»Die Wahrscheinlichkeit an den Todesursachen ›Krankheiten der Kreislauforgane‹ und ›Krankheiten der Verdauungsorgane‹ sowie an unnatürlichen Todesursachen zu sterben, ist während des Beobachtungszeitraumes für alle Altersgruppen über 35 Jahren zum Teil erheblich gestiegen. Infolge der jeweiligen Bedeutung dieser Todesursachengruppen waren vor allem die höheren Sterbewahrscheinlichkeiten bei Krankheiten der Kreislauforgane in diesen Altersgruppen von maßgeblichem Einfluß auf die Veränderung der Gesamtsterblichkeit« (Stat. Bundesamt. WiSta, 7. 1971, S. 406).

Diese Interpretation stimmt exakt mit unseren bisherigen Beobachtungen über die Folgen der Arbeitsbelastung überein. Die erhöhte Übersterblichkeit der Männer ist vor allem auf erhöhte Belastung zurückzuführen, denn sie wird hauptsächlich durch diejenigen Krankheitsarten verursacht, die wir als die psychosomatischen Reaktionen auf Streß kennengelernt haben.

Selbstverständlich kann man die Veränderungen in der Sterblichkeit nicht alleine der Arbeitsbelastung anlasten, da krankhafte Veränderungen, die schließlich zum Tod führen, nie monokausal erklärbar sind, sondern sich aus einem ganzen Geflecht von Einflüssen und Ursachen entwickeln. So spielt das Rauchen für die Entstehung von Krebs und Kreislaufleiden eine ganz hervorragende Rolle (S. H. *Preston*, 1970, führt die erhöhte Erwachsenensterblichkeit in zivilisierten Ländern vor allem auf das Rauchen zurück), Fettleibigkeit und Bewegungsarmut tragen erheblich zum Herzinfarktrisiko bei (E. *Gerfeldt*, 1967), und Kaffeetrinken ist die Hauptursache für

Magengeschwüre.

Es geht jetzt darum, den Einfluß der mit der Berufsarbeit verbundenen Belastung auf die Übersterblichkeit näher zu bestimmen.[151]

Dabei muß man sich zuerst einmal verdeutlichen, daß alle obengenannten außerberuflichen Faktoren wie Rauchen, Kaffeetrinken etc. selbst oft genug Reaktionsweisen auf beruflichen und außerberuflichen Streß sind, also nicht säuberlich abgetrennt und dem Faktor Arbeitsbelastung als Gegengewicht entgegengestellt werden können.

Die Tabelle ›Rentenwegfall durch Tod‹ (die mir freundlicherweise vom Dezernat für Presse- und Öffentlichkeitsarbeit der Bundesversicherungsanstalt für Angestellte zur Verfügung gestellt wurde) zeigt vielmehr, daß offensichtlich mit der besonderen Belastung durch den Beruf sich auch die anderen Risikofaktoren häufen, die zu einer Erhöhung der Sterblichkeit und damit zur Senkung des durchschnittlichen Sterbealters führen: Spalte 3 zeigt die durchschnittlichen Todesalter der Bezieherinnen von Altersrenten vom 65. Lebensjahr an. Diese Frauen waren zwar alle irgendwann einmal berufstätig, haben aber zum großen Teil früh aufgehört und sich als nichtberufstätige Hausfrauen weiterversichert. Spalte 5 zeigt dagegen das Todesalter der Bezieherinnen des vorgezogenen Altersruhegeldes, die dauernd berufstätig waren. Dazu schreibt das Dezernat für Presse und Öffentlichkeitsarbeit der BfA in einem Begleitbrief:

»Die Leistungsart des vorgezogenen Altersruhegeldes existiert erst seit der Rentenreform des Jahres 1957. Es handelt sich daher um einen jungen sich aufbauenden Rentenbestand. Das durchschnittliche Todesalter dieses Rentenbestandes kann daher vorläufig noch nicht seinen endgültigen statistischen Durchschnittswert erreicht haben, weil langlebige Frauen, die das vorgezogene Altersruhegeld beziehen, im Zeitraum zwischen der Rentenreform und jetzt noch nicht verstorben sind. Es müßte demnach beim Wegfallalter durch Tod in dieser Leistungsart ein von Wegfalljahr zu Wegfalljahr fühlbares Anwachsen des Todesalters festzustellen sein. Dies ist aber, wie man der Tabelle entnehmen kann, bislang nicht der Fall gewesen. Dieser Sachverhalt — mehr als die absolute Höhe des derzeitigen statistischen Durchschnitts des Sterbealters — beunruhigt uns, *denn er spricht dafür, daß die Sterblichkeit berufstätig gewesener Frauen höher ist als die nichtberufstätiger Frauen*« (Hervorh. W. W.).

Spalte 7 zeigt das Sterbealter der Männer, die nach Erreichen der gesetzlichen Altersgrenze Altersruhegeld beziehen.

Daneben sind die gleichen Daten für diejenigen Frauen und

[151] Im übrigen muß hier bemerkt werden, wie außerordentlich schwierig es ist, an zuverlässige Daten über die Sterblichkeit und ihre Entwicklung in unterschiedlichen Gruppen der Bevölkerung heranzukommen. Ich bin daher dem Statistischen Bundesamt in Wiesbaden und ganz besonders dem Lebensversicherungsverein der Debeka sowie der statistischen Zentralstelle des Verbandes der Lebensversicherungsunternehmen e. V. in Bonn für die Hilfe bei der Datensammlung sehr zu Dank verpflichtet!

Der Rentenwegfall durch Tod

| | Altersruhegeld | | | | | | Renten wegen BU und EU | | | |
| | Frauen, 65. Lbj. | | Frauen, vorgezogenes | | Männer, 65. Lbj. | | Frauen | | Männer | |
Jahr des Wegfalls	Bezugs-dauer Ø	Sterbe-alter Ø	Bezugs-dauer Ø	Sterbe-alter Ø	Bezugs-dauer Ø	Sterbe-alter Ø	Bezugs-dauer Ø	Sterbe-alter Ø	Bezugs-dauer Ø	Sterbe-alter Ø
1	2	3	4	5	6	7	8	9	10	11
1971	12,4	77,9	7,3	69,0	10,8	76,1	13,8	70,2	10,4	63,5
1970	12,2	77,8	7,3	68,5	10,6	75,9	13,2	69,5	10,1	63,2
1969	12,1	77,7	6,5	67,8	10,5	75,9	12,7	63,7	10,1	63,0
1968	12,3	77,9	7,0	68,1	10,5	75,9	12,5	63,6	10,1	63,1
1967	12,3	77,9	7,5	68,7	10,5	75,9	12,0	67,3	9,8	67,9
1966	12,5	73,1	7,1	68,4	10,8	76,2	11,5	67,4	9,7	67,3
1965	12,5	73,0	6,4	67,7	10,9	76,3	10,3	66,6	9,3	67,5
1964	12,1	77,7	6,5	67,6	10,6	76,1	10,3	65,9	8,9	67,1
1963	12,2	73,0	7,0	68,3	10,4	76,0	9,9	65,5	3,5	66,9

Nach 1963 wird die Zahl der wegfallenden Renten der Spalten 4 und 5 zu klein, da es sich um einen jungen im Aufbau befindlichen Rentenbestand handelt.

Männer eingetragen, die Renten wegen Berufs- oder Erwerbsunfähigkeit beziehen. Zwar steigt bei ihnen das Sterbealter gleichzeitig mit der Bezugsdauer, aber zugleich muß man sehen, daß es extrem niedrig liegt. Dabei zeigt die Tabelle nicht einmal die extrem lebensverkürzende Häufung schädigender Einflüsse belastender industrieller Arbeitsprozesse in vollem Ausmaß, weil die Daten von Angestellten und Arbeitern nicht getrennt aufgeführt werden. Seltsamerweise wurde das Wegfallalter bei den unterschiedlichen Renten *getrennt* nach Arbeitern und Angestellten nur bis 1963, dem Ausgangsjahr der Tabelle, in der Statistik der Rentenversicherungsanstalten veröffentlicht. Danach findet man nur noch Daten über das Zugangsalter. Es muß also zur Differenzierung der Tabelle auf das Jahr 1963 zurückgegriffen werden.

Arbeiterrentenversicherung

Sterbealter und Bezugsdauer von Renten wegen Erwerbs- bzw. Berufsunfähigkeit im Durchschnitt des Jahres 1963 (in Klammern die zusammengefaßten Daten der Angestellten- und Arbeiterrentenversicherung für BU und EU von der Tabelle S. xxx)

Berufsunfähigkeit		Erwerbsunfähigkeit	
Bezugsdauer	Sterbealter	Bezugsdauer	Sterbealter
	Männer		
3,3 (3,5)	60,7 (66,9)	4,3 (3,5)	58,6 (66,9)
	Frauen		
3,7 (9,9)	61,2 (65,5)	5,7 (9,9)	58,7 (65,5)

(Quelle: Statistik der deutschen Rentenversicherungen der Arbeiter und der Angestellten 1963)

Damit dürfte die Ansicht, daß die Übersterblichkeit der Männer gegenüber den Frauen auf den natürlichen, biologischen Geschlechtunterschieden beruhe (P. *Hülsmann,* 1972, S. VII) widerlegt sein. Im übrigen nimmt dieser Vorsprung der Frauen auch insgesamt mit der Zeit immer mehr ab: »Der Trend zum Zigarettenkonsum und die häufige Doppelbelastung der Frauen durch Haushalt und Beruf als Folge ihrer stärkeren Eingliederung in den Arbeitsprozeß gelten als Hauptfaktoren für das langsame Angleichen der Sterbekurven beider Geschlechter« (*Hannoversche Allgemeine Zeitung* vom 28. 5. 1974).
Bei den tödlich verlaufenden Berufskrankheiten ist der Zusammenhang zwischen Berufsbelastung und Todesursache sogar amtlich festgestellt. Dieser Zusammenhang ist aber noch viel genauer zu verfolgen: nämlich bis zu dem Punkt, wo gezeigt werden kann, daß mit der Entscheidung, ob ein Arbeiter in der Stahlindustrie meist oberhalb oder neben dem Hoch-

ofen arbeitet, sein Risiko, an Lungenkrebs zu sterben, um das Vierfache erhöht wird (*Redmond/Ciocco/Lloyd/Rush*, 1972).

Aber auch ohne die extrem rigiden, an den Grad der Erwerbsminderung beim Antrag gebundenen Maßstäbe kann bei bestimmten Berufen eine erhöhte Sterblichkeit gegenüber anderen festgestellt werden. H. *Halter* (1973) gibt das Durchschnittssterbealter für Geistliche mit 80 an, das für Bergleute und Metallarbeiter um 20 Jahre niedriger: »Von den 45 Jahren, in denen sie arbeiten, bringen sie rund 15 Jahre in der Fabrik zu: Statistisch gesehen kostet sie jede Stunde Arbeit also zwei Stunden ihres Lebens.«

Die Großlebensversicherungen gaben mir freundlicherweise ihre Daten für das durchschnittliche Sterbealter nach Berufen über den Zeitraum 1955–1968 bekannt: die absoluten Zahlen dürfen hier nicht für repräsentativ genommen werden, da 1. in den Lebensversicherungen nur ein kleiner Teil der Gesamtbevölkerung erfaßt ist, da 2. auch hier die Langlebigen in den einzelnen Gruppen seit Erhebungsbeginn 1955 noch nicht gestorben sind, also noch gar nicht eine ganze Generation auf ihr Durchschnittssterbealter geprüft ist und daher das Sterbealter mit der Zeit langsam steigen sollte und da 3. die Versicherten eine gesundheitliche Auslese darstellen. »Die Auslese kommt u. a. dadurch zustande, daß Antragsteller mit zu hohem Sterberisiko abgelehnt werden« (*Döring/Büschler*, 1973). Entscheidend und außerordentlich interessant sind Reihenfolge und Relationen der Berufsgruppen. Sie werden hier nur mit den durchschnittlichen Sterbealtersdaten der beiden letzten erfaßten Jahre dargestellt, und zwar beginnend mit dem niedrigsten und aufsteigend bis zum höchsten Sterbealter:

Berufsgruppen	durchschnittliches Sterbealter	
	1967	1968
Feuer, Polizei, Militär, Grenzschutz	43,0 (92)	39,9 (91)
Arbeiter und Werkmeister in Industrie und Bergbau	45,3 (727)	45,9 (851)
Beschäftigte im Verkehrsgewerbe	47,3 (356)	47,2 (343)
Beschäftigte in Land- und Forstwirtschaft und Fischerei	48,6 (636)	48,2 (669)
Handwerksberufe	49,6 (2322)	49,4 (2450)
Angestellte und Ingenieure	50,1 (1633)	50,6 (1354)
Beschäftigte im Gaststätten- und Alkoholgewerbe	51,9 (296)	51,8 (280)
Hausfrauen, Pförtner, Boten, Hausangestellte	50,9 (547)	52,0 (610)
Beamte	51,4 (402)	53,3 (404)
selbständiger Handel	54,2 (1511)	54,1 (1623)
Ärzte	54,7 (343)	54,8 (351)
Unternehmer und Akademiker	55,7 (630)	55,2 (693)

(Die Fallzahl steht jeweils in Klammern)

Da man von der ersten Gruppe wegen der geringen Fallzahl und den extremen Schwankungen und den für diese Berufe typischen Unfällen und gewaltsamen Todesarten absehen kann, bekommt die Reihenfolge und Relation geradezu erschreckendes Profil: die Arbeiter leben am wenigsten lange, die Unternehmer und Akademiker am längsten mit einer um etwa 10 Jahre verlängerten Lebenszeit.

4. Zusammenfassung

Es wurden die Folgen der Arbeitsbelastung an den Arbeitsunfällen, den Arbeitsunfähigkeitsfällen und -zeiten sowie den medizinisch festgestellten pathologischen Befunden und an den Langzeitfolgen wie vorzeitigem Aufbrauch, Frühinvalidität und Übersterblichkeit aufgezeigt. Für die *Langzeit*wirkungen konnte eine Zunahme der Sterblichkeit bei denjenigen nachgewiesen werden, die den Belastungen des Arbeitsprozesses ausgesetzt sind. Auch zeigte sich eine deutliche Zunahme der Sterblichkeit je nach Arbeitsbelastung im Beruf. Weiterhin äußerte sich die schädigende Wirkung von Arbeitsbelastung in der zunehmenden Häufigkeit der Invalidisierungsursache ›vorzeitiger Aufbrauch‹. Daten über die allgemeine Frühinvalidisierung erwiesen sich als nicht genügend aussagekräftig.

Aus den Langzeitfolgen der Arbeitsbelastung kann man im übrigen folgern, daß die Verschlechterung der Arbeitssituation und die Erhöhung der Arbeitsbelastung während der vergangenen Jahrzehnte die dominierende Erfahrung gewesen sein muß. Dies würde nach der hier vertretenen Position die relative Resignation und Passivität in der deutschen Arbeiterbewegung erklären helfen.

Allerdings kann man aus den zeitlichen Veränderungen in den *Folge*n der Arbeitsbelastung schließen, daß bis Anfang der 60er Jahre die Arbeitsbelastung zunahm, also vermutlich die arbeitsorganisatorischen Rationalisierungen überwogen. Danach gehen Arbeitsunfälle und Arbeitsunfähigkeitsfälle als Indikatoren der Arbeitsbelastung bis zu dem konjunkturell bedingten Tiefpunkt von 1967 zurück, woraus sich schließen läßt, daß während dieser Zeit die Mechanisierung und die damit verbundene Erfahrung der relativen Arbeitserleichterung gegenüber den arbeitsorganisatorischen Rationalisierungen mit ihren arbeitserschwerenden Wirkungen überwogen, die aber selbstverständlich auch in dieser Phase überall zur Anwendung kamen.

Es wurde eine auffällige Parallelität zwischen der Entwicklung der Arbeitsunfälle und der Arbeitsunfähigkeit in den

Krankheitsbereichen festgestellt, die zuvor in einer umfangreichen Literaturauswertung als besonders belastungsrelevant, weil in engem Zusammenhang mit psychosomatischen Reaktionen auf Streß stehend, erkannt worden waren. Daraus wurde geschlossen, daß sich die zeitliche Entwicklung der Arbeitsbelastung aus diesen Kurven ablesen läßt: bis 1961/62 eine steigende Arbeitsbelastung aufgrund der vorwiegenden Intensivierung der Arbeit durch arbeitsorganisatorische Rationalisierung, dann ein Rückgang in der Arbeitsbelastung bis 1966/67 durch ein Überwiegen der Steigerung der Produktivkraft der Arbeit durch Mechanisierung und danach wieder ein Ansteigen der Arbeitsbelastung bei gleichzeitiger Mechanisierung und arbeitsorganisatorischer Rationalisierung. Da es sich bei den Folgen der Arbeitsbelastung um für die ganze Industrie gültige Daten handelt, kann man aus der Tatsache, daß die Häufigkeit von Unfällen und Arbeitsunfähigkeiten global zurückgeht bei gleichzeitig steigenden Ausrüstungsinvestitionen, vermuten, daß die technischen Umstellungen in dieser Zeit für eine große Zahl der in der Industrie beschäftigten Arbeiter die Erfahrung einer Arbeitserleichterung gebracht haben.

Die Annahme, daß der Mechanisierungssprung den Arbeitern eine Arbeitserleichterung und eine Verbesserung der Verhältnisse am Arbeitsplatz bringe, während die nachfolgende arbeitsorganisatorische Rationalisierung im Wechselprozeß von Mechanisierungssprung und Rationalisierung eine gravierende Verschlechterung der Verhältnisse am Arbeitsplatz und eine Erhöhung der Arbeitsbelastung bringe, hat sich mit einigen Modifikationen im wesentlichen bewahrheitet.

Die Untersuchung der Folgen der Arbeitsbelastung hat weiter gezeigt, daß die Behauptung der meisten Vertreter der Verelendungstheorie, der kapitalistische Produktionsprozeß führe zu einer andauernden Verschlechterung der Arbeitsituation und linearen Steigerung in der Intensität der Arbeit, nicht haltbar ist. Zudem bestätigen die unbewußten Reaktionen der Arbeiter auf Situationen, die einer ›absoluten Verelendung‹ am nächsten kommen, die Annahme, daß eine andauernde Verschlechterung der Situation nur mit Verdrängung, Passivität und Resignation und Flucht durchgestanden werden kann. Im folgenden Kapitel muß diese Annahme anhand der Verarbeitung der Arbeitserfahrungen im Bewußtsein der Arbeiter durch ihre expliziten Stellungnahmen zu gesellschaftlichen Entwicklungen überprüft werden.

VIII. Die Verarbeitung der Arbeitserfahrungen im Bewußtsein der Industriearbeiter

Ein wichtiges Ergebnis des ersten Teils dieser Arbeit war die allgemeine Einsicht, daß sich antikapitalistisches Bewußtsein als ein Bewußtsein um das, was den Kapitalismus ausmacht, also um die konstitutive Rolle der tauschwertorientierten Form der Produktion, daß sich ein solches Bewußtsein nicht allein schon deswegen entwickeln kann, weil eine verelendende Wirkung der kapitalistischen Produktionsweise erlebt worden ist. Eine Voraussetzung für eine mögliche Entwicklung schien vielmehr, daß zuvor eine allgemeine Verbesserung in der Lebenslage mit einem als legitim und notwendig empfundenen erhöhten Erwartungsanspruch an das Niveau und die Qualität zukünftiger Bedürfnisbefriedigung erfahren wurde. Erst aus der Diskrepanz *beider* Erlebnisse und der Spannung zwischen erwarteter und tatsächlicher Bedürfnisbefriedigung kann sich antikapitalistisches Bewußtsein auf eigener Erfahrungsgrundlage entwickeln, weil zum einen die Verschlechterung als vermeidbar und nicht naturgegeben erlebt worden ist und weil deshalb nach der Ursache für den Umschwung gefragt werden kann, die dann — sobald sie identifiziert ist — auch bewußt abgelehnt und bekämpft werden kann.

Im zweiten Teil ist diese allgemeine Einsicht anhand der Erfahrungen überprüft und konkretisiert worden, die durch die Entwicklungen im kapitalistischen Produktionsprozeß auf die Industriearbeiter einwirken. Diese Entwicklungen und ihre objektiven Wirkungen auf die Arbeiter sind dargestellt worden. Es geht nun darum zu zeigen, wie diese subjektiven Erfahrungen im Bewußtsein der Industriearbeiter verarbeitet werden. Aufgrund des bisher Dargestellten kann folgendes erwartet werden: die Arbeitserleichterungen und Verbesserungen in der Arbeitssituation, die sich durch Mechanisierungssprünge oder auch arbeitserleichternde Formen der Arbeitsgestaltung ergeben, erlauben es, qualitativ neue Bedürfnisse im Produktionsprozeß zu befriedigen. Wenn z. B. in der Montage autonome Arbeitsgruppen eingerichtet worden sind, dann können die Arbeiter und Arbeiterinnen ihre Arbeit weitgehend selbst bestimmen, während sie vorher am Band bei taktgebundenem Arbeitsrhythmus und völlig fremdbestimmten Bewegungsablauf, Arbeitstempo und Tagesplanung auf extrem reduziertem Niveau der Bedürfnisbefriedigung innerhalb des Produktionsprozesses gehalten wurden. Es ist nicht erstaunlich, »daß die in das Experiment einbezogenen Arbeitnehmer diesen Versuch außerordentlich positiv bewerteten und eine Rückkehr zu den ursprünglichen Arbeitsformen ablehnten« *(Ulich/Groskurth/Bruggemann*, 1973, S. 81). Ähnlich positiv werden die Mechanisierungssprünge an der Kernbrennmaschine erlebt worden sein, die im ersten Punkt des vorangegangenen Kapitels beschrieben worden sind, denn sie brachten eine Verminderung der Umweltbelastungen, schafften praktisch die Notwendigkeit ab, schwer zu heben und sich dauernd extremer Hitzestrahlung auszusetzen. Erst recht positiv wird ein Mechanisierungssprung von repetitiver Teilarbeit zur Meßwartentätigkeit erlebt, wie er von *Kern/Schumann* (1970, I, S. 208 ff) beschrieben wird. Alle diese Veränderungen im Arbeitsprozeß verbessern die Befriedigung der menschlichen Lebensbedürfnisse. In ihnen wird eine erhöhte Bedürfnisbefriedigung, also eine Verbesserung der konkret qualitativen Seite, der Gebrauchswertseite erfahren. Die Tatsache, daß auch diese Entwicklungen aus dem Profitinteresse des Kapitals resultieren, spielt dabei keine Rolle. Sie wird auch nicht deutlich, denn die Veränderung stellt sich nicht als ein allmählicher Wandel derselben Sache dar, sondern als radikaler Wechsel in einen qualitativ völlig neuen Arbeitsprozeß, dessen veränderte Kostenseite für den Arbeiter weder interessant noch erfahrbar wird. Was sich alleine aufdrängt, ist die konkret qualitative Seite mit ihrer verbesserten Ebene der Bedürfnisbefriedigung.

Diese Verbesserungen in der Arbeitssituation müssen vom Kapital aber in der weiteren Entwicklung immer wieder modifiziert und eingeschränkt werden, weil das Kapital nie bei einem einmal erreichten Kostpreis stehenbleiben kann: Veränderungen in den anderen Kosten oder im Verkaufspreis oder die besseren Produktionsbedingungen der Konkurrenz zwingen immer wieder zur erneuten Überprüfung der Kosten. Dann werden z. B. kontrollierende und restriktive Eingriffe in die autonomen Arbeitsgruppen unvermeidlich, die Schritt für Schritt die einmal gewonnene Autonomie wieder zurücknehmen. Dann werden die Akkordsätze am Kernbrennofen überprüft oder wird Mehrstellenarbeit eingeführt. Und selbst in den Meßwarten können arbeitsorganisatorische Änderungen, Einsparungen und gleichzeitige Ausdehnung des Bedienungsfeldes zu Isolation und erhöhter Belastung führen. Diese Verschlechterungen in der Arbeitssituation verändern den gegebenen Arbeitsprozeß. Ihre Notwendigkeit ist aus dem Arbeitsprozeß selbst, aus seiner konkret-qualitativen Gestalt, aus seiner gebrauchswert-produzierenden Seite überhaupt nicht ersichtlich oder begründbar. Die Veränderungen sind der konkreten Seite fremd und äußerlich und verschlechtern gleichzeitig die Bedürfnisbefriedigung der Arbeiter im Produktionsprozeß. Die Arbeiter fragen sich bei jeder geplanten Veränderung: warum soll es nicht wie vorher weitergehen können? Was ist der Grund, daß sie die Verschlechterung hinnehmen sollen? Die bloße Steigerung der Anzahl produzierter Gebrauchswerte kann es nicht sein, denn ihre vorangegangene Erfahrung bei der Verbesserung der Arbeitssituation hatte ihnen gezeigt, daß dazu keine Einschränkung ihrer Bedürfnisse innerhalb des Produktionsprozesses notwendig ist. Sie müssen vielmehr erkennen, daß hier über ihre Bedürfnisse ohne Rücksicht und ungefragt hinweggegangen wird, weil es um die Senkung von Kosten und um die Erhöhung von Profiten geht. Sie können also aus der doppelten Erfahrung von Verbesserung und Verschlechterung der Arbeitssituation, aus *eigener sinnlicher Erfahrung* erkennen, daß die Orientierung am abstrakten, den konkreten Bedürfnissen gegenüber gleichgültigen Tauschwert diese ihre konkreten Bedürfnisse im kapitalistischen Produktionsprozeß nur als zufälliges Nebenprodukt befriedigt, meist aber unterdrückt. Zugleich aber haben sie die Erfahrung gemacht, daß Produktion von Gebrauchswerten, und zwar gesteigerte Produktion, auch mit einem verbesserten Niveau der Bedürfnisbefriedigung schon während der Produktion und nicht erst in der Konsumtion vereinbar ist, daß man also den Produktionsprozeß in seiner konkreten Gestalt auch nach diesen Bedürfnissen planen kann und nicht nur nach den Kostenüberlegungen des Kapitals. Sie können also den Widerspruch von Tauschwert und Gebrauchswert unmittelbar sinnlich erfahren und in ein Bewußtsein verarbeiten, das auf der bedürfnisorientierten Gestaltung des Produktionsprozesses gegen die Unterordnung unter die Tauschwertorientierung als Profitmaximierung beharrt, und somit eindeutig antikapitalistisch ist. (Ähnlich argumentieren A. *Gorz*, 1967, S. 130 und 158, und M. *Vester*, 1966).

Bevor das Material darauf geprüft wird, ob es diese Erwartung bestätigt, müssen einige Einschränkungen angebracht werden:

1. Aus dem eben Gesagten könnte man vielleicht meinen, es ginge hier — nachdem die Verelendungstheorie als Theorie über die Entstehung von antikapitalistischem Bewußtsein verworfen worden ist — darum, eine eigene, neue, bessere und ebenso allgemeine Theorie über die Entstehung antikapitalistischen Bewußtseins oder gar revolutionären Klassenbewußtseins zu entwickeln. Das kann hier schon deshalb gar nicht intendiert sein, weil sich zum einen die Analyse von vornherein auf die Untersuchung des industriellen Produktionsprozesses und seine Wirkung auf die Industriearbeiter beschränkte, die aber nur eine Minderheit in der Gesamtbevöl

kerung und selbst in der erwerbstätigen Bevölkerung sind. Und selbst die Industriearbeiter und -arbeiterinnen erleben nicht nur den hier allein analysierten Produktionsprozeß, sondern machen einen großen Teil der sie prägenden Erfahrungen außerhalb dieser Sphäre (hierzu insbesondere: *Goldthorpe/ Lockwood/Blechhofer/Platt*, 1969, III. Bd., S. 194 ff).

Aus der Analyse eines so eingeschränkten Bereiches weitreichende Folgerungen ziehen zu wollen, wäre anmaßend und borniert zugleich. Zum anderen wurden bewußt alle Erfahrungen mit kollektivem oder gar organisiertem Widerstand gegen die betriebliche Politik des Kapitals aus der Untersuchung so weit wie möglich ausgeklammert. Diese sind aber gerade für die Entwicklung von einem auf individueller, sinnlicher Erfahrung basierenden antikapitalistischen Bewußtsein (dessen Entstehungsbedingungen hier untersucht werden sollen) zu einem revolutionären Klassenbewußtsein allentscheidend, weil sich in ihnen erst der solidarische Zusammenhang und das Selbstbewußtsein einer gemeinsamen Identität herausbilden können. Im übrigen ist es im Verständnis der materialistischen Geschichtsbetrachtung weder sinnvoll noch möglich, eine allgemeine, überhistorische Revolutionstheorie im Sinne einer ›Wenn-dann-Handlungsanleitung‹ zu entwickeln. Dazu betont die materialialistische Geschichtsbetrachtung viel zu sehr den jeweils spezifischen Charakter bestimmter historischer Entwicklungen in bestimmten gesellschaftlichen Zusammenhängen. Was von ihr angestrebt werden kann, ist eine Theorie über die durch die Entwicklung des Kapitalismus selbst erzeugten sinnlichen Erfahrungen, die Ausgangspunkt für massenhafte emanzipatorische Lernprozesse sein können. Diese können dann zu einem antikapitalistischen Bewußtsein führen, das auf der Bedürfnisbefriedigung insistiert gegenüber der Verselbständigung des Tauschwerts im Profit. Ob und wie sich diese Lernprozesse zur gesellschaftlichen Aktion zusammenfinden, ist viel zu sehr von den Erfahrungen und Bedürfnissen der Menschen selbst bestimmt und läßt sich deshalb als allgemeine Theorie außerhalb des jeweils konkreten historischen Zusammenhanges nicht formulieren. Es werden also die Entstehungsbedingungen für antikapitalistisches Bewußtsein auf der Basis individueller, sinnlicher Erfahrung im Produktionsprozeß untersucht.

2. Hieraus ergibt sich die besondere Schwierigkeit, daß bei der Untersuchung, wie die beschriebenen sinnlichen Erfahrungen im Bewußtsein verarbeitet werden, die Behauptung, aus ihnen *könnte* sich antikapitalistisches Bewußtsein entwickeln, eigentlich empirisch unwiderlegbar ist, denn selbst wenn kein einziger Fall beobachtbar wäre, so hieße das nicht, daß es keine geben *kann*. Und umgekehrt, können beobachtete Fälle

von antikapitalistischem Bewußtsein immer auf Erfahrungen und Zusammenhänge zurückgeführt werden, die hier nicht untersucht worden sind. Es kann hier also gar nicht um eine zwingende empirische Beweisführung gehen, sondern die Darstellung der wenigen verwendbaren Ergebnisse der Literatur zum Arbeiterbewußtsein kann nur dazu dienen, die Plausibilität der vorgetragenen Argumentation zu erhöhen und sie zu illustrieren.

3. Damit ist bereits eine weitere entscheidende Einschränkung benannt: die meisten Studien zum Bewußtsein der Arbeiter gehen von einer völlig anderen Fragestellung aus, wenn sie die Arbeiter interviewen. Meist ist es die Veränderung der Arbeitszufriedenheit in Relation zur Veränderung betrieblicher Faktoren (extrem z. B.: F. *Fürstenberg*, 1969, aber auch: *Kern/Schumann*, 1970; R. *Blauner*, 1964; A. *Touraine*, 1965, etc.). Nur eine einzige Arbeiterbewußtseinsstudie verbindet Fragen nach den Erfahrungen im Produktionsprozeß mit solchen nach allgemeinen gesellschaftlichen Vorstellungen. Alle anderen beschränken sich völlig auf den Produktionsprozeß oder aber (z. B. *Goldthorpe u. a.*, 1970) stellen darüber hinausgehende Fragen so eng operationalisiert auf Konsum- und Wahlverhalten, daß sich daraus keinerlei Aussagen über die Verknüpfung von Arbeitserfahrung und gesellschaftlichem Bewußtsein machen lassen. Die einzige Studie, die die befragten Arbeiter ausführlich zu Wort kommen läßt über ihre Erfahrungen bei technischen Umstellungen und arbeitsorganisatorischen Umstellungen und zugleich über ihre Einschätzungen zu allgemeinen gesellschaftlichen Entwicklungen, die einzige Studie, die also Aussagen darüber zuläßt, welche Arbeitserfahrungen sich mit resignativem und welche mit antikapitalistischem Bewußtsein verknüpfen, ist die Studie von Heinrich *Popitz*, Hans-Paul *Bahrdt*, Ernst August *Jüres* und Hanno *Kesting*: Das Gesellschaftsbild des Arbeiters — Soziologische Untersuchungen in der Hüttenindustrie, Tübingen 1957. Diese Untersuchung hat allerdings den Nachteil, daß sie nur eine Branche — und dazu noch eine der traditionsreichsten — erfaßt und daß die Befragung 20 Jahre zurückliegt. Die meisten befragten Arbeiter waren selbst noch unmittelbar durch eigene Erfahrungen aus der Weimarer Republik, aus Faschismus, Krieg und Nachkriegszeit stark geprägt, so daß die Aussagen zur gesellschaftlichen Einschätzung nicht als bloßes Ergebnis der Arbeitserfahrung verstanden werden dürfen. Da diese Erfahrungen aber von allen befragten Arbeitern gemacht wurden, müssen die unterschiedlichen Reaktionen auf sie erklärt werden. Und hieraus ergibt sich die Möglichkeit, diese unterschiedliche Reaktion doch auf die unterschiedlichen Erfahrungen im Produktionsprozeß zu beziehen. Solche

unterschiedlichen Erfahrungen wurden durchaus gemacht, obwohl die Zeit der Befragung gesamtwirtschaftlich weniger durch technische Umstellungen als durch arbeitsorganisatorische Rationalisierungen geprägt war. Die *Popitz*-Studie kann also trotz aller methodischen Bedenken doch herangezogen werden. Es bleibt auch leider nichts anderes übrig, weil sie tatsächlich die einzige ist, die Arbeitserfahrungen auf gesellschaftliches Bewußtsein bezieht.

1. Die Verarbeitung der Verelendungserfahrung im Bewußtsein

In der heute gängigen marxistischen Theorie über das Arbeiterbewußtsein ist der zentrale Ansatzpunkt der Überlegungen die »Gleichgültigkeit des Arbeiters gegen den Inhalt seiner Tätigkeit und daher gegen die spezifische Art seiner Arbeit« (*Bischoff/Ganssmann/Kümmel/Löhlein*, 1970, S. 36). Diese erfahre er durch die Objekthaftigkeit, mit der er von einer Arbeit in die andere geworfen werde und an einem gegebenen Arbeitsplatz der Despotie des Kapitals unterworfen sei, also durch die in der Verelendungstheorie zusammengefaßten Entwicklungen. In ihnen erkenne er, daß er selbst zur Ware geworden sei und könne deshalb auch den allgemeinen Charakter des Kapitals erfassen: »Die rein abstrakte Negativität im Dasein des Arbeiters ist also nicht nur die objektiv typischste Erscheinungsform der Verdinglichung, das struktive Vorbild für die kapitalistische Vergesellschaftung, sondern — eben deshalb — *subjektiv* der Punkt, wo diese Struktur ins Bewußtsein gehoben und auf diese Weise praktisch durchbrochen werden kann« (G. *Lukács*, 1923, reprint 1967, S. 189).

Die empirischen Untersuchungen zum Arbeiterbewußtsein scheinen diese Auffassung auch auf den ersten Blick voll zu bestätigen: je geringer die Anforderungen an die spezifische Qualifikation und je schlechter gleichzeitig die allgemeinen Arbeitsbedingungen an einem Arbeitsplatz sind, desto weniger äußern sich die Arbeiter und Arbeiterinnen zu konkret einzelnen Erscheinungen ihres Arbeitsplatzes und desto mehr sind sie bereit, auch extrem restriktive Arbeitsbedingungen für ein hohes Einkommen hinzunehmen. *Goldthorpe/Lockwood/Blechhofer/Platt* (1969, III, S. 191) stellten eine durch und durch auf das Konsumeinkommen ausgerichtete instrumentelle Einstellung bei den befragten Arbeitern fest. F. *Zweig* (1962, S. 76) bekam auf die Frage, ob der Job irgend etwas anderes als Geld bedeute, von der Mehrheit der Arbeiter in der Massenproduktion eine verneinende Antwort, von qualifizierten Arbeitern dagegen nur von einem Drittel. Und von den qualifizierten Arbeitern wollten immerhin 1/5 auch nach einem Lottogewinn weiterarbeiten, bei den unqualifizierten dagegen kaum einer. Und *B. Scheuringer* (1963) fand, daß angelernte und ungelernte Arbeiterinnen nur Arbeitssicherheit und hohen Lohn von ihrem Arbeitsplatz forderten, während Frauen in qualifizierten Berufspositionen viel differenziertere und spezifischere Forderungen stellten, z. B. nach Selbstverwirklichung, Anerkennung, Wertschätzung und konkreten Veränderungsmöglichkeiten. *Kern/Schumann* (1970, S. 185) führen eine große Zahl Arbeiteraussagen an, in denen die Gleichgültigkeit gegen die besondere Arbeit schlagend zum Ausdruck kommt; z. B.: »Doch, ich bin zufrieden . . . was heißt zufrieden . . . Normalerweise muß man ja zufrieden sein. Geht ja ums Geldverdienen. Ob man nun hier arbeitet oder in einem anderen Werk, bleibt sich etwa gleich.« Andererseits berichtet L. *v. Friedeburg* (1963, S. 45) von Arbeitern, die um leichterer, sauberer und ungefährlicherer Arbeit und umgänglicherer Vorgesetzten willen den Arbeitsplatz trotz Lohneinbußen gewechselt hatten. Und *Kern/Schumann* (1970, S. 192) kommen aus ihrer Gesamtbefragung zum Ergebnis, daß das »Urteil über die Arbeit wesentlich durch die Einschätzung der Arbeitsbelastung und Betriebsbedingungen geprägt« wird. Die hohe Fluktuation an restriktiven Arbeitsplätzen trotz hoher Löhne (M. *Bosquet*, 1971) und der außerordentlich enge Zusammenhang von Krankheitserscheinungen, Fehlzeiten und der Beurteilung der Arbeitsumstände (H. *Abendroth*, 1970) geben der Interpretation recht, daß die Forderung nach hohen Löhnen bei restriktiven Arbeitsbedingungen nicht nur auf den Ausgleich des Arbeitsleides. drängt, sondern zugleich eine verschlüsselte Form ist, in der Unzufriedenheit ausgedrückt wird.

Hinter der scheinbaren Gleichgültigkeit gegenüber dem besonderen Charakter der Arbeit und dem bloßen Bezug auf den Lohn verbirgt sich also in Wirklichkeit auch für die Arbeiter in den besonders restriktiven Arbeitssituationen »ein spezifisches berufs- und tätigkeitsspezifisches Leistungsbewußtsein« (*Popitz u. a.*, S. 237; ähnlich *Kern/Schumann*, 1970, S. 184; und K. *Thomas*, 1964, S. 9 und 11). Daß sich dies an den restriktiven Arbeitsplätzen nicht äußert, interpretiert B. *Scheuringer* (1973) so: »An diesen Arbeitsplätzen ist eine Selbstverwirklichung bei der Arbeit kaum möglich und wird daher von vornherein nicht in ihre subjektive Betrachtung einbezogen.« Das, was sich also auf den ersten Blick als Gleichgültigkeit darstellt, die durch die niederdrückende Wirkung des Kapitals produziert wird, ist in Wirklichkeit *Verdrängung*. Bedürfnisse, deren Erfüllung über längere Zeit frustriert wurde, müssen schon um der eigenen psychischen

Stabilität willen, aus dem bewußten Anspruchsniveau zurückgedrängt werden. Sie werden nicht mehr wahrgenommen. Die
Situation des Arbeiters ist nicht nur für das Management
›verborgen‹, sie ist es auch teilweise für den Arbeiter selbst.
»Er muß das, was schlimm für ihn ist, für ›nicht so schlimm‹
erklären. Infolgedessen muß er – eine erschreckende Tatsache –
sich für ein ›Gewohnheitstier‹ halten. Das, was in Wirklichkeit Verdrängung ist, muß als Gewöhnung erscheinen« (K.
Thomas, 1964, S. 88). H.-U. *Deppe* (1973, S. 143) und *Böhle/
Altmann* (1972, S. 48 ff u. 139 f) berichten von deutlich re-
gressiven Reaktionsweisen auf Dequalifikation oder sonstige
anhaltende Verschlechterungen in der Arbeitssituation insbesondere bei älteren Arbeitern, die – wie oben bereits gezeigt – tatsächlich die Verelendung als individuelle Lebensperspektive haben.

In den Fällen, in denen die Verschlechterung in der Arbeitssituation bewußt erfahren und nicht einfach verdrängt wird,
stellt sich bei einem *anhaltenden* Prozeß der Verschlechterung
– anders als bei dem Wechselprozeß (s. u.) – zunehmende
Resignation und *Passivität* gegenüber der Situation ein (*Böhle/
Altmann* 1972, S. 49 f; *Kern/Schumann*, 1972, S. 71; C. *Durand*, 1965, S. 32 f)

Popitz/Bahrdt/Jüres/Kesting (1957) fanden bei ihren Befragungen von Arbeitern in der Hüttenindustrie sechs Typen von
Gesellschaftsbildern, wovon sich drei mehr oder weniger re-
signativ, pessimistisch (Typus 3, 4 und 6) in ihren Stellungnahmen zum technischen Fortschritt äußern. Diese negative
Verarbeitung der Erfahrungen mit technischem Fortschritt
wird hier als Indiz dafür genommen, daß diese Arbeiter im
Verlauf ihres Arbeitslebens im Produktionsprozeß nie oder
seit langer Zeit nicht mehr das Erlebnis einer Aufwärtsentwicklung gehabt haben. Dieses negative Erlebnis, diese Erfahrung mit der Verelendung soll nun auf ihren Zusammenhang mit den sonstigen Aussagen der jeweiligen Arbeiter zu
gesellschaftlichen Erscheinungen untersucht werden:

Orthodoxe Marxisten – von diesem Typus waren damals nur
noch sechs ältere Arbeiter unter den Befragten – hatten die
Verelendungstheorie vollständig übernommen und wandten
sie auch auf die Interpretation ihrer eigenen Erfahrungen an:

»Die Profite steigern sich durch den technischen Fortschritt. Die Arbeiter
sind immer schon ausgebeutet worden, aber je technisch besser die Betriebe funktionieren, um so größer wird die Ausbeutung« (S. 222).

In dieser Einschätzung der zunehmenden Verelendung meinen
sie, auch durch die historische politische Entwicklung bestätigt worden zu sein. Diese Bestätigung wirkte sich bei ihnen
aber nach der Interpretation von *Popitz u. a.* so aus: »Es

bleibt also gar nichts anderes übrig, als die überlieferte Lehre anzuwenden mit dem Bewußtsein, daß man recht hat und die Dinge durchschaut, aber nicht die ausgesprochene Hoffnung, daß sich dieses Rechthaben handgreiflich in der Zukunft beweisen ließe« (S. 223).

Der Typus derjenigen Arbeiter, die Gesellschaft als in ›oben‹ und ›unten‹ zweigeteilt sowohl als individuellen Konflikt wie auch als kollektives Schicksal erleben, machte 10 % der Befragten aus. Er setzte sich ebenfalls vorwiegend aus älteren Arbeitern zusammen. Sie zeigten ein differenziertes Urteil über Vor- und Nachteile des technischen Fortschritts:

»Der technische Fortschritt ist schon eine schöne Einrichtung. Er ist es aber nur dann, wenn die körperliche Anstrengung durch ihn herabgesetzt wird und der Verdienst gleichzeitig derselbe bleibt. Oftmals ist es aber so, daß die Arbeiter ihren Arbeitsplatz verlieren, doch zumindest Lohnausfall haben, weil sie dann an den Maschinen nur noch eine Kontrollaufgabe haben« (S. 208).

Auch wurde — offensichtlich aus eigener Erfahrung — der Unterschied zwischen technischem Fortschritt und seiner kapitalistischen Anwendung erkannt:

»Dann hat der technische Fortschritt auch zur Folge, daß viele Leute erwerbslos werden. Das muß so eingerichtet werden, daß sie an einem anderen Arbeitsplatz Verwendung finden. Dann ist das richtiger technischer Fortschritt! . . . Aber ich bin Pessimist. Ich meine, wenn man da nicht eine Kontrolle einrichtet, endet das alles in einem Chaos . . . Die Menschheit muß sich da selbst schützen« (S. 210).

Dieser Pessimismus resultiert nach der Interpretation von *Popitz u. a.* aus der Resignation gegenüber den historischen Erfahrungen während der Weimarer Republik, dem Faschismus und der Nachkriegszeit. Diese Arbeiter haben also zwar auch ein antikapitalistisches Bewußtsein über die Verselbständigung des Tauschwertes in Ansätzen entwickeln können, aber diese Ansätze wurden wieder verschüttet: »Eine Ursache hierfür ist das tägliche Erlebnis der Arbeitsumwelt, das dem Arbeiter immer wieder vor Augen führt, daß nicht *er* es ist, der die Entscheidungen fällt, sondern ›die da oben‹ oder ›die Herren‹. [. . .] Nicht weniger wichtig ist aber [. . .]: Die Arbeiter von heute haben noch öfter als die Arbeiter der zwanziger Jahre erlebt, daß die Hoffnungen der Arbeiterbewegung enttäuscht wurden. Diese Enttäuschungen griffen unmittelbar in die Erlebnissphäre ein« (S. 174). Sie können deshalb nur noch den Weg der individuellen Flucht aus dem Arbeiterschicksal sehen. Für die Arbeiterklasse insgesamt scheint die Lage aber nicht mehr verändert oder verbessert werden zu können. Die kapitalistische Form der Arbeit im Produktionsprozeß erscheint mit der Arbeit überhaupt identisch:

»Wir können die Arbeitgeber nicht ersetzen. Es ist letztlich gleichgültig, wer Arbeitgeber ist. Wir müssen immer mit ihm rechnen. Die Herren können wechseln, nicht aber die Methoden. Jedenfalls nicht, solange gearbeitet wird. Und das müssen wir. Ich glaube also nicht daran, daß wir einmal mehr Rechte haben werden als heute. Das ist unmöglich. Obwohl ich es mir wünsche« (S. 207).

Während also die beiden bisher beschriebenen Typen aus der Vergangenheit ein antikapitalistisches Bewußtsein entwickelt hatten und lediglich angesichts der historischen Entwicklung in Resignation verfallen waren, ist der Typus derjenigen Arbeiter, die die Gesellschaft als in ›oben‹ und ›unten‹ zweigeteilt ohne Möglichkeit des individuellen Ausweichens und deshalb als rein kollektives Schicksal sehen, völlig ohne differenzierte Einsichten in den Unterschied von technischem Fortschritt und seiner kapitalistischen Verknüpfung mit der nachfolgenden arbeitsorganisatorischen Rationalisierung. Zwar wird gesehen:

»Das machen sie alles, um die Produktion zu heben und die Kosten zu senken . . . Das Kapital will verdienen« (S. 203 f).

Aber dem steht keine Erfahrung gegenüber, aus der die kritische Alternative der Forderung nach Orientierung an den menschlichen Bedürfnissen entwickelt werden könnte. Statt dessen erscheint Technik nur als kapitalistisch angewandte Technik:

»Jede technische Neuerung ist zum Nachteil des Arbeiters. Wenn früher an einer Maschine zwölf Mann gebraucht wurden, braucht man heute nur noch fünf Mann oder noch weniger . . . Gewiß, das ist ein technischer Fortschritt, aber keiner für den Arbeiter. Der wird brotlos . . . Der technische Fortschritt ist der Ruin des Arbeiters« (S. 204).

Mit dieser Erfahrungsverarbeitung des technischen Fortschritts geht eine Sichtweise der sonstigen gesellschaftlichen Verhältnisse einher, die einerseits ganz den Beschreibungen durch die Verelendungstheorie entspricht, andererseits Ohnmacht, resignative Anklage und Passivität ausdrückt. In diesem Typus kommen die bewußtseinsprägenden Wirkungen von Verelendungserfahrungen am deutlichsten zum Ausdruck. *Popitz u. a.* beschreiben ihn mit folgenden eindrucksvollen Worten, die mit den Formulierungen von Peter *Schneider* über seine Erfahrungen mit den Anhängern der auf die Verelendungstheorie eingeschworenen ML-Bewegung erstaunlich genau übereinstimmen (vgl. Motto der Arbeit).

»Dieser Typus macht die Geschichte nicht mit. Er ist daher auch prinzipiell unempfindlich gegenüber *allen* Formen politischer Machtverhältnisse. Er läßt sich vereinnahmen, aber nicht engagieren. Man kann ihm nicht das Bewußtsein einer besonderen Bedrohung seiner persönlichen Lage vermitteln, weil er sich immer schon bedroht fühlt. Man kann ihm nicht das Gefühl der Sicherheit geben, weil ihn das Gefühl der Bedrohung schon viel zu sicher gemacht hat« (S. 249).

2. Der Wechselprozeß von Aufwärts- und Abwärtsentwicklung als Erfahrungsbasis für antikapitalistisches Bewußtsein

Kern/Schumann (1972, S. 65) fanden demgegenüber bei ihren Befragungen, die um 1965 direkt im Zusammenhang mit technischen Umstellungen stattgefunden hatten, daß diese weit überwiegend positiv beurteilt wurden, wobei der Belastungsaspekt im Vordergrund stand: wurde die neue Arbeit als weniger belastend erlebt, so fiel das Urteil auch dann positiv aus, wenn andere Aspekte kritisiert wurden. *Popitz u. a.* (1957, S. 73), die ihre Befragung nicht aus Anlaß einer technischen Umstellung durchgeführt hatten, fanden überwiegend differenzierende Stellungnahmen, die sich weder eindeutig positiv noch eindeutig negativ festlegen ließen. Die unterschiedliche Einschätzung ist also durch die eigene unterschiedliche Erfahrung geprägt. Das Verhältnis zum technischen Wandel ist nicht durch ein in der Arbeiterklasse verankertes Stereotyp *vor* der Erfahrung schon festgelegt, wie dies für das Verhältnis zu vielen anderen gesellschaftlichen Erscheinungen gilt (*Popitz u. a., 1957*).
So können *Kern/Schumann* (1970, I, S. 1967) zeigen, daß Arbeiter dann ganz besonders kritisch oder positiv auf eine Veränderung in der Arbeitssituation reagieren, *wenn sie vorher eine alternative Kontrasterfahrung gemacht haben oder wenn sich gleichzeitige Alternativen anbieten* (Kern-Schumann, 1970, S. 184). Auch E. *Hiller* (1966) stellte eine Abhängigkeit der positiven oder negativen Reaktionen auf Rationalisierungsmaßnahmen von dem zuvor erlernten Erwartungsniveau fest.
Die Erfahrung mit der verbesserten Arbeitssituation nach technischen Umstellungen und der Verschlechterung der Arbeitssituation durch die nachfolgenden arbeitsorganisatorischen Rationalisierungen führen bei den betroffenen Arbeitern — *entsprechend der hier vertretenen These* — zu einer exakten Unterscheidung zwischen Technik ›als solcher‹ und ihrer arbeitsorganisatorischen Anwendung im Rahmen der Rationalisierung (H. *Wiedemann*, 1966, S. 43, und 1964, S. 173).
Bei Arbeitern, die technische Neuerungen positiv erlebt haben und zugleich Erfahrungen mit der arbeitsorganisatorischen Rationalisierung haben, die also die Aufwärts- und Abwärtsentwicklung erlebt haben, verbindet sich die Einsicht

in das Spezifikum des Kapitalismus mit einem fordernden Selbstbewußtsein (Typus 2 und 5 bei *Popitz u. a.*): der technische Fortschritt

»ist soweit ganz gut, wenn er für den Arbeiter auch verwandt wird. Aber meist benutzen die Unternehmer diese technischen Fortschritte nur für sich.«

Und weiter unten schildert derselbe Arbeiter seine positiven Erfahrungen:

»Vor dem Krieg wurde jeder Meister, der ein guter Antreiber war; der brauchte noch nicht einmal seinen Namen schreiben zu können. Heute werden nur Leute Meister, die eine besondere Schule absolviert haben und besondere Fachkenntnisse haben. Die Antreiberei ist vorbei.«
»Die würden lieber allein bestimmen. Aber ich meine, das mit der Mitbestimmung, das ist eine sehr gerechte Sache. Wenn ich hier arbeite, dann will ich auch wissen, wofür ich das tue, und nicht nur für die Aktionäre. Schließlich habe ich doch auch praktische Kenntnisse und kann mir ein Urteil bilden« (S. 193 f).

Es zeigt sich hieran ganz deutlich, wie aus der erfahrenen Aufwärtsentwicklung voller Selbstbewußtsein weitergehende Forderungen an die Zukunft gestellt werden und ihre Erfüllung als legitim und möglich angesehen wird.

Popitz u. a. urteilen über diesen Typus, der in ihrer Befragung mit 25 % einen gleich großen Anteil hatte wie die extrem resignierten Anhänger einer ausweglosen Dichotomie:

Er »hat das Erbe jenes proletarischen Bewußtseins angetreten, das einst die marxistische Theorie aufnahm und assimilierte. Der kompromißlose Glaube an die eigene Sendung ist allerdings weitgehend verlorengegangen. Erhalten ist sich aber ein spezifisches Selbstbewußtsein, das sich auf neue Gegebenheiten einstellen kann, ohne die Sicherheit einer eigenen Position zu verlieren. Dieses Selbstbewußtsein kann sich und anderen noch eingestehen, daß der Industriearbeiter eigene Interessen hat, die mit den Interessen anderer kollidieren. Und er nimmt das Recht in Anspruch, diese Interessen gegen andere zu vertreten. [. . .] Er kann Kompromisse schließen, ohne die Position zu wechseln. Er kann den anderen anerkennen, ohne den Glauben an seine eigenen Rechte zu verlieren. Er kann schließlich mit der ›anderen Seite‹ gemeinsame Sache machen, ohne eine Identität der Interessen vorzugeben.« (S. 247 f).

Aus diesem eben beschriebenen Typus kann sich ein neuer Typus von Arbeiterbewußtsein bilden, der im Sample der *Popitz*-Gruppe mit nur 2 % sehr schwach vertreten ist, dessen Entwicklung aber auch die *Goldthorpe*-Gruppe in ihrer Studie über Arbeiter des eben beschriebenen Typs als wahrscheinlich ansehen: Die Möglichkeit sei gestiegen,

»daß der wachsende Wohlstand der Arbeiterklasse selbst, obwohl soweit ein scheinbar beruhigender Einfluß, vielleicht ein signifikantes Anwachsen der Unzufriedenheit und des sozialen Protests ermöglichen kann. Unter dem Eindruck einer Periode ständig wachsender Lebensstandards können die Erwartungen und Aspirationen tatsächlich davonlaufen, weit mehr als die materielle Verbesserung es ermöglicht. Unter solchen Umständen könnte folglich ein weit stärkeres Gefühl der Entbehrung und der sozialen Ungerechtigkeit geschaffen werden, als diese jemals möglich war, solange die Arbeiterklasse über einen beschränkten Horizont verfügte« (*Goldthorpe/Lockwood/Bechhofer/Platt*, Bd. III, 1969, S. 28 f).

Dieser neue Typus (Typus 5 bei *Popitz u. a.*) ist kein Anhänger der Verelendungstheorie, hat aber einen so klaren Einblick in die Mängel des kapitalistischen Gesellschaftssystems, daß er auf seine Überwindung drängt: Der technische Fortschritt

»bedeutet auf der einen Seite Arbeitserleichterung, aber zugleich Ersparnis von Arbeitskräften. Mit denen kann man dann nach gewisser Zeit — wenn nämlich genug beisammen sind — nichts anderes machen, als sie über den Haufen schießen lassen. So kommt es zu Kriegen. [. . .] Es kommt also darauf an, die Leute weder arbeitslos werden zu lassen, noch sie zum Militär zu schicken, sondern ihnen Arbeit zu verschaffen. Wenn man sie zum Beispiel Häuser bauen ließe, dann brauchte man auch Eisen und könnte so die Wirtschaft in Gang bringen. Aber eine solche Lösung des Problems liegt nicht im Sinne derer, die am Krieg verdienen. Daher ist auf Vernunft nicht eher zu hoffen, bis die gegenwärtigen gesellschaftlichen Verhältnisse verändert sind« *(Popitz/Bahrdt/Jüres/Kesting,* 1957, S. 217 f).

Dieser Typus stellt für die *Popitz*-Gruppe einen Restbestand der Arbeiterbewegung dar. Er wird von mir aber wegen seiner unorthodoxen Interpretation der gesellschaftlichen Entwicklung, die weder in die Tradition der KPD und erst recht nicht in die der SPD paßt, als der durch eigene Erfahrung und Lernprozesse radikalisierte frühere Angehörige des eben beschriebenen Typus interpretiert. Die Arbeiter dieses Typs sind keine Anhänger der Verelendungstheorie. Sie streben daher auch nicht die Revolution als unumgängliche Voraussetzung für jedwelche Verbesserung in der Lebenssituation an, sondern stellen an das System inhaltliche Forderungen und lassen offen, auf welchem Weg diese erfüllt werden sollen. Aber nicht nur in diesem Punkt unterscheiden sie sich radikal von den Positionen der offiziellen Parteien der Arbeiterbewegung damals wie heute: sie haben eine marxistische Kapitalismuskritik, die in den offiziellen Parteiprogrammen und sogar in den meisten theoretischen Schriften längst verlorengegangen ist — wie im historischen Kapitel dieser Arbeit ausführlich nachgewiesen wurde. *Popitz u. a.* fassen sie treffend in der Abhebung gegen die Kapitalismuskritik der durch die Verelendungstheorie oder -erfahrung geprägten Arbeiter zusammen:

»Die Polemik erschöpft sich hier nicht in sich selbst [. . .]. Die Kapitalisten sind nicht mehr geheimnisvolle Gestalten, die irgendwo hinter den Bergen sitzen und Unheil stiften. Sie sind vielmehr Exponenten eines Systems. Daher geht es auch in erster Linie nicht darum, bestimmte Personen oder eine bestimmte Klasse als Urheber allen Unheils anzuklagen, sondern sich dieses Unheil als zwangsläufiges Ergebnis einer bestimmten Wirtschaftsordnung zu erklären. Diese Wirtschaftsordnung ist die primäre Gegebenheit, auf der alle gesellschaftlichen Verhältnisse beruhen« (S. 220).

3. Zusammenfassung

Aus der Kritik und Ablehnung der Verelendungstheorie als Theorie über die Entstehung von antikapitalistischem Bewußtsein wurde gefolgert, daß eine — neben anderen — Erfahrungsgrundlagen für antikapitalistisches Bewußtsein in dem Wechselprozeß von Aufwärtsentwicklung als Arbeitserleichterung und nachfolgender Abwärtsentwicklung als Erschwerung der Arbeitsbedingungen bestehen könne. Bei der Analyse, wie solche Prozesse im Bewußtsein der Betroffenen verarbeitet werden, bestätigte sich zuerst einmal eindeutig die Kritik an der Verelendungstheorie: andauernde Verschlechterungen in der Arbeitssituation und erst recht in der allgemeinen Situation führen zu einer resignativen und passiven Haltung mit einem monolithischen Verständnis des Kapitalismus und teils hilflos verschwörungstheoretischen Konstruktionen. Sie kann selbst früher entwickeltes antikapitalistisches Bewußtsein wieder verschütten oder bei dezidierten Anhängern der revolutionären Arbeiterbewegung zu einer Ablösung der theoretischen Positionen von der eigenen Zukunftserwartung und den eigenen Aktivitäten führen. Der Wechselprozeß von Aufwärts- und Abwärtsentwicklung kann dagegen zu sehr differenzierten und selbstbewußten Interpretationen der eigenen Situation in der kapitalistischen Gesellschaft führen. Die Studie von *Popitz/Bahrdt/Jüres/Kesting* (1957) bringt Beispiele von Arbeitern, bei denen dieser Prozeß zu genau dem antikapitalistischen Bewußtsein als Bewußtsein von der Verselbständigung des Tauschwerts im Profit gegenüber den Bedürfnissen der Menschen führte, wie es hier aus der Kritik der Verelendungstheorie einerseits und der Analyse der Mystifikation des Kapitalverhältnisses andererseits als Einsicht in das Spezifikum des Kapitalismus entwickelt worden ist: Dies kommt geradezu vorbildlich in der Antwort eines Schmelzers auf die Frage nach seiner Position zu einem möglichen Nachlassen des Absatzes in der Hüttenindustrie zum Ausdruck:

»Man muß den Übergang von der Profitwirtschaft zur Bedarfswirtschaft vollziehen. [. . .] Anders ist die ständige Kette von Krieg und Frieden, von Zerstörung und Wiederaufbau nicht zu durchbrechen. An sich sind ja auf der Erde genug Güter, um alle Menschen zu ernähren. Die Erde ernährt alle Menschen, und daher haben alle auf sie in gleichem Maße Anspruch. Kriege brauchen an sich nicht zu sein. Aber solange die Profitwirtschaft besteht, wird es nicht zu einer friedlichen Verteilung der Güter der Erde kommen« (S. 219).

Schlußbemerkungen

> »Solidarisierung begreife ich als den Inhalt des Prozesses, der die Prinzipien der Konkurrenz und Askese, die sozio-kulturellen Grundmuster kapitalismuskonformen Verhaltens, aufhebt.«
>
> (Michael *Vester*, 1970, S. 143)

Am Anfang des VIII. Kapitels dieser Arbeit wurde betont, daß hier keine allgemeine Theorie über die Entstehung von antikapitalistischem Bewußtsein oder gar eine allgemeine Revolutionstheorie entwickelt werden sollte. Es ging vielmehr darum, den traditionellen Ansatz der Arbeiterbewegung, die Verelendungstheorie als Theorie über die Entstehung antikapitalistischen Bewußtseins einer gründlichen und umfassenden Kritik zu unterziehen. Gleichzeitig sollte in einem Bereich, an den Erfahrungen im unmittelbaren industriellen Produktionsprozeß gezeigt werden, daß der Kapitalismus weder linear einzig und allein nur Verschlechterungen in der Lebenssituation produziert noch daß er dort, wo annähernd ein solch linearer Prozeß beobachtbar ist, antikapitalistisches Bewußtsein produziert. Ohne also eine positive Kontrasttheorie konstruieren zu wollen, wurde der Verelendungstheorie ihre einfache Verneinung entgegengehalten: statt einer kontinuierlichen Abwärtsentwicklung ist ein Wechselprozeß von Aufwärts- und Abwärtsentwicklung, von Verbesserung in der Bedürfnisbefriedigung und (durch die Kapitalbewegungen verursachter) nachfolgender Verschlechterung, *eine* Voraussetzung — neben anderen — für die Entwicklung eines antikapitalistischen Bewußtseins, das auf *eigener sinnlicher Erfahrung* basiert. In diesem Wechselprozeß kann in der Aufwärtsentwicklung die Möglichkeit einer umfassenderen Befriedigung der Bedürfnisse, die Möglichkeit also, die Produktion am Gebrauchswert zu orientieren, erfahren und als Notwendigkeit für eine zukünftige, glücklichere Lebensweise erlebt werden. In der Abwärtsentwicklung dagegen, in der durch die Ökonomisierung des Kapitals entstandenen Verschlechterung der Bedürfnisbefriedigung, kann die Verselbständigung des Tauschwerts gegenüber dem besonderen Gebrauchswert in der Profitorientiertheit der kapitalistischen Produktion und ihrer rigiden Einschränkung der Bedürfnisbefriedigung auf die Befriedigung allein der *zahlungskräftigen* Bedürfnisse in der Konsumtionssphäre und der *kostensparenden* Bedürfnisse in der Produktionssphäre erkannt und kritisiert werden.

Diese Kritik hat jedoch einige Konsequenzen für die Politik der sozialen Emanzipationsbewegung, die hier in ihren Grundlinien durch einige kurze Bemerkungen angedeutet werden sollen:

Die Verelendungstheorie als Mobilisierungsstrategie führt heute zu einem asketischen Zynismus in der Argumentation ihrer Vertreter, der sie mehr und mehr in eine sektenhafte Isolierung und zu einem geschichtslosen Moralismus treibt: Da angeblich erst der Sozialismus die Verbesserung in der Lebenssituation bringen kann, geraten die Anhänger der Verelendungstheorie in das Dilemma, daß sie einerseits ständig Forderungen nach Verbesserungen an den kapitalistischen Staat und an die Einzelkapitale stellen müssen, um so die Verelendung und ihre Unausweichlichkeit deutlich zu machen. Andererseits: Gerade weil diese Forderungen die Unausweichlichkeit der Verelendung demonstrieren sollen, müßte ihre *Erfüllung*, ohne daß gleichzeitig der Sozialismus siegte, eine Niederlage bedeuten, denn nach der Verelendungstheorie würde sie zu einer Demobilisierung der Massen und zur Entwicklung von Illusionen über die wahre Natur des Kapitalismus führen. Die Anhänger der Verelendungstheorie sind also zu dem Zynismus gezwungen, Forderungen aufzustellen, die sie eigentlich gar nicht erfüllt haben wollen, wenn sie nicht gleichzeitig den Sieg des Sozialismus bedeuten.

Hans *Adamo* (1974) schreibt z. B. unter dem programmatischen Titel ›Die Legende von der Humanisierung und Vermenschlichung der Arbeit im Kapitalismus‹, alle diese neuen Formen der Arbeitsgestaltung dienten nur dem Zweck, die Arbeiter zu korrumpieren, »den Kämpfen der Arbeiterklasse zur Verbesserung ihrer materiellen Lage entgegenzuwirken und ihre Forderungen aufzufangen und zu kanalisieren« (S. 43). Zugleich aber wird argumentiert, daß sie ein Resultat eben dieser Kampfstärke und Inhalt der Forderungen der Arbeiterklasse seien (S. 47). Wenn also die Arbeiterklasse ihre Forderungen durchsetzen kann, wird ihre Kampfstärke geschwächt und kanalisiert . . . Scheint es dann nicht angeraten, so zu kämpfen und so zu fordern, daß man nicht siegen, also auch nicht korrumpiert werden kann?

Aus einer solchen Position folgt ein moralischer Asketismus, der sich jeden Genuß und jedes Glücksgefühl verweigern muß, da es zur Korruption des Kampfeswillens führen könnte. Die Prinzipien dieses Kampfes müssen aber gerade deshalb jeder wirklichen historischen Situation und Bewegung äußerlich und fremd bleiben, weil diese von konkreten, auf tatsächliche Bedürfnisbefriedigung drängenden Zielen geprägt und getrieben ist. Die Verelendungstheoretiker müssen dagegen vor lauter Angst vor der besänftigenden Wirkung der Bedürfnisbe-

friedigung ihre Ziele in immer jenseitigere Ferne rücken.
Schließlich begeben sich die Anhänger der Verelendungstheorie in eine sektenhafte Isolierung, weil sie über das tatsächliche Elend anklagend jubeln und gleichzeitig tatsächliche Verbesserungen der Situation als Bestechung denunzieren. Ein Autorenkollektiv aus der DDR sieht zum Beispiel in den Instandhaltern, Steuerleuten und Meßwartenarbeitern auf den höheren Mechanisierungsstufen bereits wieder eine Arbeiteraristokratie im *Leninschen* Sinne, und zwar stehe heute »in Westdeutschland bei den Versuchen der Bourgeoisie, eine neue Arbeiteraristokratie zu bilden, die subjektive Bestechung im Vordergrund« (Automatisierung und Arbeiterklasse, 1964, S. 166). So können die Vertreter der Verelendungstheorie keinem, weder dem, der im Elend steckt, noch dem, der es überwunden hat, mit wirklicher Solidarität begegnen.
Deshalb nennt André *Gorz* die Verelendungstheorie die »Sackgasse des revolutionären ›Wartens-auf-die-Krise‹« (1967, S. 32) und zieht aus der Analyse dessen, was sich ›Humanisierung der Arbeit‹ nennt, genau die umgekehrte Konsequenz:

»Damit, daß die Hilfsarbeiter und die angelernten Arbeiter, die an ihre isolierten Arbeitsplätze gebunden waren, ersetzt werden müssen durch qualifizierte Arbeitsgruppen, die selbst ihre Zusammenarbeit organisieren und sich ihrer technischen Macht und ihrer Unabhängigkeit bewußt sind, wird die Hierarchie innerhalb *und außerhalb* der Betriebe in eine Krise versetzt.«

Das befriedigte Bedürfnis korrumpiert nicht, sondern es ist die Basis des Selbstbewußtseins und der Hoffnung, aus denen neue, weitertreibende Bedürfnisse entstehen.

So äußert *Kreits*, 1970, in einem Aufsatz über ›Führungsstil und Arbeitsleistung‹ in der arbeitswissenschaftlichen Zeitschrift *Arbeit und Leistung* die Befürchtung, daß solche Gruppen nicht nur leistungssteigernd wirken könnten, sondern daß sich in ihnen »für den Betrieb ungünstige Normen« entwickeln.

Und in der Entwicklung der Bedürfnisse, in der Insistenz auf die Gebrauchswertebene, liegt die entscheidende Bedrohung für den Kapitalismus als Bewegung der Selbstverwertung des Wertes.
Da aber die Bedürfnisentwicklung in sich die sprengende Kraft gegenüber dem rigiden Panzer der Tauschwertorientierung ist, kann laut *Gorz* nicht mehr mit einem abstrakten Sozialismus als Kontrastbegriff in der Arbeiterbewegung Mobilisierung erwartet werden:
»Heute ist dagegen die Machtergreifung nur dann ein Ziel, das die Massen mobilisieren kann, wenn man genau sagt, was in der kapitalistischen Gesellschaft unmöglich ist und was durch die Machtübernahme der Arbeiter möglich gemacht werden soll. Warum will man Sozialismus? Wie und auf welche Weise? Die Beantwortung dieser Fragen ist heute eine

Vorbedingung für die Mobilisierung der Massen« (S. 17). Diese Gegenposition zur Verelendungstheorie, wie sie etwa A. *Gorz* vertritt, entwickelte sich auch in der Neuen Linken der BRD. Diese ›hedonistische Linke‹ insistiert auf der sinnlichen Erfahrung und dem daraus sich entwickelnden Bedürfniszusammenhang und faßt die soziale Emanzipationsbewegung als einen Lernprozeß auf, dessen Ausgang und Ziel nicht von vornherein festgelegt ist. »Ob dieser Lernprozeß aber auf die Dauer das herrschende System stärkt oder schwächt, muß ausprobiert werden. ›Auf die Dauer‹ wird es diesen Lernprozeß jedenfalls nur geben, wenn die in ihn involvierten Gruppen auch je aktuell etwas davon haben — und sei es ›nur‹ der Spaß an der Auflehnung oder die Selbstbestätigung, die aus der Selbstbetätigung erwächst« (D. *Kerbs*, 1970, S. 38).

Diesen »Wärmestrom des Marxismus« (E. *Bloch*) zu stärken und argumentativ zu unterstützen, ist das Ziel dieser Arbeit gewesen. Sie sollte zeigen, daß Genuß und wachsende Bedürfnisbefriedigung langfristig eine dynamische, befreiende Kraft werden könnten, ein Lösemittel gegen die erstarrten Einstellungen des Hinnehmens und der resignativen Passivität.

Schlußfolgerungen: Sechs Thesen

Zum Schluß will ich in bewußt pointierten Thesen aufzeigen, in welche Richtung die politischen Schlußfolgerungen aus den hier entwickelten Überlegungen gezogen werden müssen:

1. Die Vertreter der Verelendungstheorie brandmarken meist die niederdrückenden Wirkungen des Kapitalismus richtig. Weil sie sich dabei aber immer auf die übelsten und existenzbedrohenden Fälle konzentrieren, denn an ihnen wird die zerstörerische Kraft des Kapitalismus am deutlichsten, entsteht der asketische und moralisierende Eindruck, daß alle, denen es besser geht, bereits privilegiert sind und sich ihrer Besserstellung eigentlich schämen müßten. Dies wird durch die Annahme, die am schlimmsten unter dem Kapitalismus leiden, seien die Revolutionäre, und durch die umgekehrte Annahme für die ›Arbeiteraristokratie‹ bestätigt.

2. Dadurch werden durch die Anhänger der Verelendungstheorie zwar die Auswüchse des Kapitalismus gebrandmarkt und bewußt gemacht, aber:

(a) diese Bedrohungen und Auswüchse erscheinen als geradezu erwartet (man hat sie ja auch vorhergesagt). Die Empörung erscheint deshalb unglaubwürdig und tatsächlich emotional empören kann sich nur noch der ›Naive‹ der Noch-nicht-Aufgeklärte.

(b) Die Kapitalismuskritik anhand der Auswüchse und Extremfälle der Verelendung trägt dazu bei, daß nicht mehr bewußt wird, was im Kapitalismus an täglichen Genüssen und Bedürfnisbefriedigungen vorenthalten und unentwickelt bleibt. Man kann daher nicht für die eigenen Genüsse und Bedürfnisse kämpfen, denn gegenüber demjenigen, der im tiefen Elend steckt, erscheint man allemal privilegiert. Man kann nur noch *für andere*, als Stellvertreter, kämpfen und kritisieren.

3. Weil jeder nachhaltige Erfolg einer Reform die Situation verbessert und aus dem Bereich der extremen Bedrohung herausführt, muß man als Anhänger der Verelendungstheorie jeder Reformforderung skeptisch gegenüberstehen, denn jeder Erfolg könnte den Grundwiderspruch von Lohnarbeit und Kapital zudecken und die Arbeiter integrieren und pazifizieren. Eine erfolgreich erkämpfte Reformmaßnahme kann also nicht selbstbewußt gefeiert und genossen werden, sondern man muß den Triumph immer gleich wegreden mit dem erhobenen Zeigefinger: »In Wirklichkeit habt ihr überhaupt nicht

gesiegt, denn der Grundwiderspruch besteht immer noch!« Aus Sozialisten werden so sauertöpfische, asketische Moralisten, die *nie* von den konkret erlebten, den möglichen und wünschbaren Genüssen, dauernd aber vom Leiden reden und Verzicht und Opfer fordern zugunsten der Aufhebung eines abstrakten Prinzips: der Grundwiderspruch von Lohnarbeit und Kapital — den man so nicht einmal im kapitalistischen Betrieb erleben kann — erscheint als die Hauptsache. Was ihn nicht in Frage stellt, ist reformistische Lappalie und lenkt nur ab.

4. Sieht man dagegen den Widerspruch von Lohnarbeit und Kapital als Ausprägung eines viel umfassenderen und für alle Bereiche der kapitalistischen Gesellschaft konstitutiven Widerspruches an, sieht man als eigentlich entscheidenden Widerspruch des Kapitalismus die Verselbständigung des Tauschwertes vom besonderen Gebrauchswert, d. h. die Orientierung der Produktion am Profit statt an den Bedürfnissen und die Reduktion der Bedürfnisse überhaupt auf den schmalen Sektor der zahlungskräftigen und marktfähigen Bedürfnisse, dann ergibt sich daraus eine ganz andere Kapitalismuskritik:

(a) Die Kritik am Kapitalismus läuft dann nicht *nur* über das, was er von dem, was man bereits hat, wegnimmt, sondern *auch* über das, was er von dem, was man genießen, woran man sich freuen könnte, verweigert.

(b) Dazu ist es entscheidend, die menschlichen Bedürfnisse und Genüsse zu entwickeln und zu erkennen, die im Kapitalismus vorenthalten und unentwickelt bleiben (z. B. Kommunikation, Zärtlichkeit, Selbstbestätigung in der Arbeit, Freizeit für schöpferisches Verhalten etc.)

(c) Damit wird Reform zur Voraussetzung von Revolution, weil sich erst auf der Erfahrung erfüllter Bedürfnisse neue Bedürfnisebenen eröffnen können, die mit den Bewegungsgesetzen der Wertabstraktion im Profit unvereinbar werden: »Wenn wir das geschafft haben, warum dann nicht auch noch . . .?«

(d) Sozialismus ist dann nicht mehr die Abschaffung eines abstrakten Prinzips (Privateigentum an den Produktionsmitteln), sondern die lustvolle Durchsetzung der Selbstbestimmung der Menschen über ihre Bedürfnisse und deren Erfüllung.

5. Da die konkreten Bedürfnisse im Mittelpunkt der Auflehnung gegen die Verselbständigung des abstrakten Tauschwertes stehen, kann man nicht stellvertretend kämpfen, sondern kann nur mit der Forderung nach Bedürfnisbefriedigung in seinem eigenen Bereich anfangen und sich mit anderen Gesellschaftsgruppen verbünden und koordinieren, wo sich dies

als Erfordernis aus den inhaltlich-konkreten Entwicklungen ergibt. Vorher ist Kaderpartei, Politbüro etc. der Situation und den Bedürfnissen genauso äußerlich und abstrakt wie der Tauschwert.

6. Man muß also mit den erhofften *genauso* wie mit den vorenthaltenen Bedürfnisbefriedigungen, mit Elend *und* dem Leiden *zusammen* mit den Genüssen und *nicht* mit dem Elend und Leiden *allein* argumentieren. Erst dann braucht man nicht mehr aus schlechtem Gewissen Sozialist zu sein und als Moralist mit stellvertretenden Kämpfen an den wirklichen Interessen und Bedürfnissen der wirklich existierenden Bevölkerung zugunsten eines imaginären ›Volkes‹ vorbeizuagieren.

Anhang

1. Tabellen

Tabellen zur Entwicklung der Arbeitsunfähigkeit 1958–1969

| Jahr | Fälle pro 1000 Mitglieder (1958 = 100) | | | | Tage pro 1000 Mitglieder | | | |
	Männer		Frauen		Männer		Frauen	
1958	838,0	100	821,9	100	13904	100	19303	100
1959	892,4	106	878,1	100	20952	111	21518	111
1960	1009,0	120	954,5	116	22398	118	22457	116
1961	1000,0	119	982,2	119	21837	115	23454	121
1962	1063,3	127	1026,7	126	22635	120	23682	123
1963	996,0	119	979,8	119	21825	115	22697	118
1964	890,3	106	905,8	110	19660	104	21411	111
1965	943,1	112	969,6	118	20514	108	22495	116
1966	924,8	110	949,0	115	20614	109	22629	117
1967	786,4	94	815,1	99	18410	97	19835	103
1968	905,0	108	945,7	115	20118	106	21984	114
1969	962,8	115	1007,4	123	21466	114	23404	121

A	B
Knochen u. Bewegungsorg., angeb. Mißbildungen, Krankheiten d. frühesten Kindheit, des Blutes, d. Sinnesorgane u. Altersschwäche	Allerg., Stoffwechsel u. Ernährungskrankheiten, innere Sekretion, geist. u. psychoneurot. Störungen u. Krank. d. Nervensystems

nur Männer

Jahr	Fälle pro 1000		Tage pro 1000		Fälle pro 1000		Tage pro 1000	
1958	121,9	100	2786	100	38,8	100	1210	100
1959	131,8	108	3166	114	39,9	103	1897	107
1960	145,5	119	3334	120	42,9	111	1342	111
1961	163,2	134	3582	129	45,6	117	1331	110
1962	174,6	143	3666	132	47,7	123	1453	120
1963	160,7	132	3478	125	41,7	107	1382	114
1964	162,1	133	3480	125	42,7	110	1418	117
1965	166,6	137	3647	131	43,6	112	1409	116
1966	168,3	138	3698	133	43,6	112	1498	124
1967	140,9	116	3276	118	38,9	100	1458	120
1968	148,7	122	3402	122	39,3	101	1441	119
1969	158,7	130	3656	131	41,2	105	1540	127

C	D
Verdauungsorgane	Kreislaufapparat

nur Männer

Jahr	Fälle pro 1000		Tage pro 1000		Fälle pro 1000		Tage pro 1000	
1958	102,7	100	2765	100	41,5	100	1675	100
1959	111,8	109	3131	113	45,8	110	1874	112
1960	115,8	116	3163	114	51,4	124	1939	116
1961	133,7	130	3400	123	53,1	128	1888	113
1962	142,5	139	3407	123	56,1	135	2235	133
1963	134,9	131	3246	117	52,5	126	2404	143
1964	133,4	130	3180	115	51,4	124	2255	135
1965	131,1	128	3261	118	52,6	127	2273	136
1966	130,9	127	3293	119	52,6	127	2364	141
1967	114,4	111	3002	109	45,6	110	2258	135
1968	121,9	119	3176	115	47,4	114	2212	132
1969	120,7	126	3408	123	50,8	122	2369	131

Kreislaufsystem u. Verdauungsorgane als Indikatoren der Belastung (Männer)

Tage pro Fall
insgesamt
(Männer)

Relation d.
weibl. Kranken-
standes z. männl.

Jahr	Fälle pro 1000		Tage pro 1000		Tage 1958 = 100	Fälle pro 1000 (Männer = 100)	Tage pro 1000
1958	144,2	1oo	444o	1oo	22,56	1oo	98	1o1
1959	157,6	1o9	5oo5	113	23,48	1o4	98	1o3
196o	17o,2	118	51o2	115	22,2o	98	95	1oo
1961	186,8	129	5288	119	21,84	97	98	1o7
1962	198,6	138	5642	127	21,29	94	97	1o5
1963	187,4	13o	565o	127	21,91	97	98	1o4
1964	184,8	128	5435	122	22,o8	98	1o1	1o9
1965	183,7	127	5534	125	21,75	96	1o3	11o
1966	183,o	127	5657	127	22,29	99	1o3	11o
1967	16o,o	111	526o	118	23,41	1o3	1o4	1o8
1968	169,3	117	5383	121	22,2o	98	1o4	1o9
1969	18o,5	125	5777	13o	22,3o	99	1o5	1o9

	E	F	G	H
	Atmungs- organe	Harn-, Ge- schlechts-, Haut- u. Zell- gewebekrankh.	Infektions- krankheiten	Neubildungen

MÄNNER

Jahr	Fälle pro 1000		Fälle pro 1000		Fälle pro 1000		Fälle pro 1000	
1958	23o,o	1oo	56,8	1oo	6,9	1oo	3,o	1oo
1959	234,o	1o2	59,2	1o4	6,8	99	3,2	1o6
196o	3o1,7	131	56,1	99	7,3	1o5	4,5	15o
1961	243,8	1o6	59,2	1o4	5,9	86	3,4	113
1962	288,4	125	57,7	1o2	6,1	88	4,o	133
1963	287,8	125	53,3	94	6,8	99	3,5	117
1964	2o9,8	91	52,1	92	7,2	1o4	3,5	117
1965	264,5	115	49,5	87	6,8	98	3,7	128
1966	247,6	1o8	47,8	84	6,8	99	3,6	12o
1967	192,3	84	42,1	83	6,6	96	3,9	13o
1968	271,9	118	44,o	84	7,o	1o1	4,3	143
1969	289,8	126	46,3	81	7,6	11o	4,1	137

(zusammengestellt und berechnet nach den Statistischen Jahrbüchern für die BRD, hrsg. v. Statistischen Bundesamt, 1865 nach:
Krankheitsarten-, Krankheitsursachen- und Sterblichkeits- Statistik der Orskrankenkassen 1965)

Arbeitsunfälle pro 1.ooo Vollarbeiter in den gewerblichen Berufs-
        genossenschaften (1958 = 1oo %)

Jahr	absolut	%	Jahr	absolut	%
1957	124,19	94	1964	122,98	95
1958	129,11	1oo	1965	118,5o	92
1959	128,65	1oo	1966	111,9o	87
196o	132,85	1o3	1967	97,99	75
1961	137,79	1o7	1968	122,52	73
1962	123,39	1oo	1969	99,66	77
1963	122,81	95	197o	1o2,61	79

(Quelle: Hauptergebnisse der Arbeits- und Sozialstatistik
        1971 und 196o)

Die Jahre 1957 und 197o wurden mit einbezogen, um den Trend zu
verdeutlichen, da 1958 und 1969 jeweils eine ganz leichte Umkehrung zu beobachten ist, die aber dem vorherigen bzw. nachfolgenden Trend nicht entspricht.

Konjunktur- und Wirtschaftsdaten 1958 bis 1969

Jahr	Jährl. Veränderungeraten des Nettoproduktionsvolumens in der gesamten Industrie gegen Vorjahr	Arbeitslosenquote (Arbeitslose in % d. abhängigen Erwerbspersonen) Jahresdurchschnitt	Ausrüstungsinvestitionen der Unternehmer in Mrd. DM
1958	2,6	3,7	22,51[+]
1959	7,3	2,6	24,94[+]
196o	11,9	1,3	29,87[+] 31,37[+]
1961	5,9	o,8	36,97
1962	3,8	o,7	4o,34
1963	2,9	o,8	41,29
1964	9,2	o,8	45,28
1965	5,3	o,7	49,79
1966	−1,1	o,7	5o,4o
1967	−2,8	2,1	45,88
1968	11,8	1,5	5o,82
1969	12,9	o,9	64,57

(Quelle:1. und 2. Spalte: Materialien, SOFI, 1973, Tabelle 7 und 5o
        3. Spalte: Jahresgutachten 1973 des Sachverständigenrates zur
        Begutachtung der gesamtwirtschaftlichen Entwicklung)
Zahlen mit [+] sind ohne Saarland und Berlin.

2. Verzeichnis der angeführten Literatur

In dieser Liste sind nur diejenigen Titel aufgeführt, auf die im *empirischen Teil* der Arbeit (in der Kurzzitierweise: Name, Erscheinungsjahr, Seite) verwiesen wurde.
Alle anderen, im *theoretisch-historischen Teil* der Arbeit verwendeten Titel sind dort in den Fußnoten verzeichnet.
Die Titel werden in alphabetischer Reihenfolge aufgelistet. Bei mehreren Titeln desselben Autors wird in der Reihenfolge der Veröffentlichungsjahre und innerhalb eines Jahres alphabetisch vorgegangen.

Im Literaturverzeichnis werden folgende *Abkürzungen* verwendet:
AuL Arbeit und Leistung. Zentralblatt für Arbeitswissenschaft und soziale Betriebspraxis
BMAS Bundesministerium für Arbeit und Soziales
NRW Nordrhein-Westfalen
RKW Rationalisierungskuratorium der Wirtschaft e. V.
WiSta Wirtschaft und Statistik

Abendroth, H., Arbeitszufriedenheit — Betriebsklima, in: AuL 24. Jg., 1970, H. 7/8 S. 138—141.
ders., Fehlzeitenauffälligkeit und medizinisch-soziologische Analysen in einem Hüttenwerk, in: Arbeitsmedizin — Sozialmedizin — Arbeitshygiene, Jg. 1, 1966, H. 6 S. 197—203.
Adamo, Hans, Die Legende von der Humansierung und Vermenschlichung der Arbeit im Kapitalismus, in: Marxistische Blätter, 12. Jg., 1974, S. 42—48.
Altmann, Norbert, u. Kammerer, Wandel der Berufsstruktur, München 1970.
Auerhan, Jan, Die Automatisierung und ihre ökonimische Bedeutung, aus dem Tschechischen übersetzt, Berlin (DDR) 1961.
Aufbrauch, Vorzeitiger, im Erwerbsleben — aus arbeitsmedizinischer, arbeitswissenschaftlicher, soziologischer und psychologischer Sicht, hg. v. H. Valentin und R. Berensmann, Stuttgart 1967.
Automatisierung und Arbeiterklasse in Westdeutschland — Die Auswirkungen der gegenwärtigen technischen Entwicklung auf die Struktur der Arbeiterklasse in Westdeutschland, Autorenkollektiv: H. Kirchberg, G. Maurischat, R. Roscher, M. Thiel, Berlin (DDR) 1964.
Aspekte, Wirtschaftliche und soziale, des technischen Wandels in der Bundesrepublik Deutschland; 1. Band: Sieben Berichte — Kurzfassung der Ergebnisse; hrsg. RKW; Frankfurt 1970 (siehe auch: RKW-Forschungsprojekt).

Baierl, F., Produktivitätssteigerung durch Lohnanreizsysteme, 4. verbess. u. erw. Aufl. München 1965.
Bartenwerfer, H., Beiträge zum Problem der psychischen Beanspruchung — 1. Teil: Untersuchungen zu den Grundfragen psychischer Beanspruchung in der Industrie, Forschungsbericht des Landes NRW, Nr. 808, Köln-Opladen 1960.
ders. u. Kötter, L., u. Sickel, W., Beiträge zum Problem der psychischen Beanspruchung — 2. Teil: Verfahren zur graduellen Beurteilung der psychischen Beanspruchung in der Industrie, Forschungsbericht des Landes NRW, Nr. 1131, Köln-Opladen 1963.
Beek, H. G. van, Der Einfluß der Organisation des Fließbandes auf Verhalten und Leistung der Arbeiter, in: Arbeitswissenschaft, Bd. 1, 1962, Nr. 1, S. 24.
ders., Der Einfluß der Organisation eines Fließbandes auf die Produktion und die Einstellung zur Arbeit, in: Arbeitswissenschaft, Bd. 2, 1963, H. 5, S. 156—161.

Bischoff, J., Ganssmann, H., Kümmel, G., Löhlein, G., Mystifikation und Klassenbewußtsein — Replik zu der Kritik . . ., in: Sozialistische Politik, 2. Jg., Nr. 8, 1970, S. 15–45.

Blauner, Robert, Alienation and Freedom — The Factory Worker and His Industry, Chicago-London 1964.

Blohmke, M., Depner, R., Frederking, A., Stelzer, O., Einfluß medizinischer und sozialer Variablen auf die Fehlzeiten in zwei Betrieben, in: Arbeitsmedizin – Sozialmedizin – Arbeitshygiene, 6. Jg., H. 1, Jan. 1971, S. 32–38.

ders. und Schaefer, H., Die soziale Umwelt von Tier und Mensch als Krankheitsfaktor, in: Arbeitsmedizin-Sozialmedizin-Arbeitshygiene, 1. Jg., 1966, H. 5, S. 141–146.

Blume, Otto, Über den Lebensabend des Industriearbeiters in der heutigen Gesellschaft, in: Altern — Probleme und Tatsachen, hg. v. Hans Thomae u. Ursula Lehr, Frankfurt 1968.

Böhle, Fritz, u. Altmann, Norbert: Industrielle Arbeit und soziale Sicherheit — Eine Studie über Risiken im Arbeitsprozeß und auf dem Arbeitsmarkt, Frankfurt 1972.

Böhrs, H., Leistungslohn, Wiesbaden 1959.

Böker, Karl, Entwicklung und Ursachen des Krankenstandes der westdeutschen Arbeiter, in: Das Argument 69, 13. Jg., Dez. 1971, H. 11/12, S. 901–927.

Bornhorn, K.-H., Arbeiten unter großer Hitzeeinwirkung und die damit verbundenen Gefahren, in: Die Berufsgenossenschaft, Heft 1, 1973, S. 5–13.

Bosquet, Michel, Die Revolte der Angelernten, in: express international, 1971, Nr. 123.

Bright, James R., How to evaluate Automation, in: Harvard Business Review, Vol. 33, 1955, No. 4, S. 101–111.

ders., Erhöht die Automatisierung die Anforderungen an das Können?, in: Fortschrittliche Betriebsführung, Bd. 7, S. 31–65, Berlin-Köln, o. J.

Brokmann, Wilfried, Der altersadäquate Arbeitseinsatz, Dissertation, TU Berlin, Dezember 1969, Fakultät für Maschinenwesen.

Statistisches Bundesamt, Altersstruktur der Erwerbsbevölkerung in wirtschaftlicher und sozialer Gliederung — Ergebnisse der Volks- und Berufszählung 1961 und 1970, in: WiSta 1973 a, H. 10, S. 589–592.

ders., Allgemeine Sterbetafel 1970/72, in: WiSta 7, 1974, S. 465–480.

ders., Kranke und unfallverletzte Personen nach ihrer Stellung zum Erwerbsleben und nach Art der Behandlung, in: WiSta, 3, 1974, S. 183 bis 186.

ders., Nacht- und Sonntags- bzw. Feiertagsarbeit von Arbeitnehmern — Ergebnis der Zusatzbefragung zum Mikrozensus Januar 1972, in: WiSta 1973 b, H. 1, S. 25–27.

ders., Personal und Patienten in psychiatrischen Krankenhäusern 1971, in: WiSta 1973 c, H. 9, S. 540–545.

ders., Die Größe der Arbeitsstätten nach ihrer Beschäftigtenzahl — Ergebnis der Arbeitsstättenzählung am 27. Mai 1970, in: WiSta 1972 a, H. 9, S. 511–516.

ders., Sterbefälle 1970 nach Todesursachen, in: WiSta 1972, H. 8, S. 437–441.

ders., Entwicklung der Sterblichkeit seit 1961 nach den abgekürzten Sterbetafeln, in: WiSta 1971, H. 7, S. 405–410.

ders., Die Sterblichkeit nach dem Familienstand, in: WiSta 1960, H. 9, S. 533–534.

ders., Beruf und Todesursachen (Ergebnis einer Sonderauszählung 1955) Fachserie A, Bevölkerung und Kultur, Reihe 7, Gesundheitswesen, Sonderbeitrag, Stuttgart-Mainz 1956.

Burkhardt, F., Die Entwicklung der Arbeitsanforderungen von der körperlichen zur psychischen Beanspruchung, in: AuL, J. 23, 1969, H. 5/6, S. 99–102.

Christian, P., Berufswahl und Krankheit, in: Münchner medizinische Wochenschrift, J. 109, 1967, H. 17, S. 981.

Cinca, A., Jucovschi, V., Geschlechtsunterschiede in Altersleistungen, in: AuL Jg. 22, H. 2, 1968, S. 17—20.

Compes, P. C., Möglichkeiten eines erzwungenen Gebrauchs sicherheitstechnischer Mittel durch konstruktive Maßnahmen, in: Arbeitswissenschaft 4, 1965, n. 5, S. 151—152.

ders., Macht sich Unfallverhütung bezahlt? — Betriebsunfälle auch ein Kostenproblem, in: Der Arbeitgeber, 18. Jg., 1966, S. 262—264.

Delius, Ludwig, Konstitution oder Umwelt? — Wer — unter besonderer Berücksichtigung des Erwerbslebens — führt bei der Erklärung kardiovaskulärer Verschlußkrankheiten, in: Vorzeitiger Aufbrauch im Erwerbsleben . . ., Stuttgart 1967, S. 30—39.

Deppe, Hans-Ulrich, Industriearbeit und Medizin — Ein Beitrag zur Soziologie medizinischer Institutionen am Beispiel des werksärztlichen Dienstes in der BRD, Frankfurt 1973.

ders., Zur Morphologie von Unfällen bei der Arbeit, in: Das Argument 69, 13. Jg., 1971, Heft 11/12, S. 928—944.

Diehl, Karl, Arbeitsintensität und Achtstundentag, Jena 1923.

Döring, H. und Büschler, H., Über die Todesursachen in der Großlebensversicherung, in: Lebensversicherungs-Medizin 25. Jg., 1973, Heft 4 (Sonderdruck 6 Seiten).

Durand, Claude, The Worker and the Occupational System, in: Touraine, A. et al., Workers attitudes to technical change, Paris 1965, S. 29—53.

Ehrhardt, Werner, Probleme der Frauenarbeit aus arbeitsmedizinischer Sicht, in: Wiss. Zeits. d. Friedrich-Schiller-Universität Jena, Mathem.-naturwiss. Reihe, 1 G, 1967, 2, mS, 179—183.

Eimeren, W. v., Selbmann, H. K., Überla, K., Modell einer allgemeinen Vorsorgeuntersuchung im Jahre 1969/70 — Zwischenbericht 70 und Schlußbericht 1972, Stuttgart.

Eitner, S., Funke, K., Tröger, A., Arbeitserschwernisse und Arbeitserleichterungen als Einflußfaktoren auf die Gesundheit in der Seneszenzperiode, in: Wiss. Zeits. d. Humboldt-Univ. Berlin, Math.-nat. Reihe, Berlin J. 18, 1969, H. 1, S. 131—134.

ders. und Müller, H., Berufsarbeit, Seneszenz und Umbau am Bewegungsapparat, in: Wiss. Zeits. d. Humboldt-Univ. Math.-nat.-Reihe, Berlin, Jg. 18, 1969, H. 1, S. 119—122.

ders. und Gorn, A.-M., Biologische, psychologische und soziologische Einflußfaktoren auf die Gesundheit des seneszenten Arbeiters in der Produktion, in: Wiss. Zeits. etc., Jg. 18, 1969, H. 1, S. 111—113.

Erdmann, Wolfgang, Untersuchung über die Auswirkungen arbeitsorganisatorischer und entlohnungstechnischer Veränderungen auf die Arbeitsproduktivität von Instandhaltungswerkern, Dissertation, Aachen 1970.

ders., Der Einfluß von Betriebs- und Berufsgruppenzugehörigkeit auf die Steigerung der Arbeitsproduktivität von Instandhaltungswerkern durch Arbeitsvorbereitung und Leistungsentlohnung, in: AuL, 27. Jg., 1973, N. 4, S. 85—89.

Faktorenstruktur der Berufsbelastung, in: Deutsches Ärzteblatt 64, 1967, S. 1324.

Feig, Rolf, Zur Entwicklung der Unfall- und Berufskrankheitsverhältnisse in der westdeutschen Industrie in der Periode der Nachkriegsentwicklung (1950—1965), Dissertation 1967, Humboldt-Universität, Berlin (DDR).

Flexibilität der Altersgrenze — Vorträge des Symposiums der deutschen Gesellschaft für Gerontologie, Nürnberg, 12.—13. Januar 1968, hg. v. R. Schubert, Darmstadt 1969.

Frada, G., et al., Sulla tolleranza al lavoro in ambiente ipertermico.

Influenza delle varie condizione craniche, in: Folia medica, Neapel, Oktober 1969, Bd. 52, N. 10, S. 609—627.

Friedeburg, L. v., Soziologie des Betriebsklimas — Studien zur Deutung empirischer Untersuchungen in industriellen Großbetrieben, Frankfurter Beiträge zur Soziologie 13, Frankfurt 1963.

Friedmann, Georges, Grenzen der Arbeitsteilung (Le travail en Miettes, 1952), Frankfurter Beiträge zur Soziologie Nr. 7, Frankfurt 1959.

Fuchs, Günther, Abnutzungserscheinungen in Heißbetrieben, in: Arbeitsmedizin, Jg. 2, 1964, S. 62—64.

Fuchs, Wilfried, Beitrag zur Quantifizierung des Rationalisierungsprozesses und dessen Auswirkungen auf den Menschen — dargestellt am Beispiel verschiedener Drehmaschinen, in: Arbeitswissenschaft und Automatisierung, hg. v. W. Rohmert, Schriftenreihe ›Arbeitswissenschaft und Praxis‹, Band 5, Berlin-Köln-Frankfurt 1968, S. 49—69.

Fürstenberg, F., Die Soziallage der Chemiearbeiter — Industriesoziologische Untersuchungen in rationalisierten und automatisierten Chemiebetrieben, Neuwied-Berlin 1969.

Funke, Hajo, Intensivierung der Arbeit, in: Probleme des Klassenkampfes — Zeitschrift für politische Ökonomie und sozialistische Politik, Heft 4 und 5 1972.

ders. und Wenzel, Berndt, Sicherheit am Arbeitsplatz und gewerkschaftliche Tarifpolitik; Zusammenhang von Arbeitsintensivierung und Lohnpolitik, in: Industriearbeit und Gesundheitsverschleiß — Diskussionen und Ergebnisse der Tagung: ›Sicherheit am Arbeitsplatz und Unfallschutz‹, Redaktion: Hajo Funke, Brigitte Geißler, Peter Thoma, Frankfurt-Köln 1974, S. 67—99.

Gerfeld, E.: »Der Herzinfarkt und seine sozialpathologischen Ursachen« in: Hippokrates 38, 1967, S. 798—805.

Goldthorpe, John H., Lockwood, David, Bechhofer, Frank, Platt, Jennifer, Der ›wohlhabende‹ Arbeiter in England (The affluent worker, London 1968 und 1969), 3 Bände, München 1970 und 1971.

Gorz, André, Zur Strategie der Arbeiterbewegung im Neokapitalismus, Frankfurt 1967.

ders., Work and Consumption, in: Towards Socialism, ed. Perry Anderson and Robin Blackburn, London 1966, S. 316—353.

Graf, Otto, Studien über Arbeitspausen bei freier und zeitgebundener Arbeit und ihre Auswirkung auf die Leistungsfähigkeit, Forschungsbericht des Landes NRW, Nr. 115, Köln-Opladen 1954 a.

ders., Studien über Fließarbeitsprobleme an einer praxisnahen Experimentieranlage, Forschungsbericht des Landes NRW, Nr. 114, Köln-Opladen 1954 b.

ders., Nervöse Belastung im Betrieb — 1. Teil: Nachtarbeit und nervöse Belastung, Köln-Opladen 1958.

ders., Arbeitszeit und Produktivität — Ganztägige Arbeitsablaufuntersuchungen, Berlin 1962.

ders. u. Rutenfranz, F., Ulich, E., Nervöse Belastung bei industrieller Arbeit unter Zeitdruck, Forschungsbericht des Landes NRW, Nr. 1425, Köln-Opladen 1965.

Grünfeld, Peter, Der Kampf um eine menschengerechte Arbeitsgestaltung, in: Marxistische Blätter, 12. Jg., 1974, H. 1, S. 33—41.

Gubser, A., Monotonie im Industriebetrieb — Die Auswirkungen einfacher Arbeitsvorgänge, ihre Prophylaxe und Bekämpfung; Schriften zur Arbeitspsychologie Nr. 11, Bern und Stuttgart 1968.

Gülden, Klaus, Krutz, Wolfgang, Krutz-Ahlring, Ingrid, Humanisierung der Arbeit? Ansätze zur Veränderung von Form und Inhalt industrieller Arbeit, Berlin 1973.

Haase, H.-J., Psychiatrische Erfahrungen mit der Belastung der berufstätigen Frau unter besonderer Beachtung des Familienstandes, in: Bundesarbeitsblatt, Jg. 15, 1964, H. 4, S. 121—124.

Haider, M., Ermüdung, Beanspruchung und Leistung, Wien 1962.

Hale, H. B., u. a., Neuroendocrine and metabolic response to intermittent night shift work, in: Aerospace Medicine Vol. 42, 1971, S. 156–162.

Halter, Hans, ›arbeit bringt uns um‹, in: Jasmin 18, 1973, S. 10–15.

ders., Die Lebenserwartung sinkt, in: Medizin Report – aktueller Informationsdienst für Tageszeitungen 8/1972.

Hennecke, A., Arbeitsanforderungen und Fertigungsstrukturen bei zunehmender Mechanisierung in der Metallindustrie, in: AuL, Jg. 24, 1970, H. 7/8, S. 130–135.

Hettinger, Theodor, Arbeitswissenschaftliche Aspekte des Arbeitsplatzes aus arbeitsmedizinischer und arbeitsphysiologischer Sicht, in: AuL, Jg. 22, 1968 a, H. 11, S. 204–205.

ders., Kalorienverbrauch und Erholungszeitberechnung, Frechen 1968 b.

ders. u. Steinhausen u. Bosse, Die physische Belastung an Arbeitsplätzen der Eisen-Stahl-Industrie, in: AuL, J. 23, 1969, H. 11, S. 201–204.

ders., Angewandte Ergonomie – Arbeitsphysiologische und arbeitsmedizinische Probleme in der Betriebspraxis, Frechen 1970.

Hilf, H. H., Arbeitswissenschaft – Leistungsforschung – Arbeitsgestaltung, München 1957.

ders., Planmäßiges Gestalten von Wirksystemen als Zukunftsaufgabe, in: AuL 23, 1969 a, S. 50–52.

Hiller, Egmont, Mathematik der Unzufriedenheit. Gedanken aus der Welt des Betriebs zu einem psychologischen Problem, in: Psychologische Beiträge, Bd. 9, 1966, H. 2, S. 237–245.

Hochrein, M., u. Schleicher, I., Herzinfarkt und Beruf in: Arbeitsmedizin – Sozialhygiene – Arbeitshygiene, Jg. 5, 1970, S. 165–170.

Hülsmann, P., Ärztliche Begutachtung der Leistungsfähigkeit von Arbeitssuchenden und Arbeitslosen, Stuttgart 1960.

ders., Die berufstätige Frau, Stuttgart 1962.

ders., Erwerbstätigkeit in sozialmedizinischer Sicht – Allgemeine Berufs- und Wirtschaftskunde; Stuttgart 1964.

ders., Erlebnisverarbeitung am Arbeitsplatz. Fälle und Probleme, in: Arbeitsmedizin – Sozialmedizin – Arbeitshygiene, Jg. 2, 1967, H. 1, S. 24–26.

Huffelmann, K., Die Arbeitszeitverkürzung, Essen 1964.

Ifo-Institut, Soziale Auswirkungen des technischen Fortschritts, Untersuchung des IFO-Instituts für Wirtschaftsforschung, Berlin-München 1962

Jahresberichte der Gewerbe-Aufsichtsbeamten (1950–1951). Danach: Jahresberichte der Gewerbeaufsicht, Bundesrepublik Deutschland und Land Berlin, laufende Jahre.

Jahresgutachten des Sachverständigenrates zur Begutachtung der gesamtwirtschaftlichen Entwicklung, laufende Jahre.

Jansen, Gerd, Lärm im Betrieb, Berlin-Köln-Frankfurt 1962.

Jenrich, J., Fehlzeiten als Störgrößen im Fertigungsbereich von Industriebetrieben, in: Arbeitswissenschaft 5, 1966, S. 179–181.

Jokl, M., Das Mindestregime von Arbeit und Ruhepausen in Hitzebetrieben, in: AuL Jg. 24, 1970, S. 92–97.

Jungbluth, A., Personalplanung, in: AuL, Jg. 23, 1969, H. 3, S. 41–49.

ders., Herausforderung der Arbeitswissenschaft durch die Automatisierung, in: Arbeitswissenschaft 5, 1966, H. 2, S. 33–36.

Kaal, H.-W., Beitrag zum Problem der Hitzearbeit unter besonderer Berücksichtigung der Serum-Schweißelektrolyte bei Ofenmaurern im Tiefofenbetrieb, Dissertation (med. Fak.), Bonn 1970.

Kaminsky, G., Menschengemäße Gestaltung der Arbeitsumgebung – Der Beitrag arbeitswissenschaftlicher Erkenntnisse, in: Menschenwürde im Betrieb, hg. Fritz Vilmar, Reinbek 1973.

Kellner, Wolfgang, Soziologische Probleme des Lohnanreizes, in: Arbeits-

und betriebskundliche Reihe 2 — Arbeitsorganisation und Arbeitsleistung, Köln 1964.
ders., Nochmals: Pausenregelung bei freier Arbeit, in: Arbeitswissenschaft 6, 1967 a, N. 2, S. 55—56.
ders., Zusammenhänge zwischen soziologischen Situationen und Krankheiten — Mitteilungen, in: AuL 21. Jg., 1967 b: I, H. 9, S. 169—171;
II, H. 10, S. 188—192; III, H. 11, S. 204—208.
ders., Abhängigkeit der Krankheiten von soziologischen Situationen, in:
Die Umschau in Wiss. u. Technik, Jg. 68, 1968 a, H. 26, S. 818.
ders., Der moderne soziale Konflikt, Stuttgart 1961, 2. umgearb. und erw.
Aufl. 1968 b.
ders., Zusammenhänge zwischen soziologischen Situationen und Krankheiten — Mitteilungen, in: AuL Jg. 22, 1968 c: IV H. 3, H. 4, H. 6, H. 10.
ders., Informale Gruppenführer sind gesünder, in: AuL Jg. 24, 1970 a,
H. 7/8, S. 141.
ders., Schulbildung und Krankheit, in: AuL, 24. Jg., 1970 b, H. 9,
S. 167—170.
ders., Die Wirkung des Vorgesetztenverhaltens auf Erkrankungen von
Mitarbeitern, in: AuL 25. Jg., 1971, H. 10, S. 189—191.
ders., Berufsausbildung und Krankheit, in: AuL, Jg. 27, 1973 a, H. 5,
S. 135—136.
ders., Betriebsdemokratie und emanzipatorische Arbeitswissenschaft, in:
AuL, Jg. 27, 1973 b, H. 8, S. 208—209.
Kerbs, Diethart, Das Ritual und das Spiel — Bemerkungen über die poli-
tische Relevanz des Ästhetischen, in: Die hedonistische Linke — Beiträge zur Subkulturdebatte hg. v. dems., Neuwied-Berlin 1970.
Kern, Horst, Schumann, Michael, Industriearbeit und Arbeiterbewußtsein,
Band VIII. von: Forschungsprojekt des RKW — Wirtschaftliche und
soziale Aspekte des technischen Wandels in der Bundesrepublik
Deutschland, Frankfurt 1970, Zwei Teile.
dies., Der soziale Prozeß bei technischen Umstellungen, Band IX derselben Reihe, Frankfurt 1972.
Klages, Helmut, Berufswahl und Berufsschicksal — Empirische Untersuchungen zur Frage der Berufsumschichtung, Köln-Opladen 1959.
Kleine, H. O., Die Zivilisationsschäden der Frau, Heft 7 von: Die Ge-
sundheitsvorsorge bei der Frau, Lüneburg o. J. (nach 1956 und vor
1960).
Knauth, P., Rutenfranz, J., Untersuchungen zum Problem des Schlafver-
haltens bei experimenteller Schichtarbeit, in: Int. Arch. Arbeitsmed.
30, 1972, S. 1—22.
Knebel, H., Bewertung von Arbeit und technischem Fortschritt, in: AuL,
23. Jg., 1969, H. 7/8, S. 117—120.
ders., Die Entwicklung der Arbeitsbewertung in der Bundesrepublik
Deutschland und ihre Aufgabe in der Zukunft, in: AuL, Jg. 24, 1970,
H. 10, S. 188—191.
Köhn, Kurt, Bedeutung von Stress und Summationstrauma für die Begut-
achtung, in: Der med. Sachverständige, 63. Jg., 1967, N. 9, S. 201—206.
Kreibich, H., Kritsikis, Sp., Eitner, S., Zur Problematik der Beziehungen
zwischen Berufsarbeit, Gesundheitszustand, Häufigkeit und Dauer der
Arbeitsunfähigkeit, in: Das deutsche Gesundheitswesen, 23. Jg., 1968,
H. 36, S. 1708—1711.
Kreitz, H. J., Führungsstil und Arbeitsleistung, in: AuL, 24. Jg., 1970,
H. 1, S. 19—24.
Kupke, E., Beiträge zur Frage des Leistungsgrades und der Vorgabezeit,
München 1951.

Lärm — Wirkung und Bekämpfung, Schriftenreihe Arbeitssicherheit der
IG Metall für die BRD, Frankfurt o. J. (um 1970).
Zur Lebenssituation alleinstehender Frauen. Eine Untersuchung des Insti-
tuts für Demoskopie, Allensbach, hg. v. BMAS, Bonn 1970.

Lehnert, G. u. Szadkowski, D., Sozialmedizinische Aspekte des vorzeitigen Aufbrauchs, in: Sozialmedizin und soziale Sicherung — Verhandlungsbericht der wissenschaftlichen Jahrestagung der Deutschen Gesellschaft für Sozialmedizin, München und Hohenried 17.–19. 9. 1969, hg. v. Martin Blohmke, Stuttgart 1970, S. 214–230.

Linden, K. J., Die Wirkungsweise von Psychopharmaka unter besonderer Berücksichtigung des Berufstätigen, in: Arbeitsmedizin-Sozialmedizin-Präventivmedizin, 8. Jg., 1973, H. 8, S. 173–177.

Loos, W., Erfahrungen mit der Mehrstellenarbeit in der Textilindustrie, in: Arbeits- und betriebskundliche Reihe 3 — Mehrstellenarbeit, Köln 1965, S. 24–40.

Loskant, H., Arbeitsmedizinische Aspekte für die Auswahl und Überwachung von Schichtarbeitern, in: AuL, Jg. 24, 1970, H. 2–3, S. 38–40.

ders., Der Einfluß verschiedener Schichtformen auf die Gesundheit und das Wohlbefinden des Wechselschichtarbeiters, in: Zentralblatt für Arbeitsmedizin, Jg. 20, 1970, S. 133–144.

Lukács, Georg, Geschichte und Klassenbewußtsein (Studien über Marxistische Dialektik), Berlin 1923 — Reprint: Amsterdam 1967.

Lux, Eugen, Erfassung und Darstellung der Fluktuation, in: Arbeitswissenschaft 6, 1967, N. 6, S. 155–156.

Mann, H., Rutenfranz, J., Stiller, S., Untersuchungen zur Tagesperiodik der Reaktionszeit bei Nachtarbeit.

ders., mit Aschoff, J., I. Die Phasenlage des positiven Scheitelwertes und Einflüsse des Schlafs auf die Schwingungsbreite (mit Pöppel, E.: II), in: Int. Arch. Arbeitsmed. 29, 1972, S. 159–174.

ders., mit Pöppel, E.: II. Wechselbeziehungen zwischen Körpertemperatur und Reaktionszeit, in: ebd., S. 269–284.

ders., mit Stiller, S., IV. Tagesperiodische Änderungen der Parameter empirischer Reaktionszeitverteilungen, in: ebd. 31, 1973, S. 193–207.

Materialien zur Lebens- und Arbeitssituation der Industriearbeiter in der BRD, von Martin Osterland u. a., Studienreihe des Soziologischen Forschungsinstituts Göttingen (SOFI), Frankfurt 1973.

Maul, H., Methodische Arbeitsstudien als Grundlage für die Wahl geeigneter Entlohnungsverfahren in der hochmechanisierten und automatischen Fertigung, in: Leistungslohn heute und morgen, hg. v. REFA, Frankfurt 1965.

ders., Die Wirkungen der technischen Entwicklung auf Qualifikation und Struktur des gesellschaftlichen Gesamtarbeiters im Kapitalismus und die Forderung nach Mitbestimmung, in: Karl Marx, ›Das Kapital‹. Erbe und Verpflichtung. Beiträge . . ., Leipzig 1968, S. 123–142.

Mauss, H. J., Neuere Untersuchungen zum Arzneimittelverbrauch während der Schwangerschaft, in: Deutsche medizinische Wochenschrift 97, 1972, S. 1637–1639.

Mayo, Elton, The Human Problems of an Industrial Civilization; New York 1960, Reprint des Erstdrucks 1933.

Mechanisierungsgrad und Entlohnungsform. Soziologische Untersuchung in der Eisen- und Stahlindustrie — durchgeführt auf Wunsch der Hohen Behörde der EGKS, Frankfurt 1958.

Mensch, Der vorzeitig verbrauchte, hg. v. F. Heiss u. K. Franke, Stuttgart 1964.

Modell einer allgemeinen Vorsorgeuntersuchung — siehe: Eimeren im Jahre 1969/70, Zwischenbericht Stuttgart 1970, Schlußbericht Stuttgart 1972.

Moll, Hans H., Die Entwicklungstendenzen der Automatisierung und Schlußfolgerungen für die Ausbildung in der Automobilindustrie, in: Automatisierung und Berufsausbildung, Bielefeld 1961, S. 51–68.

Mühlhäuser, O., Beschäftigungseffekte des technischen Wandels, München 1970.

Müller, E. A., Die Messung der körperlichen Leistungsfähigkeit mit einem einzigen Prüfverfahren, Forschungsbericht des Landes NRW Nr. 1031, Köln-Opladen 1961.

ders., Einfluß von Training und Untätigkeit auf die maximale Muskelkraft, in: Muskelkraft und Muskeltraining — internationales Kolloquium am 19. u. 20. 2. 1968 in Darmstadt, hg. v. W. Rohmert, Stuttgart 1968, S. 13—25.

ders., u. Rohmert, W., Erholungszuschläge bei Arbeitswechsel, Forschungsberichte des Landes NRW, Nr. 760, Köln-Opladen 1959.

Müller, Ludmilla, Kinderaufzucht im Kapitalismus — wertlose Arbeit. Über die Folgen der Nichtbewertung der Arbeit der Mütter für das Bewußtsein der Lohnarbeiterinnen, in: Prokla 22, 6. Jg. 1976, Nr. 1, S. 13—65.

Münke, Stephanie, Vorzeitige Invalidität — Untersuchungen ihrer Gründe und ihrer Folgen für die Lebenslage der Rentner, Stuttgart 1964.

Neelsen, Karl, Sieber, Rolf, Großbürgerliche Verfälschungen und die sozialökonomische Lage der Arbeiterklasse in Westdeutschland, in: Einheit, Jg. 20, 1965, H. 7, S. 62—71.

Nesler, Wolfgang, Zu Problemen der verschärften Ausbeutung der Arbeiterklasse in Westdeutschland, in: Einheit, Jg. 20, 1965, H. 3, S. 59—70.

Nesswetha, W., Lärm und Tonussteuerung, in: Arbeitswissenschaft 3, 1964, H. 1, S. 1—4.

ders., Die mechanisierte Arbeit in der Sicht des Arbeitsphysiologen, in: Mensch und Automation, hg. v. Wilhelm Bitter, Stuttgart 1966, S. 87 bis 95.

ders., Flexibilität der Altersgrenze aus der Sicht des Arbeitsmediziners, in: Flexibilität der Altersgrenze, hg. v. R. Schubert, Darmstadt 1969, S. 115—118.

Nöcker, J., Die biologischen Grundlagen der Leistungssteigerung durch Training, Band II der Beiträge zur Lehre und Forschung der Leibeserziehung, 2. Aufl., Stuttgart 1962.

Northrup, Herbert R., Die Kehrseite des Leistungslohnes, in: Fortschrittliche Betriebsführung, Bd. 7 — Arbeitsstudium und Betriebsorganisation, Berlin — Köln — Frankfurt o. J. (1960), S. 139—144.

Nottbohm, Lothar, Arbeitsgestaltung als Mittel der Gesunderhaltung, in: Arbeitswissenschaft 6, 1967, Nr. 3, S. 69—72.

Nutzhorn, H., Die Führung der Mitarbeiter mit Kontroll- und Steuertätigkeiten, in: AuL, Jg. 24, 1970, H. 2/3, S. 43—47.

Oppenländer, K. H., Ökonomische Auswirkungen der Automatisierung, in: Arbeitswissenschaft und Automatisierung, hg. v. W. Rohmert — Schriftenreihe »Arbeitswissenschaft und Praxis« Band 5; Köln-Frankfurt-Berlin 1968, S. 95—110.

ders. und andere: Wirtschaftliche Auswirkungen des technischen Wandels in der Industrie (IFO-Institut); 3. Band des RKW-Forschungsprojektes: Wirtschaftliche und soziale Aspekte des technischen Wandels in der Bundesrepublik Deutschland; Frankfurt 1971.

Die Ortskrankenkassen 1972 — Ein statistischer und finanzieller Bericht; hg. v. Bundesverband der Ortskrankenkassen, Bonn-Bad Godesberg 1973.

Paul, H. A., Unfälle in epidemiologischer Sicht, in: Münchener medizinische Wochenschrift, Jg. 109, 1967 a, H. 39, S. 2003—2009.

ders., Vorzeitiger Verschleiß nach Zwangsarbeit unter extremen Verhältnissen, in: Arbeitswissenschaft 6, 1967 b, N. 4/5, S. 104—107.

Pflanz, M., Sozialer Wandel und Krankheit, Stuttgart 1962.

Pollock, Fr., Automation — Materialien zur Beurteilung ihrer ökonomischen und sozialen Folgen, Frankfurt 1964 (vollständig überarb. Neuaufl.).

Popitz, Heinrich, Bahrdt, Hans-Paul, Jüres, Ernst August, Kesting, Hanno, Das Gesellschaftsbild des Arbeiters — Soziologische Untersuchungen in der Hüttenindustrie, Tübingen 1957.

Pornschlegel, Hans, Die Mehrstellenarbeit im Blickfeld der Arbeitnehmer, in: Arbeits- und betriebskundliche Reihe 3 — Mehrstellenarbeit, Köln 1965, S. 48—53.

ders., Auswirkungen und Probleme der Anwendung der Verfahren vorbestimmter Zeiten auf die Arbeitnehmer, in: Verfahren vorbestimmter Zeiten, hg. v. dems., Arbeits- und betriebskundliche Reihe, Köln 1968.

ders., Birkwald u. Wiesner, Menschliche Leistung und Arbeitsergebnis, Köln 1965.

Preston, Samuel H., An international comparison of excessive adult mortality, in: Population studies, London, Vol. 24, 1970, N. 1, S. 5—20.

Redmond, C. K., Ciocco, A., Lloyd, J. W., Rush, H. W., Long-term mortality study of Steelworkers — VI Mortality from malignant neoplasms among coke oven workers, in: Journal of occupational Medicine, 14, 1972, S. 621—629.

Rehhan, Hans, Unfallgeschehen und Leistungsbereitschaft, in: AuL, Jg. 27, 1973, Nr. 12, S. 321—325.

RKW, Lärm im Betrieb, siehe Jansen, Gerd etc.

RKW-Schriftenreihe ›Ältere Arbeitnehmer‹. Anpassung der Arbeitsanforderungen, Berlin-Köln-Frankfurt 1966.

RKW, Nacht- und Schichtarbeit, Berlin-Frankfurt-Köln 1961.

Riedel, J., Menschliche Produktivität, Heidelberg 1964.

Roethlisberger, F. J., Management and Morale, Cambridge, Mass. 1949.

Rohmert, W., Untersuchungen über Muskelermüdung und Arbeitsgestaltung, Habil.-Schrift, Berlin-Köln-Frankfurt 1962.

Rohmert, W. und Schlaich, K., Arbeitsanalyse im Zeichen der technischen Entwicklung, in: Arbeitswissenschaft 6, 1967, N. 3, S. 75—81.

Rohrberg, U., Uhlmann, W.-J., Psychophysisch bedingte Gesundheitsstörungen des arbeitenden Menschen, in: Prophylaxe, 10. Jg., 1971, H. 5, S. 106—117.

Rose, A. H., Die Monotoniewirkung gleichförmiger Arbeit, in: Mensch und Arbeit, 1. Jg., 1949, N. 4, S. 80.

Roy, Donald, Quota Restriction and Goldbricking in a Machine Shop, in: American Journal of Sociology, Vol. 57, 1952, S. 427—442.

Rüssel, A., Das Befinden des Menschen bei der Arbeit — Eine Untersuchung an berufstätigen Frauen, Arbeitswissenschaftliche Schriftenreihe, Band 8, Frechen 1968.

Rutenfranz, J., Arbeitsphysiologische Aspekte der Nacht- und Schichtarbeit, in: Arbeitsmedizin-Sozialmedizin-Arbeitshygiene, Jg. 2, 1967, H. 1, S. 17—23.

ders., Das Phänomen der Hetzarbeit als arbeitsmedizinisches Problem, in: Arbeitsmedizin-Sozialmedizin-Arbeitshygiene, Jg. 4, 1969, H. 8, S. 205 bis 207.

Sachse, Ekkehard, Automatisierung und Arbeitskraft — Grundfragen der Auswirkung der Automatisierung auf Arbeitskraft, Arbeitsplatz, Beruf, Beschäftigungsstruktur, Arbeitsbedingungen und Lohn unter kapitalistischen und unter sozialistischen Produktionsverhältnissen, Berlin (DDR) 1959.

Sales, St. M., House, J., Job dissatisfaction as a possible risk factor in coronary heart disease, in: Journal chron. Diseases, 23, 1971, S. 861 bis 873.

Sandmann, Georg: »Die älteren Arbeitnehmer« in: Soziale Arbeit, J. 19, 1970, H. 3, S. 97—103.

Selye, Hans: Stress und Altern; Bremen 1962.

Shurtleff, D.: »Mortality and Maritial Status« in: Publ. Health Rep., Vol 70, 1955, N. 3, S. 248—252.

Sieben Berichte; Bd. I des RKW-Forschungsprojektes: Wirtschaftliche und soziale Aspekte . . . siehe oben unter A!

Silomon, Hero, Einige aktuelle Probleme des Krankseins, in: Materia Medica Nordmark, 25, 5/6, 1973, S. 117—126.

Smith, J. A., Occupational Stress and Emotional Illness, in: Journal Am. Mod. Ass., 1956, Vol. 161, N. 11, S. 1038—1040.

Sopp, Hellmut, Faktorenanalyse des Krankenstandes; vervielfält. Manuskript eines Gutachtens für das BMAS 1962, o. O., o. J.

ders., Der Krankenstand, in: AuL, Jg. 27, 1973, H. 10, S. 269—272.

Schäfer, Hans, Die Leistungsgrenze als ein allgemeines Problem der Sozialmedizin und der ›Frühinvalidisierung‹, in: Der med. Sachverständige, Jg. 63, 1967, N. 4, S. 90—98.

Schäfer, W., Die Funktion des Anreizlohnes in der hochmechanisierten und automatisierten Wirtschaft, in: AuL, 22. Jg., 1968, H. 7/8, S. 137. bis 139.

Scherke, Felix, Leistungssteigerung durch Betriebspsychologie, in: Mensch und Arbeit 1. J., 1949, N. 7, S. 145.

Scheuringer, B., Berufsweg und Berufswirklichkeit von Arbeitnehmerinnen, in: AuL, 27. Jg., 1973, H. 2, S. 41—43.

Schewe, D., u. Zöllner, D., Die vorzeitige Invalidität in der sozialen Rentenversicherung — Umfang, Entwicklung und Bestimmungsgründe, Sozial-politische Schriften H. 9, Berlin 1957.

Schlaich, Konrad, Vergleich von beobachteten und vorbestimmten Elementarzeiten manueller Willkürbewegungen bei Montagearbeiten, Dissertation TU Darmstadt, Fak. f. Maschinenbau, WS 1966/67, Berlin-Köln-Frankfurt 1967.

Schmid, R. R., Zusammenhänge zwischen Arbeitszeit, Leistung und Ermüdung, München 1961.

Schmidt, Walter, Psychologische Aspekte der krankheitsbedingten Fehlzeiten im Betrieb — Empirische Untersuchungen unter besonderer Berücksichtigung sozialpsychologischer Faktoren, Dissertation, Phil. Fak. München, Berlin-Frankfurt-Köln (Schriftenreihe ›Arbeitswissenschaft und Praxis‹ 3) 1967.

Schmidtke, H.; Hoffmann, H.: Untersuchungen über die Dauerbeanspruchung der Aufmerksamkeit bei Überwachungstätigkeiten; Forschungsbericht des Landes NRW Nr. 1442; Köln-Opladen 1964.

ders. und Stier, F.: Der Aufbau komplexer Bewegungsabläufe aus Elementarbewegungen; Forschungsbericht des Landes NRW, Köln-Opladen 1960.

Scholz, Herbert: Die physische Arbeitsbelastung der Gießereiarbeiter; Forschungsbericht des Landes NRW, Nr. 1185, Köln-Opladen 1963.

Scholz, J. F., Arbeitsmedizinische Analyse eines Arbeitsplatzes in einem automatisierten Betrieb, in: Der med. Sachverständige, Jg. 61, 1965, N. 6, S. 166—170.

Schürmann, D. und Müller-Seitz, P., Einige empirische Untersuchungsergebnisse über Schichtarbeitsprobleme in arbeitshygienischer Sicht, in: Zentralblatt für Arbeitsmedizin und Arbeitsschutz, Bd. 19, 1969, H. 11, S. 321—323.

Schulte, B.; Armbruster, A.; Schmidt, H. G.: Alter und Arbeitswelt — eine Dokumentation über den Stand der Erkenntnisse vom Alterswandel des Menschen im Verlaufe seines Berufslebens und dessen Einflußnahme auf die Arbeitsbedingungen und Arbeitseinsatz; Im Auftrag des BMAS; Manuskript Berlin um 1971.

Statistik der deutschen Rentenversicherungen der Arbeiter und der Angestellten, hg. v. Verband Deutscher Rentenversicherungsträger.

Stieber, Valentin, Methoden und Folgen steigender Arbeitshetze, in: Marxistische Blätter, J. 3, 1965, H. 1, S. 12—15.

Stier, Fritz, Zur Methodik der Arbeitsgestaltung; Schriftenreihe ›Arbeitswissenschaft und Praxis‹ 13, Berlin-Köln-Frankfurt 1969.

ders., Das Bewegungsstudium in der Industrie, in: Arbeitswissenschaft 4, 1965, H. 4, S. 101—106.

Stirn, Hans, Ausländische Arbeiter im Betrieb, in: Arbeitsleistungsminderung, Beiheft 1 zur ›Arbeitswissenshaft‹ Mainz 1964, S. 124—127.

ders., Zur Lage der Praktischen Ärzte, in: AuL, 23, 1969, S. 222–228.

Taylor, P. J., Pocock, S. J., Mortality of shift and day workers 1955–68, in: Brit. J. industr. Med., 29, 1972, S. 201–207.

Thieding, F., Krankheit und Wirtschaft, Stuttgart 1960.

ders., Der alte Mensch und die Gesellschaft, Stuttgart 1965.

Thöne, Dietrich, Entwicklung einer Methode zur Bestimmung der optimalen Arbeitsgeschwindigkeit, Schriftenreihe ›Arbeitswissenschaft und Praxis‹ 15, Diss. TU Berlin, Fak. Maschinenwesen, Berlin 1969.

Thomas, Konrad, Die betriebliche Situation der Arbeiter, Göttinger Abhandlungen zur Soziologie und ihrer Grenzgebiete, 9. Band, Stuttgart 1964.

Touraine, Alain, La conscience ouvrière, Paris 1960.

ders., Durand, Claude, Pecaut, Daniel, Willener, Alfred Workers' attitudes to technical change – An integrated survey of research, OECD, Paris 1965.

ders., Die postindustrielle Gesellschaft, Frankfurt 1972.

Tschök, Heinz, Zum Verhältnis zwischen individueller Konsumtion und Arbeitsbedingungen im staatsmonopolistischen Kapitalismus, in: Wiss. Zeits. d. Techn. Hochs. Karl-Marx-Stadt J. X, 1968, H. 6, Sektion Marxismus-Leninismus, S. 633–636.

Ulich, E., Gruppenbildung am Fließband, in: Psychologische Rundschau, Bd. 7, 1956, S. 260–269.

ders., Schicht- und Nachtarbeit im Betrieb, Köln-Opladen 1964.

Ulich, Eberhard, Groskurth, Peter, Bruggemann, Agnes, Neue Formen der Arbeitsgestaltung – Möglichkeiten und Probleme einer Verbesserung der Qualität des Arbeitslebens, Forschungsprojekt des RKW, Frankfurt 1973.

ders., Stundung und Messung der Mechanisierung und Automatisierung, in: Mitteilungen des Instituts für Arbeitsmarkt- und Berufsforschung der Bundesanstalt für Arbeitsvermittlung und Arbeitslosenversicherung, Bd. 1, 1968, Heft 1, S. 28–43 und Heft 3, S. 102–126.

Unfallverhütungsbericht 1972 bzw. 1973 – Bericht der Bundesregierung über den Stand der Unfallverhütung und das Unfallgeschehen in der Bundesrepublik Deutschland.

Valentin, H., Lehnert, G., Wottowitz, H.-J., Über den Aufbrauch im Erwerbsleben und die Bedeutung der Funktionsprüfungen von Herz, Kreislauf und Lungen, in: Arbeitsmedizin-Sozialmedizin-Arbeitshygiene, J. 2, 1967, H. 3, S. 81–85.

ders., Aufbrauch und Voralterung im Erwerbsleben als arbeitsmedizinisches Problem, in: Vorzeitiger Aufbrauch, s. o., S. 11–20.

ders., Aus der Praxis für die Praxis, in: Arbeitsmedizin-Sozialmedizin-Arbeitshygiene, Jg. 2, 1967, H. 5, S. 207–208.

Vester, Michael, Zur Dialektik von Reform und Revolution, in: Neue Kritik 34, Februar 1966.

ders., Die Entstehung des Proletariats als Lernprozeß, Frankfurt 1970 a.

ders., Solidarisierung als historischer Lernprozeß – Zukunftsperspektiven systemverändernder Praxis im neueren Kapitalismus, in: Die hedonistische Linke – Beiträge zur Subkulturdebatte, hg. v. D. Kerbs, Neuwied-Berlin 1970 b, Broschüre.

Vilmar, Fritz, Menschenwürde – Sachzwänge – Strategien der Demokratisierung – Grundelemente einer betriebsdemokratischen Theoriebildung, in: Menschenwürde im Betrieb, hg. v. dems., Reinbek 1973, S. 14–30.

Wagner, R., Körner, O., Neubert, H., Die Frau im Berufsleben – Erwerbsquote, Krankenstand, vorzeitige Invalidität, gestl. Beschäftigungsbeschr. und -verbote sowie Vorschläge zur Gesunderhaltung, Stuttgart 1966.

Wedekind, Erich, Grundsätzliches zur Mehrstellenarbeit, in: Arbeits- und betriebskundliche Reihe 3 – Mehrstellenarbeit, Köln 1965.

Weinreich, Rolf, Die Berufsausbildung von Facharbeitern im Zeichen fortschreitender Automatisierung im Maschinenbau, in: Automatisierung
und Berufsausbildung, Bielefeld 1961, S. 7—36.

Welford, A. T., Ältere Menschen in der Industriearbeit, in: Altern — Probleme und Tatsachen, hg. v. Thomae u. Lehr, Frankfurt 1968, S. 269 bis
298.

Wiedemann, H., Gelernte und ungelernte Arbeiter — die betriebliche Situation und Verhaltensunterschiede, in: Arbeitswissenschaft 5, 1966,
H. 1, S. 1—5.

ders., Das Problem der persönlichen Zeitreserven, in: Arbeitswissenschaft
5, 1966, H. 2, S. 42—45.

ders., Die Rationalisierung aus der Sicht des Arbeiters; Dortmunder Schriften zur Sozialforschung 24, Köln-Opladen 1964.

Wiesner, Herbert, Erfahrungen mit der Mehrstellenarbeit im Bereich der
chemischen, keramischen und papiererzeugenden Industrie, in: Arbeits-
und betriebskundliche Reihe 3 — Mehrstellenarbeit, Köln 1965, S. 41 bis
47.

ders., Der Prämienlohn in Theorie und Praxis, Arbeits- und betriebskundliche Reihe 10/11, Köln 1969.

Wittgens, H., Formen vorzeitiger Aufbrauchserscheinungen, in: Arbeitswissenschaft 6, 1967, N. 4/5, S. 117—118.

Wölfl, Ignaz, Die Arbeitskräftepolitik ist zu wenig flexibel. Viele unge-
nützte Möglichkeiten der Intensivierung des Arbeitseinsatzes, in: Berichte u. Inf. des Österreich. Forschungsinstitutes f. Wirtschaft und Politik, J. 20, 1965, H. 1012—1013, S. 13—14.

Zalzenik, A., Christensen, C. R., Roethlisberger, F.J., The Motivation, Pro-
ductivity and Satisfaction of Workers: A Prediction Study, Boston 1958.

Zander, Ernst, Arbeits- und Leistungsbewertung, Heidelberg 1970.

ders., Einfluß der Automatisierung auf Arbeitsplätze und Mitarbeiter, in:
AuL, Jg. 22, 1968, H. 4/5, S. 61—66.

ders., Personalprobleme bei Rationalisierung und Automation, Neuwied
1967.

Zeller, Walter, Investitionslose Rationalisierung, in: Mitteilung über Textilindustrie, Zürich, Jg. 72, 1965, N. 9, S. 270—271.

Zöllner, Detlev, Die vorzeitige Invalidität und ihre Bekämpfung, in: Bundesarbeitsblatt, Jg. 18, 1967, H. 10, S. 261—267.

Zweig, Ferdynand, The Worker in an Affluent Society — Family Life and
Industry, London 1962.

Magazin
Alle zwei
Monate neu
Brennpunkte

Magazin Brennpunkte 3

Multinationale im Nord-Süd-Konflikt

Mit Beiträgen von
G. Adler-Karlsson
Kurt H. Biedenkopf
C. I. Itty
Klaus M. Leisinger
Carl H. Madden
Constantine V. Vaitsos

Im Forum diskutieren
Manfred Drewes
Etienne Junod
Willy Linder

Kontroverse und Kommunikation
in Wirtschaft und Gesellschaft

Fischer

Wirtschaft

+ Wirtschaftspolitik

**DDR-Wirtschaft —
eine Bestandsaufnahme**
Hg.: Deutsches Institut für
Wirtschaftsforschung
Berlin.
Originalausgabe
Bd. 6259

**Warenproduktion
im Sozialismus**
Überlegungen zur Theorie
von Marx und zur Praxis
in Osteuropa.
Jiři Kosta/Jan Meyer/
Sybille Weber
Originalausgabe
Bd. 6184

**Ökonomische Theorie und
unterentwickelte Regionen**
Gunnar Myrdal
Bd. 6243

Der verkaufte Käufer
Die Manipulation
der Konsumgesellschaft.
Wolfgang Menge
Bd. 1374

**Handlexikon
Datenverarbeitung**
Carl Schneider
Bd. 6143

**Marketing Management
für den Praktiker**
Stephen Morse
Bd. 1356

Volkswirtschaftslehre
Karl Häuser
Funk-Kolleg Band 2
Originalausgabe
Bd. 6101

**Fischer Lexikon
Wirtschaft**
Hg.: Heinrich Ritters-
hausen
Bd. FL 8

**Der Fischer Weltalmanach
Zahlen, Daten, Fakten**
Hg.: Gustav Fochler-Hauke
Originalausgabe
Bd. WA 76

FISCHER
TASCHENBÜCHER

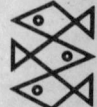

Erscheint jährlich neu – im November

Der Fischer Weltalmanach 1977

Die Staaten der Erde · Bevölkerung, Regierung und Parteien, Wirtschaft · Weltchronik · Aktuelles der letzten zwölf Monate · Weltwirtschaft und -handel · Biographien bedeutender Politiker · Internationale Zusammenschlüsse · Jahrestage · Verstorbene Persönlichkeiten · Daten aus dem Kulturgeschehen · Die Ergebnisse der Bundestagswahl im Oktober 1976! Der Fischer Weltalmanach 1977 – die aktuelle Auskunft – ergänzt jedes Lexikon